BNUP
40th
Anniversary

书说四十年

北京师范大学出版社 编

Stories Told By
Authors And Books

北京师范大学出版集团
BEIJING NORMAL UNIVERSITY PUBLISHING GROUP
北京师范大学出版社

序 Preface

时光荏苒,岁月如梭。2020年,北京师范大学出版社建社40年了。伴随着改革开放的春风,在神州大地教育振兴的宏大背景下,一棵萌发于北京师范大学校园的出版小苗,在各界领导、专家、学者、作者、读者的关心呵护下,已然成长为教育出版和学术出版园林中的一株大树,春华秋实,硕果累累。回首几十载艰苦奋斗,感慨良多,复盘40年耕耘收获,无比自豪。

出版文化活动,是大学建设的天然元素,与教育教学和科研学术密不可分又互相促进。北京师范大学肇始于1902年京师大学堂设立的师范馆,学校的出版文化活动也发端于那个时候。翻阅校史,我们能看到《教育丛刊》《博物杂志》《数理杂志》《理化杂志》《学术季刊》等一批早期的

全国知名学术刊物,这些引领潮流、特点鲜明的刊物和其他出版作品是那个时代北京师范大学的一面镜子。根据目前我们收集到的资料,校内的编印书机构,以服务学校教学科研为主要功能,同时也出版一些普及类读物和工具书以服务国家和社会大众。

北京师范大学出版社的正式成立,则是1980年的事情了。据侯刚先生的文章记述,1979年10月18日,时任学校党委书记聂菊荪同志签发了校办起草的《关于成立北京师范大学出版社的请示报告》并亲自呈送教育部。1980年8月28日,教育部对我校的报告给予批复,"经国家出版事业管理局批准,同意你校建立北京师范大学出版社,该社代号编为243号"。

40年时移世易，社会文化几多变迁，出版的形态和面貌也经历了巨大的调整和转型。告别了20世纪80年代的书荒，经历了20世纪90年代的体制改革，参与了新世纪以来的各层次教材改革与建设，我们一步一步地从一个单体出版社发展为一个出版门类齐全、产业配套完善的集团化出版企业。问渠那得清如许？为有源头活水来。北京师范大学出版社何以能立于中国出版业改革发展的潮头，始终向前，生生不息？这本情深意长的纪念文集，也许能给我们寻找答案提供一些线索。

试讲两件小事。

侯刚先生在《启功先生与北京师范大学出版社的情缘》一文中提及一个细节。1979年，学校筹备纪念老校长陈垣先生100周年诞辰系列活动，其中一项是决定重印先生的史学专著《励耘书屋丛刻》。这项工作顺理成章地交给了正在筹办中的出版社。启先生去北京图书馆（现中国国家图书馆）协调要回了《丛刻》枣木雕版，年近七旬的启先生带领出版社工作人员用大卡车将10多箱书版运回出版社。刘乃和先生则通过中国书店寻访到了精通刷书工艺的老师傅，启功先生又再次跟车把书版送到刷书师傅在大兴的家里。

另一件事是关于林崇德先生的。林先生有一个《听林崇德老师讲基础教育》的音像出版计划，不少知名出版机构闻风而动，有民营教育公司愿意支付百万酬金寻求合作。最终，在教务处副处长李艳玲的动员下，林先生将项目交给北京师范大学音像出版社。不仅如此，先生还多方协调项目经费，最终于2019年完成了这个夙愿并召开了新闻发布会。为了应对今年以来的新冠肺炎疫情，林先生授权音像社将《听林崇德老师讲基础教育》的部分内容在网上免费开放。

我们感恩时代，是改革开放的大时代使教育事业和出版工作大踏步前进，是北京师范大学的不断进取引领着出版社快速发展。时代见证社会进步，北师大出版人则用3万余种出版物记录着美好时代，传承着北京师范大学的教育理想和学术传统。我们感恩每一位携手奋进的同行者，难忘一大批学术界的名师巨匠，将积数年乃至数十年之功而完成的书稿托付给我们。我们感怀无数个与作者朋友字斟句酌的日日夜夜，还有那数以万计的来自全国各地的读者来信以及万千网友的点赞和留言。

为此，我们编辑出版了这本纪念文集，致敬时代，致敬同行者，致敬自己，篇幅有限，但言简情长。衷心感谢顾明远、林崇德、彭聃龄、俞国良、侯刚、黄会林、王宁、王一川、杨共乐、韩庆祥、仰海峰、何萍、吴正宪、徐梓、刘坚、吴欣歆、严士健、苏婧、孙云晓、袁治杰、陈帼眉、刘竹林、赵曙明、赵春明、李仲来、王德华、张可君等资深作者拨冗赐稿。文集还收录了季羡林、吴文俊、张厚粲、高放、陈先达、杨耕、杨念群、黄兴涛、康震、王文等学者撰写的序言、后记或书评。这些文章，从另一个侧面讲述了不少精品力作背后的故事，也为我们还原了一部分出版工作的面貌。在诸多名家的笔下，出版社与作者的亲密互动、精诚合作自然而然、令人神往，大家为出版事业甘于奉献、精益求精的态度感人至深，堪称典范。从这个意义上来说，作者给予我们的不只是文稿，还为我们砥砺前行提供了不竭的动力。需要指出的是，我们的作者数以万计，长期密切合作的作者数以百计，限于文集的篇幅同时考虑到工作量，还有很多的卓越作者、知名作者我们没有安排拜会和约稿，我们将在建社40年的其他系列活动中予以弥补，也考虑在一个较长时间内做好作者拜访和回忆文章的整理和发布工作。

出版社的使命无非出书和育人，要完成好这两项使命，首先需要培育和打造一支合格的专业出版人队伍。建社之初，学校为了办好出版社，从有关部门抽调干部和编辑人员，起点不可谓不高。多年以来，在北京师范大学的校园氛围熏陶下，在长期出版工作实践中，我们逐步形成了一支政治过硬、素质优良、专业齐备、视野开阔、担当有为的出版人队伍。文集中收录了部分员工代表的文章，其中有年轻一代干事创业的激情记录，也有资深员工的出版经验分享，字里行间是满满的热忱与坚守。

四十而不惑。与国内外不少知名出版机构相比，北京师范大学出版社还只是个晚辈。我们有幸在中国教育出版和学术出版领域占有一席之地，在部分领域形成了自己的特色和专长，为教育改革和学术繁荣做了一点事情。再往前看40年，我们是否胸有成竹，敏而不惑呢？时不我待，未来已来，应对互联网时代的出版大变局，我们唯有坚定信心，再创业，再出发！我们相信，这本文集能给我们一些启发，让我们胸中充满"不到长城非好汉，屈指行程二万"的豪迈。

目录 Content

第一编 作者心语：人与书的美丽邂逅

第二编　书评空间：连接作者与读者的纽带

第三编　书里书外：前言后记中的故事

附　录

第一编

作者心语

人与书的美丽邂逅

Stories Told
By Authors And Books

繁荣学术　服务教育

顾明远

我和北京师范大学出版社打交道是从编写五四教材开始的。20 世纪 80 年代，北京师范大学开展了一项教育改革实验，即小学五年、初中四年的学制改革实验。其实这个改革早在 1958 年就开始了，北京师范大学实验小学从 1958 年开始创办就是五年制。我们一直认为，我国的学制需要改革。小学生潜力很大，五年完全可以完成小学教育的任务。而初中学科门类增加，课程较多，学生负担较重，四年初中可以缓解学生学业上的压力。20 世纪 80 年代，我任北师大副校长，就接过了这个实验。开展五四学制的实验，教材是关键。于是我们组织了一个班子，以阎金铎、陶卫为首，编写五四教材，由北京师范大学出版社出版。这套教材是当时教育部提倡一纲多本时"8 套半"教材中的一套，另一套五四教材是人教社版。我们这套教材在山东诸城、湖南长沙以及黑龙江几个县市

作者简介 >>>

顾明远，江苏江阴人，1929 年生，北京师范大学资深教授、中国教育学会名誉会长、国家教育咨询委员、教育部社会科学委员会副主任、国家教师教育认证专家委员会副主任、教育部教师教育专家咨询委员会主任、国家教育发展研究中心专家咨询委员会副主任。曾任北京师范大学副校长、研究生院院长、教育管理学院院长、世界比较教育学会联合会副主席。全国优秀教师，北京市"人民教师"。香港教育学院、澳门大学、日本创阶大学名誉博士，美国哥伦比亚大学师范学院名誉教授。2014 年获吴玉章奖终身成就奖。著有《顾明远文集》（12 卷），主编《教育大辞典》《中国教育大系》《中国教育大百科全书》等。

试用，发行上百万套，效果很好，产生了不小的影响。直到 21 世纪初，全国实行新课程改革，这套教材才停止出版发行。编写出版这套教材，北京师范大学出版社是出了很大的力的，不仅承担了出版的任务，还承担了培训教师、扩大实验和发行的任务。我记得我曾经和出版社的同志一起到黑龙江去宣传五四学制的改革和本套教材的特点，推广五四教材的实验。

北京师范大学出版社的宗旨，就是繁荣学术，服务教育。五四教材的出版，北京师范大学出版社为基础教育的改革做出了贡献，同时锻炼了编辑出版队伍，积累了编写教材的经验。新课程改革以来，出版社承担了出版国家课程教材的任务，有 19 个学科教材通过了教育部的审定。同时，21 世纪以来，为了传播先进教育理念和教育改革经验，出版社组织了一套"教育家成长丛书"，至今已出版发行了 67 种，囊括了当代基础教育界的教育家们的办学理念和经验，在基础教育界产生了一定的影响。

我是出版社的忠实读者，也是作者。出版社出版的一些图书给了我许多学术营养，同时也出版了我的一些著作，如《民族文化传统与教育现代化》《学无止境——构建学习型社会的研究》《小学教师专业标准解读》等。21 世纪初，时任出版社编辑的刘生全来找我，希望我撰写教育口述史。当时我觉得，作为一个普通老师，没有什么大事件可以作为史料来写。但是他觉得平凡的教育故事，也可以反映一个时代的教育面貌。经不起他的反复动员，就有了《顾明远教育口述史》一书的出版。从 2007 年第一版开始至今居然出了三版。出版社还编辑出版了潘懋元、王梓坤、王炳照、卢乐山等的口述史，给我们这一代人留下了一些教育的足迹。

前几年出版社又动员我出版教育全集。我本来决定生前不出全集，因为许多文章都发表过，而且已有几本单行本，重复出版没有多少价值。但出版社想出版系列的北京师范大学资深教授全集，并且对我说，北师大资深教授都应该出点文集，给下一代学子留下点东西，某某教授已经出了，你也出一套吧。后来我想了一下，觉得如果在我身后人家来编我的文集，可能会遇到很多困难，而且可能把我的错误的东西也编了进去，会贻误读者，还不如我自己参与，我还可以选择一下，纠正一些谬误。于是由我的学生（当然他们已经是教授、学者）分别收集了我从教 60 多年来的杂乱的文稿，凑成了一部 12 卷的《顾明远文集》。要感谢他们的努力，特别要感谢出版社陈红艳编辑，两年多时间奔跑于编辑与作者之间，文集不断地修改、校订，给她带来许多麻烦。

出版社是一个传承文化，促进学术繁荣的机构。打个比喻，出版社和作者像母鸡和鸡蛋的关系。作者的作品要靠出版社孵化成书，出版社要依靠作者的优秀作品生存和发展。我总认为，出版社要生存和发展，一方面要为现实社会服务，反映现实社会的热点和改革的经验；另一方面要编纂几部传世之作，促进学术繁荣，传承文化遗产。北京师范大学出版社组织编纂的"京师教育丛书"系列，包括了教育学科各分支学科的研究成果，这就抓住了北师大办学的特色，很有意义。同时我校是一个多学科的综合大学，文理学科都有许多研究成果。我建议还可以编纂出版"京师学术丛书"系列。北师大建校百余年来，有许多大师级的人物，他们的学术著作是学校最宝贵的遗产，应该把它们编纂成集，留传百世。

今年是北京师范大学出版社成立 40 周年，我衷心地向出版社的朋友们表示热烈的祝贺，并祝愿出版社有更多更优秀的作品问世！

我和北京师范大学出版社

林崇德

一、以学术为第一生命

1983 年年底，在我准备投入在职博士论文答辩的前夕，当我向恩师朱智贤教授（下文简称朱老）汇报自己已经做好充分准备迎接答辩时，朱老听了很高兴，并对我说，北京师范大学出版社武静寰社长来过他家，谈起两年前约好出版《思维发展心理学》和《儿童心理学史》两本书的事情。武社长对

朱老说："听说你们师徒俩已动手了一年，现在林崇德马上要进行博士论文答辩，答辩后除了教学工作，让他抓紧，协助您完成夙愿。"朱老又说武社长十分重视学术，他原先是《北京师范大学学报》主编，作为高校出版社创始社长之一，他以"学术为第一生命"作为办社的宗旨。1980 年建社，1982年就出版了几本校内名家的学术著作，其中有朱老的《儿童发展心理学问题》。朱老指出：

作者简介 >>>

林崇德，北京师范大学资深教授，中国心理学会前理事长，中国著名心理学家、教育家。在教育部等单位学术兼职 26 种，在 32 所高校任兼职或客座教授。获省部级以上学术奖励 28 项，并先后获得全国劳动模范和全国"十佳师德标兵"、全国优秀教师、全国优秀科技工作者、北京市人民教师和当代教育名家等荣誉称号。

"武社长尊重我，就是信任我的学术追求。"

1984 年 3 月，我碰到了武社长，他与我谈起了北师大的心理学和朱老。朱老是心理学界的学术泰斗，1958 年"心理学大批判"是从北师大发起的，首当其冲受到批判的就是朱老。1959 年心理学"平反"后，北师大于 1960 年开始招收心理专业新生，我是首届心理专业的 30 个学生之一。20 世纪 60 年代初，心理学苦于没有教材，使用的都是苏联译本。1960 年，中宣部周扬副部长邀请三位老专家分别编写《普通心理学》《教育心理学》和《儿童心理学》。直到 1966 年"文化大革命"开始时，《普通心理学》只出版了上半部分，《教育心理学》仅仅是内部讨论稿，可是朱老的独著教材《儿童心理学》却由人民教育出版社于 1962 年出版了。武社长感叹道："我最尊重朱老，出版他的著作是我们北京师范大学出版社尊重学术、尊重知识的表现。"他又对我说："我

应该祝贺你获得我国第一个教育学（心理学）博士学位，我也知道你在北京出版社出版的《中学生心理学》所产生的影响，我希望你协助你老师写好他的学术著作！"武社长比朱老小 16 岁，也巧，却年长我 16 岁。本来协助恩师著书立说是当学生的义不容辞的义务，那天经武社长一说，看到一位出版家如此了解作者，我对这位师大老人肃然起敬，认为这也是长者所托，我会担起这份重任。

在朱老的指导和指示下，我已经收集了许多国内外的资料，也在半年前开始撰写《思维发展心理学》。每写完一章，朱老都要与我深入讨论并逐字逐句地推敲、修改和完善。1984 年起，我又添上自己博士论文的研究材料以增强这本著作的实验性和实践性。1985 年元旦后，朱老和我花了两年时间，终于向北京师范大学出版社交了稿子。武社长请陈永康当责任编辑，永康兄是我大

学同学史莉芳的先生，他办事认真，编辑特别仔细。师大出版社把此书作为重点学术著作，于1986年4月隆重推出。一部50多万字的学术著作一年间就发行了5万多册，几年后还获得首届教育部优秀教育科学成果一等奖，连浙江教育厅前副厅长都说他是读这本书成长起来的。

　　1986年年初，在武老社长的一再督促下，朱老和我着手《儿童心理学史》的创作，因国内外还没见到儿童心理学史或发展心理学史的专著，因此《儿童心理学史》就成为国内外的一部首创著作。董奇、程跃、傅安球、李虹、陈英和、申继亮等帮我们搜集了大量的中外文资料。《儿童心理学史》仍由永康兄担任责编，该书于1989年出版。1991年，我的恩师朱老不幸逝世，北京师范大学出版社特地出版了《纪念朱智贤教授》文集。1992年年底，《儿童心理学史》获国家优秀教材特等奖，这可能是北京师范大学出版社获取的最高奖项之一，它体现了师大出版社"以学术为第一生命"的办社精神。

二、以精品为兴社标志

　　1986年9月某天，离《思维发展心理学》出版已近半年，永康兄来找我，他说主管出版社的副校长纵瑞堂教授准备拜见朱老，让我先联系一下。我问有什么事，他说纵校长想请朱老主编《心理学大词典》。"纵校长和社委会讨论了？"我又问道。永康兄详细地给我解释，"纵校长和武社长已经商量过多次，今天上午他俩把苏渭昌、许金更和我三人找去商量了这件事。纵校长强调出版社必须有几件标志性的成果，心理学在北师大可是举足轻重的学科，如果朱老允许，师大出版社会组织编出一部心理学大词典来。现在关键是纵校长要去拜见朱老，征求朱老的意见"。永康兄一席话使我十分为难，朱老和我还有《儿童心理学史》的创作任务啊。可又转念，朱老年近80岁，如果现在不出，将来追悔莫及。因为顾明远副校长说过，在北师大心理口，能称得大师者，只有两人，一位是中国心理学会的创立人张耀翔先生，另一位是朱老。精品出版必须依靠大师。于是我对永康兄说："我现在就陪你去拜见朱老，不要劳纵校长的大驾了。你把朱老肯否出山的结果向纵校长和武社长汇报吧！"在朱老家，永康兄说明来意，朱老也十分矛盾。一方面他对师大的事业尽心竭力；另一方面毕竟他年事已高、任务又多。我对朱老说："如果您能主持这项工作，我请所里邹泓来做您助理，做具体工作，她心细。"朱老当时没表态，第二天我又陪纵校长和武社长登门拜访，最后总算敲定了。

在师大出版社最后做出决定后，我代表朱老给中科院心理所徐联仓所长、北大心理学学术带头人邵郊先生和浙大心理学学术带头人朱祖祥先生等 15 位心理学分支学科权威写了信，邀请他们担任各分卷主编。毕竟有朱老的声望，不到 10 天各分卷主编全都落实。不久，纵校长协助朱老主持编委会，在会上纵校长代表北师大向各分卷主编致谢后指出，"编《心理学大词典》是为了求精品，师大出版社目前尚属一家小社，但我们会倾全社之人、财、物，进行投入，把这部具有历史意义的《心理学大词典》编出来。"

各分卷主编经过半年的努力，各分卷的条目于 1987 年 4 月全部报到北京师范大学出版社，那时不像今天，输入电脑就可以查重，于是纵校长亲自带着苏渭昌、许金更（金更是我大学的同班同学）、陈永康、邹泓和我等 10 人在八大处一家解放军招待所奋战四天，仔细查重，把各卷重复的词条合理地归到较合适的分卷。1987 年 6 月后，各分卷参编人员开始撰写条文。参加这次《心理学大词典》编写的心理学家达 271 人，北京师范大学出版社 13 位编辑日夜奋战。最后凡例、汉语拼音检索目录、汉字笔画检索目

录等内容出现在正文之前。心理学词典正文包含条目分类索引，外文（英、俄）条目索引，外国人名译名对照表，中国人名表，心理学词书参考书目，全书共 300.6 万字。

尽管在我国已有六七种心理学辞书，但没有一种超过百万字，而北京师范大学出版社的《心理学大词典》，不仅条目全、字数多，而且被心理学界公认为科学性强。《心理学大词典》被评为首届教育部哲学社会科学优秀成果一等奖。1996 年被北京市哲学社会科学辞书组推荐，获得哲学社会科学优秀成果特等奖，那时朱老已乘鹤西去 5 年，北师大副校长杨国昌教授陪我去市委党校领奖，他指着奖状说了两个字——"精品"!

三、你的书我们社出版

北京师范大学出版社尊重学术不仅表现在敬重老一辈名家上，对我也同样有难能可贵的信任。北京师范大学出版社有几任社长是我的忘年交，他们有一个共同点："你的书一定由我们社来出版！"这是一种强烈的信任，也是一种友谊。

2002 年，为向北京师范大学百年大庆献礼，出版社为我出版了《学习与发展》《教育与发展》两部著作。约这两本书稿的

是时任社长常汝吉先生，责编是我学生周雪梅。原先社里只是要出版我的新著《教育与发展》，后来常社长找到我，希望把北京教育出版社已出版 10 年的《学习与发展》修订本作为姊妹著作一起交给北京师范大学出版社。我对常社长说："《学习与发展》已获过教育部首届哲社优秀成果一等奖，在咱们社出版已无价值了。"常社长回答："我要出的是好书，是名著，不是为了评奖。"我当时听了很感动。于是，我下功夫完成新著与修订本两部作品，并作为校庆的献礼。新著《教育与发展》于 2005 年被评为教育部第四届优秀教育成果一等奖，可惜那时常社长已到届离任，另有高就。

北京师范大学出版社先后出版了启功先生和顾明远先生等名家的"口述历史"。2007 年春，王安琳与周雪梅来找我，希望为我出口述史，我问谁的创意，回答是赖德胜社长。我和德胜有多年的工作关系，尤其是他任学校社科处处长时，给予我和心理学院诸多的支持。2001 年，他闻听我为人民教育出版社主编的"应用心理学书系"获国家图书奖，这是出版奖而不是学术奖，但社科处还是以优秀社科成果给了我奖励。约稿口述历史不久，我碰到赖社长，我对他说：

"我还年轻，出自传不行啊！"他笑着说："刚评的资深教授，您不也是最年轻吗？"他是执行学校的意见，意指让我记住从学校领导到出版社班子对我的抬爱、厚望和关怀。我还能说什么呢？不久出版社就与我签约，预定 2009 年秋季出版。我因考虑自己的年龄，希望推迟到 2010 年，我进入 70 岁再出版。然而当我的口述史出版时，德胜已回经济与工商管理学院去当院长了。

最早打算出版《林崇德文集》的是我的学生、人民教育出版社副总编辑魏运华，尽管有师生情在，更多的还是因为我是人民教育出版社的老作者。而力挺我出版文集的是浙江教育出版社，早前该社周总编就曾带着两位编审来我家动员，因为我是浙江人。但时任北师大出版集团董事长杨耕教授坚持由北师大出版集团出版。他礼贤下士，每次与我交谈或通信时都以"学生"身份出现。"您的书一定由我们来出版"！这让我十分为难，后来我希望两家合作出版。拉锯多年，在 2018 年最后一次与浙江教育出版社谈判时，杨董事长派出的周益群和关雪菁还是说服了对方。事后，周总编对我说："北师大出版集团对您的真情、真诚使我们只好放弃。"

四、不忘服务基础教育

作为我国师范院校的标杆，北京师范大学一直在追求中国基础教育的珠峰高度，完成这个建设任务是每个师大人的职责，北京师范大学出版社就忠于这个职守。北京师范大学出版社服务基础教育是从第二任社长王文涌教授和第三任社长王德胜同志开始的，他们的一个突出贡献是出版并做好、做大中小学的优质教材。

我的学生、中国教育电视台前总编陈力教授，2006年曾为我策划了一个60集"听林崇德老师讲基础教育"的音像制品出版计划，人民教育出版社很感兴趣，也试录了几集，后来因我太忙而未能签约。2016年，我想把这十年前的计划改为15讲，包括对基础教育的认识、学生核心素养、儿童青少年发展规律、教师素质及其各种教育教学等内容，形成一个约30小时的音像制品。有一家民营教育公司闻听后愿付百万酬金，但还是被我谢绝了。

我的学生、北师大教务处李艳玲副处长动员我把这个项目交给北师大音像出版社。尽管北师大音像社邱恋社长一直对我很尊重，对此事也十分积极，但音像社缺资金，一度希望我从科研费用中支持40万元。给民营教育公司，录像后可以马上拿到首笔百万元酬金，给师大音像社，我绝不会考虑稿费，义务劳动也愿意干，但反贴科研经费就有些难处了。后来此事传到时任北师大出版集团总经理吕建生编审那里，他马上找音像社商量，"为基础教育做贡献，亏本也出版！"教务处也很积极，支持这个项目15万元。整个制作过程从2018年4月开始，到8月底全部结束，我们共完成15讲近40小时的录像工作。音像社社长邱恋、总编辑赵晓媛，还有刘新伟和张寿颖两位编辑几乎全身心投入摄制，花了一年时间编辑，每编辑一集都得与我及其他院里同人认真讨论，因为我有口音，字幕的文字编辑比书稿编辑难度更大。为了保证如期出版，音像社领导尤其是编辑刘新伟和张寿颖竟放弃了2019年的春节假期。由于她们这样高强度的努力工作，2019年10月13日，这个项目的新闻发布会顺利召开了，一批教育界的名家和中小学校长参加了发布会并做了研讨。"听林老师讲基础教育"刚刚开始发行却赶上了疫情。音像社干脆把这15讲30多个小时的内容全部上传到网上，供"宅"在家里的中小学教师培训、收看，短短的一个月里，有超过10万人次收看。音像社还把其中的四讲推荐到"学习强国"，这也算咱们为基础教育做了一件有益的事情吧！

我与心理学出版重镇的书缘

彭聃龄

2020 年，北京师范大学出版社迎来了建社 40 周年。回想 40 年的春秋岁月，我在学科建设、教材建设和人才培养等方面的许多工作都得益于出版社的鼎力相助。值此社庆佳期，特撰写此文聊表谢意。

我和师大出版社的结缘从"文化大革命"后就开始了。"文化大革命"后心理学学科亟待复苏。当时国内高校使用的基础心理学教材主要有曹日昌先生主编的《普通心理学》和高玉祥先生主编的《心理学》。这些教材在"文化大革命"后心理学的恢复、重建和人才培养中发挥了重要作用。但是，由于种种历史原因，这些教材在体系、内容、体例和文字上都亟待更新。

1979 年 9 月，我有幸作为访问学者被教育部派往美国哥伦比亚大学心理学系和华盛顿大学心理学系访问。在两年多的时间内，我不仅认识了美国当代许多知名的心理学

作者简介 >>>

彭聃龄，1935 年生，1958 年毕业于北京师范大学教育系。北京师范大学认知神经科学与学习研究所教授，认知神经科学与学习国家重点实验室学术委员会副主任，博士生导师。曾系统担任普通心理学、认知心理学、心理语言学的教学工作。长期从事汉语认知研究，包括汉字识别、汉语句子与课文理解、汉语儿童语言发展、汉字识别的计算机模拟、汉语的脑成像研究等。发表论文 160 多篇，部分论文发表在国际重要学术刊物上。

家，接触和接受了认知心理学等新兴学科，在知觉和语言认知方面进行了一些探索性的研究，而且阅读了大量心理学教材，认识到一部好教材可以影响到几代人的成长。这是我以后投身教材建设的思想和知识基础。1981 年年底进修回国后，我和郭德俊老师、赵中天老师分别担任了我校教育系和心理系普通心理学的教学工作。在随后的六七年时间里，我一边上课一边积累和整理教学资料，编写了一套比较系统的普通心理学讲义。

1988 年，国家教委在武汉召开了"高等学校文科教材会议"，我主动承担了普通心理学教材建设任务，并和郭德俊、赵中天两位老师共同编写了《普通心理学》教材，成为教育部（国家教委）推荐的一部基础心理学教材。随后我们联系北京师范大学出版社出版，得到了出版社领导的大力支持。我们只用了不到半年的时间，教材就顺利出版发行了。

教材要经过反复修订才能完善，这是我们建设教材的一条基本经验。教材出版后，先后获得了北京高等教育教学成果一等奖（2000 年 12 月），北京市第八届哲学社会科学优秀成果一等奖（2004 年 12 月），北京市教育教学（高等教育）优秀成果一等奖（2005 年 9 月）和北京市高等学校教育教学优秀成果一等奖（2013 年 9 月）。教材的发行量也从最初的几千册到 2018 年 13 万册以上（教材第五版发行后）。为方便教学，最新修订的第五版教材还配套出版了《普通心理学学习手册》和普通心理学教学课件，后者由出版社免费提供给任课教师使用，逐步形成了一套系统的以教材为核心的配套教学资料。

教材建设是我们这个团队集体智慧的结晶，前后为这部教材做出过贡献的老师有郭德俊、许燕、陈宝国、丁国盛、王芳、卢春明、黎坚、杨珲、高立群、赵中天和我。同时，它也是北京师范大学出版社多位编辑集体智慧的结晶，教材出版修订的这些年来，直接负责过的编辑就有许金更、张丽娟和周雪梅。

我们和出版社的合作是通过和责任编辑的共同工作来实现的。每次修订，都有大量工作要做，从内容审核、版面调整、图表、文字校对到文献的核实，工作量非常巨大。记得在 2001 年第一次修订时，我们提出要按照"国际标准"重新编辑文献，增加英汉名词对照。为了做到前面引用的文献和书后列出的文献"完全一致"，我们和许金更老师、张丽娟老师进行了"地毯式排查"，逐条进行对照。这个工作的难度，只有参加者才真正知道。为了减少书稿中的标点符号错误，我们常常会收到编辑部发来的一张长长的校对单，工作很烦人，但非常必要。

教材建设不仅得益于编辑和作者的沟通，也得益于我们与读者的沟通，特别是和学生的沟通。工作在教学第一线的老师经常能听到学生对教材的意见，如哪些地方不好懂，哪些地方可能有错误等，这些意见我们都会及时告诉编辑；编辑部也经常能收到读者的来信，对教材提出意见，这些意见编辑也会及时联系到作者，要求核实和更正。我们的原则是"有错必改"，哪怕是个别文字，也要尽快改过来。教材在出版后经历过多次"微调"，才使教材的质量日臻完善。经过 30 多年的建设，《普通心理学》已经成为国内最有影响，最受欢迎的一部心理学教材。

2018 年，《普通心理学》第五版出版，配套的普通心理学学习手册也同步推出。2018 年 11 月，在教育部心理学教学指导委员会的领导和北师大心理学部的支持下，北师大出版集团赞助我们举办了全国第二届普通心理学师资培训班，与会教师 150 多人。这个工作特别要感谢北京师范大学出版社负责教材的策划编辑周雪梅，为第五版的出版和会议的顺利完成付出了很多心血。会上我跟大家说，如果有人问我，在你 60 多年的心理学生涯中，什么是你觉得满意的一件事？我会说，主编了这套教材。如果有人问我，在你的工作中花费时间最多的一件事是什么？我会说主编了这套教材。如果有人问我，你在工作中感觉最幸福的时刻是什么？我会说，是很多老师和同学见到我，第一句问候就是："彭老师，我们是在您的教材指引下，走进心理学的。"许许多多的读者说，《普通心理学》是带领他们走进心理学的第一本书，它对他们来说意义深远。许多师生说，他们最初接触到的心理学就是《普通心理学》教材，这是一本他们的心理学启蒙教材，也是他们翻了再翻也翻不够的教材。《普通心理学》影响了无数心理学家和未来的心理学家，而这一切又都是在北师大出版社的支持下才得以实现的。

除了教材出版的支持外，北师大出版社对我的学术著作出版也给予了巨大的支持。自20世纪80年代中期以来，我在科研方面先后承担了国家自然科学基金委员会和教育部的多个研究项目，主要进行了两方面的研究。一个是汉语的认知研究，即基于信息加工的理论和方法，探讨汉字识别和语句理解的认知机制，另一个是研究和探讨语言认知的神经机制，包括汉语和英汉双语的神经机制。这些研究推动了国内相关的研究，并为我校心理学学科建设和认知神经科学实验室的建立和发展奠定了重要基础。

2006年10月，北师大出版社出版了我的文集《汉语的认知研究：从认知科学到认知神经科学》，该书收入了我在上述两个方面的研究成果，内容包括汉字识别、汉语词汇识别和句子理解、汉语发展和语言障碍、汉英双语加工与表征、汉字识别的计算机模拟及语言认知的应用研究等8个部分。随后该书获得2008年北京市第十届哲学社会科学优秀成果一等奖。

2011年10月我办理了退休手续，离开了科研和教学第一线。退休后还能做什么？我进行了新的选择。我决定总结我在科研和人才培养中的点滴体会，在"新浪博客"上发表。一年多时间，写作和发表了近200篇短文，受到一些网友的好评。

2014年出版社周雪梅老师找到我，希望我把这些零散的文章整理成文集出版，我高兴地接受了这个邀请。2014年北师大出版社出版了我的第一本文集《选择和探索》，在这本书中，我概括了自己在治学中的基本经验：在人的一生中，选择无处不在，选择随时发生。但选择总是和探索紧密联系在一起的。选择决定了一个人"做什么"和"不做什么"，而探索则决定了一个人"如何去做"，在探索中又会出现许多新的选择。人的一生就是在选择和探索中前进的。

我请董奇教授为本书写序，他慷慨答应并在序言中说：在文集中，彭老师强调了"选择"和"探索"在人生道路中的重要性，并讲述了自己在求学和治学道路上的四次重要"选择"和研究方向的"转向"。实际上，人生中的每一次重要"选择"和"转向"，同时也是对"昨日之我"的否定。这不仅需要慎思明辨的睿智，更需要自我否定的魄力和敢于进军科技新领域的勇气。

2015年，北师大出版社又出版了我的第二本文集《做人和治学》。这是我的一本书信集，收录了我给"学生"的几百封信件。这些信是一位老教师在工作和生活中积累的个人感悟、心得和体会，也是我送给学生和朋友们的一份礼物。

在庆祝北师大出版社成立40周年的日子里，我自然想起了自己接触过的另一些出版社，如黑龙江教育出版社、山东教育出版社、江苏人民出版社、中国大百科全书出版社、人民教育出版社和台北五南书局等。不同出版社具有自己不同的工作风格，在我的学术生涯中，起过不同的作用。30多年来，我在和北师大出版社的合作过程中，高兴地看到了编辑们的成长和进步，我觉得这是集团在前进和发展中最重要的进步。编辑们从策划、组稿、内容审查、文字校对及润色，进而参与到书稿的编写过程之中，和作者进行深度的"磨合"，"倒逼"作者改进和提高书稿的内容和形式，这个过程是编辑水平提高的过程，也是我对编辑们的期望。我们有过和霍金一样的遭遇和感受，我们和编辑们的磨合有时也很艰难，但又是很必要的。北师大出版社经历了40年的风风雨雨，走过了自己的童年、少年、青年，步入了他更加成熟、壮大的成年。衷心祝福他越来越好！

与北京师范大学出版社一路走来的"心育研究"

俞国良

因为"兔子不吃窝边草",1999年前,我从未在北京师范大学出版社出版过任何著作。

又因为"外来和尚好念经",1999年调离北师大后,我在北京师范大学出版社出版了不少著作。可以说,北京师范大学出版社见证了我二十年来的学术研究与成长之路,该社许多老领导、老编辑也因此成为我的好老师、好朋友!

忆及我在北京师范大学出版社出版的著作,按专业领域可划分为社会心理学和心理健康教育研究(以下简称"心育研究")两类。这里,着重聊聊与北京师范大学出版社一路走来的"心育研究"。

大约2001年,我已在中央教科所(今中国教科院)工作,受教育部基础教育司和中小学心理健康教育专家咨询委员会委托,主持《中小学心理健康教育指导纲要》的编

作者简介 >>>

俞国良，1963 年生，浙江人。现为中国人民大学二级教授、博士生导师。兼
任教育部中小学心理健康教育专家指导委员会秘书长和普通高等学校学生心
理健康教育专家指导委员会委员等。承担国家自然科学基金项目等 30 多项。
SCI、SSCI 收录论文 50 多篇，在《心理学报》《教育研究》上发表论文 50
多篇，CSSCI 收录论文 200 多篇。

制研究，第二年该文件即以［教基 14 号］下发。这是继 1999 年教育部印发《关于加强中小学心理健康教育的若干意见》以后的又一个进一步指导、规划全国中小学心理健康教育工作的重要文件。为了落实这项工作，2002 年年底我应邀主编了《心理健康教育材料》（24 册），并由中国和平出版社正式出版，效果还不错。五年后，当时担任北京师范大学出版社副总编辑、其后英年早逝的叶子博士独具慧眼，带着李雪洁、周雪梅等几位出版社女干将不吝登门造访。于是，2008 年我主编的《心理健康教育读本》（24 册）正式交由北京师范大学出版社出版，由此拉开了日后"心育研究"合作的序幕。在此，我要衷心感谢叶子博士的信任与厚爱！可以告慰她在天之灵的是，此后我与北京师范大学出版社就"心育研究"的合作，一发不可收！

十年后，我已调中国人民大学工作，再次受教育部基础教育一司委托，主持《中小学心理健康教育指导纲要》的修订工作。这次重点修订和有所创新的主要内容包括：第一，明确以"立德树人，育人为本，心理和谐"为指导思想，提供适合学生发展需要的心理健康教育；第二，明确规定学校要开设心理健康教育课程和规范心理辅导室建设，保证心理健康教育时间；第三，重点对中小学各学段心理健康的教育内容进行了全面调整，重新安排和设置了更科学更具针对性的分阶段教育内容，以及要求各地确立心理健康教育教研员制度。这表明，又一个心理健康教育的春天即将来临。春江水暖鸭先知，敏感的北京师范大学出版社人也嗅到了春天的气息。早在一年前就在当时叶子总编辑的协调、李雪洁的领导下开始调研，这次除了女将周雪梅、张丽娟、徐玥外，更有男兵王

建波、肖卫国、施孔明，并布下天罗地网等我"上钩"。果不其然，半年后我便"乖乖上当，缴械投降"。在教育部基础教育一司领导的组织和协调下，北京师范大学出版社杨耕董事长亲自过问并布好重兵良将，短短两个月就出版了林崇德教授和我主编的《中小学心理健康教育指导纲要解读》，半年后我主编的国家纲要课程教材《心理健康》（24 册）就此杀青，到年底甚至有了副产品即安徽大学出版社的《心理健康教育》（24 册），战绩可圈可点。经过几年努力，该套教材已成为全国十多个省市地方教材的"先行者"，据说累计已使数千万名中小学生受益，实在大大出乎我意料。其中，我尊称为"灭绝师太"的李雪洁、徐玥功不可没。到 2018 年年底，与上述教材配套的教参《心理健康教育教学参考（小学）》《心理健康教育教学参考（初中）》和《心理健康教育教学参考（高中）》均已顺利出版，为教材修订再创辉煌保驾护航、固本强基。

这里需要一提的是，承蒙北京师范大学出版社领导的关爱，在资深编辑关雪菁女士的不懈努力下，我的专著《社会转型：心理健康教育报告》于 2016 年得以出版，虽受到学界好评，但经济效益平平，深感内疚。倒是 2016 年年底我受教育部思想政治工作司委托，开始着手《高等学校学生心理健康教育指导纲要》的编制研究工作，北京师范大学出版社策划编辑周雪梅博士又凭着职业敏感，嗅到了"商机"，在吕建生总经理、李艳辉总编辑的大力支持下，赶在教育部 41 号文件出台前，就与我早早签下协议，2018 年年底我主编的《大学生心理健康》教材应运而生。想不到该教材出版第一年，就取得了单册销售 12 万册的好成绩，获得北京师范大学出版社当年唯一的"最佳营销活动奖"。我也实现了一个心愿：无"债"一身轻！

实事求是地说，大约八年前，教育部委托的全国中小学心理健康教育调研和政策编制工作，以及随后的全国高等学校心理健康教育调研和政策编制工作经历，终使我痛下决心，逐步放弃原来的社会心理学、发展心理学等研究领域，全身心专注于心理健康教育研究，聚焦"心育研究"。经过几年的辛勤耕耘，初步有所斩获。但这些研究成果"曲高和寡"，无人问津。又是北京师范大学出版社，也只有北京师范大学出版社向我伸出了援手，使我感激涕零，这就是"心育研究"书系的由来。看来，又一笔"债"欠下了。既然目前尚无偿还能力，我只好"王婆卖瓜自卖自夸"，先来自荐一番北京师范大学出版社的这笔"未来投资"吧，希望能博北京师范大学出版社吕建生社长、李艳辉总编辑，以及策划编辑周雪梅博士一笑而泯"新债"！

一是"心理健康教育理论政策研究"。心理健康教育作为一个新兴研究领域，不仅需要国家教育政策宏观指导、规范，而且更需要教育理论工作者苦心孤诣、理论思维引路，不断提高"摸着石头过河"的效率，即理论联系实际。在上述原则指导下，作为一名多年从事心理健康教育研究的工作者，我一直希望在心理健康教育理论方面有所作为、有所创新，无奈"功力有限"，加上"人微言轻"，目前仍处于积极探索、耕耘中。第一，心理健康教育一定要提高站位，即站在社会心理服务、社会心理建设的高度上。第二，全面推进和深化心理健康教育工作，必须树立"大心理健康教育观"。第三，心理健康教育随着我国改革开放进入大众视野，并由理论与实践的推动逐步融入国家教育政策体系中。以上是我作为教育部相关心理健康教育政策的亲历者、当事者和编制研究者，对此的认识与理解。第四，从心理健康教育研究方法论的角度，提出了加强心理科学与教育科学的交叉融合研究，建立心理健康教育学新学科的设想。我深深知道，心理健康教育的理论探索、政策研究永远在路上。

二是"中小学校心理健康教育研究"。对于中小学生而言，正所谓"学习不好是次品，身体不好是废品，品德不好是劣品，心理不健康是危险品"。在他们的成长和发展过程中，心理健康教育至关重要。首先，我们所做的工作是摸清"家底"。从2014年开始，我们选取我国中部地区两个地级市的城市和农村中小学为研究对象，对中小学校心理健康教育的现状进行了较为系统的调查研究。在盘清了"家底"后，还需要知道"中小学生心理健康教育"的"另一个家底"，即中小学各学段心理健康教育的历史回顾与展望。在此基础上，我们开始编制"分学段中小学生心理健康量表"。毫无疑问，中小学生心理健康的结构与量表编制、特点与影响因素的相关研究，为进一步探索中小学心理健康教师培育学生心理健康素养所急需的胜任特征与教育能力、工作职责与工作内容、工作程序与工作途径等，奠定了坚实的科学基础。我以为，今后中小学心理健康教育会越来越强调从学生的测评和实证研究出发，发挥他们的主体性、能动性和创造性；强调体验式学习，在活动中体验，在体验中调适，在调适中成长。

三是"高等学校心理健康教育研究"。可以说,高等学校既是社会发展的"上风口",也是社会现实的"风向标",更是时代精神气质概貌的"浏览器"。第一,总论。2016 年年底,受教育部思想政治工作司和高等学校大学生心理健康教育专家指导委员会委托,我主持完成了《高等学校学生心理健康教育指导纲要》的编制。第二,高职院校调研报告。为了把握高职院校心理健康教育的现状和特点,2016 年年初至 2017 年 6 月,受中国职业技术教育学会德育工作委员会委托,我主持完成了"高职院校心理健康教育工作和学生心理健康状况调查"课题。第三,普通高校调研与比较报告。为了了解目前普通高校学生、专兼职教师和教育管理者对心理健康教育的认知与评价,我们对全国 7 个省份的 11 所普通高校进行了大样本纸质问卷调查。此外,还对不同地区、不同类型高等学校心理健康教育现状进行了对比研究。第四,实证研究报告。近年来,我们以大学生为研究对象进行了一些实证研究。这里,有一点需要特别说明。此虽为"智库"类研究成果,却不是以单位或项目课题组名义发表的,旨在承担"文责自负"的责任,也是抛砖引玉。

四是"心理健康教育学科融合研究"。心理健康问题既有基础研究的属性,又有应用研究的特性,这决定了心理健康教育应是多学科的研究对象。从心理学、教育学交叉融合研究的历史演变进程看,这种多学科研究范式的形成有一个过程。从心理学、教育学交叉融合研究后形成的丰硕成果看,只要心理健康教育研究需要,无论心理学的量表法、实验法、统计法,还是教育学的调查法、文献法、历史研究法,都是适合的。毫无疑问,多学科交叉融合视角下的心理健康教育研究,是由时代和社会发展的需要、趋势所决定的,也是由其母学科的历史演变所决定的。因此,赋予心理健康教育研究更多客观的、科学的逻辑属性,重要的是以人作为研究的基本对象,以人的发展为研究核心,以现实教育问题为导向,运用心理学的研究方法,坚定地站在教育学的立场上,不断强化心理学与教育学研究范式的有机结合,开展多学科的交叉融合式研究。我深深意识到,心理健康教育学科融合研究的"新长征"刚刚开始,其后"路漫漫其修远兮,吾将上下而求索"。

五是"心理健康教育前沿问题研究"。心理健康教育,唯其"前沿"必须要有新意、要有创新。这里,从理论研究、领域研究和应用研究三个方面进行了梳理。在理论研究前沿上，我以为提倡心理健康，一定要提高站位，即站在时代和教育的制高点上。以时代而言，社会转型是新时代的核心特征，是时代的制高点；以教育而言，"立德树人，育人为本"是教育的制高点。在领域研究前沿，他山之石，可以攻玉。学习、追踪和借鉴国外研究成果为我所用，洋为中用，这是借以发展、壮大自己的一条重要路径。在应用研究前沿，更要有清醒认识，心甘情愿坐"冷板凳"十年。实事求是地说，要很好地把握一门学科的前沿问题或新近进展，并非易事。"心理健康教育前沿问题研究"更是个"无底洞"，虽勉力为之，尽力为之，仍顾虑重重，很可能力所不逮。但世间本没有路，路总是人走出来的，与其永远在未知中，倒不如在未知中求已知，也是一件有意思、有意义的事情。

啰唆至此，我的"心育研究"之路，北京师范大学出版社的这笔"投资"，究竟是"潜力股"还是"垃圾股"，值得拭目以待。让我们努力，让我们期待！

启功先生与北京师范大学出版社的情缘

侯　刚

　　在我们迎接出版社建社 40 周年的日子里，我深深地怀念敬爱的启功先生。

　　启功先生与北京师范大学出版社有 20 多年的交往情缘。1980 年出版社建社之初，就聘请启功先生担任学术顾问，直到 2005 年先生逝世，在长达 25 年的岁月里，他一直在关心和支持出版社的各项工作，把自己当作出版社的一员。他直接参加过重要学术著作的点校整理，参加过书法教材的编写；为出版社的成长和发展提出过很好的建议，对出版社的缺点和不足，提出过善意的批评；对出版社请求他的事，尤其是代兄弟出版社求字，总是有求必应。许多往事记忆犹新，这些往事集中体现出先生忠厚长者的风范，他不忘恩师绵延师德的高尚品德、广博精深贯通古今的学术造诣、爱憎分明的高风亮节和爱国情操、豁达乐观淡泊名利的无私胸怀，令我们钦佩，为我们树立了学习的榜样。

作者简介 >>>

侯刚，北京启功艺术研究会顾问，曾任北京师范大学校长办公室主任、北京师
范大学出版社副社长，长期协助启功先生处理日常对外事务和接待来访求字者
的有关工作。启功先生逝世后，任《启功全集》编辑委员会委员、出版委员会
主任委员。出版著作有《中国文博名家画传·启功》《启功：国之瑰宝》《启
功年谱》《启功图传》《往事启功》等。

一、出版社筹建中出版的一部学术
著作

1980 年是北京师范大学老校长陈垣（援
庵）先生 100 周年诞辰。1979 年秋，学校
为了纪念这位把毕生精力和才华献给祖国
的文化教育事业和史学研究事业、为国家培
养了大批优秀人才的教育家和历史学家，学
习他热爱祖国的高尚品德，继承和发扬他勤
勉治学、坚持不懈、辛勤耕耘的精神，决定
届时举行隆重纪念活动，计划办三件事：

1. 召开纪念大会和学术研讨会；

2. 出版《陈垣校长诞生一百周年纪念文
集》（征集援老生前友好及弟子的回忆文章）
和《陈垣先生史学论文集》（汇集援老在报
刊上发表过的史学论文）；

3. 重印陈垣先生的史学专著《励耘书屋
丛刻》。

当年，出版社还在积极筹办当中，第 2、
第 3 两项有关出版的任务就交给了正在筹办
中的出版社。

学校请白寿彝、启功、刘乃和三位老
校长的弟子组成编辑小组，负责《史学论
文集》和《纪念文集》的编辑，出版社负
责联系印制，很顺利地完成了。重印《励
耘书屋丛刻》（以下简称《丛刻》）则是
比较困难的一件事。《丛刻》是陈垣先生
1934 年亲自指导刻印的史学专著，印数不
多，书市上已很难找到。启功先生和刘乃和
先生为了使援老学术成果能更加广泛地流传，
方便史学研究者学习与研究，提出重印。但
是，十多年前枣木刻版已捐给北京图书馆（今
中国国家图书馆），当年给援老刷书的工人
师傅也早已退休告老还家。要重印《丛刻》
必须尽快找回刻版，找到会刷书的技术工人。
启功先生和刘乃和先生商量后，决定他们二

人亲自行动，分头落实。

启功先生去北京图书馆（今中国国家图书馆）交涉，得到了北图的支持，同意把书版退还北京师范大学出版社。当年已年近70岁的启功先生，带领出版社的工作人员乘大卡车把十多箱书版运回出版社。刘乃和先生在琉璃厂中国书店，打听到20世纪30年代给陈校长刷书的王志鹏师傅是大兴县（今大兴区）人，现已80多岁，但是手眼还好用，只是腿脚不太灵活。当刘先生讲明请他再为陈校长刷书时，他非常高兴，愿意帮忙，只是要求把书版运到他家，启功先生又再次跟车把书版送到王师傅家，并在荣宝斋选了上等印书纸刷印《丛刻》100部，及时提供给学术研讨会使用。

为了满足广大读者的需求，启功先生同时建议出版社照相影印1000册普及本供市场销售。

这是出版社建社过程中出版的第一部学术著作，先生特为《丛刻》的重印题写了扉页"励耘书屋丛刻，一九八〇年十一月，北京师范大学为纪念陈垣同志诞辰一百周年纪念重印"。这部书的重印，凝聚了启功先生不忘恩师的一片深情。此后，15箱木刻版就一直存在出版社的书库中。2015年，因学校调整库房，再无处存放，出版社将《丛刻》木版全部移交"北京师范大学文物博物馆"珍藏。

二、《启功絮语》手写稿的往事

1989年，启功先生的第一部诗集《启功韵语》由北京师范大学出版社出版，样书先呈送启功先生审阅，先生发现有十多处错字。先生一向治学严谨，在他的诗集里出现这么多错字，绝不放过，决定亲自校订予以更正。为了纠正错误，重排了第二版，书印好后先生担心又出错误，他自己先校订一遍后，果然旧错纠正又出新错，就请他的学生刘石博士仔细校正错字和标点，同时中华书局的程毅中先生也帮助查对纠正错误。启先生汇集大家校对的结果，亲自制作了"勘误表"，交出版社印制后附在诗集中正式发行。先生以身作则，对作品和读者负责的精神，深深教育了我们！

1994年，先生的第二部诗集《启功絮语》要出版了，先生担心再出现类似错误，决定改用手写稿影印。先生在《絮语》的前言中说："几年来新稿又积一册，因前刊系用排印，误字较多，屡次附加校勘记，所校仍难无漏。这次改用手写影印，误字责任自负，可免诿过于排字的朋友。"

《启功絮语》出版后，深受读者喜爱，出版社几位领导王德胜、胡云富和我希望留下先生的手稿永久珍藏。当我把出版社这个请求报告给先生时，先生说："你们喜欢就留下吧！"后来钟敬文、陶大镛两位先生听说此事后，曾表示出版社不应要启先生的手稿。当我把手稿送还先生时，先生说："钟陶两位先生的意见是他们的意见，我有我的自主权。我说过给出版社，我就言而有信，麻烦你再帮我把稿子送回去。"就这样，《启功絮语》这部书稿就连同先生的一批书画作品，成为北京师范大学出版社镇社之宝。

三、为了"让孩子们从小把字写好"

20 世纪 80 年代初，老一辈革命家陈云同志很关心下一代的健康成长，他曾提倡青少年要学习和继承中国的书法艺术。1984 年，他给国家教育委员会提出建议："小学要重视毛笔字的训练，要把大字课作为小学的基础课，严格要求……让孩子们从小把字写好很重要。"（《对教育工作的几点意见》，见《陈云文集》第三卷，北京，中央文献出版社 2005 年，第 528 页）

国家教育委员会为了落实陈云同志的指示，采取了许多有效措施，如把小学生的写字课列为必修课等。当务之急是解决教材和教师问题。1985 年年初，国家教育委员会教材办公室的徐汝京、李进才两位同志专程来到北师大，委托北师大主持编写一本适合青少年学习书法的教材。师大接受了这个任务后，王梓坤校长主持的校长办公会决定，请启功先生任主编，编写这本教材。

启功先生很重视这个任务，根据他的提议，聘请了校内外青年书法家苏士澍、谷溪、庞书田、秦永龙、陈荣琚、胡云富组成了编委会，又聘请了著名书法家谢冰岩、沈鹏、王靖宪、谢芳春为顾问。启功先生亲自草拟了编写大纲，经编委会两次讨论后分工撰稿，初稿完成后又经启功先生统稿，定名为《书法概论》，于 1986 年由北京师范大学出版社正式出版发行。

1987 年暑假，北京师范大学受国家教委委托，举办了"全国书法教师第一期讲习班"。这次讲习班由北京师范大学出版社承办，参加讲习班的学员，是来自全国各省区教委所属部分中小学的书法教师。自 7 月 28 日至 8 月 10 日，历时两周，学习的主要内容即《书法概论》一书所述。启功先生担任主讲，编委会青年书法家也根据自己所选题目参加了讲授。

由于启功先生的精心安排，这次讲习班内容丰富，生动活泼，既有课堂讲授又有小组讨论，还配合讲课内容安排了两次参观。一次到故宫博物院书画馆，观看古代书画名家的书画真迹和著名碑帖，一次到北海阅古楼看《三希堂法帖》的刻石。实地参观使学员大开眼界，大饱眼福。参观时，先生边讲解边解答学员的提问，使学员进一步加深了对课堂讲授知识的理解。

阅古楼参观毕，园方请先生留题，先生即兴挥毫题诗一首留赠阅古楼：

> 今朝琼岛正轻阴，阅古楼中墨胜金。
>
> 揽古喜赏双眼福，不暇应接字如林。
>
> 锺王八法昔传衣，枣木频翻貌已非。
>
> 幸得良工勒贞石，学人常获见三希。

在讲课期间还安排了半天时间举行笔会，启功先生首先挥毫示范，其他授课人和学员也纷纷动起笔来，一时间授课大厅四周展出多幅作品。有位学员带来十岁的女儿，也当场写了"松风"二字，受到了学员的夸奖。先生也给予鼓励，在她的作品边上，工整地写了16个字："学业本概，数理语文，身强体健，行正品敦"，勉励小朋友要学好功课全面发展。

讲习班结业时，应学员们的要求，为每位学员赠送了一本新出版的《启功书法

选》，先生亲自在每本扉页题款钤印。王梓坤校长和启功先生与全体学员合影留念，讲习班圆满结束。

四、指导整理出版吴承仕遗著

1984年是我国当代著名的经学家、古文字学家和教育家吴承仕（字检斋）先生一百周年诞辰。吴老20世纪30年代曾任我校国文系主任，学校决定由北京师范大学出版社整理出版他的遗著，并请启功先生指导整理工作。

吴老是清末最后一名"状元"（1907年朝考第一名），曾被授予大理院主事。辛亥革命后，被民国政府任命为司法部佥事。他不满官场的腐败，毅然辞职从教，并拜章炳麟（太炎）先生为师，专门研究文字音韵训诂之学及经学。"一二·九"时期，他受进步人士范文澜、陈伯达等人及进步学生的影响，支持学运并秘密加入了中国共产党。他在中国大学创立了国学系，以历史唯物主义的观点研究经学，颇有创获，取得丰硕成果。

日寇侵占北平后，伪政权动员他担任北平师大校长，被他断然拒绝，其后因遭到汪伪政府迫害而病故。当时，延安方面得到了消息，曾举行隆重的追悼会。毛泽东题词：

"老成凋谢"。周恩来献挽联"孤悬敌后舍身成仁，不愧青年训导；重整国学努力启蒙，足资后学楷模"。中共七大追认吴老为烈士。

吴老去世后，他的遗著由其子吴鸿迈（我校数学系教授）珍藏，这批遗著除他多年研究成果外，还包括他向章太炎先生问学时章师给他的一批手札。从这批遗著中，可以看到两位学者治学严谨、尊师爱生的高尚之处，值得我们后辈尊敬和学习，整理这批遗著有重要意义。

"文化大革命"前，吴鸿迈委托吴老的学生齐燕铭把这批遗著送到中华书局，准备整理出版，恰逢"文化大革命"便被搁置起来。直到1982年北师大建校80周年时，重又提起这件事。

为了找到书稿并顺利出版，启功先生亲自带领胡云富和我多次前往中华书局与赵守俨、赵诚、张立伟诸位编辑商谈分工合作联合出版事宜，最后决定先选出六部著作在1984年举行纪念活动时出版。为了做好整理、编校工作，启功先生还建议请学校出面邀请了吴承仕先生的高足、福建师大副校长黄寿祺教授来师大参加校订工作。自1982年年底开始至1984年春，经过一年多的紧张工作，在两位老先生的指导下，由中华书局出版了《经籍旧音辨正》《经籍旧音序录》《经典释文序录疏证》三部专著；由北京师范大学出版社出版了《淮南旧注校理》《检斋读书提要》《吴承仕文录》三部专著和《吴承仕藏章炳麟论学手札》《吴承仕纪念文集》。启功先生协调两个出版社统一封面设计，统一开本，亲自设计并题写了书名。

《吴承仕藏章炳麟论学手札》是吴先生向章师求教时章师答复他的几十通回信，因章师好写古体字，书信中又有些残破部分，比较难辨。启功先生就主动承担了这批手札的全部释文注释和标点任务。

五、代高校出版社赠书育人

1992年春，全国高等学校出版协会拟在桂林举办向少数民族地区青少年赠书活动。为了将这次活动办得隆重而有意义，国家教育委员会有关领导与北师大出版社联系，拟请德高望重、长期关心和支持出版事业的启功先生出席，代表高校出版社给青少年赠书并宣传党的民族政策，弘扬民族团结精神。我向先生报告了国家教委的意见，先生欣然应允。

先生一行于1992年3月2日一早乘飞机抵达桂林，首先参加了有当地各校各族学生代表参加的赠书仪式。仪式结束后，先生又在桂林市相关领导的陪同下，前往桂林民族师范学校和桂林民族小学送书。

桂林民族师范学校是当地具有悠久历史和优良传统的师范学校，有侗族、苗族、瑶族、水族、黎族、回族、毛南族、汉族等十多个民族的学生在此就读，是一个团结和谐的大家庭。师生们得知启功先生来赠书，穿着节日服装，弹着民族乐器，在校门口热烈欢迎。先生被大家的热情感动，情不自禁地走进孩子们的行列，学起了他们的动作，同他们欢乐地舞在一起。

在欢迎会上，启先生亲手把一包包文学、历史、科普常识等课外读物递到学生代表手中，并在简单的讲话中颂扬了党的民族政策和各民族大团结的可喜形势；又以自身的体会，给未来的青年教师们谈了教育工作的重要，以及做一名合格的人民教师应具备的素质和神圣职责。会后，该校校长请启先生题写了三句话："做民族学生的父母，做民族学生的学生，做民族学生的老师"。

随后，先生又去小学赠书，除文史和科学知识读物之外，还特意带了北师大音像出版社出版的《听鞠萍姐姐讲故事》等少儿喜欢的音像制品。孩子们热情地给启爷爷鲜花，老先生亲切地接过鲜花，并把花分成许多小束，分别赠还给小朋友并和孩子们合影留念。

最后，为小学题写"知识就是力量"，勉励孩子们好好学习，天天向上。

次日，桂林市有关同志和广西师范大学出版社的领导陪同先生游漓江。返回后，先生参观了广西师范大学出版社，与陪同的编辑们亲切交谈。他说："出版教学用的各门书籍，是学术这台机器上的原料，是师生们的精神食粮，出版者应当精心制作。"在参观该社的小型书展时，先生即兴吟诵了一首诗：

出版尽香花，没有一根毒草。

真好，真好！伟大中华之宝。

先生乘兴挥毫写出，给广西师范大学出版社留下墨宝。

3月5日下午，先生离开桂林之前，又特意抽出时间参加了桂林民族师范学校的师生座谈会，他谈了我国过去少数民族的历史状况，阐述了各少数民族为中华民族大家庭的繁荣和发展做出的卓越贡献，并表明了维护民族团结的鲜明立场。最后勉励学校师生要奋发向上，为发展边疆少数民族文化教育事业做贡献。

六、为出版社留下珍贵墨宝

与启功先生交往二十多年，先生曾和我

们共同度过了两次社庆，每次他都有诗句条幅祝贺。

1990年，出版社成立十周年，先生题词：

发扬精神文明，教育民族群英。

出版好书千万，事业十年大成。

2000年，出版社举行建社二十周年社庆，先生又书写祝福的吉语，祝出版社事业指日飞腾：

金龙吉庆，文化中兴。

出版事业，指日飞腾。

启功先生对出版社关爱有加，特别是向他求字时，总是有求必应。出版社成立时，请先生题写了社名，有的兄弟出版社非常羡慕，就要求代他们请先生题名，于是武汉大学出版社、华中师范大学出版社、广西师范大学出版社、台海出版社等兄弟出版社都收藏有启先生的墨宝。

1993年，为改善出版社的工作条件和环境，经学校批准，出版社将离开小平房搬进教三楼，事先要对教三楼改造装修，为方便读者，出版社在大楼东侧开大门，并从房山县（今房山区）石窝大理石厂购回两尊石狮子立在社门左右，我去请先生为石狮题铭。

先生先拟一稿"师承教则，范我群伦"，略加思考后把前四字改为"师尊教泽"，随即又改为"师延教则"，最后提笔挥毫时则写下"师垂典则，范示群伦"八个字。先生仔细推敲的认真态度给我留下深刻的印象。这八个字就镌刻在两尊石狮子底座上，出版社的职工自觉把这八个字作为自己的行为准则。这张墨宝至今在出版社珍藏。

同时，出版社为庆祝乔迁之喜，在广东肇庆荣林砚厂购得一方巨砚，此砚最大宽度1.78米，最大长度2.52米，厚度20厘米，出自肇庆（古端州）名砚产地——麻子坑。砚石为青灰石质，质朴古拙，十分难得。京城只有古色古香的荣宝斋营业大厅有一方精品《英雄谐吉砚》可与它媲美。启先生曾为其题铭：

鹰松谐韵是英雄，山骨端溪錾凿工。

巨铤隃糜磨一尺，高挥椽笔写长空。

今出版社得巨砚，也请启功先生题铭，先生欣然命笔，写诗一首：

天上紫云割一片，巨匠斫雕成大砚。

重之不异锦绣段，彩毫濡染星文焕。

先生不仅题诗，还在大砚周边画了兰竹，因砚石中间偏左位置隐见一圆形蕉叶白花纹形似圆月，四周刻兰竹相映为美，颇有兰竹醉月之趣，可见先生匠心独运之处。

建设和守护好大学出版的精神家园

黄会林

　　阅读对人类的重要性，似乎再怎么夸张也不为过。从宏观看，阅读是人类文明演进的基石。我国古代文化的光辉灿烂，与造纸术、印刷术的发明关系甚密；而西方近代文明的繁荣昌盛，亦与报业、出版业的兴起密不可分。阅读守望着人类精神的集体财富，传承着民族文化的独特价值，甚至关系着社会未来的发展前景，正如有的学者所言，"文明之族，必是阅读之邦"。而从微观看，阅读是一个人精神成长的阶梯。我们在阅读中叩问心灵，感受世界，于不同的书中体会不同的生命体验，拓展思维的深度和广度。可以说，身体发肤受之于父母，但精神气质却取决于阅读。我已年逾八旬，虽然视力大不如前，但阅读之时依然是我生活中最享受、最松弛的时刻。

　　如果说阅读带给人纯粹的快乐，那么写作则是快乐与痛苦交织的。快乐在于，它让人蒸馏出自己的情感和思想，使之在纸上形成文字，化无形为有形，化短暂为永恒。作

作者简介 >>>

黄会林，北京师范大学资深教授，中国高校第一位电影学博士生导师，北京师范大学艺术与传媒学院首任院长。现任北京师范大学中国文化国际传播研究院院长、影视戏剧研究中心主任，中国高教学会影视教育专业委员会名誉理事长等。发表文化领域著作、文章约620万字，与绍武合作创作电影、电视、话剧、小说、报告文学等约320万字。先后获得2011年教育部颁发的第四届全国教育科学研究优秀成果二等奖、第七届中国文联文艺评论特等奖、中国大学出版社第二届优秀学术著作奖一等奖、北京市"师德榜样"等多项奖励。

品发表和出版后，自己的主观感受、个体经验便与千千万万个读者共享，甚至于打动对方、影响对方，这是多么令人鼓舞的事情！当然，写作者也要面临一些痛苦，其中最主要的是自己与理想的写作目标之间的差距。就学术著作而言，必须努力做到全面、准确和透彻，即"理论要能说服人，理论必须是彻底的"，同理，文学作品也要向着思想、意义和美感的至高境界努力，即便那样的境界遥不可及。我和老伴绍武都是写作者，笔耕几十年，出版了几百万字作品。一方面，他重创作，我重学术，术业有专攻；另一方面，我们俩是亲密的合作者，无论是情节的构思，语言的推敲，都能够彼此理解，互相扶持。写作的道路虽然坎坷，但一路走来，我们也收获了许许多多的读者，体会到无穷

无尽的乐趣。

　　陈述阅读和写作的意义，无非是为了强调这样一个事实：出版是重要的，出版社是重要的。没有出版，便没有阅读和写作；没有高质量的出版，便没有高质量的阅读和写作。出版社是知识生产的组织者，它仿佛桥梁一样，将人与书、读者与作者联系在一起，从中产生无限的联结，无限的可能。读者可以拥有千万本书，而作者可以拥有千万个读者，知识得以共享，故事产生共鸣，经验、情感、文学、科学、历史，都通过出版得以传播、传承。因此，借助北京师范大学出版社建社40周年这样一个时机，我作为一个普通的读者和作者，向其致以最诚挚的敬意、感谢和祝愿。

　　首先，致敬北京师范大学出版社对学术、

教育出版的贡献。不同于普通出版社以经济效益为首要追求，北京师范大学出版社一直服务于大学的教学科研，与学校唇齿相依、互勉互励，目标指向教育、学术出版的一流水准。多年来，它出版了相当规模的重要教材和学术著作，仅以我主编并参与撰写的丛书为例，便有影视艺术学科基础教程系列（15种）、中国影视美学丛书（8种）、影视受众研究丛书（8种）、京师影视学术书系（16种）、"第三极文化"论丛（8册）、中国电影国际传播年度报告（8册）等数十种。这些著作既凝聚着学者们长期以来的教学成果、学术精华，也集结了当下热点问题的观点学说、数据理论，成为学生们学习、研究的重要读本，业界、学界的重点参考对象，其价值不言而喻。此外，北京师范大学出版社出版了10卷的黄会林绍武文集，集结了我与老伴三十余年来的重要学术研究论著和文学艺术创作，对于我们有着非凡的意义；还有《黄会林影视戏剧艺术论集》《"第三极文化"与中国影视民族化》《岁月匆匆——三十五载翰墨留痕》以及"京师影视学术书系"第一辑第一部《学术知行——从影视民族化到"第三极文化"》等专著，系统呈现了我在21世纪以来的学术思考脉络。通过这些题材广泛、内容过硬的学术、

教育出版物，北京师范大学出版社塑造着自己独特的品质和气质。在我看来，它不仅仅是一个出版平台，也是文化传播、科研教育的重要阵地，是引领当下学术潮流的重要出版力量之一。

其次，感谢北京师范大学出版社负责、尽心的编辑团队。顶层的理念设计固然重要，执行层面更是重中之重，编辑、校对、设计、印制，皆为关键环节，需要无数工作人员付出心血和努力。这里就不得不提及出版社的编辑团队，他们是职业的出版人，也是合格的研究者，有研精究微的学者素养，也有精雕细琢的匠人精神，正所谓"人生的所有履历，都必须排在勇于负责的精神之后"。难忘他们一遍又一遍地审读文字，核实数据，勘误纠错，沟通设计，展现出强烈的使命感和责任心。举例来说，由我任院长的北师大中国文化国际传播研究院，自从2011年起，每年都要举办"看中国·外国青年影像计划"文化体验项目，邀请一百位外国青年来华拍摄短纪录片，并将项目成果汇集为一册年度书籍。这套图书为中英双语，涉及大量的人名、地名、图片、二维码等，为责编工作增添了很大难度，但出版社以王则灵为代表的多位编辑小友每次都尽心尽责、细致耐心地完成了工作。截至目前，已有《民族·风

采·文化》《工匠·传承·创新》《生态·生物·生活》《时刻·时光·时节》四册在北京师范大学出版社出版，呈现了四百余位外国青年的短片作品和拍摄感悟。在此基础上，北京师范大学出版社又集结了《体验中国：看中国·外国青年影像计划》《民心相通："一带一路"看中国·外国青年影像计划》《民心相通："金砖国家"看中国·外国青年影像计划》《印象·改革开放——看中国·外国青年影像计划》四本专题书籍，成为亚洲文明对话大会、"一带一路"高峰论坛、上合峰会、"金砖国家"峰会等国家重要外交会议用书，从青年视角、文化层面展现着中外民间文化交流的重要成果。如果没有编辑团队的认真负责，匠心独运，这些书是不可能顺利面世的。我们既为书籍的广受欢迎而备受鼓舞，更为编辑们的默默付出而深怀谢意。

最后，祝愿北京师范大学出版社能够越来越好，越走越远。在高速发展的现代社会，人们将大量精力花费在五花八门的娱乐产品和社交媒体上，投入阅读的时间越来越少，越来越不纯粹，浅阅读取代了深阅读，流行阅读取代了经典阅读，二手阅读取代了一手阅读，碎片阅读取代了完整阅读，消遣阅读取代了严肃阅读，图片阅读取代了文字阅读……更有甚者，将阅读庸俗化、低俗化、功利化，这不得不说是现代化进程中的一种副作用，使人见识短浅，精神浮躁。在这样的时代背景下，我们更需要优秀出版社的存在，使好书不至于变成稀有的摆设，使看书不至于沦为空洞的仪式，使文明继续在阅读和写作中无声延续。希望北京师范大学出版社能够建设和守护好大学出版这一精神园地，推出更新的书籍，发掘更好的作者，培养更多的读者。对此，我坚定地相信，在大家的共同努力下，北京师范大学出版社必将延续昨天的优良传统，保持今天的卓越成就，开创明天的新辉煌。

古代典籍的深度阅读和普及出版

王　宁

　　现代人要不要静下心来认真读一点古书？这是一个有争议的问题。不少人认为，现代是知识爆炸的时代，要想适应当代生活，需要的知识太多了，工作之外，有那么多时尚的书要看，哪里还有时间读古书！也听到有人这样说：有一点典故、成语和历史知识，起码在谈吐上显得风雅，希望编一点这方面的小册子，最好按现代应用主题分类，现用现查，也就可以了。也还有人对古书有兴趣，或在专业领域里明白借鉴历史的重要性，但文言文难读、难懂，因此希望有白话翻译，急需时匆忙翻阅，找到有用的再看原文，断章取义觉得也够了。这些年强调弘扬优秀的传统文化，阅读古书本应形成风气，但有上面那些想法的人不在少数，又让人感到遗憾和无奈。有时想想，社会风气浮躁，这些想法也难怪，比起不问青红皂白谈古色变的那些年代，已经是一种进步了。

作者简介 >>>

王宁，北京师范大学资深教授，著名语言文字学家，章黄国学的重要传人。现为汉字与中文信息处理研究所所长，兼任国家哲学社会科学研究专家咨询委员会委员、教育部哲学社会科学委员会委员、全国哲学社会科学"八五"至"十二五"规划语言学科专家评审组成员、中国语言学会副会长等学术职务。王宁先生在中国传统语言文字学上有多项创新。在训诂学方面，率先提出"训诂方法科学化"的主张。在文字学方面，她从《说文解字》中发掘出"小篆构形系统"，并由此创建了以描写为主的"汉字构形学"，又吸收了启功先生关于汉字书写的主张，创建了"汉字字体学"与"书写汉字学"。21世纪以来，她在汉字标准化、规范化方面有突出的贡献，是已经发布的《信息处理用 GB 13000.1 字符集汉字部件规范》《现代常用字部件及部件名称规范》第一研制人，国务院 2013 年 6 月发布的《通用规范汉字表》研制组组长。

古书常称"典册""典籍"。"典"字从"册"在"几"上。是放在伏几上的竹简，"册"字像单片的竹简串在一起。"籍"字从"竹"，也是竹简聚合的意思。典册存放时卷在一起，所以也称"书卷"。内容多，简册就长，分成好些卷，陈放于幕府的有成百上千卷，"卷"也就成了量词。书卷要流传，必须抄录，一次只能抄一份。传抄多次总会出现差异和错讹，所以历朝历代都会有学问家整理校勘重要的经书、子书，形成定本、善本。唐代有了雕版印刷，但主要用来刊刻宫廷需要散发多处的文告、文书，印数并不很多。宋代才有活字印刷，手抄与印刷并行，刊印略微多了一些。古代特别是宋代以前，书卷很珍贵，一般家世的平民很难得到，所以史书上有很多出身平民的学问家有地位之前是借书来读的。有专借一部书的，也有借阅大宗书卷的，二十五史中能入传的人借书、读书、背书的故事不少，有的借来抄录，有的连抄录工具都置不起，只能借来背诵，藏在心中。那些故事里有三五天就读完、背完一部大书的，有一目十行神速读完让书主惊讶的，等等。还有好些速读强记的"神童"，让人赞叹、感慨。其实推演开来，再说透辟一点，能在二十五史上立传的人，都是有机遇、有运气成了名的人，不出名的平民百姓读书读得好的更多，只是没有记载下来就是了！可以说，中国的文人读书是有传统的。为了获取功名的功利主义是有的，但"书到用时方恨少""腹有诗书气自华"，读到一定程度也就摆脱了俗气和功利，由此形成的喜爱读书的习惯，把读书当成一件大事和美事的风气，不能不说是值得称道的好事。

古人读书讲究的是深度阅读。南朝的颜延之说："观书贵要，观要贵博，博而知要，万流可一。"是说读书要在大量知识之中得到精要。唐代的刘禹锡说："观书者当观其意，慕贤者当慕其心"。这是说读书要读出意味，把对贤人的仰慕变为对贤人的深知。宋代的朱熹更传授读书之法："观书先须熟读，使其言皆若出于吾之口。继以精思，使其意皆若出于吾之心，然后可以有得尔"。更是说读了书不但要产生古文的语感，更要吸收前人的义理、道德。读书造就了圣贤、达人、英雄、廉吏、能工、巧匠……都是因为汉字可以超越时间和空间的限制，用文字记载的文化历史能够长存于世，不断传衍，使人类的智慧积累下来，整合起来，随着时代的变迁和应时的需要继承、发展、创新。

时代真的是进步了。印刷术发明后，简帛变成纸书，一版再版，成千上万人可以读书了。20世纪80年代告别了铅与火的时代，改成激光照排，有了电子版，90年代再一进步有了彩色照相扫描，只要有电脑，不但随时可以读书，甚至可以很多人同时读百年、千年以前的古书。现在有了手机，想读书不但可以"随时"，也完全可以"随地"。没有历史很难深入了解现代，了解历史不能只是道听途说、人云亦云，读古书，读元典，是了解历史、懂得民族文化的基础工作。现在，读古书的条件好到这种程度，国家又在大力提倡弘扬传统文化，在阅读现代书籍之余阅读古书，直接面对自己民族的历史记载，恢复我们的民族自信心，增强我们民族的自豪感，的确是一种幸运！这些年，读古书的人的确多了起来，但论起阅读质量，附庸风雅"假阅读"、精神贫乏"浅阅读"，也跟着冒出头来。

娱乐当然是要的，生活怎能没有调剂，健康的娱乐不但是一种减压与放松，更是一种精神的享受。但古人有言，"乐盛则流"，过盛的娱乐甚至娱乐至上，信息大量从娱乐中获取，交流时常在娱乐中进行，不论多严肃的要紧事，没有噱头引不起兴趣，甚至像学校老师和学生这样庄重、纯净的关系，都搞得像偶像和粉丝的关系。不论哪个人群弄成这样，青少年怎能健康成长？整个社会形成一种读书风气——读现代书，也适当读古书，不但可以让大家从过盛的娱乐中清醒过来，沉静下来，而且可以改变风尚，提升全民的素养和社会的道德面貌。

既然希望更多的人静下心来读一点古书，那就需要有书可读。中国的典籍浩如烟海，何愁无书可读？国家图书馆馆藏的普通古籍有161万多册，仅仅善本就有34万册。历来编纂的总集存留的古书数量可观。大家都熟悉的、乾隆皇帝亲自组织、由纪晓岚总纂的、中国历史上规模最大的丛书《四库全书》，包括经、史、子、集四部3461种书目，约79000卷，总字数约8亿，每部《四库全书》装订为36300册，6752函。原来抄写了七部，放到南北七阁里，大家自然难以看到。现在文渊阁《四库全书》电子版已经在学界十分流行，要查检不为不方便，何云无书可读？但是，这样大规模的丛书，真的适合社会上多数人直接去读吗？近四十年来，大部头的再造典籍成批推出，规模大到可补百米宏屋之壁。因为肆意求大，整理的队伍浩浩荡荡，但是，高校人文历史类专业因为不受重视或受不合理的评估制度损伤，致使懂得古籍的人

才日益稀少，再造古籍动机上也许是为了适应当代，但参与者鱼龙混杂，成文后必然优劣参差，不但国家耗资亿万元，数年甚至十数年不能完工，即使交了稿，录文、标点和注释的质量，多半经不起细查细看。更为尴尬的是，再造典籍少数的专业人员不去读——他习惯读原版也更信任原版；大众读不了——现实性太差，不符合需要。如此浩瀚集成之作偶然有一本两本可看的，被淹没在宏幅巨篇之中，从中难得去找一两本可看的，为了这一两本书去买一整套书也划不来。其结果，只是给附庸风雅的"土豪"去展示，或者仅仅凭着"厚重"去拿一个大奖。

查一查，真正用心出版、适合大众阅读的古籍有多少？帮助人们在闲暇时为了丰富自己的精神生活阅读的古书有多少？仔细想想，咱们已经有多长时间很少读文言文了？即使是很关心文化、很喜欢古文的人，一本古人选的《古文观止》，一本也是古人选的《唐诗三百首》，都读完的也已经不多了，光凭中小学读的那点古诗文，出了学校一忙活还能记得多少？又有多少还能在心里品一品，在口中说一说？如果没有更适合的书放在身边，哪里还能顾上这一桩？前不久，在提倡中国传统文

化进入基础教育，许多出版社选编文化读本，关注这一工作当然是一件好事，市场上的这类读本有一千多种。这些读本确有很用心编辑、质量不错的，但在市场竞争的环境下，一些匆忙推出的读本，版面虽甚是漂亮，但是内容呢？有的把《弟子规》《三字经》这种古代的童蒙读物直接编入，连那些吹捧封建帝王和宣扬糟粕的内容都赫赫在目，完全不顾我们这个时代需要培养什么样的儿童；有的把长篇巨著不恰当的随便删掉一些，支离破碎地拿来以享中小学生；有的该注的不注，该说的不说，任意发挥，胡乱解释；有的图文不搭配，只求花哨吸引人的眼球；更多的是互相重复，很多读本虽不说千篇一律，也是熟文熟面，新意极少。家长们已经有了用传统文化教育孩子的意识，为孩子买书舍得花钱却难以分辨优劣，商业出版的拜金主义因此泛滥，社会"浅阅读"的风气由青少年扩展到成人。

学校教育和社会教育是相辅相成的，要想孩子读好书，家长和老师先要进入深度阅读。说起来，适合成人读的古籍普及读物也不是很多。成人的阶层、职业、爱好都太复杂了，成人读者虽多，但众口难调。对古籍来说，普及版要比专业版更费力气。对"生财"

来说，更大为不利。"60后""70后"的中年人大多是在大批判的环境下度过青少年时代的，他们所受的传统文化教育都很单薄，他们需要补课，需要在古籍的阅读中了解自己民族文化的积淀，在古籍阅读中学习渊博者的智慧，享受激情者的才华，品评论辩者的理性，吸收跋涉者的勇气，来面对今天的挑战。古籍的出版需要满足不同文化层次、不同职业读者的需求，关注成年人对传统文化学习的渴求，发掘古籍中篇幅不大、适合成年人阅读的整本书或一些好的节选本，这件事并不难做，但做好了也不容易。《文心雕龙》的《知音》说："夫缀文者情动而辞发，观文者，披文以入情。沿波讨源，虽幽必显。世远莫见其面，觇文辄见其心，岂成篇之足深，患识照之自浅耳。"意思是说：作者内心的思想感情通过语言表达出来，读者通过语言来体验作者之所想。能够读懂语言，就能把握思想。作者和读者无法谋面，但能交心，不要嫌别人的说法太深，而要担心自己的见识肤浅。在"浅阅读"盛行的时候，这段话堪为阅读者、鉴赏者和出版者的座右铭。在全民文言文阅读能力较低的今天，教师、专家和出版家需要担负起在普及领域引导阅读、辅助阅读的使命，在浩如烟海的古籍中发掘更多的精华，防止出现"深废浅售"的孤陋现象，这不但需要去掉浮躁，杜绝贪婪，更需要培养既有解读古籍的能力又有辨识古籍价值的人才。千万古籍堆积而绝少有人问津，这不是传统文化传承的悲剧吗？

世事烦乱，生活节奏如驰如风，当人们在紧张、繁忙的工作之余稍稍喘一口气的时候，如果更多的人不去选择卡拉OK的喧嚣、奇装异服的纷乱、犬马声色的刺激、盛宴饕餮的醉饱，而去选择安静地坐在灯下拿起一本使自己兴趣盎然的古书，和前人对话，扩大眼界，体验崇高，那么，渐渐地，经过准确注释解读的文言文便能成为更多人轻松、自然就能读懂的语言，读古书便能成为更多人的爱好，优秀的传统文化便可通过阅读流入人们的心田。随之而来的是对自己民族和国家的自信心油然而生，真希望，这一天早早到来。

四十正当年

王一川

　　我与之合作出书已经长达 20 载的北京师范大学出版社（简称北师大出版社），今年已到其"不惑之年"了。扳起指头一算，人家出版的我个人写的和主编的书，少说也有二十多种了，能不值此机会去真心地道贺！？提起这家出版社，很多人可能会想到它在教育出版界的龙头地位，但在我的印象中，它的学术出版其实也不弱，在众多高校出版社中成绩斐然，特别是总能给予学者的

学术出版以有力扶持，还在推动学术创新的教学转化方面实绩显赫。多的不说，就只说说我的亲历吧。

　　我是在北京师范大学出版社已过"弱冠之年"时，才同它开始有实质的出版合作的。或许这个结缘有点晚，但毕竟是事实。那时我已在北师大中文系（后来改建为文学院）任教十多年了，并陆续在济南、天津、昆明、长春、成都、郑州、上海和广州等地的京外

作者简介 >>>

王一川，北京师范大学文艺学研究中心主任、文学院教授。1984年至2012年任教于北京师范大学、2011年至2019年任教于北京大学。入选"万人计划"教学名师、教育部2005年度长江学者奖励计划特聘教授。教育部高等学校艺术学理论类专业教学指导委员会主任，中国文艺评论家协会副主席，中华美学学会副会长，中国文艺理论学会副会长，中国电影评论学会副会长。主要研究领域为文艺理论、艺术理论、美学、影视批评。著有《意义的瞬间生成》《修辞论美学》《艺术公赏力》《中国现代性体验的发生》等。

出版社相继出过十多种学术著作，此后才有机会被它所接纳。回头看，不得不感慨该社的学术出版准入门槛之高。已经人到中年、四十岁出头的我，把刚完成的书稿《中国现代性体验的发生——清末民初文化转型与文学》交去，纳入"文化与诗学丛书"在2001年出版，主编是童庆炳先生，副主编是马新国先生，责编为傅德林先生。现在回想那段早已飘逝而去的岁月，我想说，四十岁是男人一生的最好年华，没有之一。该书集中了我在那些年月对黄遵宪、刘鹗、苏曼殊、李伯元、王韬五人的作品的细致阅读体验和文化阐释，致力于体验美学探索与修辞论美学阐释的重新交融，由此指向"中国现代性体验"问题域的理论建构。这确实把我此前多年的学术积累、文艺作品体验、文化理论反思和文艺理论建树渴望等诸多方面都汇聚起

来，形成了一种恐怕只有在个人学术精力鼎盛时刻才能充分实现的交融和平衡。把如此时刻的作品交由北京师范大学出版社出版，不得不感慨这是人生的一种幸运和缘分。

写到这里，我还想到一点。那些年我还没有承担过任何一项真正称得上行政管理的事务，最多就是谈不上职务的文艺学教研室主任，所以除了教学就是读书、做研究，甚至连学术会议也很少参加。正是在那段时间的某一天，我去一位老先生家拜访，把新出的两三本小书送去请他指教。他接过书去翻了翻，然后就对我说：我真羡慕你，不仅年轻，还能静下心来做学问、写出这么多书，太好了！而我自己，成天被这样那样的杂事干扰着，推也推不掉，想多读书的时间都没有，更别说做学问的时光就这样白白浪费掉了！心里着急也没办法。他还说，你将来有

一天也许会有我同样的感受呢！我当时还天真地回答说，我这人没有什么行政能力，也没有这方面的想法，就喜欢做学问，这辈子看来也只能这样埋头做事了。想不到几年后，当我先后被身不由己地推赶到研究生院和教务处的岗位上，起早贪黑地"坐班"，甚至有时连节假日也在加班加点赶写发言稿和总结材料时，才终于体会到那位老先生的苦衷、他对晚辈的关心和告诫，因而也更加怀念四十岁上下时静心治学和出成果的美好时刻。那时，确实没有多少课题及课题资助，更没有多少会议要像现在这样在手机日程表里排好后去参加或主办，有的就是潜心读书和研究的时间（当时还觉得时间远远不够用呢）。而现在，时间早已成为一种缺而又缺的稀缺资源了。如此说来，同样应当庆幸的是，自己的那段最有学术精力的宝贵时光没有受到行政管理事务的纷扰啊！

不过，那样的宝贵时光的消逝，自有其必然性和无可挽回性。正是在我享受四十岁的静心治学时光之际，中国高等教育的一场新的巨大变革已经悄然到来了，这就是，随着中国经济社会的快速发展，中国进入高等教育大众化时代，高校的教学改革、学术研究改革、学术资助机制创新及相关学术机构改革等都加快推进，包括我在内的所有高校教师的学术生活，都随即发生了深刻的转型。2000 年，我所在的北师大文艺学教研室，就在童庆炳先生带领和学校支持下，抓住教育部首次设立百所人文社会科学研究重点基地的新机遇，及时创办文艺学研究中心，依托这个学术研究机构去申请而终于获批，随后又乘势而上成为国家级重点学科。与此同时，我们所在的北师大中文系又获准在 2003 年扩建为文学院。正是从这个时段开始，包括本校、本学科点在内的整个中国高校学术研究都突然间紧急提速，驶入快车道，学术课题、学术资助、学术会议及学术成果等都迅速地活跃起来、丰盛起来，仿佛充塞了我们的整个生活空间。正是在这个新形势下，我与北师大出版社的学术出版合作机会变得越来越多了。

《中国现代性体验的发生——清末民初文化转型与文学》一书的出版也似乎真成了一个契机，从此拉紧了我与北京师范大学出版社之间的联系纽带。我随后获得资助的教育部"长江学者奖励计划特聘教授"项目、教育部百所重点研究基地重大项目"现代文学中的汉语形象"以及教育部哲学社会科学研究重大课题攻关项目"西方文论中国化与中国文论建设"等的结项成果或后续拓展研究成果，都陆续在这里出版。其中包括主编两套学术丛书：一套是"现代文艺与文化转型丛书"七种，其中收入我作为指导教师指导过的文艺学博士如刘莉、黄世权、唐宏峰、罗成等的学术处女作；另一套是"中国现代文论史"丛书四种，其中也有我曾指导过的三位博士的学术新著，即陈雪虎教授的《由过渡而树立——中国现代文论的发生》、胡疆锋教授的《制度的后果——中国现代文论的体制构型》、胡继华教授的《思想的制序——中国现代文论的多元取向》。同时，这套书还由出版社申请获得了国家出版基金资助。

今天写下这两套丛书的出版之事时，只不过用了简单的文字，但其实际推进过程之艰辛和心智之煎熬程度，至今仍难以释怀。前一套书，著者交稿情况各不相同，有早有晚，有易有难，但好歹也都坚持下来了。后一套书"中国现代文论史"为多卷本学术专著，则历时更长、经历更曲折，从立项到出书前后，历时近十年，有著者拖延了好些年，有因自身缘故而放弃从而无奈中换人的，有换人后又迟迟无法写出来的，还有选题遇阻而搁置的……好在终于勉力合作完成了（尽管已不如最初的设想）。在这两套书的漫长出版过程中，时任社领导及谭徐锋、赵月华、马佩林、周粟和王则灵等众多编辑都给予了接力式的协调和帮助。其间的漫长和难熬，

也让我几乎生出了后怕的感觉，这才知道，与个人写书和出书的难度相比，多人合作的多卷本学术著作从撰写到出版都太难了！仿佛简直就不只是难度相加而就是难度相乘了！也正因如此，不由得更加敬佩那些成功主持大型丛书出版的学术前贤和同辈！

我随后还在北师大出版社出版过其他多种学术著作或丛书。我在多年的文艺理论教学中，越来越认同孔子创立的"从游"教学，逐渐产生了"从游式本科教学"的体会和思考。我还在任职北师大多个岗位（如文艺学教研室主任、文学院副院长、研究生院常务副院长、教务处长、艺术与传媒学院院长等）时，在相关老师和同事的帮助下，形成了进一步的探索与实践成果。这些成果与教学方式改革有关，同时又是对教学方式改革的学术探索，这种教学改革的学术研究成果还是得到了北师大出版社领导和编辑的重视，被列入选题范围，其中的一部分就汇集在《大学从游——王一川文学批评讲稿》（2009，编辑王强）和《从游问津》（2015，编辑周粟）两书中。

后来，在任职北师大艺术与传媒学院院长期间，为了建设新设立的市重点学科艺术学，我提出了"国民艺术素养研究"的新选题，继续受到北师大出版社的重视，被列入

新选题之中。这里面就有我主编的学术丛书"国民艺术素养读本丛书"四种，即我主编的《人与审美》、陈雪虎教授主编的《人与文化》、郭必恒教授主编的《人与艺术》、胡继华教授主编的《人与传媒》，希望它们能成为国民艺术素养提升的陪伴。我在此岗位上主编的 2009 年至 2011 年"中国艺术学年度报告"等，也是在这里走向读者的。同样，为了推动艺术学的学术创新成果及时向艺术类专业核心课教学实践转化，北师大出版社又与我合作主编出版了"艺术学专业核心课系列教材"，其中就有我主编的《艺术学原理》、甄巍教授独著的《西方现代美术史》等。前者汇集了我在几年中的"艺术理论"研究成果和"艺术概论"课程教学心得，尝试建立起以中国式"兴辞"范畴为核心、当代"艺术体制"理论为突破口的新的艺术理论构架。这项工作由于郭必恒、高岭、石天强、梁刚、桂琳、唐宏峰、罗成和张新赞等教师的参与和支持，显出了学术探索与教学改革相融合的活力。该教材的第 2 版也于 2015 年出版，至今销量过万册，据说还被一些高校列为考研必读书目。这些艺术学科类出版项目都得到陈佳宵编辑等的帮助。

这次回放自己与北师大出版社合作出版的经历，我也获得了一种自我反思的新鲜感，

这是原来没时间去细细梳理的新体会：如果说，我的大约四十五岁之前的时间主要是个人学术攻关及参与学术团队合作的话，那么，之后则一面继续参与团队合作，一面也有了新的组织团队协作、提携年轻人、让学术成果转化为教材等机会。确实，学术正是这样的一种代代相传的事业：你先是年轻时需要得到机会，后来就是年长时需要帮助年轻人获得发挥才华和共同创造的机会；你先被提供了机会，然后再提供机会给他人，如此形成代际传承的循环。童庆炳先生组织我等年轻学人进行中西比较诗学研究、心理美学研究、文体学研究、文艺新视角研究"四大战役"的宝贵经验，至今仍值得我辈学习。

回顾过去，与北师大出版社的学术出版合作之事还有不少，还是暂且打住吧。如今的北师大出版社已然"不惑"，想必正处在一家大型出版企业的最好年华中。"潮平两岸阔，风正一帆悬。"虽然出版业竞争加剧，诸如电子出版、数字出版、网络出版、融媒体出版等新兴业态强势崛起，未来有着诸多不确定因素。但它过去的丰厚经验积累和通向未来的创造力积蓄，都应当恰到好处地汇聚一身，只待积极应战，见招拆招，乘势而为，朝向更高远的目标。

此刻，我想到了这话：四十正当年。

出版的活力源于与学科的深度合作

杨共乐

　　北京师范大学出版社创办于 1980 年，至今已走过 40 年的历程。这家最初主要以出版教材为业的小企业，经过几代北师大出版人的艰苦努力，现已成为国内知名、国际上有影响的出版机构，无论在宣传教育创新、传播科学真理方面，还是在阐析世界文明、弘扬中华文化方面都创造出了辉煌的成绩，成为我国出版战线的一支重要力量。我们衷心地祝贺北京师范大学出版社 40 年来所取得的伟大成就，同时也感恩于北京师范大学出版社为北师大历史学科发展所做出的重大贡献。

　　北京师范大学出版社与北师大历史学科的合作开始于出版社的初创阶段。北京师范大学出版社的元老胡云富、李春梅、鲁瑜、陈永康等先生就毕业于北师大历史系。他们的身上都有北师大历史人那种认真严谨与对事业的执着。创社的最初 20 年，出版社条

作者简介 >>>

杨共乐，北京师范大学历史学院教授、博士生导师，教育部人文社会科学重点研究基地北京师范大学史学理论与史学史研究中心主任。兼任北京市历史学会会长等职。主要从事中外古史比较、世界古代史、古代罗马史等领域的教学和研究工作。被中宣部批准为"文化名家"暨"四个一批"人才，为国家"万人计划"哲学社会科学领军人才，教育部"马工程"首席专家。主持国家及省部级科研项目多项，曾荣获北京市教学成果奖一等奖、北京市哲学社会科学优秀成果奖二等奖等奖项。代表作有《早期丝绸之路探微》《罗马社会经济研究》《古代罗马文明》《罗马史纲要》等。

件简陋，编辑人员和出版经费严重不足，人文作品行销市场有限，但就是在这样极度艰难的条件下，北京师范大学出版社领导还高瞻远瞩，奋发有为，以立足基础、立足教育、立足长远为理念，出版了众多极具学术价值的著作，其中涉及历史学的作品有：白寿彝先生的《白寿彝史学论集》（上、下），何兹全先生的《三国史》，赵光贤先生的《周代社会辨析》，龚书铎先生的《中国近代文化探索》《近代中国与文化抉择》等。与此同时，还精心组织出版了《中国古代史》《中国近代史》《中国现代史》《中国当代史》《世界上古史》《世界中古史》《世界近代史》《世界现代史》《西方当代史》《世界史学史》《中国史学史》一整套历史学基础课程教材，在社会上引起较强的反响。

进入 21 世纪以后，尤其是杨耕同志担任出版社领导以后，北京师范大学出版社发生了巨大的变化，实现了跨越式的发展。杨耕、吕建生、叶子、李艳辉等带领出版社全体成员，顺应形势，大胆改革、锐意进取，内调方向，外搞合作，把北京师范大学出版社的出版事业推向了新的高度。出版社与历史学科之间的关系更加紧密。就在 21 世纪初，双方在学校的大力支持下率先签订了共建合作协定，开始在作品出版、人才培养、学术研究等方面进行全方位合作。具体而言，主要包括三方面的内容：第一，北师大历史学院每年选派研究生到出版社实习，体验编辑工作的艰辛与快乐，了解现代出版的发展历程；第二，双方领导定期研讨选题，组织精兵强将打造有学术价值、有影响力的精品力作；第三，根据 21 世纪本科生和研究生的培养需要，组织完成历史学系列教材的编写与出版工作，建设以唯物史观为指导的内容丰富、层次分明的历史学教材体系。

经过近 20 年的努力，出版社与历史学科的共建合作取得了重大进展。

近 20 年来，出版社为历史学科出版了 300 余个品种的图书。其中规模较大的有："北京师范大学史学探索丛书"（60 册）、《陈垣全集》（23 卷）、《瞿林东文集》（10 卷）、《中国文化通史》（10 卷）、《清代名人书札》（6 册）、"史学理论与史学史系列"（4 册）、"20 世纪中国史学研究系列丛书"（7 册）等。出版的作品涵盖了历史学的众多领域，充分体现了北师大历史学科的学术特色：做根柢之学问，做贯通之学问，做中西会通之学问。我国著名历史学家齐世荣先生在看了陈垣先生的《陈垣全集》后，曾感慨万分，说了下面极为重要的两句话："在陈垣老面前，我们只能不断努力；一百年之内，不可能出第二个陈垣老。"在齐先生看来，陈垣就是近代史学的标志性人物。《瞿林东文集》因体系严密、原创性强、行文典雅而荣获北京市哲学社会科学优秀成果奖特等奖；《中国史学史教本》《经学、史学与思想》《中国马克思主义史学的理论

成就》等皆荣获北京市哲学社会科学优秀成果奖一等奖；《罗马社会经济研究》《早期丝绸之路探微》《世界古代文明史研究导论》《中国史学史纲》《四库全书馆研究》《新出土简帛的学术探索》《中国文化通史》等也都获得过省部级哲学社会科学优秀成果奖。此外，《四库全书馆研究》《苏联知识分子群体转型研究 (1917—1936)》《天命与彝伦：先秦社会思想探研》《中西古代历史、史学与理论的比较研究》《唐代巡狩制度研究》《政府、市场与中产阶级》《史学、经学与思想》等多部著作或者入选国家哲学社会科学成果文库，或者被批准为国家社会科学基金后期资助项目、中华学术外译项目。社会的广泛好评既是对编辑工作的充分肯定，更是编辑学术功底、综合判断能力的大展示。

近 20 年来，出版社还组织历史学科专家学者修订并完善、出版了新世纪高等学校教材，内容包括："新世纪高等学校历史学系列教材"（15 种）、"历史学系列教材配套资源资料汇编"（10 种）和"新世纪高等学校历史学专业课系列教材"（13 种）。这些教材中有《中国古代史》《中国当代史》《世界上古史》等 6 部大学历史学基础课教材被评为普通高等教育"十一五"国家级规

划教材，还有多部教材入选北京高等教育精品教材。这套教材因为体系完整，层次明晰，内容更新修订快，所以深受高校师生欢迎，征订发行量一直居全国同类教材前列。

2013 年，习近平主席提出建设"新丝绸之路经济带"和"21 世纪海上丝绸之路"（简称"一带一路"）的合作倡议，倡导在和平合作、开放包容、互学互鉴、互利共赢的丝路精神的指引下，积极发展各国间的合作，共同打造政治互信、经济融合、文化包容的利益共同体、命运共同体和责任共同体，获得世界各国的广泛认同。为助力"一带一路"建设，出版社首先提出与历史学院专家学者联合打造出版一套"'一带一路'古文明书系"（6 卷 7 册）。书系以中国人的视角重新审视世界古代文明，取得了很好的效果。600 余万人次收看了"'一带一路'古文明书系"的新书发布会。新书发布不到 6 个月，出版社就又根据社会需要做了一次新的加印。责任编辑刘东明同志为此做了许多极富创造性的工作。此外，《通向世界的丝绸之路》一书还以观点新颖、原创性强入选高校主题出版项目（2015）、中宣部 2015 年主题出版重点出版物以及国家出版基金项目（2017）。"'一带一路'历史·社会·文化学习丛书"（中级读本）

（3 册）也以角度独特、行文流畅入选高校主题出版项目（2019）。北京师范大学出版社以实际行动为我国的"一带一路"建设献智慧、做贡献。

应该说，北京师范大学出版社与历史学科的合作是很有成效的。学科的支持促进了出版社的发展，而出版社的帮助又为学科的发展增添了新的力量。这些年来，北京师范大学历史学科发展迅速。中国史在教育部第三次学科评估排名第一（并列）、第四次学科评估中为 A+，并成功入选国家双一流建设世界一流学科建设行列。这些成绩都与北京师范大学出版社的帮助密不可分，蕴含着出版社领导和编辑们的辛劳与付出。

出版社和大学是传承文化的两大基地，它们都有自己应有的责任和使命，但它们一旦联合起来就会产生更为磅礴的力量。剑桥大学出版社之所以成为剑桥大学出版社，就是因为它依托的是剑桥大学；牛津大学出版社之所以成为牛津大学出版社，就是因为它有依托的牛津大学；哈佛大学出版社之所以成为哈佛大学出版社，就是因为它所依托的是哈佛大学。北京师范大学出版社有得天独厚的优越条件，因为它依托于北师大，依托于学科优势明显、学者云集的北师大。所以，当北京师范大学出版社与北师大学者互为服务对象的时候，当北京师范大学出版社与北师大强势学科携手合作、你中有我我中有你的时候，那么双方所发挥的作用都是难以想象的，因此而产生的力量也是无法用金钱所能计算的。北京师范大学出版社与北师大历史学科的合作所取得的成绩就是最好的例证。

衷心祝愿北京师范大学出版社越办越好！越办越强！！越办越精彩！！！

出版之要唯在精

韩庆祥

企业的本质与本职，就是为国家、社会、人民生产、供应产品。如果说非文化企业主要是生产、供应物质产品的话，那么，文化企业则主要是生产、供应、传播文化产品。作为文化企业的出版社，主业是生产、供应、传播供人民群众文化消费和精神享受的文化产品，生产、供应、传播滋养人民心灵的精神产品，以此来影响国家、社会、人民，乃至世界，彰显思想力量。一本书，影响历史、影响世界，在历史上不乏其例！

我是一位学者。如果说作为文化企业的出版社，主业是生产、供应、传播文化产品的话，那么，专家学者的主业，则主要是创作文化产品、精神产品。他们把著作送出版社出版，把文章投报纸杂志发表。所以，专家学者与出版社的关系，从经济上看，是供求关系；从创作、生产、供应、传播文化产品关系来讲，是互需关系，是合作共赢关系。

作者简介 >>>

韩庆祥，中央党校副教育长兼哲学部主任，博士生导师。1989 年获北京大学哲学博士学位，1989 年在莫斯科大学进修。 主要从事马克思主义哲学、政治哲学、马克思主义理论、马克思主义人学和中国问题研究。主要著作有：《面向"中国问题"的马克思主义哲学》《能力本位》《发展与代价》《新一届中央领导集体治国理政基本思路的哲学梳理》等。在《中国社会科学》《求是》《人民日报》《光明日报》发表百篇论文，25 篇论文被《新华文摘》全文转载。提出的能力本位论、社会层级结构理论、马克思主义哲学三形态理论、三种机制理论、新一届中央领导集体治国理政总体思路等，在理论界和社会上产生较大影响。中央政治局第 11 次集体学习主讲专家。

就像农民为粮食加工厂供应粮食，而粮食加工厂生产面粉一样。

　　我作为学者，主业是创作文化产品，亦即精神产品，从事的是文化创作，具体说是学术产品创作。创作的作品，就要发表问世，这就离不开出版社，离不开报纸杂志。所以，我的学术人生，与出版社、报纸杂志打交道比较多，合作关系也比较密切。回想一下，我的学术著作主要在中国社会科学出版社、人民出版社、中华书局、高等教育出版社、中央党校出版社、北京师范大学出版社、中国人民大学出版社、武汉大学出版社、红旗出版社、党建读物出版社、江苏人民出版社、广东人民出版社、广西人民出版社、云南人民出版社、河南人民出版社、发展出版社和方正出版社出版。我的学术论文，主要集中在《中国社会科学》《哲学研究》《哲学动态》《马克思主义研究》《马克思主义与现实》《中央党校学报》《学术月刊》《江海学刊》《社会科学战线》《天津社会科学》《毛泽东邓小平理论研究》《北京大学学报》《求是》《人民日报》《光明日报》上发表。其中与出版社打交道相对多的，是中国社会科学出版社、中央党校出版社、北京师范大学出版社、中国人民大学出版社、广西人民出版社。这两三年，与北京师范大学出版社打交道更多，这主要是因为最近几年，与北京师范大学有更多的出版合作。在合作中，我与北京师范大学出版集团董事长杨耕等，因书而建立起了深厚友谊，成为真挚良友，也深感他们身上具有出版人那种敏于"节点"、精于"选题"、熟于"作者"、善于"品味"、重于"精致"、长于"精雕"、强于"细作"、落于"质量"、研于"市场"、甘于"奉献"的出版气质和精神。

北京师范大学出版社，向来以出精品力作为主业为追求。"出版之要唯在精"，是贯穿北京师范大学出版社出版工作方方面面的理念和精髓。如果需要我给北京师范大学出版社画出一个精准画像，那就是：在主旋律与主业上，深入宣传阐释习近平新时代中国特色社会主义思想，深入宣传党的十九大和十九届二中、三中、四中全会精神，深入宣传党的理论、路线、方针、政策和中央重大决策部署；注重"不忘初心、牢记使命"主题教育宣传；注重庆祝新中国成立70周年重大主题宣传；注重社会主义核心价值观宣传；注重党史国史军史宣传；注重英雄模范人物宣传；注重经济成就宣传和热点问题引导；注重对外讲好中国故事、传播好中国声音；注重相关形势政策宣传、典型宣传、成就宣传、重要节点重要活动宣传；注重对错误思想言论正本清源、激浊扬清，尤其注重对马克思主义的宣传。在特点重点亮点上，倡导主旋律，弘扬正能量，体现"时度效"，有深度、温度，有品质，接地气，题材角度、

策划手法、话语方式、表达方式等具有较强创新性，真正体现了"重大节点有声音、重大问题亮观点、重大时段搭平台"，在出版界、学术界、社会上产生良好反响，数次获出版方面的重大奖项，真可谓是全国出版界的一道靓丽风景线。

我在北京师范大学出版社出版的第一部重要学术著作，是《现实逻辑的人：马克思的人学理论研究》，这是2019年我在北京师范大学出版社出版的第一部心仪之作，也是我研究马克思哲学、马克思人学思想的一部代表作。马克思恩格斯所处的时代，是近代欧洲资本主义相对发展的时代，从"物"的层面来讲，这一时代在人类历史上取得了巨大进步，比它前几个世纪所创造的生产力的总和还要大还要多。然而，如果从"人"的角度、从价值尺度来看，资本主义社会的总问题，就是资本占有劳动并控制社会。这一资本主导的逻辑，正是马克思恩格斯所要批判和超越的。马克思恩格斯毕生所从事的理论研究事业，就是破解这一总问题，实现人类解放、无产阶级解放和每个人自由全面发展。从"物"或"资本"主导的逻辑走向"人"的解放的逻辑，是马克思恩格斯在实践和理论上的毕生追求。基于这种思考和认知，我通过长期的学术研究，写出了《现实逻辑的

人：马克思的人学理论研究》。写好后，受北京师范大学出版集团杨耕董事长之约，由北京师范大学出版集团副总编饶涛具体给我联系出版事宜。鉴于北京师范大学出版社的品质、格局、信誉与重要的广泛影响力，我毅然决然地把我这部心血之作、心爱之作，交北京师范大学出版社出版，并列入马克思主义基础理论研究丛书。这套丛书的作者，都是我国学术界、理论界的名师大家，具有较高的学术地位和广泛的影响力，大都在自己的学术研究领域具有话语权、引领力，处于领先地位，属于领军人物。他们的作品都是他们的精品力作。在出版过程中，出版社的编辑们，以高度的出版责任感，把职业当作事业，精心编辑这本书，从框架、结构、观点、表述、文献、注释、校对、装帧、封面、字体、纸张等，都进行全方位的把关，力求把每一本书都做得精致，精雕细刻。当他们把书送给我的时候，我感到格外的惊喜。至今，我都把这本十分心仪的代表作放在我的书架上，时时欣赏，感到自豪。

我们在北京师范大学出版社出版的第二部学术著作，是由我们中央党校专家工作室主编的"当代中国丛书"，包括《中国道路》《中国理论》《中国制度》《中国文化》四本。这是我们中央党校专家工作室系统研究中国道路的丛书。新中国成立以来，党带领我国各族人民，取得了世所罕见的"经济快速发展奇迹和社会长期稳定奇迹"。如何揭示中国奇迹？不能把话语权交给西方，应由我们中国自己的专家学者来掌握。于是，我们决定出版这方面的书。这套丛书具有系统完整的内在逻辑：中国道路创造了中国奇迹，因而要用中国道路来解释中国奇迹；实践是理论之源，中国道路是中国理论的发源地和生长点，因而要用中国理论阐释中国道路；中国奇迹、中国道路、中国理论支撑中国方案，是中国方案的实践基础和理论基础，是中国方案的底气，没有中国奇迹、中国道路、中国理论，何谈中国方案，因而，应该用中国方案展示、彰显中国奇迹、中国道路、中国理论；话语的背后是道，即中国道路、中国理论、中国方案，因而，应用中国话语表达中国奇迹、中国道路、中国理论、中国方案。我们把这种逻辑提炼概括为"五维中国"。这"五维中国"，是我国社会主义意识形态建设的"实践基础""核心资源"，是练好意识形态内功的聚焦点，是讲好中国故事的五个支点，是中国向世界提供的珍贵礼物！在这套丛书的传播过程中，北京师范大学出版社竭尽心力、精雕细刻，组织精干的编辑力量，力求把这套丛书作为向建党100周年献礼的精品力作。

北京师范大学出版社，是我国出版界出版研究马克思主义与马克思主义哲学成果的中心重镇，出版了一系列知名专家如黄楠森、肖前、高清海、陶德麟、陈先达、袁贵仁、孙正聿、俞吾金、李德顺、李景源、张一兵、郭湛、吴晓明、韩震、杨耕、张曙光、任平、欧阳康、丰子义、陈学明、王南湜、汪信砚、郝立新、王东等的作品，这些作品是研究马克思主义与马克思主义哲学的代表性重要成果，在全国理论界、学术界和社会上产生了广泛而重要的影响，是北京师范大学出版社的重要名片。为进一步扩大这方面的影响，出版更多深得读者喜欢的精品力作，作为作者和读者，建议出版社在坚持政治、学理、大众有机统一，发挥出版优势、补齐出版短板、打牢出版支点的前提下，确立两点办社思路：一是坚持"特点—重点—亮点"统一，把握好北京师范大学出版社的特点（出版社定位），基于这一特点确定出版工作重点（定标），把重点出版物做好了（定法），就一定能呈现出诸多光彩夺目的亮点；二是坚持"名选—名家—名作"统一，在好选题上下功夫，在选名作者上下功夫，在出名作上下功夫。基于这些考虑，我建议可多在下述选题上下功夫：习近平新时代中国特色社会主义思想研究；创新、发展21世纪马克思主义；中国奇迹、中国道路、中国理论、中国制度、中国方案、中国话语；世界百年未有之大变局；"世界怎么了、我们怎么办"；引领全球治理；中国特色社会主义新时代；强国时代、强国逻辑、强国理论；反思总结中国历史经验教训；反思人类思想观念、思维方式和行为方式；反思人与自然、人与社会、人与人、人与组织、人与世界、人与动物的关系；人自身的思想、观念、思维、生存方式、行为方式；瘟疫灾难与历史进步；生物科学、生命科学；社会组织、社会动员、社会秩序；丰富人的精神世界；人民美好生活；构建精致社会；国家治理体系和治理能力现代化；国家制度优势与国家治理效能；科技与人的生存关系；民主体制与一统体制比较；中国道路与西方模式比较；世界发展趋势与马克思主义哲学建构；世界多样与普惠哲学，等等。

愿北京师范大学出版社为社会出版更多弘扬主旋律、深得读者喜爱的精品力作！祝北京师范大学出版社越办越辉煌！

马克思主义哲学研究的出版重镇

仰海峰

作为文科学者，我们更多的时候都在与书本为伴，与思想者为伍，喜欢读到能激发自己思考的文字，希望自己写出好作品并高质量地出版。这之中遇到的人和事，都会成为我们学术历程的重要部分，让人珍惜。

因为专业的关系，自己更关注马克思主义哲学研究文献的出版，在这方面，北京师范大学出版社无疑是这些年来的出版重镇。

从已有的出版成果来看，在马克思主义哲学研究上，科类丰富，有几个系列的丛书令人印象深刻：一是"当代中国马克思主义哲学研究丛书"，这套十八本的丛书，聚集了学界的诸多重量级学者，展现了不同学者对马克思主义哲学的不同理解以及自己的独特探索。二是"马克思主义哲学基础理论研究丛书"，这套十本的丛书涉及马克思主义哲学研究中的本体论、认识论、辩证法、

作者简介 >>>

仰海峰，1969 年 12 月生。南京大学哲学博士，现为北京大学哲学系教授、博士生导师，教育部长江学者特聘教授。兼任中国历史唯物主义学会副会长、中国马克思主义哲学史学会常务理事、中国人学学会常务理事、当代国外马克思主义研究会副会长、中国马克思主义哲学史学会马恩哲学研究分会副会长等。主持教育部、国家社科基金等课题多项。出版专著、合著、译著 10 余部，发表论文 200 余篇。

历史观、发展理论、人学、价值哲学、文化哲学、当代中国马克思主义哲学、马克思主义与西方哲学等方面的内容。三是"当代国外马克思主义哲学研究丛书"，已经出版的十余本专著对当代国外马克思主义代表人物及前沿问题展开讨论，为马克思主义哲学当代探索提供了开阔的国际视野。在这些丛书之外，还有一些这里没有列出的翻译类丛书以及相关哲学家的系列著作，洋洋可观，形成了国内马克思主义哲学研究的内在逻辑和完整图景。

从总体上来看，北京师范大学出版社的马克思主义哲学研究系列著作涉及国内研究中三个重要方面的内容：一是对近 40 年来国内马克思主义哲学研究思路的全面梳理和逻辑刻画。我一直认为，中国的马克思主义哲学研究有其自身的逻辑，自实践标准大讨论、经人道主义与异化问题、到实践唯物主义、再到实践唯物主义之后的探讨，展现了中国学者对马克思主义哲学基础理论的思考与探索，更为重要的是，这一探索与中国社会的发展与实践密切相关，体现了学者们的学术自觉和理性自觉。学术的发展需要积累，将这些成果集中出版，这为后来者的研究打下了较为坚实的基础。

二是对国外研究成果的批判性吸收。马克思在 19 世纪 40 年代就指出了历史向世界历史的转变，这种转变不仅体现在经济和社会发展上，而且也体现在思想和学术上。在经济全球化的今天，任何学术研究恐怕都离不开世界意识和全球视野，马克思主义哲学研究同样如此。我们需要了解国外学者是如何在自己的时代，充分借鉴马克思的思想资源，并将之创造性地运用于对他们所处时代的分析与批判中，从而形成新的理论成果的。在这里，我们不仅能看到一代代马克思主义学者的努力，也能看到现代资本主义社会的发展变化，看到马克思在当代的理论效应。即使是一些批评马克思的著作，也能提醒我们在重新理解马克思的过程中，如何面对他们的诘难，如何回答他们提出的问题。这个过程更能激发学术研究的创造力。

三是呈现富有个性的学术成果。学术的发展离不开学者的个性和创造力，也正是这种个性和想象力，使我们对同一个文本、同一个事件有着不同的理解，这些不同的观点相互交流和碰撞，形成推动学术发展的动力。一个时代的学术生命力，一个重要的方面就在于能否将学者的个性和创造力激发出来，并使之对象化为学术成果。自改革开放以来，中国的马克思主义哲学研究，在分享共同主题的同时，也越来越显现出学者自己的个性，并力求将这种个性发挥到极致，这在上述的一些丛书中得到了充分的体现。

北京师范大学出版社能在马克思主义哲学著作出版上举足轻重，这与出版社的领导和老师们的重视与辛苦工作是分不开的，在和曾任集团董事长的杨耕老师的交往中，我对此有着较为直接的感受。杨耕老师是马克思主义哲学研究领域的著名学者，在与杨耕老师的交往中，一方面感受到他作为学者的深刻、严谨和勤奋，另一方面也感受到他作为出版人的谋划力和决断力，以及专业研究对于他在出版筹划上的深远影响。在这期间，我和杨耕老师共同编著了《马克思主义哲学文本导读》一书。这本书精选了马克思恩格斯、第二国际时代的马克思主义者、俄罗斯与苏联马克思主义者、西方马克思主义者等人的重要文献，并对每篇文献配以简要的导读。虽然成书时导读的文字不多，但每一篇都经过了四次以上的讨论和修改，在每一次修改中，杨耕老师都字斟句酌，力求概括精炼和准确。

2017 年，我的《〈资本论〉的哲学》在北京师范大学出版社出版，我也成为该社的作者。这本书虽然还有诸多有待完善之处，但的确体现了我对马克思哲学思想的基本理解。大约在 2003 年，我提出以"资本逻辑"为内核来重新理解马克思哲学的想法。当时学界更多的是从劳动本体论或生产逻辑出发来阐释马克思，在我看来，这一思路并没有真正超越古典政治经济学的逻辑，更难以实现从马克思到当代的逻辑转换。之后有几年时间，因为要完成国外马克思主义哲学的教学与科研工作，这一主题的研究断断续续，2008 年后，我再次集中精力回到这一问题。在本书中，结合《资本论》及相关文本，我对马克思哲学中双重逻辑——生产逻辑与资本逻辑的区分及其各自在马克思思想的地位和作用做了较为系统的讨论，对马克思哲学思想发展过程进行了新的界划，形成了重新理解马克思的另一种构架。相比于过去研究中将《德意志意识形态》看作马克思哲学变革的代表作，我认为在这一文本中马克思只是确立了生产逻辑，这一逻辑的推广并不能得出《资本论》的结论，倒有可能陷入李嘉图社会主义者的结论中。在《资本论》中，马克思确立了资本逻辑，并与《1857—1858年经济学手稿》中以劳动本体论为基础的思想形成了逻辑对立。在此基础上，对《资本论》中一些过去并不关注的重要范畴如商品、使用价值、拜物教、劳动力、时间、空间等进行新的讨论，呈现这些经济学范畴的哲学内涵。如果说黑格尔在某些层面将经济学变成了哲学的话，那么马克思则将哲学化在经济学之中，理解马克思的哲学，就需要从经济学及其范畴中重新提炼出哲学思想。在这些讨论中，我一方面希望推进国内的马克思主义哲学研究，另一方面为批判地面对国外马克思主义确立自己的理论构架，在我看来，这两个方面都是当前马克思主义哲学研究中无法缺失的维度。这一研究虽然也受到一些学者的批评，但从资本逻辑出发来理解马克思的哲学，已经成为当前学界的重要主题，《资本论》研究也成为这些年马克思主义哲学研究中的热点。

2018 年，我的博士论文《符号之镜：早期鲍德里亚思想的文本学解读》收入"当代国外马克思主义哲学研究丛书"，在北京师范大学出版社再版。这本小书完成于2002 年，2004 年在中央编译局出版，除了书名外，全文没有做更多改动，这次再版，重新回到博士论文时的标题。鲍德里亚的研究，兴起于 20 世纪 90 年代末，他关于消费社会的批判，已经成为相关研究领域无法绕过的内容；他从符号逻辑出发对当代资本主义社会的透视，已经前瞻性地触及计算机时代的深层问题；而他对马克思哲学的反思，也引发了我重新理解马克思并对之进行回应。《〈资本论〉的哲学》中关于生产逻辑与资本逻辑的区分，一方面是对马克思思想的重新理解，另一方面也是想以一种新的构架回应这些国外马克思哲学研究者的批评，并从资本逻辑的发展中去理解当代社会变迁及其思想效应。应该说，鲍德里亚和大多数国外学者一样，都将劳动本体论或生产逻辑作为马克思哲学的基础。比如海德格尔晚年就是从生产出发来理解马克思并以此批评马克思思想中技术主导问题的。从第二国际时代的考茨基、卢森堡、希法亭，到国外马克思主义者如卢卡奇、霍克海默、弗洛姆、马尔库塞、列菲伏尔、萨特、斯威齐、古德曼、奈格里等，都将劳动本体论视为马克思哲学的基础。鲍德里亚对马克思的批评，针对的就是这一解释传统中的劳动本体论，并以马克思陷入资本主义生产之镜加以批评。在我看来，鲍德里亚的这一批评是深刻的，很多的回应并没有看到问题的真正所在。如果我们考虑到资本逻辑对生产逻辑的统摄，那么，鲍德里亚对生产之镜的反思、对符号与超真实世界的批判，抓住的恰恰是资本逻辑在当代的某些征候，而马克思在《资本论》中的思考，为当代资本逻辑的反思提供了重要的基础。

在这两本书的出版过程中，饶涛副总编辑在出版策划方面给了我很多的支持和建议，这篇小文章，也是他在身处严峻疫情的湖北来电相约的，多少年的交往，我没有片刻迟疑就答应了。策划编辑杜松石女士和赵雯婧女士，为我做了很多出版前的工作，特别是责任编辑赵雯婧女士，北大中文系毕业的她，用词文雅，编辑工作耐心细致，让我心生敬意。还有编辑《马克思主义哲学文本导读》的祁传华副编审和现在主持策划历史学科的谭徐锋副编审，两位的专业精神都让我印象深刻。

人们常说高校老师的好处在于永远与年轻人在一起，这会让人保有青春与活力。从学术的角度来说，出版社同样如此。思想总是鲜活的，每一代人都有其独特的生命历程和思想体验，将思想对象化并集中呈现在世人面前，这正是出版社存在的意义，可以说，当能抓住人们的思想时，出版社同样是年轻而有活力的。作为读者和作者，我们希望并祝福北京师范大学出版社永远处于这样一种年轻而有活力的状态。

十二年中的三本书

何　萍

　　我与北京师范大学出版社的结缘起于2006 年。当时，北京师范大学出版社计划出版陶德麟先生主持的国家社会科学基金重点项目"马克思主义哲学中国化问题"的结项成果，陶老师让我负责结项和成书的具体事务，由此而有了陶老师和我共同主编的《马克思主义哲学中国化：历史与反思》，该书于 2007 年出版。之后，北京师范大学出版社又先后出版了陶老师主持的教育部重

大招标课题"马克思主义中国化研究"的两项成果，一是陶老师和我主编的《马克思主义哲学中国化的理论与历史研究》一书（2011 年出版），二是陶老师和我、李维武、颜鹏飞、丁俊萍合著的《马克思主义中国化研究》一书（2017 年出版），这两本书同样由我负责具体事务。这样一来，2006 年至 2017 年的 12 年中，有三本武汉大学学者所撰写的马克思主义哲学中国化研究著作，

作者简介 >>>

何萍，哲学博士，武汉大学哲学学院教授、博士生导师，武汉大学西方马克思
主义哲学研究所所长、马克思主义理论与中国实践协同创新中心研究员；兼任
国际罗莎·卢森堡学会常务理事、中国马克思主义哲学史学会常务理事以及中
国马克思恩格斯研究会常务理事等职。

在北京师范大学出版社努力下得以问世，产生了很大的影响；我也由此与北京师范大学出版社一直保持着学术交往，至今仍在开展着新的合作。

在这个过程中，我逐渐加深了对北京师范大学出版社的了解，深深地感受到一个优秀的出版社在推动中国学术创新和繁荣中国文化事业中起着多么重要的作用。什么是一个优秀的出版社呢？在我看来，一个优秀的出版社需要具备三个条件：

一是具有对原创性思想的敏锐文化辨识力。不可否认，任何学术创新都需要学者的努力探索和艰辛付出，但并不是所有的学术创新都能发挥出它应有的社会效益，只有那些以学术成果的形式发表出来并得到社会认同的学术创新，才能发挥出它应有的社会效益。谈到学术成果的发表，当然离不开出版社。虽然在网络时代，学术成果的发表已分化为多种路径，其中网络发表就是一条重要路径；而通过网络发表作品，其传播速度之快、传播空间之广，往往是出版社以纸质版图书形式出版作品无法比拟的。但即便如此，出版社以纸质版图书形式出版作品，在所持有的社会公信度上，在增进人类文化的"获得性遗传"上，仍然远胜于通过网络发表作品。这就是为什么握有原创性成果的作者，更愿意选择将自己的学术成果，交由出版社以纸质版图书形式出版的原因。那么，在众多的著作中，哪些成果是真正具有学术原创性的呢？哪些成果是能够增进人类文化的"获得性遗传"的呢？这是需要出版社具有敏锐的文化辨识力来进行甄别的。因此，一个出版社是否优秀，首先在于它是否具有对原创性思想的敏锐文化辨识力。

二是拥有一支高素质的编辑队伍。学术著作的出版，本来就是学术交流的结果。不过，这种学术交流不是在学术会议上，而是通过出版社，在作者与编辑之间展开。编辑

往往是学术著作的最初读者。编辑对学术著作的理解程度，编辑与作者之间思想交流的融洽程度，对于学术著作的出版至关重要。一个优秀的出版社如要具有对原创性思想的敏锐文化辨识力，出版高水平高质量的学术著作，创造出有自己特色的学术出版风格，由此在学术界产生影响、得到认可，就需要拥有一支高素质的编辑队伍。这支编辑队伍不仅要有责任心，更要具备专业知识。

三是要有畅通的发行系统。发行工作与编辑工作相比，当然没有那么多的学术性可言，但对于出版社和学术著作来说却是重要的，是学术成果社会化的一个重要环节。在这个环节上，出版社作为一个公共的学术平台，虽然在国内外可以获得很多的资源，但是如何去争取这些资源，最大限度地利用这些资源，最有效地发挥这些资源的作用，却需要出版社自身的努力。这种努力除了与发行部门的交往和沟通之外，还有一个更重要的路径，这就是打通学术和发行之间的关系，以对学术著作质量的宣传推动发行，形成学术和发行良性互动的格局。在这一点上，优秀的出版社总会做得更好一些。

我没有在出版社工作过，也没有研究过编辑学、出版学。上述这三个优秀出版社的条件，实际上是我在与北京师范大学出版社

十多年的交往中总结出来的。在这些年的交往中，第一本书《马克思主义哲学中国化：历史与反思》从确立选题到出版的过程，我感到是最值得总结的。

这本书在北京师范大学出版社的计划中，原是要以《马克思主义哲学中国化的规律》作为书名，形成一部专著出版的。2006年5月，当陶老师让我具体负责成书事宜时，我对于这个选题的由来和撰稿的要求全然不了解。很快，北京师范大学出版社的领导来电话与我联系，详叙了选题的来龙去脉和撰稿的要求。这些情况，我都是第一次听说，完全没有思想准备。我在电话中答复说，我一定会处理好此事，但需要进一步规划，等向陶老师汇报、具体落实后，再给他答复。

根据出版社叙述的详情，我对需要解决的问题进行了梳理，概括为两个问题：首先是确定书名，其次是拟定提纲。在这两个问题中，第一个问题是关键。原定的书名《马克思主义哲学中国化的规律》，按我的理解，本意在于揭示马克思主义哲学与中国革命实践相结合的必然性和规律性。这个问题的确重要，而且其中的许多理论问题还存在着争议，但它毕竟不是21世纪马克思主义哲学中国化研究所面临的最迫切最现实的问题。对于21世纪马克思主义哲学中国化研究来说，

最迫切最现实的问题是要回应中国马克思主义哲学在当代所面临的思想挑战，即新自由主义和现代儒学对马克思主义哲学作为当代中国哲学主流身份合法性的质疑。回应这一质疑所需要的，不是对马克思主义哲学中国化作经验式描述和纯理论总结，而是从学术思想史的高度给予马克思主义哲学中国化以富有历史感的理论论证。为了满足这一需要，21 世纪马克思主义哲学中国化研究，不能只在马克思主义哲学传统内部讲中国马克思主义哲学发展问题，而要在中国近现代思想史的历史背景下，考察马克思主义哲学与中国近现代其他思潮之间的相互碰撞、相互论争、相互借鉴的关系，说明马克思主义哲学中国化之于中国哲学古今之变的意义，以此论证马克思主义哲学作为当代中国主流哲学身份的合法性。武汉大学马克思主义哲学学科点，自 20 世纪 90 年代末开始，就在陶老师的带领下对此有所自觉，开始了马克思主义哲学中国化研究的转向。在这种情况下，无论是从 21 世纪马克思主义哲学中国化研究的主流方向而言，还是就我们学科点所取得的新成果而言，原来的出书计划都显然不宜再继续下去了，而应该根据现有的研究成果，确定新的书名，并拟定新的提纲。

我将这两个问题向陶老师做了汇报，建议将书名改为《马克思主义哲学中国化：历史与反思》。陶老师听后，基本同意这个方案，同时提出了拟定新提纲的原则。根据这些原则，我将全书分为总论编、历史编、理论编三个部分，重新确定了全书框架和具体章节目录。经陶老师审定后，我将这些意见一并提交北京师范大学出版社，希望对出书计划做出重新安排。令我感到高兴的是，北京师范大学出版社很快理解并采纳了我们的意见，同意修改书名，并对提纲中的具体章节提出了许多建设性的修改意见。我们又根据出版社的意见，对提纲细节再行修改；经过几次商量和修改后，终于在双方共同努力下形成了现在所看到的成书体例。

《马克思主义哲学中国化：历史与反思》一书的成功出版，直接影响到后面两本书的撰写。这本书的体例，严格说来还不完全是思想史的；但书出之后，受到了学术界的许多好评，这就为第二本书《马克思主义哲学中国化的理论与历史研究》完全采用思想史的研究范式奠定了基础。在第二本书中，除导言"马克思主义哲学中国化的理论前提"和第一部分"马克思主义哲学中国化研究的方法论问题"，着重从理论上作阐发外，第二部分到第五部分分别为"中共早期领导人哲学思想研究""李达、艾思奇哲学思想研究""毛泽东、邓小平哲学思想研究""中国特色社会主义理论体系研究",都是思想史研究的内容。这种富有历史感的马克思主义哲学中国化研究,获得了学术界的认可,这本书被纳入 2011 年出版的首批"国家哲学社会科学成果文库"。

《马克思主义哲学中国化:历史与反思》一书的最大优点,是在中国马克思主义哲学与国外马克思主义哲学、马克思主义哲学与中国近现代其他哲学的两重关系中,建构了马克思主义哲学中国化研究的理论框架;这一理论框架能够在学术层面上将重要的专业马克思主义哲学家的思想纳入其中,不仅极大地丰富了马克思主义哲学中国化研究的内容,而且强化了马克思主义哲学中国化的理论。有了这样一个理论框架,也就有了将中国马克思主义的哲学、政治经济学和科学社会主义统一起来的基础,也就有可能将中国马克思主义作为一个完整的科学理论体系进行总体的研究,揭示中国特色社会主义产生的内在必然性及其对于 21 世纪中国马克思主义理论建设和中国新文化建构的意义。这就是第三本书《马克思主义中国化研究》所做的工作。

这三本书虽然各有框架、各具特色,但其间亦存在着两个共同的特点:一是建构了马克思主义哲学中国化研究的学术思想史框架;二是厘清了中国马克思主义的学术脉络,揭示了马克思主义中国化的内在逻辑,从而使马克思主义中国化研究超越了以往对中国革命经验的描述性研究,进到了对中国哲学传统和中国文化变革的解释性研究。由于这两个特点,马克思主义中国化研究就能够为中国确立道路自信、理论自信、制度自信、文化自信提供坚实的理论根据。而这两个特点,是在这 12 年间通过这三本书的撰写和出版逐渐形成、逐渐凸显的。这里面,既有武汉大学学者的探索和付出,也有北京师范大学出版社的理解和努力,让我们看到一个优秀出版社在引导中国学术创新、推动中国学术繁荣中的作用。

最后,我要说的是,在与北京师范大学出版社十多年的交往中,我接触到了一些年轻的编辑,这些编辑大多是从名校毕业的博士研究生。他们虽然走上编辑岗位不久,但在北京师范大学出版社的文化熏陶下,具有了对原创性思想的敏锐文化辨识力,具有了与作者进行思想交流的本领。有了这样一批有才华、有社会责任感的编辑队伍,北京师范大学出版社一定会后继有人、越来越好!

陪伴我们前行的朋友

吴正宪

　　提起北京师范大学出版社，相信很多人都不会陌生，北京师范大学出版社一直努力为全国教育改革与发展服务，为全国广大教育工作者服务，助力教师专业成长，是广大教育工作者的忠实朋友。适逢北京师范大学出版社创建40周年之际，作为老朋友，在此我要送上深深的祝福和衷心的感谢。

　　多年来，北京师范大学出版社始终坚持"扎根教育、守正创新、弘扬文化、传承文明"的出版理念，为广大的教育工作者奉献出优质的教育资源，使得我和其他教育工作者受益其中。我本人既是北京师范大学出版社的读者，也是与北京师范大学出版社合作多年的作者，双重身份让我有更多的机会走近，感受出版社对工作的责任与担当，对丛书作者的真诚与帮助，对教育事业的挚爱与追求。20多年来，我和我的团队多本有关教师专业成长的丛书和小学数学教育的丛书

作者简介 >>>

吴正宪，北京教育科学研究院正高级教师，全国著名数学特级教师，儿童数学研究所所长，中国教育学会小学数学教学专业委员会理事长，中国教育学会学术委员，国家义务教育数学课程标准修订组核心成员，曾担任全国人大代表、国家督学，享受国务院政府特殊津贴。荣获"全国模范教师""北京市人民教师""北京教育科学研究院职业道德标兵"等称号，多次荣获教育部基础教育国家级教学成果一等奖和北京市基础教育教学成果一等奖。著有《吴正宪与小学数学》等专著，在全国基础教育界产生广泛影响。

在这里应运而生。在与北京师范大学出版社合作的过程中，开阔了研究视角，提升了研究品位。借出版社创建 40 周年之际，愿意在此分享我们在一起的故事。

2006 年由教育部师范教育司（现教师工作司）组织编写的"教育家成长丛书"，在北京师范大学出版社正式出版，我的《吴正宪与小学数学》专著列在其中。此书记述了 40 年来我从事小学教学工作的实践探索与思考，记录了我如何从一位只关注学生数学学习的"平面教师"走向关注学生全面发展的"立体教师"的心路历程。至今读起来仍备感亲切，且感慨多多。如果说此前我是在读着北京师范大学出版社的图书成长，那么，从那时起我开始了与北京师范大学出版

社合作出书的经历。在这里我认识了倪花老师，这也是与我合作的第一位北京师范大学出版社的责任编辑。她是一位很负责任的老师。我们一起讨论，从主题的确定到案例的筛选，从文字的校对到插图的布局，甚至一个标点符号的使用也要用心斟酌。在她和出版社的帮助下，《吴正宪与小学数学》专著出版发行。此书受到基层教师的喜爱，且多次再版。

2016 年我接到编写组的通知，由中国教育报刊社、人民教育家研究院组编的《吴正宪与小学数学教学》将重新修订，仍列入"教育家成长丛书"由北京师范大学出版社出版发行。此次出版社责成倪花老师、伊师孟老师做策划编辑，鲍红玉老师做责任编辑，

焦丽老师做美术编辑和装帧设计，又一次开始了与北京师范大学出版社的再度合作。十年后的重新修订，我认为这又是一次很好的再思考、再研究、再提升的重要机会。回望十年间，许多往事历历在目……这十年对我来说是人生从 50 岁到 60 岁的关键十年，这十年是愈加深入思考和理性成熟的十年，是形成稳定思想的十年。十年中，我提出了从"数学教学"走向"数学教育"的育人目标；创设了"好吃又有营养"的儿童数学教学实践；实现了从"儿童研究"到"教师研究"的再发展，逐步形成了较稳定的教育主张。这十年对我太重要了，正是出于这样的思考，此次修订我不想只是简单调整一下结构、替换几个案例就草草了之。接到任务后，我没有立刻动手修改，而是沉浸在深深的思考中……可是编写组有完稿规划要求，我则需要更长一些时间来重新设计编写思路。唯恐耽误出版社的总体规划，我忐忑不安地拨通了倪花老师的电话，说出了自己的想法，没想到倪老师热情地回应："没关系，我很理解您，我们一定支持您重新修订好这本书。我虽然快退休了，但争取做好这本书，我们等您！"放下电话，心里踏实了许多。有了理解和支持，我倾注心力在其中，编辑们也及时助力。在此期间倪老师办理了退休手续，但是她退而不休，一如既往。倪老师带着年轻的编辑伊师孟老师一起帮助我规划，讨论框架，筛选素材，就连书中的照片都是她们在上百张图片中一张张地挑选出来的。无论是晚上还是休息日，我与倪老师、伊老师沟通无阻，都能第一时间得到回复，且毫无怨言。我印象最深的是关于"扉页寄语"的讨论，"扉页寄语"是这本书的"魂"，仅仅 115 个字，寥寥无几，我们却反反复复研磨多日，微信往来数十次。字斟句酌，最终呈现在《吴正宪与儿童数学教育》的扉页上：

※ 在帮助儿童获得知识和能力的过程中——

没有什么比激发兴趣、保护好奇心更重要；

※ 在与儿童交往的过程中——

没有什么比尊重个性、真诚交流更重要；

※ 在陪伴儿童成长的过程中——

没有什么比保护自尊心、自信心更重要；

※ 在促进儿童发展的过程中——

没有什么比养成好习惯、习得好品格更重要。

114 个字算不上经典，但是它浓缩了我的儿童数学教育的基本主张，凝聚着作者与编辑共同的思考。日后得知，这段话常常被基层教师在文章中引用，看到它竟成了一线教师常常挂在嘴边的口头语，甚至有的学校把它记录在校园文化墙上，我心中充满了感动……《吴正宪与儿童数学教育》历时三年，终于修订出版发行。感谢出版社给了我充分的思考空间，让我细细研磨，慢慢感悟；感谢编辑们的理解和支持。当这套丛书上架之时，老编辑倪花老师已退休在家，但是当初她为丛书的出版出谋划策、整理校对从不懈怠的工作情境还历历在目；同时，在年轻编辑身上我也看到了北京师范大学出版社文化和精神的传承。北京师范大学出版社为什么一直能受到大家的关注与喜爱？为什么在这里能出好书、好作品？答案不言自明。

2008 年北京教育科学研究院成立了"吴正宪小学数学教师工作站"（以下简称"工作站"）。我带领团员扎根于课堂实践，潜心研究，践行"教师自主发展"的团队研修理念，形成"平等对话、自觉反思、互相学习"的团队研修文化，创建了有益于教师专业发展的研修内容和方式。为了更好地促进教师专业提升，我带领团员开始撰写教学专业书籍，在此得到了北京师范大学出版社又一次的鼎力相助。肖晓羽老师为该套丛书的总策划，组建了以责任编辑胡琴竹老师、张盈盈老师、美术编辑王蕊、责任校

对李菡、责任印刷李啸等组成的出版团队。他们以高度的责任担当帮助"工作站"进行了整体策划。记不清多少次团员们与编辑一起研讨，从丛书的整体规划到每本书主题的确定，从研磨框架到素材的选择，从版面的设计到每篇文字的推敲，都凝结了编辑们的心血与付出。为了掌握第一手素材，对书中表达的内容有更深刻的理解，他们不辞辛苦走进基层研修活动真实的工作场景，听课研讨。他们甚至放弃休息时间，反复沟通，毫无怨言。在即将出版的关键节点，我们团队成员与编辑们一起挑灯夜战，几次走出北京师范大学出版社时已夜幕降临。每当我们表达感谢之情时，他们都会笑着告诉大家，很享受这样的工作状态，愿意和基层教师在一起共同研究。在这样的反反复复研磨中，历经两年，团队研修成果正式出版，形成了"5 本书＋教学光盘"大约 150 万字的系列丛书，受到了广大一线教师的欢迎与喜爱。

※《吴正宪的儿童数学教育——真心与儿童做朋友》

※《团队研修的实践探索——来自吴正宪小学数学教师工作站的报告》

※《小学数学课堂教学策略——师生互动共同创建有效课堂》

※《儿童心中的数学世界——数学日记》

※《翻开数学的画卷——感受数学世界的人、文、情》

※《数学教师怎样说课——巧在设计》（光盘）

※《数学教师怎样上课——重在实施》（光盘）

更令人欣慰的是，我领衔主持的"提高农村教师执教能力的团队研修实践——吴正宪小学数学教师工作站的五年探索"荣获 2014 年教育部基础教育国家级教学成果一等奖。中国教育学会开始了对国家级教学成果奖的宣传推广工作，我们团队与北京师范大学出版社再次联手，深度合作，开始了"引导教师追求专业发展——吴正宪小学数学教师工作站的十年探索"丛书的撰写。在这里特别要感谢路娜老师和郭翔老师的总体策划和统筹安排；感谢王玲玲编辑的反复沟通、校对、修正；感谢美术编辑焦丽做出的装帧设计；感谢责任校对李云虎老师。正是北京师范大学出版社这个高水准、负责任的专家团队的大力支持，正是出版社编辑老师的认真、专业以及对出版品质的追求，使得承载我们团队新思考的研究成果（23.8 万字）的丛书进入"中国基础教育国家级教学成果文库"，于 2019 年 1 月正式出版发行。手捧着这一本本我们的研究成果，心中充满了感激。

谈到与出版社的合作，还有一段不得不说的故事。自 2001 年以来，教育部启动了义务教育数学课程标准的制定与十年一次的修订工作。不论是 2001 年版还是 2011 年版义务教育数学课程标准的出版发行，北京师范大学出版社都做了大量的工作。2019 年年初，教育部再次启动了对《义务教育数学课程标准（2011 年版）》的修订工作。我作为课程标准修订组的成员之一，又有了与北京师范大学出版社继续合作的机会。北京师范大学出版社的编辑胡宇老师担任数学课标修订组秘书。他的敬业精神和负责任的工作态度，给我留下深刻印象。我们修订小组的专家多数来自全国各地知名大学，各自都有繁重的本职工作，因此每次的小组讨论会议要在会前做好大量的会务工作，才能保证会议的快节奏、高效率。而这些大量的事务性工作就落在了秘书身上，胡宇老师总能在事先做好充分的准备工作。会议中专家们遇到需要及时了解的有关素材，他总能在第一时间提供，速度极快，信息极准。更令我感动的是，他虽然以秘书的身份参加小组活动，在与专家们的交流中同样有自己的专业思考和清晰的专业表达。

我相信在这样的研究氛围中，他一定会成长得更快。

一路走来，我感受着北京师范大学出版社朋友般的温暖与豁达，感受到编辑部老师们对教育的情怀与担当。出版社学术、专业、精致的文化氛围深深地感染着我和我的团队。每次走进出版社，都会被一种文化氛围萦绕，虽然这里的环境不那么"高大上"，普普通通的四层小楼，没有豪华的装饰，但是简朴中有一种让人安心、安静、怡然自得的感觉。心灵的自由使人全身心地投入到学术的交流之中，不知不觉让人工作起来简单、纯粹、专注。我想这应该是长期文化浸润的结果，使人置身其中而全情投入，心无杂念地在教育的道路上坚定前行，且乐在其中。这不禁让我想起北京师范大学的校训"学为人师　行为世范"，此时的我对其有了更深刻的感悟。

感谢北京师范大学出版社给予我和团队的温暖与专业支持。祝愿北京师范大学出版社越办越好，用理想与追求、勤奋与坚守、温暖与智慧，照亮更多前行的人。

相知无早晚

徐 梓

今年 8 月 28 日，是北京师范大学出版社成立 40 周年。刘一受社里委托，约我写一篇文章。我一直渴望停下各种事务，完全根据自己的兴趣自由阅读和写作。但近年来总是大事小情不断，而且似乎看不到结束的希望，所以但凡有事邀请，我的第一反应总是婉谢。对于刘一的邀约，我开始也没有应允。截稿在即，他再次邀约，而且态度非常坚决。尽管我说了一大堆忙的理由，他依然

很执着，甚至拣出我在出版社的一个演讲稿，让我修改一下交卷。我们是师生关系，通常我说什么，他会听从。这次他的坚持引起了我的注意：的确，这些年来，学校出版社的多位师友和我联系密切，给予了我多方面的帮助，对我可谓情高谊盛，于公于私，我都不宜推辞。

我于 1979 年 9 月来到北京师范大学读书，迄今已逾 40 年；1986 年 7 月在华中师

作者简介 >>>

徐梓，本名徐勇，北京师范大学教育学部教授、博士生导师，北京师范大学国学经典教育研究中心主任，兼任中国教育学会传统文化教育分会理事长、中华炎黄文化研究会童蒙文化专业委员会会长。主要研究中国传统教育、传统文化教育，撰有《元代书院研究》《中华蒙学读物通论》《中国文化通志·家范志》《现代史学意识与传统教育研究》《传统蒙学与蒙书研究》《中华优秀传统文化教育十五讲》等专著多部，主编《历史》《国学》《传统文化》《中华传统文化》等中小学教科书多种。主持国家社会科学基金重大项目"中国传统文化教育资源的开发利用研究"、中国教育学会委托项目"《中小学传统文化教育指导标准》研制"等。

范大学获得硕士学位之后回校工作，也已近 35 年。1979 年 10 月 18 日，学校向教育部提交报告，申请成立北京师范大学出版社；1980 年 8 月 28 日，教育部以 (80) 教计字 336 号文件的形式，同意建立北京师范大学出版社。尽管出版社的成立是在我入校之后，但我当时并不知情，而是后来编写这段时期的校史时，查看档案资料才知道的。但学校出版社最初只是在校学 11 楼学生宿舍租用了一间屋子、两张桌子、六把椅子开始创业历程，我是有印象的。那时每次走过学 11 楼，看到门口出版社的牌子，想到我们读的书，就是从这儿生产出来的，就大为惊讶：除了简陋的条件，还有它神奇的能力。

筚路蓝缕，艰难玉成。四十年过去了，经过出版社几代人的艰辛努力，校出版社早已从一株柔嫩的幼苗，成长为一棵参天的大树：工作人员从最初的不到 10 人，到现在拥有 800 多人的团队；资产由最初社里的一名负责人将工作证押在银行，借到 20 万元，作为备纸用款，到现在注册资本就达 3 亿元；出版业务也由单纯出版教材和学校教师著述，发展到集图书、期刊、音像、电子、网络、印刷等多介质产品和教育培训服务于一体的大型出版集团；办公场地也早已从学 11 楼的那间学生宿舍迁出，经历了独占整个教三楼、富中通和大厦的变化。

在我到北京师范大学读书、工作后的很长一段时期内，我和出版社的关系，可以说基本上都是单向的，就是我购买它出版的书。印象最深的是，1993 年 4 月 24 日，出版社在原主楼后的广场打折售卖本版图书，我花不多的钱，买到了一套《励耘书屋丛刻》，当时非常高兴。我应提携我的各位老师之邀，写了几篇文章，并最后在校出版社出版，但很长时间没有和出版社直接联系。1990 年 10 月，为了纪念陈垣老校长诞辰 110 周年，老校长的秘书刘乃和老师负责编辑一本学术论文集，我受师命写了一篇《陈垣先生史学的总结性特征》。2001 年 11 月，我原来的工作单位古籍研究所在一次学术会议之后，编了一本《国际元代文化学术研讨会专辑》，作为《元代文化研究》第一辑出版，我将自己博士学位论文《元代书院研究》中的一节《元代书院山长的资历》抽出，先是提交给会议，后来又正式出版。2008 年 4 月，校党委宣传部编辑的《学为人师，行为世范——北京师范大学师德建设文集》出版，我已经公开发表的《"学为人师，行为世范"的历史诠释》一文，也被收录其中。我进校工作后，一直承蒙瞿林东教授的厚爱，多方提携和扶植。瞿老师曾命我参与他主持的《二十世纪中国史学名著》的编辑工作，并多次代表一些杂志和老师向我约稿，给我以机会。其中，马宝珠先生主编《20 世纪中国史学名著提要》时，我受瞿老师之命，写了一篇

陈寅恪《隋唐制度渊源略论稿》的提要。2009 年 7 月，我们教育历史与文化研究所将各位老师给学部研究生讲授"教育的历史发展"的讲义，袁合为《中国教育史专题研究》出版，我的一篇《中国传统蒙学》也收录在其中。2008—2009 年，我应邀担任育灵童教育研究院院长。两年间，主编了《育灵童国学课堂》套装软件 7 种和《小学国学经典教材》12 册，分别由北京大学出版社和我校出版社出版。但这套教材的出版事宜，由公司和出版社接洽，我和北京师范大学出版社直到这时，也没有直接发生关系。

2008 年，我应山东齐鲁书社的邀约，主编了山东省义务教育必修地方课程教科书（试用）《传统文化》8 册，随后又主编了《小学国学经典教材》12 册。我虽然是主编，但由于种种原因，这两套教材并没有能完全体现我的观点。所以，2014 年年初，时任基教分社副社长的张丽娟老师受社里委托找到我，希望我继《小学国学经典教材》之后，续编初中和高中内容的时候，我表示"四书五经"已经收录在其中，无法在原有的基础上继续编写。张老师和社领导商量之后，表示出版社会完全尊重我的意见，希望我新编一套《中华传统文化》教材。就在我犹豫之际，当时的出版

社副总编李艳辉给我打电话，希望我能接受这一任务。由于时任总编叶子的动议，7月25日，我应邀到出版社会议室，向出版社近50名编辑做了题为《传统文化教育与教材编写》的报告。报告会由李艳辉主持，一个小时的报告结束之后，又和参会的编辑讨论了45分钟。这次研讨会非常圆满，大家了解并认同对方的编写、编辑理念。会后，我们都加快了合作的步伐。9月11日，出版社基础教育分社时任社长李雪洁和张丽娟两位领导来到我的办公室，正式签署了《中华传统文化》教材的编写出版合同，这是我和学校出版社签署的第一份合同。

尽管这是我们的第一次合作，但合作进行得非常顺利。也几乎是在这同时，我的学生刘一从台湾获得硕士学位归来，在出版社担任了编辑工作，而社领导交给他的第一份编辑工作，就是与我合作，做这套教材的责任编辑。《中华传统文化》教材的编写工作得以顺利进行，和刘一的双重身份是有关系的：他既是全书的副主编，又是责任编辑。出版社有什么要求，通过刘一传达给我们；我们有什么意见，也通过他反映给社里。我们编写小组的会议，多次在出版社的会议室进行，或者在教三楼，或者在学三楼与学四楼之间的基础教育分社临时办公地，每次出

版社都给我们提供了周到的服务。很多情况下，都是刘一和他的同事们在尽地主之谊。

在《中华传统文化》全国版的编写过程中，我们还根据事前的规划和出版社的安排，陆续开发了山东版、四川版、内蒙古版。这些不同的版本，有的完全是重编，有的只是稍加修改；有的是全套，有的只有一两册；有的顺利出版，有的则"胎死腹中"。我们编写小组人员还根据出版社的安排，随基教分社张丽娟副社长到山东曲阜讨论山东版的编写工作，随基教分社杜媛媛副社长到内蒙古鄂尔多斯进行教师培训。无论怎样，我们都互谅互让，相互理解，相互尊重，尽最大的可能满足对方的要求，合作得非常愉快。直到2018年年末，历时4年多，《中华传统文化》全国版和内蒙古版的两套、54册全部出版，山东版的11册在编就之后尚未出版。

就在《中华传统文化》教材编写即将完工之际，蒙刘一的盛意，将我有关传统文化教育的论文、访谈、讲话，精心组织，编辑为《中华优秀传统文化教育十五讲》，列为《中华优秀传统文化教育丛书》第一种，2018年12月由校出版社出版，这是我在学校出版社出版的第一部个人著作。

2017年2月，中国教育学会以委托课

题的形式，委托中国教育学会传统文化教育中心（2018 年 7 月更名为中国教育学会传统文化教育分会）研制《中小学传统文化教育指导标准》。作为分会的负责人，我担任了这一课题的主持人。中国教育学会的课题通常没有经费，学会在很困难的情况下，还是给了课题组 15 万元的经费，但缺口需要我们自己寻求资助。在寻求经费资助的过程中，我自然想到了学校出版社。当我给已经升任总编的李艳辉编审打电话提出资助要求时，她敏锐意识到了这项工作的重要，慨然表示同意资助，并指示基教分社和我具体接洽，商议落实。只是后来由于敦和基金会的慷慨支持，我才没有向包括校出版社在内的其他单位继续寻求资助。

新时期教育部制定的学科的《义务教育课程标准》，多由学校出版社出版。我们的《中小学传统文化教育指导标准》也希望纳入其中，由校出版社出版。作为研制小组成员的刘一，很早就向社领导提出了出版申请，并得到同意。考虑到各种媒体大多集中在北京，在北京举行《标准》的发布会更加方便，我们继 2017 年在北京举办中国教育学会传统文化教育分会的年会之后，又一次将 2019 年的年会放在了北京，并计划将年会的召开、分会理事会的换届和《标准》的

发布同时举行。但当中国教育学会批准出版《标准》时，离我们要举行的会议只有不到一个月的时间了。尽管时间紧迫，出版社各方通力合作，特别是由于刘一的努力，《标准》终于在会议召开之前一周交付印刷，并在会议召开之前三天正式出版，保证了会议的顺利进行。可以说，没有出版社的全力襄助，我们"中国教育学会传统文化教育分会2019 年学术年会暨《中小学传统文化教育指导标准》发布会"就无法进行。

走笔至此，我还想说说我与《中国教师》的缘分，因为这个杂志现在也在学校出版社的旗下。2007 年 3 月，时任《中国教师》主编的劳凯声老师，命我为《中国教师》写稿，并专门设置了"教海钩沉"这么一个专栏。当时他殷切叮咛，希望通过这个栏目，向广大教师介绍中国传统文化特别是传统教育的知识，以提升广大教师的人文素质和文化素养。由于张瑞芳、洪明两位编辑朋友的督促，我每月一篇，从不间断，坚持了近三年，一共写了 30 多篇。2014 年，《中国教师》由教育学部转到学校出版社之后，我们的合作关系也没有中断。编辑部除了就社会上反映的热点问题，多次约我写文章、评论之外，还派人对我进行过两次专访，并以《认识传统文化的价值，增进传统文化的兴趣，提高

传统文化的素养》《让"传统文化教育"成为教育：北京师范大学徐梓教授谈传统文化教育热点问题》为题，分别发表在《中国教师》2014年第19期、2016年第21期上。2017年，中国教育学会传统文化教育分会的年会计划在北京举行。在筹备过程中，秘书处希望我和《中国教师》编辑部商议，争取在上面发3~5篇文章，作为会议材料分发与会者。当我和我的同事、《中国教师》主编郭华教授联系时，郭老师没有任何犹豫，当即表示同意。最后，由于孙建辉编辑的努力，我们在《中国教师》2017年第16期上，以"中小学传统文化课程建设"为专题，一共发表了8篇文章。

四十年对于个体来说，就是一个人的半生。转眼之间，我已年近花甲，再有几年就要退休。但对于一个组织来说，对于一家优秀的出版社而言，四十年只是迈开了漫长生涯的头几步。幸运的是，我见证了我校出版社坚实、有力的起步。在它成立四十年之际，我谨以这篇小文，向出版社各位与我通力合作，给我多方关照的师友表示诚挚的谢意，祝福我校出版社在今后的道路上走得稳，走得远，走得好！

出版社：服务国家 建设社会 成就品牌

刘　坚

引子：我与出版社打交道差不多40年

　　当出版社的人约我写一篇建社40周年纪念文章时，我内心大吃一惊，出版社成立才40年？要知道我到北师大数学系读书今年刚好满40年，这么说我和出版社打交道是比较早的啦。大四那一年，面临大学毕业，同学们一起讨论要给系里留点什么作为纪念时，不约而同地想到让数学楼名正言顺，于是有了迄今为止北师大院内独一无二的"数学楼"招牌字样。这是我大学时代的"杰作"。现如今，数学学院身处异处，那是后话。"数学楼"三个字请谁题写，我们的年级辅导员，也是当时系总支副书记刘美老师（后来刘老师还担任了学校档案馆馆长）推荐我们去请出版社副社长胡云富老师，他的字刚健有力。我

作者简介 >>>

刘坚，北京师范大学教授、博士生导师，北师大版（新世纪）小学数学教材主编，现任中国基础教育质量监测协同创新中心副主任、首席专家，兼任中国教育创新研究院院长、九三中央教育文化专门委员会主任、国家督学，担任第二届教育部基础教育课程教材专家工作委员会委员、教育部全国教师教育资源建设专家委员会委员等。主持国家级科研项目多项，研究成果曾获第二届教育部高等师范院校基础教育科研成果一等奖（第一名）、教育部基础教育课程改革优秀成果一等奖。

们辗转通过从数学系毕业、当时在出版社工作的王文涌副社长引荐并说明情况，胡老师欣然挥毫留下了这份墨迹。用今天的话说，完全公益。为什么当时没想到请启功先生？难道当时数学系足球队风头正劲，连年冠军，害得中文系学生直跳脚，而偏偏刘美老师是数学系足球队领队，怕引起不必要的麻烦？此事无从查证，按下不表。也就是说，我和出版社的交往已有 37 年之久。以下几件事不得不说，北京师范大学出版社功不可没。

一、共同推动五四学制课程教材试验

　　我 1984 年本科毕业留校工作，做什么？

当时由北师大常务副校长肖敬若先生牵头（中央教科所所长、人民教育出版社社长担任共同负责人）的"六五"期间国家教育规划重大课题"中小学学制、课程、教材、教法实验研究"总课题组，分别从中文系、数学系各要一名年轻人，从此改变了我的成长轨迹。这个项目俗称"五四学制"课题，着重探讨小学五年、初中四年学制下的中小学课程教材教法问题。教育部两位老部长董纯才、张承先是该项目的总顾问，足见国家的重视。实际上，"文化大革命"前，中央宣传部部长陆定一先生就非常关注学制问题，这个课题是这一背景下的延续。这样的课题与出版社有什么关系？实际上，多少年来我们国家的中小学教材总体是由国家委托、人民教育出版社统一组织编写（"文化大革命"

时期除外），而一些探索性的研究往往在北师大等高校或学术机构进行。这一点今天也不例外。

20世纪80年代开始的"五四学制"课题，北京师范大学组织了以北师大相关学科专家为主体，一线优秀教研员、教师代表参加的中小学各学科教材编写组，编写的教材依托北京师范大学出版社出版，在全国五四学制实验区开展实验（实验区主要分布在北京、山东、广东、黑龙江、湖北等地）。肖敬若先生、阎金铎先生、顾明远先生先后担任过这套教材编委会主任，我先后做数学教材编写组秘书、编委会实验小组组长、编委会副主任。那个阶段，几乎每个学期出版社和编委会都要组织主编们至少一次去外省市实验学校听课、回访、培训、采集实验数据；同时，利用寒暑假开展教材培训工作，无论酷暑寒冬，风雪无阻。

这个项目的成果直接影响了当时教育行政部门的决策和国家教材多样化格局。1990年，山东省教育厅宣布五四学制为山东省义务教育阶段的基本学制。当年，为了适应学制的多样性，国家颁布的义务教育课程计划专门提供了两套方案：一套是五四学制课程方案；另一套是六三学制课程方案。而且五四学制方案在前、六三学制方案在后，足见国家教育行政部门的倾向性。20世纪末，上海市也宣布统一实行九年一贯五四分段（初中学校条件不具备的，可将初一年级暂时设在对口小学，逐步过渡）。就在那个时期，国家同时实行"一纲多本"的教材多样化政策，全国规划了"八套半"教材，除沿海版（广东）、内地版（四川）、现代城市版（上海）、现代农村版（浙江）、复式版（只有小学段，俗称半套）等版本外，最重要的还有人教版（面向全国大多数地区使用的六三学制教材）和北师大版（面向全国五四学制地区选用的教材）。当然，五四学制以及五四学制教材因为各种各样的原因，后来并未得到很好的发展，此处因篇幅所限不再赘述。

但是，无论如何，北京师范大学出版社对推动我国义务教育九年一贯五四分段的学制课程研究与教材实验是做出了重要贡献的。回忆这一历程，出版社的王文涌老师、许金更老师，编委会的王淑兰老师、陶卫老师、石恕文老师、刘秀贞老师，教材主编钟善基老师、阎金铎老师、张鸿岑老师、孙恭恂老师、刘知新老师，等等，很多人和事历历在目。

二、积极支持面向新世纪的数学课程教材探索

20 世纪 80 年代中后期，我在一边工作的同时逐渐发展起了对数学教育研究的浓厚兴趣。1989 年至 1998 年，我有机会主持为期 10 年的国家级哲学社会科学青年基金课题"21 世纪中国数学教育展望"，这是新中国成立以来，数学教育领域第一个获得国家级资助的项目。项目组的研究成果《21 世纪中国数学教育展望》第一辑、第二辑也分别于 1993 年、1995 年在北京师范大学出版社正式出版。当时，出版社的王永会老师既是编辑，同时也是我们这个项目的核心成员，为项目组成果的出版付出了艰辛的劳动。通过课题组前期的基础性研究和国际比较研究，我发现一个百思不得其解的问题：不同国度，如果说因为语言、历史传统和意识形态的因素，母语、历史及相关人文学科内容选材、方式方法差别较大可以理解，但数学界如此统一的语言、符号、规律、公式，同是十二三岁的年轻人，他们面对的数学课程、教材、课堂、考试等方方面面，为什么相差竟如此悬殊，乃至有天壤之别？带着这样的困惑，我们决定着手自编一套全新的教材进入学校开展探索性实验。这一想法得到了教育部中小学教材审定委员会办公室原负责人游铭钧先生（游铭钧先生毕业于北师大数学系，当时任教育部基础教育司副司长兼教材办主任）的大力支持和高度认可。起初的教材编写进展十分缓慢，时下的教材内容、呈现方式、编写体例全部推翻，一切从零开始；没有把握的内容，就先编出草稿拿到北京景山学校去试教，收集学生的反馈。这样下来，一册教材往往要编半年，编好的教材交由浙江教育出版社出版（必须讲，这家出版社在这套教材的建设初期是给予了重大支持的，借此机会一并表示衷心感谢）。这种从内容到体例全新的教材，全国范围内只有 17 所学校愿意实验，出版社需要对上级管理部门和学生家长不断地做大量解释工作，而且时刻面临失败的风险。

问题也就出在这个阶段。由于教材的指导思想、内容选择、呈现体例与时下教材样式完全不同，出版社的编辑们总是觉得这个文本不像教材，我们之间经常要花大量的时间去磨合。直到六年级教材书稿（《过渡数学》）交到出版社后，我们之间的合作也难以为继了。实验学校等着要教材，我半夜三更却收到了出版社编辑发来的传真，传真上讲"这份书稿完全不像教材，我们不能再继续出版了"。这种情况下，我找到当时北京

师范大学出版社社长助理康长运博士，说明了相关情况，询问能否把这套教材的出版转到北京师范大学出版社；现在回忆起来，也就不到一周的时间，我得到了来自康博士的反馈："常汝吉社长在专题办公会议上明确表示，北师大青年学者的研究成果，北京师范大学出版社义无反顾支持出版。"旋即，两家出版社友好协商，全套新世纪小学数学教材（最初称《未来教育教材·数学》）正式"落户"北京师范大学出版社。

事实上，上面说到的《21世纪中国数学教育展望》课题研究成果在1998年获得第二届教育部高等师范院校基础教育科研成果一等奖的第一名；而那套小学数学教材随后也在教育部的指导下，得到了吉林省教育厅的支持，教材编写组与吉林省教育学院合作，在第一版教材的基础上改编出了第二版，在吉林省最大的产粮县农安县实验，一个年级就有2万多学生参加，实验取得了良好的效果，得到乡村教师们的普遍认可。2001年，随着教育部新世纪基础教育课程改革的大潮，这套教材的第三版正式通过了教育部中小学教材审定委员会的审查，成为第一批国家课程的实验教材。这中间还发生过一个故事，以前没有文字记录过。首批国家级基础教育课程改革38个实验区，全面实行教材自主选择，各个实验区由校长、教研员、教师、学生家长组成的教材选用委员会独立投票，首轮结果有35个实验区第一优先选用了我们这套教材。为了促进教材多样化，教育部明确规定一套教材的市场占有率不得超过60%。我作为教材的主编出面动员多个地区采用第二优先选项。我时常想，如果有机会再来一次，我恐怕还是会做出这种决策，因为我坚信：多样化是教材高质量的必由之路！

北京师范大学出版社见证了"21世纪中国数学教育展望"课题组的研究，以及新世纪小学数学教材从第一版、第二版（与吉林合作）、第三版（2001）到第四版（2011）的全部历程。几任出版社领导都高度重视这套教材的发展：赖德胜社长曾多次专题研究教材问题；杨耕副校长兼董事长更是专门约我深入了解教材发展脉络；现任董事长吕建生博士毕业后的第一项工作就是做这套教材的责任编辑，为教材编写质量的提升做出了重要贡献。实际上，随后与小学数学教材配套的初中、高中新课程数学教材也一并"落户"北京师范大学出版社，成为国内唯一一套由国家数学课程标准研制组组织编写的12年一贯制教材。

三、在新世纪国家基础教育课程改革中发挥重要作用

世纪之交，人们都在思考把什么样的基础教育带入 21 世纪。教育部基础教育司有关负责同志希望借助联合国儿童发展基金会项目开展面向 21 世纪的基础教育课程改革研究。要做这样的工作，国内现状调查、国际发展趋势比较、组织专家研讨、开展专题深度研究等是必不可少的事情，人力、物力从哪儿来？北京师范大学出版社得到了分管校长谢维和教授的大力支持，他们义无反顾承担起了这一重任。作为教育学科班出身的教授，谢维和与出版社的领导们深知，基础教育课程改革对一个国家和民族长远发展的重要性，以及对走出应试教育怪圈、全面提升基础教育质量的紧迫性。他们依托北京师范大学雄厚的学术实力和北京师范大学出版社的资金、人力支持，在全国范围内率先成立了北京师范大学基础教育课程研究中心。可以说，这个中心在国家推动课程改革初期发挥了举足轻重的作用。

由于有之前近 10 年的研究基础，1999 年教育部在成立基础教育课程改革专家工作组的同时，正式委托我牵头主持、研制新中国第一个义务教育阶段国家数学课程标准。

标准研制工作事无巨细，出版社派出康长运博士、吕建生博士等全力以赴、全程协助开展各方面工作，十几个国家数学课程比较、几十场各种类型的专题研讨会和地方调研座谈会、2000 年《数学课程标准（征求意见稿）》出版并向全国同行广泛征求意见，以及在此基础上，教育部组织义务教育阶段另外 14 个学科课程标准研制，直到 2001 年 6 月 1 日，教育部党组决定正式颁布义务教育课程方案和包括数学学科在内的 15 个学科课程标准实验稿，并委托北京师范大学出版社出版发行。讲一个细节，新中国成立以来，我国先后共进行了八次课程改革。伴随前面七次改革，中小学各学科教学大纲都是由人民教育出版社出版印制，发行量通常在 5000~10000 册，而 21 世纪初期的这套义务教育课程标准的发行量，不少学科是数以百万计的。

回顾这一历程，当时出版社几十位年轻的出版人，为确保课程标准出版的内容质量、印制品质、时间保障，不知道熬过了多少个不眠之夜！当时经常出现的场景是，当天下午接到教育部的电话，出版社必须连夜赶印出最新修改的版本及相关说明文字，第二天一早送给有关专家或相关部委领导。

更不用说，随着课程改革的推进，"一纲多本"政策的持续施行，北京师范大学出版社全方面参与了国家新世纪基础教育教材建设工作，时间紧、任务重、要求高，自不待言。

仅仅是新课程新教材培训这一项工作，所涉及的范围之广、内容之多、方式方法之个性化与多样化，前所未有，用"空前绝后"形容一点不为过。在总结新世纪我国基础教育课程改革经验时，我曾经讲过一个观点：如果说第八次基础教育课程改革取得了某些实效的话，一定与伴随国家实施教材多样化政策密不可分；多样化政策激发了包括北京师范大学出版社在内的国内几十家教材出版机构的内在活力和主动性、积极性，仅仅就组织教师开展新课程培训这一项，国家和各级教育行政部门组织的培训，几十家教材出版机构长期以来一直持续开展的新教材培训，无论在数量、质量还是形式等方面，都是值得肯定的。

以新世纪小学数学教材为例，一直以来，教材编写组联合出版社每年面向教材使用的地区开展的有针对性培训活动就不下十多种，覆盖数以万计的教师。比如，每年上半年、下半年各一次，以一线教师为主体的"新世纪小学数学课程教材研讨会"；每年寒暑假开展的网上"悦读冬令营""悦读夏令营"；每年年底以各级数学教研员为主的年度教材使用总结表彰大会；每年教材编委回访基层做到各省全覆盖；依托 60 多个区县级新世纪小学数学实验基地、100 所新世纪小学数学示范学校开展丰富多彩的经验交流与学术研讨活动；新世纪小学数学杰出人才培养工程更是邀请国外知名数学教育学者牵头，以培养新世纪小学数学学科带头人为目标，每期持续两年，一批特级教师从中脱颖而出；与此同时，我们还组织各地新世纪教师团队开展网上说课、赛课、评课活动，组织特级教师工作室交流活动；联合《新世纪小学数学教师》《小学教学》《小学数学教师》等多家杂志，每年发表来自教材使用一线教师的文章 200 多篇。这一系列教师专业活动，不断提升教师专业能力的同时，让一大批小学数学教师打下了新世纪小学数学的烙印。

回顾与北京师范大学出版社 37 年交往的历程，我深深感受到了出版社对我和我的团队学术研究与事业发展无可替代的强有力支撑，借此机会表示深深的谢意！

同时，北京师范大学出版社今天已经发展成为全国出版界著名品牌，它成长、发展和壮大的历程，也再次说明了一个道理：无论一个个体还是一家机构，成就自己的最佳途径就是建设社会、服务祖国。

　　2020年的春季注定要写入史册，新冠病毒肆虐全球，中国社会的发展正在面临前所未有的挑战。但是，我们完全有信心相信，2020年必将成为人类发展史上的一个新的节点，中国社会必将大踏步前进。期望北京师范大学出版集团顺应社会发展的大潮，特别在教育领域，在基础教育课程教材领域，在基础教育阶段的数学教育领域，不断深耕，出版更多更好、更令读者喜闻乐见的精品，为我国社会发展、民族复兴做出独特的贡献。

"老派儿"青年

吴欣歆

　　得到北京师范大学出版社建社 40 周年的消息，高兴之余，有点疑惑，只有 40 岁？我一直以为她是北师大的同龄人。确实，1980 年建社，标准的"80 后"。是什么让我一直毕恭毕敬地视之为老先生？是"老派儿"作风。

　　我第一次参编教材是在北师大出版社，马新国、郑国民两位老师主编的北师大版义教课标小学语文教科书。我参与进来的时

候，这套教科书已经用了六七年，处于修订阶段，每周开会，讨论具体工作的落实方式，会期一天，满满的一天。开完会各自领走任务，下次开会的时候带来阶段工作成果，继续讨论。我完整地经历了两个轮次的修订工作，印象中第一轮修订刚结束就启动了第二轮修订，调研、整理数据、选择备用课文、调整生字和词语出现的顺序，修改选定的文章……修订被视为教材编写的常态工作，有

作者简介 >>>

吴欣歆，教育学博士，北京教育学院人文与社会科学学院院长，中文系教授，中国教育学会中学语文教学专业委员会副秘书长，北京教育学会语文教学研究会副理事长，主要研究方向为语文课程与教学论。著有《高中经典阅读教学现场》《培养真正的阅读者：整本书阅读之理论基础》《高中语文选修课选择性的实现——执行课程层面的探索》等。

固定的路数和节奏。两三年后接到相关部门关于教材修订工作的具体安排，北师大版小学语文教科书的修订工作已经接近尾声了。相关部门的工作要求成为查漏补缺的标准，逐项核对、讨论，觉得跟教材特色不一致的地方写说明，有理有据地阐释不修订的理由，"不唯书，不唯上，只唯实"，北师大版教材的修订报告体现出学术报告的严谨扎实，做文字校对工作都是很好的学习过程。除了修订，还有推广教材使用的常规工作，每年到实验区调研几次、什么时候开全国研讨会、怎样组织教材培训，桩桩件件、循序渐进、有头有尾。研讨会每年一个主题，提前半年就开始准备课例，先向各地教研员征询优秀教学案例，一个案例分配一位编写组成员跟踪、改进、整理，提交研讨会展示方案和讨论要点，打磨半年的案例未必能在全国研讨会上展示，不是质量问题，而是展示的案例

要形成有冲击力的结构关联，帮助使用教材的老师更好地依托教材实现教育教学变革。十几年的工作程序，不因为教材审查制度的调整而调整；十几年的工作节奏，不因为教材编写人员的变化而变化。北师大出版社用"老派儿"的工作标准成就了高水平的教材，培养了一批坚守"老派儿"标准的人。

我第一次主编教材是在北师大出版社，为高等职业学校编写语文教科书。开始参与的只是调研，到职业高中听课，请职高的骨干教师来出版社座谈，我负责做听课记录、访谈记录、座谈纪要，安安稳稳地跟着编写组的工作进度，认认真真地完成交付的任务。教材体例讨论得差不多了，责编布置我写一个样张提交编写组讨论，我很吃力地完成了。样张被批评得厉害，要求从结构到语言做大幅度修改，我诚心诚意地参与讨论，除了主编和责编，其他老师没有意识到我是样张的

主笔。在北师大出版社被"老人家"批评是无比幸福的事情，他们直截了当指出问题，先颠覆后建设，提供文献资源和调整思路，既说明为什么不行又告诉你怎样可能行，学习的痛快完全消解了挫败感，一次教材讨论会的收获顶得上半年的专业课。正式启动编写工作后，家里人常跟我开玩笑："昨天写的一百字通过了吗？"单元和课文的导读通常只有百来字，经常一天都写不出来，写出来的又极可能被"毙掉"。北师大出版社能够请到资深专家坐镇审稿，通过是惊喜，返工是更大的惊喜，身处其中，我能够看到自己的进步，生怕干不好"不带我玩"。后来是做副主编，跟着主编白滨生老师组稿、审稿、组会，再后来是做主编，担负起教材的设计、修订、培训等一系列工作。从参与编写到成为主编，前后大约三年，那时候我还在高中教书，三十四五岁。让一位三十多岁的中学一线教师做教材主编，确实需要点魄力，北师大出版社的底气来自对我长时间的观察，很有点"老派儿"学者收弟子的意思，边观察边扶持，觉得合适才收入门下。虽然这么说有点自夸的味道，但这是真实的感觉，被北师大出版社选中参与工作，也值得自夸。

我的第一本书是北师大出版社出的，以高中语文选修课为研究对象的"超小众"作品。那时候，我刚博士毕业，觉得耗费心力写完的博士论文还有点学术价值，期待出版。当时，大家学者的专著也不容易找到出版途径，不要说我这样的新毕业生。北师大出版社居然在这样的艰难中开启了"京港语文教育前沿丛书"项目，由北京师范大学的郑国民教授和香港大学的谢锡金教授担任丛书主编，语文教育研究的前沿成果在这个项目的支持下得以出版，包括我的《高中语文选修课选择性的实现——执行课程层面的探索》。学术出版关系学术研究和学术原创的发展，北师大出版社坚守出版业的社会职责，在经济大潮的冲击下为学术出版留一块沃土，担起学术价值传递的责任，展现出"老派儿"学人的风骨，体现出刚健有为的精神力量。时至今日，"京港语文教育前沿丛书"出版了京港两地多篇语文课程论方向的博士论文，涵养了语文教育研究的学术水土。有段时间，这套书被摆在出版社读者服务部大门正对着的书架上，一位来京出差的语文界同仁特意拍照给我，说"好像参加了一场语文教育学的博士论坛"。出版一本书，启动一个项目，支持某个领域的学术研究，营造鼓励学术原创的整体氛围，北师大出版社从具体的事情做起，树立了大学出版社的良好社会形象。师大东门南侧的出版社读者服务部是我经常去的地方，在那里可以通过出版社的新书看到教育学科、人文学科、社会学科、自然学科发展的最新动态，一本本新书标识着学术的发展，展示着北师大出版社的责任担当。

我主编的第一套丛书是跟北师大出版社合作的，是一套旨在推进名著阅读的新课标整本书阅读丛书。2018年年初开始沟通，我接触的都是年轻编辑，有思考敢突破，语言文字功底好，干劲十足。策划、撰稿、出版、宣传完全按照既定的工作规划推进，节奏紧张但舒适。几位颇有时尚感的编辑小友开始用她们的方式约我和作者开会，看着她们会前跟作者轻松地聊天，吃比萨、烤翅、喝冰可乐，能够切实体验到"年代感"。转眼间进入讨论状态，提纲的逻辑、针对读者的表述方式、原版图片的处理、文献资料的核实，完全的专业状态，坚决地捍卫原则。什么时间讨论初稿，什么时间完成修改，审校过程有哪些时间节点，开始就得列得清清楚楚，少有变动；是谁的工作，做到什么标准，不推诿不拖延，与作者沟通目的明确、礼貌周到。跟她们一起做编写工作，我常有十多年前跟着马老师、白老师编教材的感觉，检索核查的文献资料

一摞一摞地堆在那里，埋在书堆里仔细地在稿子上标注各种修改符号，计较版式的安排和纸张的克数……北师大出版社的青年编辑依然秉持"老派儿"风气，让我想到团结、紧张、严肃、活泼的"抗大"校训，让作者踏实的就是这样的工作作风。

我参加过青年编辑们发起和组织的两次大型活动，一次是在国展书市举办的"新课标整本书阅读丛书"新书发布会，一次是在北师大举办的整本书阅读研讨会。在会议现场，我的编辑小友们搬书、布置展台，跟读者介绍新书，分不清谁是编辑谁是销售谁是美工。这样的场景我很熟悉，当年组织教材培训会、研讨会，跟不同地域的教育部门打交道，觉得现场布局不够理想，教材主编、出版社的责编撸起袖子搬桌椅，拿起扫帚扫地，名教授、大学者瞬间变身为勤杂工，大家眼里只有工作，共同的目标是追求完美的活动效果。一起做教材的编辑大多已经退休了，一起做丛书的编辑常能把我带回到十几年前的场景，这只能用传承来解释吧。

在我看来，"老派儿"是共同的道德规范和职业伦理，是一种稳定的共同规则，共同规则带来信任感和安全感，需要遵守、坚守，需要发现、传递。北京师范大学出版社是国内一流、国际知名的现代出版社，

出书、出人、出理念，不仅出版了大量的好书、新书，还培养了一批高水平的出版编辑人才，正处于快速、健康、可持续发展的良好态势中，在中国出版界、教育界和学术界都有很大的影响力，展现出锐意改革、开拓创新的精神风貌，是出版界不折不扣的青年。青年出版社恪守"老派儿"规矩，反映的是追求精益求精的态度与品质，其中的敬业、精益、专注，与面向未来发展的创造、开拓、变革融合在一起，为出版界树立了职业价值取向和行为表现的标准，在"老派儿"青年的带动下，编辑和作者"修己以敬"，会打造出更多的"人类精神文化精品"。

教育文化的好后勤　师生的益友良师

严士健

　　值此出版社成立 40 周年的时刻，我怀着十分欣喜的心情真诚地向出版集团全体职工、领导表示祝贺和感谢。

　　"时日不居，岁月如流"，一转眼间经过了 40 年。我已经由一位中年教师变成一位 90 岁的老人。在这 40 年的光阴里，欣逢盛世，我不但亲身感受和经历国家由欠发达的状况迅速发展成一个小康社会的伟大历程，而且正在亲历中国向着两个百年的民族复兴的伟大目标迅猛前进，同时，我又亲眼见到北京师范大学出版社由于国家发展的需要和经过各方的努力，由一个为学校教学服务的小出版社发展成一个具有相当规模、对国家教育事业、出版事业以及某些学术发展做出相当贡献的出版集团。就我个人来说，既有我亲身经历的与出版社的愉快合作，有出版集团对我们团队的慷慨支持，也有我耳闻眼见出版集团对全国教育事业、数学学院

作者简介 >>>

严士健，北京师范大学教授，国家首批博士生导师，曾任北京师范大学数学系主任、数学与数学教育研究所所长、校务委员会委员、校学术委员会委员，中国数学会概率统计学会第三届理事长、中国数学会副理事长兼教育工作委员会主任，国务院学位委员会第一、二、三届学科评议组成员，国家教委高等教育数学及力学教学指导委员会副主任委员，国家自然科学基金委员会第一、二、三届数学评议组成员，天元基金（国家特别基金）学术领导小组第二、三届成员，担任《数学年刊》《应用概率统计》编委，国家义务教育阶段数学课程标准顾问，国家普通高中数学课程标准研制组组长，北师大版高中数学教材主编。中共北京市第五次代表大会代表，中共第十二次全国代表大会代表。著作《无穷粒子马尔可夫过程引论》。著有教材《初等数论》《概率论基础》《测量与概率》等。

建设成长的贡献。认真回顾这些过程，评估得失，总结经验，对今后是大有好处的。

回想我们概率论和数理统计方向在20世纪80年代初开始建立学术研究队伍、开展研究生教育以及建立专业教育的过程中，出版社给予了热情支持和无可替代的大力帮助。出版社在人力比较紧张、时间要求紧迫的情况下，给我们出版了两本专著《跳过程与粒子系统》《无穷粒子马尔可夫过程引论》。这既是对我们研究进展的鼓励，又为研究生进入一个新的专门研究方向提供了基础教材。后来，出版社又出版了几本概率论的专业基础课图书，对专业建设同样起了重要的作用。据我不详细的了解，实际上北京

师范大学出版社对我们学院其他专业方向也做了同样的工作，如出版孙永生论文集《函数逼近论》（上、下）及各研究方向的一系列专门教材。出版了傅种孙教授所著《几何基础研究》。该书没有正式出版过，由王世强教授推荐出版，从历史的角度进行了长篇论述，并说：“傅先生呕心沥血、千锤百炼而成的《几何基础研究》在引导我国数学学子向现代数学进军中吹起了号角，它直接影响和启发了我国许多优秀的数学家和科学家。”还有，随着教师科学研究的开展，近年来，出版社和我们学院合作，陆续出版了一些教师的学术成果的文集和论文选。我认为这是北京师范大学出版社对我们学院的学

科科学研究成果、方法和问题的积累，有力地促进了科学研究深入开展和学科队伍建设，像以上这些与学术和科研联系比较密切的出版工作，最适合与大学密切联系的出版社（像北京师范大学出版社这样）来进行，也最能取得成效，今后还应该加强。

作为中国最老的大学数学学科之一的北师大数学学科已经成立了 100 周年，历经风雨，成长为一所走在国内前列、世界知名的数学学院。特别是 1980 年以来，有一批数学学科的研究成果逐渐在国际数学界崭露头角，应该在历史记录上留下痕迹。北京师范大学出版社积极配合数学学院出版了《北京师范大学数学科学学院史》，以及上述的文库、文集和选集。我认为这是出版社的一项有见识的举动。与此有关，出版社还出版了相当数量的中国数学史研究著作。

改革开放以来，我国现代化进程加快，教育改革也提上日程。在世纪之交，教育部启动中小学教学改革计划，组织力量制订了义务教育课程标准和普通高中课程标准。北京师范大学出版社承接出版了由课标组负责成员牵头编写的九年义务教育阶段和普通高中阶段的数学实验教材，以及其他我说不出学科名称的几种实验教材。这是北京师范大学出版社为国家教育事业承担的一项重要任务。我为北京师范大学出版社感到高兴，同时也诚恳地希望和教材编委会合作，继续不断提高质量，不断地出版一系列优秀的教辅和学生的课外读物。

北京师范大学是中国最早成立的高等师范学校，特别是她的各个教学、教研部门，有义务更积极地与国内外的相关学校、文化教育界各单位交流。交流一切应该交流的资料，如教材、教研资料等，以促进工作的进展，更好地为群众、社会和国家服务。有了学校的出版社，就好像有了一个交流后勤部，能够为交流更方便和精准地准备、提供资料。对于教师和同学，她能够帮助、支持他们准备各种必要的资料，可以说是教师的好朋友、学生的好老师。

所以我感谢北京师范大学出版社：以往的四十年，是北师大与文化教育界、大中院校交流的好后勤，是教师的好朋友，是同学的好老师。我希望和祝愿她今后会做得更好，我想一定会是这样的。

立足专业守初心　推进事业谱新篇

苏　婧

倾注爱心的专业陪伴

我十分荣幸地收到北京师范大学出版社的约稿函，同时也收获了一份浓浓的问候，和沉甸甸的信任与荣誉。时光荏苒，北京师范大学出版社已入不惑之年。"从北师大校园中的一棵小苗，成长为教育出版界的一棵硕果累累的参天大树"。作为一名从北师大毕业，在教育工作岗位上工作了30个年头

的学前教育工作者，我见证了北京师范大学出版社不忘初心、砥砺前行的发展历程。此时此刻，除了祝贺与祝福，我更想表达的是感谢与感恩。感谢北京师范大学出版社出版的各类专业书籍一直以来给予我的专业陪伴和精神滋养。正是北京师范大学出版社孜孜以求的敬业精神和涓涓细流般的爱，影响了一代又一代教育事业的开拓者、同行者！

此时此刻，我不禁感慨万千，一幕幕关

作者简介 >>>

苏婧，北京教育科学研究院早期教育研究所所长。兼任北京幼儿园女园长协会会长，中国学前教育研究会常务理事，北京学前教育研究会秘书长，北京市第十届、十一届督学。国务院妇女儿童工作委员会办公室儿童工作智库专家，教育部教育发展中心全国民族教育学前教研专家工作坊专家等。

于陪伴的场景浮于眼前……

镜头一：雪中送炭，给予专业滋养。记得 2013 年我刚从学前教育杂志社调到北京教育科学研究院早期教育研究所时，北京师范大学出版社张丽娟老师雪中送炭，第一时间给我带来了各种专业书籍，这对刚刚转换身份的我来说有如及时雨。其中对我影响最大的是《幼儿教育的原点》这本书，书中平实的语言和深入浅出的阐述引发了我对教育理论及实践很多深入的思考。"幼儿教育的真谛，不是在书桌旁构建起的理论与权威的学说之中，而是在孩子之中，在实践之中"，高杉自子朴素的观点深深打动了我。日本学前教育走过的发展历程，我感同身受，并试图从中找到我们研究及实践中的瓶颈及突破点。我在想我们要通过什么样的路径才能够使幼儿园成为"每个幼儿开展自身生活、伸展个性的舞台"，成为"幼儿与同伴及教师共同生活、相互交流的场所"呢？

我们一定可以找到适合自己的路，实现这样的教育理想！

镜头二：深入磨合，参与研究过程。我与北师大出版社合作最多的莫过于现任职教分社副主编的罗佩珍老师了，由于曾经是同事，一起共过事，我更习惯称她为小罗。和罗编辑的沟通总是十分愉快、顺畅，她专业、谦逊、朴实、干练。在合作出版"幼儿园园长专业能力提升丛书"时，为了保证提炼总结的质量，我向她发出了邀请，请她来参加我们的课题研究，一起参与书稿框架的讨论，她欣然应允，和我们的研究团队一次次磨合，在很多关键细节上高标准、严要求，对书籍的题目、封面设计等，也是一遍又一遍讨论、征求意见，最终圆满出版了这套书籍。丛书受到了读者的广泛欢迎，在很短的时间里进行了再次印刷。

镜头三：一丝不苟，精心把握标准。另一位和我有过多次合作的是少儿教育分社郭放副主编，同样的专业，同样的敬业，一次次磨合、一次次研讨。有一次，为了给研究团队的老师理清组稿思路，郭放老师在自己的孩子生病，自己发烧的情况下，还精心做了准备，制作了详细、清晰的演示文稿，给老师们清楚明了地介绍了样稿撰写的相关事宜，明晰了图书定位，她的敬业与奉献精神感染着参与课题的老师们。

镜头四：嘘寒问暖，感受真挚关怀。记得 2014 年我应北师大出版社之邀，参加选题讨论会。会议刚开始，我就接到母亲打来的电话，得知她在医院做检查时被诊断出腹主动脉瘤，情况比较严重，随时可能会有生命危险，医生要求必须让家人前往。出版社主持会议的领导叶子总编辑了解到这一情况，要立刻安排车送我去医院。我还是坚持在会上发完言后，在出版社的热心安排下赶去了医院。出版社的领导及编辑事后还第一时间表达了问候和关心，至今回忆起来我都是满满的感动。

收获专业精进的喜悦

北京师范大学出版社伴随着我们这些年来在专业上的孜孜以求和努力精进。北京师范大学出版社与北京教科院早教所于 2004 年就开始了"快乐与发展"课程的合作。后来，双方又共同举办了优秀案例征集活动，为一线教师搭设了交流的平台，对幼儿园教育活动组织实施起到了很好的引领作用，支持了教师专业能力的发展。而细细数来，我本人和我的研究、实践团队与北京师范大学出版社在短短的几年时间里共合作出版了 16 册专业书籍，包括《幼儿园教育活动展示优秀活动案例精选》（2017）；"幼儿园园长专业能力提升丛书"（11 册，2017）；《学前教育教研员工作指南》（2018）；《儿童视角下北京市幼儿园课程实践与创新》（2019）；《幼儿园一日活动的诊断与对策》（2020）；《与"学习品质"有关的 52 个家园共育策略》（2020）等。北京师范大学出版社以散发着油墨清香的纸质书籍，记录和见证了北京市幼教人的研究与探索、思考与实践。

一是见证了我们对北京市幼儿园课程的研究与思考。我们承担了北京市教育科学"十二五"规划 2015 年度重点课题《国际视野下北京市幼儿园课程的实践与创新研究》，在学习、借鉴国外先进教育理念的同时，我们将目光向内，认真研究本土课程，本着实事求是、一切从实际出发的原则，结合国情乃至园情，兼顾城市地区及农村地区的特点、需求，从课程理念、课程目标、课程组织方式、课程内容、课程评价等方面进行了有益的研究与探索，努力构建自然化、生活化、游戏化的课程，促进幼儿主动发展。同时，我们受北京市教委学前处委托，在全市开展了幼儿教师教育教学展示活动。《儿童视角下北京市幼儿园课程实践与创新》《幼儿园教育活动展示优秀活动案例精选》《幼儿园一日活动的诊断与对策》等书就是以上课题研究及实践活动的成果体现。在图书组稿和出版的过程中，课题组与出版社编辑团队多次深入探讨，对我们的课题实践进行了再次梳理和整合。

二是见证了我们对北京市区域教研规律的理性思考与实践探索。2014年，我们圆满组织了北京市教研展评工作，以评促研，促进教研队伍整体水平的提升。展评工作达到了以展促研，在展示、交流中促进业务工作规范、高质量开展，促进教研队伍整体水平的提升，进一步推动北京市幼儿园教育质量提高的目的。基于以往和北京师范大学出版社的合作经历，我们在开展教研展评活动的过程中一直注重对教研规律的提炼与总结。北京师范大学出版社出版了《学前教育教研员工作指南》一书，该书提炼、梳理了教研工作规律，传播了

优秀教研工作经验。

三是见证了我们对幼儿园管理工作的思考。在北京教育科学研究院早期教育研究所兼职教研员项目中，我担任幼儿园管理组组长。自2013年起，我们将研究聚焦于园长专业能力的发展与培养方面，对幼儿园园长专业素养的框架结构、培养策略及实施方法等进行了全面而深入的研究。该项研究获得北京市基础教育成果二等奖。在研究的基础上，我们和出版社编辑老师共同策划了"幼儿园园长专业能力提升丛书"，包括《为远航助力——园长政策把握及规划、计划制订能力的提升》《润物细无声——园长园所文化建设能力的提升》等涉及园长的园所保教工作指导、教科研能力提升、园所安全管理、公共关系协调等11个方面的能力提升。这套丛书是我们对幼儿园管理工作思考的精华，也收获了一线幼儿园园长的一致好评。

四是见证了我们对家园共育工作的创新探索。著名心理学家布朗芬布伦纳提出的个体发展模型，强调发展个体嵌套于相互影响的一系列环境系统之中。在开展协同视角下儿童学习品质培养研究中，我们认识到在教育实践中，教育本质的实现得益于积极关系的建立，如何形成教育过程中积极的关系，对儿童和谐健康发展至关重要！在与出版社

编辑的沟通中，我们进一步认识到了我们所开展的研究的价值和成果出版的必要性。作为幼教人，将严谨科学的研究成果用通俗化的语言表述，推广到更多、更广的受众之中，是我们义不容辞的责任。课题组成员有来自十几所北京园所的园长、教研主任和骨干教师，我们和出版社编辑团队一次次筛选经典案例，一次次修改学术化语言，一次次优化图书定位，这个看似艰苦、烦琐的过程不仅是对我们成果的再次梳理，更让我们的团队了解到了大众对科学实施教育活动的需求和我们从事幼教行业的意义。

总之，感谢、感恩北京师范大学出版社的领导及编辑们在专业发展的路上一路相伴而行。我们肩并肩、手拉手一起守候着一份专业的坚守，传播着积极的行业正能量，共同为探索幼儿教育规律，推动幼育改革，提升幼师专业水平而不懈努力。愿我们一起继续守专业发展之初心，共谋事业发展之宏图。

难忘的合作　珍贵的友谊

孙云晓

　　书是出版社的旗帜，也是出版社连接作者与读者的媒介。我完全没想到，自己已经有 9 本书在北京师范大学出版社出版，并且越来越体验到该社值得信赖。

　　最早接触北京师范大学出版社是来买书。记得在北师大校园东侧临街有出版社的门市部，朋友们相传那里经常有学术质量甚佳的好书。因为我是北师大兼职教授，与北师大心理学部、教育学部、文学院和培训机构都有密切合作，所以我经常来北师大。每次办完事情就过来转转，有时也会专程赶来，欣慰的是每次来总是有令人惊喜的收获。

　　2001 年的时候，我来北师大很频繁，因为与当时的教育系主任劳凯声教授有一个重要合作项目，即关于当代中国少年儿童人身伤害的研究课题。我时任中国青少年研究中心副主任，特邀劳凯声教授与我一起担任该课题组组长，实际上是向这位

作者简介 >>>

孙云晓，中国青少年研究中心家庭教育首席专家、二级研究员，国务院妇女儿童工作委员会办公室儿童工作智库专家。1999 年被国务院表彰为有突出贡献的教育科学研究专家。2000 年被国务院妇女儿童工作委员会授予"全国优秀儿童工作者标兵"称号。2008 年被评选为"中国教育风云人物"。著有《教育的秘诀是真爱》《好好做父亲》《习惯决定孩子一生》等几十部著作。

著名教育法学权威求援。这是一个极为复杂的课题，难度之大无须赘言。劳凯声教授率领其团队出色地完成了课题研究，扎扎实实的研究报告近 50 万字。

课题成功的同时，难题也来了，如此沉甸甸的研究报告怎么出版发行呢？中国青少年研究中心年度性的少年儿童蓝皮书出版不能耽误，我想到了北京师范大学出版社。热情而专业的谢影是我认识的北京师范大学出版社编辑第一人，我试着与她协商出版事宜。她居然爽快地接受了。2002 年 6 月，《新焦点——当代中国少年儿童人身伤害研究报告》正式出版。

说心里话，我一边感谢北京师范大学出版社，一边觉得对不起谢影编辑，因为这样的研究报告虽然具有不可替代的价值，却难以畅销，也就没有多少经济效益，出版社怎么活呀！我心中一直惦记此事，希望有机会回报北京师范大学出版社。

2013 年，我在南方出版的一本畅销书版权到期了，我自信该书还有巨大的读者需求，于是我做了精心而全面的修订。我又一次找到谢影，探讨可否由北京师范大学出版社出版该书。谢影依然是那么热情，并且经验更加丰富，她提出来许多有益的建议，还带着专业的摄影师来我家里拍照。庄重大气的《习惯决定孩子一生》，2013 年 9 月由北京师范大学出版社出版发行，至今已经实际销售 13.2 万册。该书被朱永新教授领导的阅读机构评选为《父母阅读基础书目》前 10 本必读书之一。

《习惯决定孩子一生》的广受欢迎鼓舞了我们。为了更具体有效地帮助父母和教师们培养孩子的五个特别重要的习惯，2014

年 1 月，我主编的"五个好习惯"丛书，即《培养仁爱好习惯》《培养学习好习惯》《培养负责好习惯》《培养自理好习惯》《培养尊重好习惯》，均由谢影策划，由北京师范大学出版社出版。

为了扩大《习惯决定孩子一生》和"五个好习惯"丛书的影响力，谢影还策划了习惯培养的研讨会，请来北师大著名心理学家林崇德教授、北京市特级教师孙蒲远等专家到会发言。林教授既有严谨的学术风范又有极富个性的生动表达，他用许多研究和案例说明习惯养成无比重要，并且说习惯就是心里痒痒的感觉，有了某种习惯，做了就心平气和，不做就痒痒得难受。他如此形象的分析令诸多与会者难忘。

2019 年，是鲁迅先生经典文章《我们现在怎样做父亲》发表 100 周年。在谢影编辑的精心策划下，我与李文道博士合著的《好好做父亲》一书，由北京师范大学出版社出版。2020 年 3 月，在防控疫情的特殊时期，北师大出版集团微信公众号推出《好书推送——特别"居家"的 10 本书》，将《好好做父亲》排在第 5 位重点推荐。

以上简要地谈了与北京师范大学出版社合作的 8 本书的编辑出版过程。其实，每一本书的背后，都包含了艰辛的劳动。记得有一次来北师大讲课，谢影腿部刚刚做过手术，竟然一瘸一拐地过来见我，还请我共进午餐，谈《好好做父亲》书稿的修改。在原书稿里，为了振聋发聩，写的负面案例较多。谢影编辑提出应该给父亲们信心和方法，建议增加正面案例。我和李文道工作尽管很忙，还是同意修改。在多年的合作中，我有一个深切的体会，好书稿是改出来的，编辑的意见值得尊重。所以，《好好做父亲》出版后，受到读者和媒体的广为赞誉。江苏徐州市新安小学等学校将此书列入父母的必读书目。

信任与友谊都是需要时间来培育和检验的。通过近 20 年的密切合作，我对北京师范大学出版社有了较深刻的了解：这是一家有学术品位、有社会责任感、有科普追求的出版社，是与百年师大相匹配的高端出版社，值得作者与读者信赖。

普法向善

袁治杰

古希腊著名的悲剧作家索福克勒斯创作的《安提戈涅》被公认为戏剧史上最伟大的作品之一。该剧的剧情并不复杂，克瑞翁在俄狄浦斯垮台之后成为国王，俄狄浦斯的一个儿子波吕涅克斯因为反叛城邦而战死，克瑞翁乃下令将波吕涅克斯曝尸荒野，并且下令谁埋葬他就处以死刑。波吕涅克斯的妹妹安提戈涅则以遵循天条为由埋葬了哥哥，结果被克瑞翁下令处死。之后克瑞翁家族遭遇一系列悲剧。

剧中，安提戈涅用下面的经典台词来对抗克瑞翁："天神制定的不成文律条永恒不变，它的存在不限于今日和昨日，而是永久的，也没有人知道它是什么时候出现的。""我并不认为你的命令是如此强大有力，以至于你，一个凡人，竟敢僭越诸神不成文的且永恒不衰的法。不是今天，也非昨天，它们永远存在，没有人知道它们在时间上的起源！"

作者简介 >>>

袁治杰，北京师范大学法学院副院长、副教授。主持教育部留学回国人员科研
启动基金资助项目"房屋租赁之法律规制问题研究"。2018 年于北京师范大
学出版社出版"正义岛儿童法治教育绘本"系列。

古希腊人普遍相信人死后灵魂不灭，安乐墓中，"露尸不葬，会冒犯神明，殃及城邦"，所以让死者安息就成为一项极为重要的道德义务，以至于被安提戈涅理解为天条、神法。

剧中克瑞翁家族遭遇一系列悲剧，显然正是因为他违背了神法，从而宣示了神法的优越性，实际上也在法哲学的意义上宣示了法律必须具有的基本的道德属性，如果现实中的法律违背了最基本的道德属性，就不能再被称之为法。既然不再是法，自然也就不必去遵守。因此剧本实际上暗示了公民对于恶法可以采取的可能立场。

法律不仅应该是最低限度的道德，并且在一定层面上还应当推动道德的完善，法律与道德处在复杂的互动过程中。很多国家都规定了好撒玛利亚人法，我国《民法总则》也规定因自愿实施紧急救助行为造成受助人损害的，救助人不承担民事责任。德国法律还规定有见死不救罪，美国法律规定有吹哨人法。这些其实都是在鼓励民众的道德行为。

法律并非冷冰冰的条文，也并非只是用来限制我们行为自由的工具，它本身同时在促进自由，促进道德，促进善。法律并非单方面规制我们，我们和法律始终是互动的关系。古语有云："徒善不足以为政，徒法不足以自行。"法律不仅需要民众去遵守，更需要民众去完善。一直以来，我都坚信法治的最终实现依赖于民众的法治意识，泛言之，依赖于民众的道德基础，因为法治首先意味着每一个公民的参与。如何才能提升民众的法治意识，并促进民众的道德基础，就变成我所面对的一个巨大挑战。毕竟在北京师范大学任教，校园遍布着校训"学为人师　行为世范"，法学院的院训"德育英才　法行天下"更是每天相遇。然而，如何来践行校训与院训精神，如何真正达到行为世范、法行天下？

自 2012 年进入北师大任教起，我的脑海中就一直萦绕着这个问题。直到 2014 年 5 月的一天，我和同事贺丹、张江莉探讨这

个问题，并最终提出我们的解决方案，这个灵魂之问才算有了初步的答案。我们的解决方案就是全面推动青少年的法治教育，让法治意识从一开始就植入孩子的心中。

从那天开始，我们就开始了漫长的尝试之旅，也为后来与北京师范大学出版社结缘种下了前因。

之后两年的时间里，我们一直在思考以什么样的方式来推动青少年法治意识的养成。我们首先系统研究了儿童法治教育的现状，发现完全是空白，无论是国家层面，还是市场层面都是如此。那时候《青少年法治教育大纲》还没有出台，全社会对儿童法治教育的问题还没有清晰的认知。这更坚定了我们创作儿童法治读物的信心。经过反复讨论，最后我们决定创作丰富有趣的故事，通过将法治理念融入故事之中，潜移默化地灌输法治意识。对于我们而言，从未设想过要教育孩子具体的法律条文或规则，更从未想过要培养有遵守法律意识的顺民。不，正好相反，我们希望培养具有法治意识的公民。我们希望我们的下一代，内心充满着完善这个社会秩序的道德激情，勇于将这种激情转化为具体的法律之治，推动共同善的实现。

基于这样的理念，我们就开始了创作。因为我们都在一间大办公室里，非常便于交流，产生了无数的奇思妙想，并深入讨论每一个构思所可能蕴含的内在法治理念。中间因为张江莉老师赴美访学，以及其他各种原因，创作一直断断续续。我们前前后后创作了很多故事，最后选定了七个故事，总算构成了一个系列。故事发生在虚构的正义岛上，虚拟了马特人的人物形象，构建了一个类人类社会，展现了他们相处所面临的一系列社会问题。一开始我们所思考的就是要让我们的读者能够像马特人那样身临其境地感受整个社会生活。

创作一直在缓慢进行中，直到2016年的一天，事情才进入加速发展阶段。那天，北京师范大学出版社的樊庆红老师来到法学院，和我们一众老师商议中小学法治教材的创作事宜。我们一直在进行这方面的工作，自然而然就参与进来了。这是我们和出版社的第一次接触。当时完全没有意识到这次接触对于我们个人的深远意义。在这次接触中，我和贺丹就与樊老师谈起我们的书稿，那个时候我们的文字底稿已经比较成型了。樊老师翻阅之后觉得不错，但是因为她并不负责儿童板块，所以回去后将我们的稿子转给了负责儿童读物出版的胡苗编辑。

没过几天，胡老师就与我和贺丹联系了，那时候张老师还在美国。我俩带着打印稿去拜访胡老师，可以说一见如故。胡老师是那种自带激情的人，对我们的书稿给予了很高的评价，并坚信我们的书出版之后一定会有很大的反响，而且当即就要和我们签约。这突如其来的巨大肯定，对我们是个极大的鼓励。到后来我们才知道每天想找出版社出版的书堆积成墙，这是胡老师对我们的格外肯定和支持，当然也表明胡老师对于北京师范大学出版社自身定位的执着与敏感。随后，我们讨论书的基本定位和形式，准备以绘本的形式推出。然而，我们都是整天从事文字工作的，对绘本创作实际上一窍不通。我更是连个鸡蛋都不会画，好在贺丹和张江莉有一点绘画基础。于是，我就决定让她俩先画点样图看看如何。从此我们就开始了昼夜不分的工作模式，因为张老师还在美国。结果她俩画出几张图之后，拿给胡老师看，胡老师大加赞赏，觉得完全可以由我们自己配图。因为绘本创作的最佳方式自然是由文字作者自己配图，由专业插画师配图沟通成本太高，且难以准确把握文字作者的想法。法治图书所表达的理念比较抽象，背后的精神更是较难把握。所以虽然画得不尽如人意，但是自己创作没有心意不通的问题，于是最终确定由她们两位画图了。后来随着画功的积累，她们的绘画水平也日渐提高，都快变成专业

绘手了。

现在回想起来，我深切感受到胡老师玉成此书的良苦用心。当时，我们根本不知道书稿离最终出版还有遥远的距离，文字是简陋的，绘画是粗疏的。如何设置版面，如何设定封面，如何署名，一系列的问题摆在我们面前，很多是我们根本没有意识到的问题。仅署名这一个问题，我们就讨论了很久，提出了几百个候选项，最终选定"律豆博士"这个笔名，意图表明我们为了法治理念而奋"豆"不息的想法，并希望我们的书能够逗乐孩子，更期待我们的书能够在孩子心中植下法治之"豆"。尽管面临大量困难，但是胡老师总是能唤起我们的激情，让我们热烈地投身其中，去解决一个又一个问题。也正是胡老师的大力协助，使得我们对编辑这份职业产生了完全不同的理解。编辑虽然没有直接创作作品，但是却是每一部作品的玉成者。

2017 年初春，我们的画已经基本敲定了，绘本创作开始进入配文阶段。虽然一开始是以画配文，但是因为是绘本，我们的主要读者很多还不识字，或者认识的字还非常有限，所以力求用画来说话，文字要精简到最大限度，并且要用最简练的语言来表达。这个过程也比我们想象的要复杂很多。那个

时候，我脚扭伤打了石膏在家休养，为了不耽误书的进度，贺丹、张江莉和胡老师直接就来到我家里，我们四个人逐字逐句的修改，为了一个字的表达，经常争得面红耳赤。在这个过程中，我们也互相学习了很多，张老师擅长使用破折号，很多难以表达的地方，她往往用一个破折号就解决了，被我们称为"神来之笔"。

就这样，或者在我家，或者在外面的咖啡馆，我们一讨论就是一上午，前前后后，七本书的文字总数其实没有多少，却改了四十余稿。

等文字稿定稿之后，绘本创作又开始进入全面修图阶段。因为底稿已经上过色，有问题的地方很难直接在原稿上改了，只能在高精扫描的电子版上面修图了。出版社的老搭档陶晴女士使尽了浑身解数，努力帮我们把图片美化得更加好看一些。

等到 2018 年 1 月，"正义岛儿童法治教育绘本"终于要交印了，我和王芳编辑一起到印厂去调制印刷的色质，反复调试，力求做到印刷出来的色感和手稿里面的一样。这期间胡老师已经升任出版社少儿分社社长，承担起了更大的责任，她的工作就由王芳老师接替，之后，我们和王芳老师展开了非常密切的合作。

就这样，到了 2018 年 3 月，书终于上市了。从我们与胡老师第一次正式接触，到书最终面世，花了两年时间。如果从我们萌发创作的念头算起，则前后花了近四年时间。

在这个过程中，我对北京师范大学出版社也有了更加感性的认识。出版社的书店就在学校东门附近，我经常进去逛逛。我对出版社的认识，一直以来也就停留在这个层面。出版社出版了很多好书，尤其在教育领域，成绩斐然。但是随着我们自己的系列著作的出版，我才更加切实地感受到出版社在出版事业上的执着与付出。从"正义岛儿童法治教育绘本"的出版开始，我们就一发不可收拾了，紧随其后发行了七册单行本，出版了《正义岛上的马特人》法治读本，几个月前还出版了《从小学宪法》绘本。在与出版社合作的四年中，除了前面提到的几位老师，还有袁麟、陈洁、杨雪等多位老师在多个方面给予了我们很大的支持。这样大的推动力度，对于三个名不见经传的绘本作者而言是极其罕见的。可以说，出版社紧紧把握住了时代的脉搏，对北师大的校训有着充分的认同，力求通过出版事业来为整个国家治理贡献力量。

北京师范大学出版社对法律的理解，

不是绝大多数出版社认知的法律条文，更不是简单的法律适用。出版社的编辑们从一开始就和我们作者一样在更高的层面理解法治，不是把法治理解为法律条文之治，而是理解为一种文化。也正因为这样，我们作者才能和出版社迅速达成实际上并不容易达成的共识。正义岛法治教育系列图书引起的反响也证明，我们的认识是正确的。

法治是一种文化，这种文化需要我们社会的每一分子去推动。法治也是一种尊严，这种尊严需要我们每一个人去捍卫。

安提戈涅为了更高的神法而献出了自己的生命，苏格拉底为了在他看来不那么正义的法律也献出了自己的生命。安提戈涅捍卫了更高层面的法律精神，苏格拉底则捍卫了维持安定性的法本身的价值。如果说安提戈涅捍卫了实质正义，苏格拉底则捍卫了形式正义。无疑，他们的选择都值得我们尊重。

在我看来，北京师范大学出版社实际上也是在用普法绘本这种形式实现善。恰逢北京师范大学出版社四十周年社庆，谨以此文聊表敬意！

教育出版助力幼教事业发展

陈帼眉

　　感谢北京师范大学出版社给我这个机会，与大家分享多年来对幼儿教育和教育出版的感受和想法。在这里，我首先热烈庆贺北京师范大学出版社成立40周年！40年前，正值改革开放之初，我们的国家百废待兴，北京师范大学出版社在此时成立了。40年弹指一挥间，北京师范大学出版社的领导和员工们以他们的勤奋和智慧，为社会、为国家教育事业的发展做出了巨大贡献。

　　回想改革开放前，那时北京师范大学的教学条件还非常艰苦，各门课程没有正式出版的教材，老师们只能靠讲稿授课，学生们手头没有现成的学习资料，听课时一直埋头做笔记，几乎连抬头看老师的空闲都没有，更谈不上用心思考老师所讲的内容。后来，出版社成立了，专业教学有了趁手的教材，学生们可以一边看教材一边听老师讲课，课后还能反复研习、巩固，学习事半功倍，教学质量因此有了较大提高。

　　北京师范大学出版社成立这40年来出了很多好书，为我国教育出版的发展做出了很大贡献，所出版的图书不仅品种丰富，图

作者简介 >>>

陈帼眉，北京师范大学原教育系教授、博士生导师。主要著作有《学前心理学》《幼儿心理学》《学前儿童发展心理学》《幼儿教育心理学》《实用育儿百科》《学前儿童发展与教育评价手册》等。获得的主要荣誉包括："全国先进生产者"称号；北京市文教群英会先进工作者代表；全国妇联、国家教委授予的全国家庭教育工作园丁奖等。在教学科研方面，曾获北京市第二届哲学社会科学优秀成果二等奖、曾宪梓教育基金二等奖、北京市普通高校教学成果一等奖等奖项。2019 年获得中共中央、国务院、中央军委颁发的庆祝中华人民共和国成立 70 周年纪念章。

书形态也有很多创新。近来，我收到北京师范大学出版社编辑送我的一本融媒体图书，读者可以通过扫描书中二维码观看幼儿园活动视频，由此便可很直观地了解那些文字难以表达的东西。我不由得感慨，专业的教育出版实在给学生的学、教师的教带来了太多的便捷和惊喜。

我自 20 世纪 50 年代在北京师范大学原教育系教授学前心理学相关课程。由于这层工作关系，我与北京师范大学出版社学前教育方面的编辑们联系颇多。据我所知，多年来出版社在此领域招聘了不少专业人才，他们靠自身的专业性和对工作的执着，为我国千千万万幼小儿童和他们的家长、老师提供

了大量专业、实用的读物：从 20 世纪 90 年代出版全国第一套本科学前教育专业教材和幼儿师范学校教材，到 21 世纪初"幼儿园快乐与发展课程"相关图书的出版，再到职前专业教材与职后教师培训用书的一体化建设。近年来，随着出版市场竞争的加剧，这些编辑们的工作似乎越来越繁重。我时常为工作的事，在下班以后的时间给出版社的编辑打电话，几乎每次联系他们都在加班，甚至到晚上八九点或更晚，此为常态。我想，这恐怕就是北京师范大学出版社丰硕成果产出的原因之一吧。这种勤奋精神、奉献精神，使我感动。

我与北京师范大学出版社的合作主要是

几本心理学教材的出版。20 世纪 90 年代，我国学前教育事业正处在蓬勃发展时期，国家大力推动幼儿园教师队伍的建设。为此，出版一套内容专业、质量过硬的幼儿师范学校教材便成为当务之急。彼时的教育部原师范教育司司长找到我，希望由我负责组织全国知名幼儿师范学校领导和资深教师编写学前教育专业核心课教材《幼儿心理学》。鉴于北京师范大学出版社在教育出版上的引领性、专业性，此教材与《幼儿教育学基础》《幼儿卫生保育教程》同期在北京师范大学出版社出版，并成为教育部组织编写的第一套适用于幼儿园教师培养的国家规划教材。《幼儿心理学》的出版，令我倍感欣慰，其中凝结了我们多位教师几十年的教学经验和研究成果。该书自 1999 年首印发行，连年重印，获得了学前教育专业师生的广泛认可。2012 年，教育部正式发布了《3—6 岁儿童学习与发展指南》。为了让教材内容更充实、更具时代感，也为了满足广大学生的学习需求，2015 年我们启动了对此教材的修订，并于 2017 年 1 月再版。截至目前，《幼儿心理学》教材已重印 40 余次（含再版），累计发行近百万册。

我现在虽精力有限，但仍愿意为学生和老师再做一点什么，也正在和编辑商量修订本教材出版第 3 版的计划。在这里，要感谢出版社对专业教材出版的重视，感谢多年来教师和学生对这本教材的认可。作为一名上这门课几十年的老教师，我深知"幼儿心理学"课程对幼儿园教师培养的重要性，它是学生们学习其他课程的基础和前提。负责这本书的编辑告诉我，国外有很多不断再版的经典教材，她也希望本教材可以有源源不断的生命力。这也是我的希冀，希望教材可以保持时代感，可以用最平实的语言将小孩子是如何发展、如何学习的规律、特点讲清楚，道明白，能让学习了本教材的学生，在有一天走上工作岗位时，可以把所学运用到实际的教育教学实践中。

北京师范大学出版社编辑的勤奋和进取也在不断激励我，让我感觉生活还在不断迸发火花。

我不擅长写这类情意绵绵的文章，就说这么多吧。总之，祝贺北京师范大学出版社多年来取得的丰硕成果，也祝愿出版社在未来有更好的发展，在这里工作的编辑们都能感受到充实和幸福！

心有灵犀一点通

刘竹林

　　"昨夜星辰昨夜风，画楼西畔桂堂东。身无彩凤双飞翼，心有灵犀一点通。" 李商隐的诗道出了我与北京师范大学出版社多年来默契合作、风雨兼程的心路历程。在北京师范大学出版社建社 40 周年之际，谨以此文表达我对出版社的祝贺和感谢之情。

　　我是计算机软件专业毕业的，从毕业到现在，从科研到教学，我所从事的工作从没离开过我的专业。20 世纪 80 年代，我被分配到电子工业部中国电波传播研究所短波通信研究室做计算机算法研究，那时夜以继日攻克难题的科研经历犹如发生在昨天。

　　2001 年春天，我在深圳一家软件公司担任副总与技术总监职务，每天和软件工程师们一起做需求、搞设计、搞开发、进行测试的日日夜夜仍记忆犹新。当时心里一直有一个冲动，想把实践总结为理论，写一本关

作者简介 >>>

刘竹林，硕士研究生学历，毕业于西安交通大学，河北计算机学会理事，副教授。2004 年至今，任教于石家庄信息工程职业学院，教学期间出版教材 15 部；讲授课程有：C 语言程序设计，软件工程与 UML ，软件测试技术，Java 程序设计，Oracle 数据库，SQLServer 数据库，数据库原理，软件销售，MySQL 数据库，PHP 程序设计等。

于软件开发过程管理方面的书。

2004 年春天，为了响应石家庄市人事局人才招聘工作，我婉拒了去中国电子科技集团公司第五十四研究所工作的机会，从深圳跳槽来到了石家庄信息工程职业学院，成为一名大学教师，一干就是十多年。

这次跳槽使我懂得，人根本没有办法得到所有你想得到的东西，任何的选择都意味着放弃，当你要去获得一个东西的时候，你总是需要放弃另一些东西。人生本来就像跷跷板，一头上去，另一头必然下来。这就是 CAP 理论，总是有很多的 trade-off，你总是要用某种东西去交换另一种东西。后来的事情，更让我无悔于当初的选择。

在学校教书，面对一届届求知若渴的学子，我在进行校企合作的同时，利用自己的软件企业经验指导学生学习与实践。

一个偶然的机会，在 2005 年年初一个普通的日子里，出版社周光明老师得知我的行业经历后联系了我，让我写一本软件工程方面的教材。我一听高兴坏了，写书的想法多年来一直蠢蠢欲动，终于有了机会，所以我欣然答应了。

我与周光明老师初见之时，就感到相见恨晚。周老师是个干事踏实、雷厉风行的人，讲一口带有明显南方口音的普通话，待人和善。

作为教材主编，我很快组织了其他的老师，经过一番讨论，大家相互配合，开始了编写工作。我对写稿的要求是：按照国家对高职院校的要求，瞄准就业岗位，结合自己的企业经验和学生接受能力，以"知识够用"为原则，改变传统编写方法，用"单元设计、驱动式教学"的编写思路开发教材；以习题难度和习题量作为突破口，采用概念题、思考题和应用题等不同形式的习题覆盖课本所有知识点。

　　思路是有了，但开始下笔还是感到挺困难的，就像袁枚的诗里写的："爱好由来下笔难，一诗千改始心安。阿婆还似初笄女，头未梳成不许看。"后来经过查阅资料和请教出版社周老师，才把这个硬骨头啃下来了。在交稿之后，周光明老师认真校对，并提出了宝贵的修改建议，那踏实严谨、认真务实的工作态度深深感染了我。经过我和周老师半年多的共同努力，这本高职学生驱动式实战教材《软件工程与项目管理》（第一版，责任编辑周光明）终于在2005年8月出版了。但这，并不意味着结束。

　　我在使用本教材给学生上课时，经常边讲边对书中不妥当的地方进行标注，方便日后修订，以使教材更加完善。没有想到的是，这本书两年后就销售一空，进行修订。直至2019年，这本书已经出到了第三版（策划编辑华珍、周光明，责任编辑华珍、周光明，40万字）。

　　在《软件工程与项目管理》（第一版）出版后，周光明老师听说我曾经在广州运通金融设备股份有限公司做过软件测试部经理，于是又邀稿让我编写软件测试技术方面的教材。经过之前的默契合作，这次我更是不假思索地答应了下来。

　　经过反复思考，我决定把本书的受众和功用定位在两个方面：

　　（1）为高职学生求职软件测试工程师岗位进行指引；

　　（2）为参加国家软件测试工程师资格证书考试的考生提供参考。因此，书中附录了当年最新国家考试大纲，且书后配有大量模拟题。

　　最终，2011年《软件测试技术与案例实践教程》（第一版，责任编辑周光明）终于与读者见面了。

　　"功夫不负有心人"，我的一些学生在毕业后按照这本书复习，拿到了全国计算机等级考试四级软件测试工程师资格证书，并顺利应聘到了北京某些软件公司的软件测试岗位。学校领导在全校教学骨干大会上表扬了我，说我的做法很对，把自己的企业经验带到学校，把实践上升到了理论高度，在教学中自编教材，契合国家高职教育实行校企结合、自编校本教材的方针，开了个好头。此后，其他老师纷纷开始自编教材，甚至联合企业工程师以及其他院校教师一起编写，为提高教学质量带来了积极效果。

　　这本书跟同行编写的不同之处在于，我在编写内容上引入了当时软件公司流行的工具和技术，使读者爱不释手。两年后对《软件测试技术与案例实践教程》进行了修订，在此过程中，出版社周光明老师仍然给予了很大支持，令我备受鼓舞。

修订工作不是找几处错误简单改正，而是站在读者的角度从头（包括内容简介、前言）到尾（包括参考文献）逐字逐句斟酌和思考。斟酌每个词的用法是否专业，读者是否看得懂，参考文献是否陈旧过时，书中每句话是否顺畅，人名、地名、时间是否正确，英文书写是否有误等。思考全书框架、结构、内容是否是学生需要的，是否有最新技术和新软件工具，学生是否能够吸收，跟毕业之后的就业形势是否吻合，跟最新国家软件测试工程师考试大纲是否吻合等。

到目前为止，本书修订了多次，最后在2016年更名为《软件测试技术与应用》。

有一种力量，任时光雕琢，千锤百炼。以前我只是一个软件工程师或项目经理，对学科和专业知识掌握得不够系统。通过与出版社合作编写教材，我提升了对软件技术专业的整体认识，对专业知识有了更加系统化的了解；作为一个教研室主任，我对专业框架把握得更加准确。在2007年和2012年两次全国高校评估检查工作中，我作为软件工程系软件技术专业带头人，圆满地回答了高校评估专家组对我提出的关于人才培养、专业建设、师资力量等专业问题，得到了专家组的认可。

经过多年来与出版社周光明老师和华珍老师的切磋交流，我更加明确做事的原则，一件事情要么不做，要做就尽力做到最好。

社会每天都在进步，我们也要天天学习。就像一本书里说的："非洲的羚羊每天一早起来即开始拼命地向前跑，非洲的狮子每天一早起来即开始拼命地向前跑，狮子不跑就吃不到羚羊，会被饿死，羚羊不跑就会被狮子吃掉。"

韶华不惑年，奋进四十载，衷心感谢北京师范大学出版社多年来对我的支持。在这个百舸争流的时代，我相信，只要不懈努力，北京师范大学出版社将来必会"长风破浪会有时，直挂云帆济沧海"。

一流大学社的学术追求与社会责任

赵曙明

　　我于 1981 年 3 月赴美攻读硕士学位，1983 年毕业后回国，1987 年再度赴美，在美国加州克莱蒙特研究生大学攻读博士学位，研究的内容是高等教育与人力资源管理。之后，我又赴美国佛罗里达大西洋大学从事国际人力资源管理博士后研究。1991 年回国后，我在南京大学商学院开始从事人力资源管理领域的教学、研究以及研究生培养等工作。1992 年，我在南京大学出版社出版

了《国际企业：人力资源管理》一书，该书被认为是国内第一本有关人力资源管理内容的书。

　　南京大学人力资源管理这门课的开设时间可以追溯到 20 世纪 90 年代初。作为国内最早开设人力资源管理课程的商学院之一，南京大学商学院人力资源管理系拥有一批融合东西方人力资源管理理论和实践经验的专业教授，他们在人力资源管理教学和研究领

作者简介 >>>

赵曙明，南京大学人文社会科学资深教授、商学院名誉院长、博士生导师、企业管理国家重点学科学术带头人。兼任教育部工商管理类学科专业教育指导委员会副主任委员、中国管理研究国际学会第三任主席、中国管理现代化研究会副会长、江苏省人力资源学会会长。出版 20 多部学术著作，发表 400 多篇论文，入选国家"百千万人才工程"（第一、第二层次），教育部"跨世纪优秀人才培养计划"，江苏省"333 工程"首席科学家。曾获教育部人文社会科学研究优秀成果一等奖、江苏省哲学社会科学优秀成果一等奖；被美国 Seton Hill 大学授予工商管理名誉博士学位，并获美国密苏里大学校长最高特别奖章；获复旦管理学杰出贡献奖；荣获"江苏社科名家"称号；获南京大学 2019 年度"师德先进"荣誉称号。

域辛勤耕耘，承担了一批国家级科研项目，培养了一大批人力资源管理专业人才，在国内外具有较为广泛的影响。从 1991 年起，我作为人力资源管理课程建设的负责人，开始在南京大学开设人力资源管理课程，后来该课程入选首批国家精品课程，课程建设成效显著，特色明显。最近这些年来，我还连续主持了 4 个国家自然科学基金重点项目和 5 项面上项目，编写了多本人力资源管理以及企业跨国经营的专著和教材，如《国际企业经营管理总论》《中国企业人力资源管理》《人力资源管理研究》《中国企业集团人力资源管理战略研究》等。

全国人大常委会原副委员长成思危教授曾经指出："随着经济社会全面发展，我国经济管理人才缺乏的现象日益突出，急需培养一批能在中国大地上进行有效管理的人才。这就要有好的教材，既介绍国外经验，又紧密结合中国国情，凸显'本土化'特色。"（见《光明日报》2007 年 9 月 18 日）。于是，北京师范大学出版社马洪立老师与我联系，希望我能组织编写一些人力资源管理方面的教材，我表示愿意积极参与，与北师大出版社的合作从此开始。出版社把这个想法汇报给了成思危先生，得到了成先生的高度赞同。

后来，北京师范大学出版社邀请我担任人力资源管理系列教材编写委员会主任，同时又邀请了上海交通大学安泰经济管理学院石金涛教授、颜世富副教授等分别担纲具体教材的主编，众多院校教师参编。我们严把质量关，从宏观的编写体系到微观的编写内容，先后多次开会研讨。在借鉴国外一流大学教学经验的基础上，研究中国学生特有的逻辑思维方式，注重采用本土化案例分析，以提高学生分析、理解和解决实际问题的能力。该系列教材出版后多次重印，得到了人力资源管理相关专业一线师生的肯定，被上百所院校选为教材，取得了不错的社会效益和经济效益。在之后教育部主持的评选中，我主编的《人力资源管理与开发》《人力资源管理与开发案例精选》以及刘洪教授主编的《薪酬管理》等顺利入选"十一五"国家级规划教材、"国家精品课程"教材。后来我们再次与北京师范大学出版社陈仕云老师合作，多次再版和重新修订了这些教材。在陈老师的大力帮助下，我与我的博士生陶向南、周文成合作编著的《国际人力资源管理》教材，于 2019 年顺利出版。该书全面系统地分析了国际企业的人力资源开发与管理，细致阐述了国际化企业的战略性人力资源管理体系，出版后在社会上取得了良好反响。

北京师范大学出版社成立于 1980 年，是改革开放以来发展最快的大学出版社之一，也是中国最具影响力的教育出版社之一。

在整个出版和编辑过程中，北京师范大学出版社的各位老师和学者表现出来的严谨细致、认真负责的态度，很好地诠释了"扎根教育、守正创新、弘扬文化、传承文明"的出版理念。值此出版社建社四十周年之际，我衷心祝愿贵社能够继续坚持"传播科学真理，弘扬文化精义"的目标，不断向着国内以及国际出版强社迈进。

为了推进企业跨国经营和国际人力资源管理领域的教学与研究工作，我于 1992 年在南京大学举办了第一届企业跨国经营国际研讨会，每三年一届，到目前已持续了 27 年，并且将于 2020 年 11 月举办第十届企业跨国经营国际研讨会，每届均吸引数百位国内外学者和知名企业管理者参会，就企业跨国经营管理相关问题进行交流和研讨，产生了较为广泛的社会影响。为了推动国际国内人力资源管理的研究，提高青年学者的研究水平，我和几十位国内人力资源管理知名学者发起中国人力资源管理论坛，并于 2012 年成功举办了第一届中国人力资源管理论坛。该论坛先后在南开大学、武汉大学、南京大学、华南理工大学、华中科技大学、澳门科技大学、中南大学和东北大学举办了八届，2020 年 10 月将在安徽大学举办第九届论坛。论坛规模和影响越来越大，现已成为我国人力资源管理领域知名的学术论坛和人力资源管理学者进行学术交流的重要平台。此外，为了推进国内学术成果的交流和发表，我与南京大学商学院人力资源管理系主任张正堂教授、程德俊教授、刘洪教授等牵头，以南京大学为主管单位，于 2010 年创办了《人力资源管理评论》杂志，每年出版两期，并正在为早日进入 CSSCI 来源集刊而努力。

作为教育部工商管理类专业教学指导委员会和全国工商管理专业学位研究生（MBA）教育指导委员会指定的人力资源管理课程师资的培训基地，我们从 1998 年开始在南京大学商学院举办全国人力资源管理师资研讨会。2019 年 10 月，我们成功举办了第二十届全国人力资源管理师资研讨会。这一届研讨会以"不忘初心、享受变化、直面未来"为主题，探讨了新形势下人力资源管理研究与教学的变化和创新。会议吸引了来自复旦大学、浙江大学、同济大学、武汉大学、湖南大学、华中科技大学、华东理工大学等 97 所高校的 170 余名人力资源管理专业教师、学者参加研讨。作为我国人力资源管理研究领域的早期留学归国人员和探索者，我真诚希望全国人力资源管理课程研讨会能够一直举办下去，成为国内学者们进行交流、沟通、研讨的永久平台。我们的努力坚定而执着，不离也不弃，因为内心最初的真诚的梦想从未改变，因为我们始终不忘一名人力资源管理学界学者和教师的初心。

"为天地立心，为生民立命，为往圣继绝学，为万世开太平。"作为出版社、作为学者，我们心心相印，都怀揣着一份强烈的社会责任感和使命感。2020 年 2 月以来，北京师范大学出版社积极响应国家新闻出版署的号召，组织专门力量持续策划了系列"抗疫""战疫"的驰援活动，出版了由北京师范大学心理学部发展心理研究院长江学者、著名婚姻家庭研究与治疗专家方晓义教授主编的《家安心安：新冠肺炎疫情下的家庭心理自助手册》，运用专业力量，帮助个体获得心理自助的能力，让家庭成员间彼此有效互助，共御疫情带来的消极影响。同时北京师范大学出版社还与中国社会心理学会联合策划《抗疫：社会心理学的省思》，引导群众增强自我防范意识和防控能力，以理性态度和健康心态抗击疫情。不仅如此，北京师范大学出版社还积极响应教育部发出的"停课不停教，停课不停学"的号召，组织开展了多场争分夺秒的在线学习资源生产保障战，将优质教育出版资源持续不断地触达千家万户，助力师生在线教学、居家学习，以实际行动支援全国抗疫工作。

这次疫情在全国乃至全球蔓延，引发了众多学者的高度关注。早在 2020 年 2 月初，我与中国管理现代化研究会组织行为与人力资源管理（OBHRM）专业委员会的几位副主任委员和秘书长一起，向 OBHRM 专业委员会的会员发出一份贡献爱心的捐款倡议，得到大家的热烈响应，一天内即收到 340 多位会员的 12 万余元善款。我们把这笔善款全部捐赠给湖北宜昌市慈善总会，用于为宜昌一线医护工作者购买意外伤害保险。令我感动的是，2 月 14 日，中国人民大学刘东教授、深圳大学蒋建武教授等 150 多位 70 后、80 后青年工商管理学者自发组织了"工商管理学者之家"系列公益活动，他们组织"产—学—研"聚力抗疫，以集体智慧、专业力量，致力于帮助疫区的群众和企业，特别是助力于疫情之后的企业发展和民众精神家园的重建。令我欣慰的是，我的很多学生也在密切关注疫情的变化，他们把初心落实在行动上，把使命落实在岗位上，积极参与到疫情防控的伟大斗争中。2 月 19 日，我的博士生周文成教授也在我的公益活动影响下，组织他的研究生克服种种困难，成功从美国购买到抗疫急需的隔离衣等短缺医疗物资，并将其捐赠给湖北天门医院。南京邮电大学号召师生学习他们的善举，《扬子晚报》等媒体也进行了广泛报道。还有我的博士生、南京医科大学副校长、南京医科大学附属逸夫医院院长鲁翔教授担任江苏省支持湖北疫情防控前方指挥部副总指挥、江苏援黄石医疗队队长，于 2 月 11 日率队前往湖北黄石支援湖北疫情防控，经过几十天的奋斗，3 月 27 日，湖北黄石最后一名新冠肺炎确诊患者治愈出院，黄石实现了新冠肺炎确诊和疑似病例双"清零"。3 月 28 日下午，江苏援助黄石的最后一批医疗队的白衣战士们踏上返乡之路。

正如哲人费希特（Johann Gottlieb Fichte）所言："学者的使命是为社会服务，通过社会服务而存在。"工商管理青年学者对"学术使命"和"学者担当"的理解，不仅停留在学术本身的意义上，更应上升到社会发展和民族命运担当的层面上。阴霾终将过去，光明终将到来，让我们共同迎接中国经济与社会秩序的快速恢复，迎接更为美好的明天。

助我起飞的有力翅膀

赵春明

　　我与师大出版社的结缘始于1993年。1991年，我在攻读博士学位期间，翻译了比利时著名经济学家欧内斯特·曼德尔的名著《资本主义发展的长波：一个马克思主义的解释》。该书运用康德拉季耶夫长周期理论，从马克思主义视角对西方国家第二次世界大战后的繁荣与衰退现象做了非常好的解析，在国际学术界具有广泛的影响。我的导师陶大镛先生知悉后，先是

给北京出版社的有关领导写了推荐信，对该著作和我的翻译工作作了肯定，并希望能予以支持和出版。但后来由于多种原因北京出版社没有安排出版，陶先生又写信向师大出版社做了推荐。在社领导的支持下，师大出版社于1993年8月出版了此书，并得到原作者曼德尔教授的首肯和帮助。这是我出版的第一本书，虽然是译著，但却极大地鼓舞了我的科研信心！

作者简介 >>>

赵春明，1988 年硕士毕业于北京师范大学并留校任教。1994 年于北京师范大学博士毕业；1998—1999 年，为美国加州大学伯克利分校高级访问学者。1997 年，破格晋升为教授。曾任国际经济系主任、经管学院副院长。2012 年至今，担任校级教学指导委员会副主任；2013 年，获批享受国务院政府特殊津贴。2016 年，荣获宝钢优秀教师特等奖；2019 年，入选国家"万人计划"领军人才（教学名师）；2020 年，被聘为北京师范大学京师特聘教授。担任教育部经济与贸易类专业教学指导委员会副主任委员、教育部全国国际商务专业学位研究生教育指导委员会委员、中国美国经济学会副会长、中国世界经济学会副秘书长、全国高校国际贸易学科协作组副秘书长、《国际贸易问题》编委等。

1994 年，我的博士学位论文《亚太地区经济发展多元化研究》完成并通过答辩后，获得了北京市社会科学理论著作的出版基金资助，于 1995 年 9 月由师大出版社正式出版。总括起来，这本著作的主要特色有以下三点：

首先，本书在研究视角上做了有益的探索和深化，从而拓展了该领域的研究维度。第二次世界大战后，亚太地区经济的长足发展和迅速崛起，广为世界瞩目。当时，国内外学术界对亚太地区经济发展的分析和研究，大多侧重于对单个国家或局部地区经济发展模式的研究。而我的这本著作则将亚太地区经济发展的三个重要组成部分，即日本、亚洲"四小龙"和东盟四国综合在一起来进行考察，通过深入的比较分析来揭示蕴含于这一独特发展模式中的某些规律性现象及差异性特征，从而在更大程度上加强了亚太地区经济发展研究的系统性和准确性。

其次，本书在研究过程中坚持马克思主义的基本立场和方法，同时善于运用西方经济学的合理分析方法，从而增强了理论分析的深度与科学性。比如，在分析日本的企业资本积累时，著作运用大量确切的数据，通过比较分析，指出日本的企业资本积累率较高、工人的劳动时间较长及工资较低等特点，充分说明了当时日本企业对工人绝对与相对剩余价值的获取是比较严重的，这与我国改革开放后有段时期国内学术界避而不谈西方国家剩余价值问题形成了明显对比。同时对

于西方经济学中的一些合理分析方法，著作
也进行了科学的吸收和运用，如罗斯托主导
产业理论的分析方法、霍夫曼定理的分析方
法以及莫迪利安尼生命周期假设理论的分析
方法等。

最后，著作紧扣实际，强调亚太地区经
济发展的有益经验和深刻教训对我国经济发
展的启示，以起到"他山之石，可以攻玉"
的良好成效。

比如，著作在对第二次世界大战后日
本的经济发展做了深入分析之后指出，日本
的经济发展是以一系列坚实物质基础作为前
提条件的，尤其是在近一个世纪的资本、技
术、人才、基础设施等要素的积累和发展的
前提下才最终得到实现的。因此，我国在当
时尚不宜着意更不应盲目追求经济增长的高
速度，而是应下大力气去重视教育、发展农
业，加强基础设施尤其是能源、原材料和交
通运输方面的建设，提高企业经济效益，为
国民经济的真正腾飞提供必要的前提条件和
物质基础。这种观点在当下我国经济发展进
入"新常态"，从追求经济增长转变为更加
注重经济发展质量的宏观背景下，仍不失参
考和借鉴意义。

再如，根据对亚洲"四小龙"经济发展
的深入比较分析，著作提出，对于亚洲"四

小龙"经济发展的成功经验，我们不宜亦步
亦趋地去走它们的老路，而应该着重去学习
它们那种切实把握世界经济发展趋势和正确
认识自身情况的能力，并从中得到有益启
示。结合我国具体国情，著作提出了把"进
口替代"和"出口导向"有机结合起来的"双
重发展战略"。因为从理论上来说，外部
需求即出口导向的贸易发展战略与内部需求
即进口替代的贸易发展战略之间其实并无实
质上的对立，而是具有一定的内在联系。一
般来说，通过出口产业的增长来带动相关产
业以及整个国民经济的增长，可以同时伴随
着对国内市场进行一定程度上的保护和进口
替代产业的成长；同样，进口替代也并不必
然地排斥出口导向，因为出口的增长可以增
加收入和提高购买力，从而有助于扩大国内
市场规模，促进新的产品市场的出现，降低
劳动成本，使得本国产品同进口产品相比具
有较强的竞争力。因此，出口导向和进口替
代两种战略之间实际上是一种相继性和互补
性的关系，二者并存是完全可能的。从国际
经验来看，被奉为实行出口导向最佳案例的
亚洲"四小龙"的实践也很好地说明了这一
点。在历史上，进口替代和出口导向两种战
略都对亚洲"四小龙"的经济增长做出了贡
献，只是不同时期两者的贡献程度各不相同

而已。具体来说，在 20 世纪 50 年代实施进口替代时期，韩国、新加坡和我国台湾地区仍采取了一定措施来刺激部分产品的出口；进入 20 世纪 60 年代转而实施出口导向发展战略之后，它们一方面促使劳动密集型工业面向出口，另一方面则对资本密集型工业实行部分的进口替代；20 世纪 70 年代在加速劳动密集型产品和资本密集型产品出口的同时，则对资本和技术密集型产业采取了进口替代的保护性措施等。在当前我们正面临世界百年未有之大变局的阶段，我国出口贸易遇到了不少障碍，同时扩大进口已成为我国的一项基本国策，因此著作早期提出的上述观点仍具有较重要的参考价值。

《亚太地区经济发展多元化研究》一书出版后，引起了较为广泛的社会反响。《人民日报》（1995 年 12 月 7 日第九版）、《光明日报》（1996 年 5 月 23 日第五版）、《北京师范大学学报》（1997 年第 2 期）分别刊发了书评，对该书做了高度评价和推介；1996 年，该书获得了第十届中国图书奖。

此后，在社领导和编辑们的支持与帮助下，我又在师大出版社出版了数部教材。其中，《国际经济学》（本科生用，第二版，2012 年 6 月版）被国内多所高校选为专业核心课程教材；《国际经济学》（研究生用，2008 年 7 月版）被评选为北京市精品教材；《国际贸易理论与政策案例解析》（2015 年 8 月版）则成为国内第一部有关贸易理论与政策案例解析方面的教辅类著作。

总之，北京师范大学出版社在我的科研与教学生涯中，起到了非常大的激励和支持作用，可以说是一双助我起飞的有力翅膀！

这一脉书缘皆因我们心中有"数"

李仲来

　　2001 年年底，在北京师范大学百年校庆前，在数学系的系、所、党总支联席会上，讨论校庆活动时，时任数学系主任郑学安教授建议，由我负责出一部纪念册，内容类似于北京大学数学系 80 周年系庆编的《北京大学数学系成立 80 周年纪念册》。当时，我明确表示不同意出类似纪念册的宣传品。我认为，作为中国一所著名大学的重要系所，应该出版正式的系史。若让我做，我就主编

《北京师范大学数学系史(1915—2002)》(以下简称《系史》)。因准备出版系史，要先向出版社写申请报告，由此开始与学校出版社打交道，至今已近 20 年。时任总编辑马新国教授告诉我，学校有 3 个系准备出版系史，最终只有数学系史出版了。

　　可以这样说，为了在北京师范大学百年校庆前出版《系史》，除了正常的教学、带研究生以及行政管理工作外，我中断了与我

作者简介 >>>

李仲来，男，汉族，1953 年 8 月生，二级教授，博士生导师。1977 年毕业于北京师范大学数学系。曾任数学与数学教育研究所副所长（1995—2004），数学科学学院党委书记（2004—2016）。主要研究方向：生物数学，数学史。曾担任中国数学会数学史分会常务理事。主编数学教材及"北京师范大学数学家文库""北京师范大学数学科学学院史料丛书"等图书多种。

的研究方向有关的一切工作，包括编辑部退修的稿件。在数学系教师及校友的大力支持下，在百年校庆前夕，《系史》正式出版，这首先要感谢出版社领导、责任编辑潘淑琴和岳昌庆同志的大力支持和帮助。

　　承蒙读者厚爱，《系史》出版后，得到了众多老师的肯定，尤其是高校数学院系的领导和教师。院系史的编写，引领了国内数学院系史编写和资料收集，带动了北京师范大学院系史的编写和资料收集。至今国内的数学院系史已编写近十部，我校的地理与遥感科学学院、体育与运动学院等编写出版了院史或发展史。中国数学会当时的秘书长，北京大学数学科学学院院长王长平教授（现任福建师范大学校长）2008 年在密云召开的北京地区首届高校数学学院（系）院长（系主任）会议中告诉我，中国数学会前几年曾专门研究了我国数学院系史和中国数学会史的建设，并在编写《中国数学会史》。

一、主编北京师范大学数学科学学院史料丛书

　　2006 年，我主编的《北京师范大学数学科学学院论文目录（1915—2006）》在北京师范大学出版社出版，这是我国数学学院 / 系 / 所的第一部正式出版的论文目录，是一部重要史料。它真实地记录了我们学院开展科学研究的轨迹，反映了学院为中国，乃至为人类的数学科学事业所做出的贡献，是研究我们学院开展科学研究最基本的资料，同时也是从事科学史研究人员收藏的史料。2007 年，我主编的《北京师范大学数学科学学院硕士研究生入学考试试题（1978—

2007）》在北京师范大学出版社出版，该书是我国数学学院/系/所的第一部30年硕士研究生入学考试试题集（硕士研究生高等数学入学考试试题集除外）。它是大学数学学院（系、所）教师和在校生的参考书，是每年报考我院硕士研究生的重要复习参考资料，同时也是各大学图书馆及从事科学史研究人员收藏的史料。

2008年1月11日，根据已经出版的三部书，岳昌庆同志建议，可以起一个丛书名。我把它称为"北京师范大学数学科学学院史料丛书"。之后，按照时间顺序，已经出版了《北京师范大学数学科学学院史(1915—2009)(1915—2015)》《北京师范大学数学学科创建百年纪念文集》《北京师范大学数学科学学院论著目录(1915—2015)》《北京师范大学数学科学学院硕士研究生入学考试试题(1978—2017)》《北京师范大学数学科学学院师生影集(1915—1949)(1950—1980)(1981—1999)(2000—2019)》。

二、主编北京师范大学数学家文库

在收集编写《系史》的过程中，由于原始材料都是我亲自查阅，再加上平时收集的数学系的有关材料，使我考虑如何系统地收集和整理学院的历史资料，在可能的情况下发表或由出版社正式出版。作为中国一所著名大学的重要院所，有很多资料值得收集并进行研究。《系史》出版后，我成为一位《系史》的业余研究者。除了修改《系史》外，在工作之余，我先全面系统地整理了王世强、孙永生、严士健、王梓坤、刘绍学、汤璪真、白尚恕、范会国教授的文集，后以"北京师范大学数学家文库"（简称"文库"）在北京师范大学出版社出版。在每次重印时，都对前一次印刷后发现的错误进行修订，对附录的内容进行补充和修改，并将文集首发式照片刊登或结合文集作者生日情况，增补祝贺或纪念的文字。该"文库"的出版，说明北京师范大学数学科学学院在国内数学界的影响较大；文集出版系列化是一高招（我还在人民教育出版社主编出版了8部数学教育文选）。之后又出版了赵桢、李占柄、罗里波、汪培庄、王伯英、刘来福、陈公宁、陆善镇教授的文集。一个数学院系，系统地主编出版16部文集，在国内数学界和科学史界都产生了一定的影响。

为了宣传学院数位老先生对现代数学和学校所做的贡献，扩大文集的影响，2005年12月25日，在我校举行北京师范大学数学系成立 90 周年庆祝大会暨王世强、孙永生、严士健、王梓坤和刘绍学教授 5 部数学文集首发式。2008 年 1 月 12 日，举行纪念汤璪真校长诞辰 110 周年暨汤璪真教授文集首发式。2009 年 5 月 23 日至 24 日，在我校举行第 3 届数学史与数学教育国际研讨会暨白尚恕教授文集首发式。3 次文集首发式的召开，对学院文化的宣传和扩大文集的影响，起到了一定的作用。

我原来的计划是，《傅种孙数学教育文选》在北京师范大学出版社出版，但未成功。后来傅种孙、钟善基、丁尔陞、曹才翰、孙瑞清、王敬庚、王申怀、钱珮玲的 8 部数学教育文选均在人民教育出版社出版，从而在开本、风格（如个人工作简介、简历、访谈录）上和北京师范大学出版社出版的数学文集风格有所不同。

2018 年 8 月，由我主编的王梓坤院士著的 8 卷本《王梓坤文集》第 1 卷：科学发现纵横谈；第 2 卷：教育百话；第 3 ~ 4 卷：论文（上、下卷）；第 5 卷：概率论基础及其应用；第 6 ~ 7 卷：随机过程通论及其应用（上、下卷）；第 8 卷：生灭过程与马尔可夫链（王梓坤和杨向群著），由北京师范大学出版社出版。

三、主编北京师范大学数学学科 4 套教材

我在 1995 年至 2004 年连任 3 届数学与数学教育研究所副所长，负责研究生教育和博士后的管理工作。在每届的系所党政联席会上，都提出要修订系里教师以前编写的教材，可惜没有什么效果。任院党委书记后，我全面汇总了学院教师在北京师范大学出版社出版的全部著作，在 2005 年春季，由我和北京师范大学出版社理科编辑部王松浦主任与岳昌庆同志进行了沟通和协商，准备对北京师范大学数学科学学院教师目前使用或誉印（出版社已经没有存书的教材）的北京师范大学出版社出版的部分教材进行修订。计划用几年时间，出版数学与应用数学专业主干课程、数学教育主干课程、大学数学公共课程、数学学科硕士研究生课程 4 个系列的 70 多部主要课程教材。

我任学院教学指导委员会主任。为了达到此目标，学院从长计议，在安排教学时通盘考虑，成立教学小组，每门课程在 3~5 年内，任教的教师相对固定，3~6 年后出版该课程的教材。另外，退休教师在一生的教学和科研工作中，积累了丰富的教学经验，把这些经验总结整理出来，对学院的教材建设

是很有好处的。我们请了 16 位退休教师参加了此项编写和修订工作，这项工作，发挥了他们的余热，调动了他们的工作积极性，"救活"了学院教师以前 10 年甚至 20 多年出版的一批教材。目前已经出版的 77 部教材，50 部是修订，27 部是新编。

到现在为止，国内尚未见到一个数学院系，能够系统地组织出版这么多部教材。系统地组织编写数学学科硕士研究生课程教材，我不敢说在数学界走在了前面，但在我校的研究生教材编写方面，是明显走在了前面的。有例为证。数学科学学院硕士研究生教材已经出版 12 部，前 4 部的封面有 4 种颜色，风格也不相同。第 4 部后才统一教材封面的颜色和风格。在与北京师范大学出版社签订出版合同并出版了 1 部教材之后，校研究生院才开始设置全校研究生 80 部教材资助课题，然后和校出版社商定出版研究生教材的协议。

2008 年，"数学科学学院教材建设"获北京师范大学教育教学成果奖一等奖，这是对我们修编教材的肯定与鼓励。已经出版的教材中，有 6 部入选普通高等教育"十一五"国家级规划教材，8 部入选"十二五"普通高等教育本科国家级规划教材，7 部入选北京市高等教育精品教材。

大学数学公共课程系列教材，我修订了其中 3 部：《生物统计》《高等数学 C(上、下册)》。生物系 1988 年后的《生物统计》课程，除 1993 年外，均由我开设。为了将《高等数学》和《生物统计》的教学内容和体系统一考虑，在 2000—2007 学年的 8 年中，我连续不断地坚持一条龙教学（即著名数学家华罗庚的话：数学课由一人讲授，称为一条龙教学），讲授《高等数学》和《生物统计》。在此基础上，我修订了以上 3 部教材。我认为，学院在安排教学时，应考虑同一教师在 3~5 年里能够稳定地上同一门课，并参与到教材的编写或修订工作中去，若能够和所讲课的院系结合，则更好。尽可能做到不要一位教师今年在这个院系教高等数学，明年在那个院系教。当然，这是说起来容易做起来难的事。

组织出版 4 个系列教材，每部教材从策划到出版，在背后或多或少有一些小故事，凑起来就又可以写一部书了。

四、数学与出版

北京师范大学出版社为我们出版教材、文集、院史，使得我们数学科学学院的文化得以传承。反过来，利用数学知识，我们还能解决与出版社有关的一些问题。

例如，全国大学生数学建模竞赛，这是目前国内高校参加学生人数最多的赛事。1992年，由中国工业与应用数学学会数学模型专业委员会组织举办了我国10城市的大学生数学模型联赛。从1994年起，由教育部高教司和中国工业与应用数学学会共同主办全国大学生数学建模竞赛，每年一次。数学建模竞赛的题目由工程技术、经济管理、社会生活等领域中的实际问题简化加工而成，没有事先设定的标准答案，但留有充分余地供参赛者发挥其聪明才智和创造精神。竞赛要求3个大学生在72小时内共同完成一篇论文。题目从A题和B题中任选一题。

我从2003年起参加北京的大学生数学建模竞赛阅卷工作，2006年全国大学生数学建模竞赛A题"出版社的资源配置"是与出版社有关的题目。在此不妨将题目内容抄录如下供大家参考：

出版社的资源主要包括人力资源、生产资源、资金和管理资源等，它们都捆绑在书号上，经过各个部门的运作，形成成本（策划成本、编辑成本、生产成本、库存成本、销售成本、财务与管理成本等）和利润。

某个以教材类出版物为主的出版社，总社领导每年需要针对分社提交的生产计划申请书、人力资源情况以及市场信息分析，将总量一定的书号合理地分配给各个分社，使出版的教材产生最好的经济效益。事实上，由于各个分社提交的需求书号总量远大于总社的书号总量，因此总社一般以增加强势产品支持力度的原则优化资源配置。资源配置完成后，各个分社（分社以学科划分）根据分配到的书号数量，再重新对学科所属每个课程做出出版计划，付诸实施。

资源配置是总社每年进行的重要决策，直接关系到出版社的当年经济效益和长远发展战略。由于市场信息（主要是需求与竞争力）通常是不完全的，企业自身的数据收集和积累也不足，这种情况下的决策问题在我国企业中是普遍存在的。

本题附录中给出了该出版社所掌握的一些数据资料，请你们根据这些数据资料，利用数学建模的方法，在信息不足的条件下，提出以量化分析为基础的资源（书号）配置方法，给出一个明确的分配方案，向出版社提供有益的建议。

[附录]

附件1. 问卷调查表；

附件2. 问卷调查数据（5年）；

附件3. 各课程计划及实际销售数据表

（5年）；

　　附件4.各课程计划申请或实际获得的书号数列表（6年）；

　　附件5.9个分社人力资源细目。

　　以上附件1～5的内容略。对此感兴趣的读者可以浏览以下网站，下同。 http://www.mcm.edu.cn/html_cn/section/033046c1b33c2ea9c1d6bd4c5a4020fb.html

　　为庆祝全国大学生数学建模竞赛10周年和15周年，主办学校于2001年和2006年分别举办了两次全国大学生数学建模夏令营。题目是从A、B、C三题中任选一题。**现将2006年A题题目"教材出版业的市场调查、评估和预测方法"内容抄录如下：**

　　某出版社出版多类高等教育和职业教育的教材。从出版社的战略发展、投资策略、生产安排、销售方式和产品策划等业务考虑，需要对出版社的市场占有率（市场份额）及其逐年变化进行调查。请你设计有效而可行的调查方法，并且建立调查数据的分析模型，以及对市场做出科学评估和预测的方法。

　　本题的附录中给出的基础数据是问卷式普查数据，由于抽样成本的限制，普查是不可取的，而且抽样数应该在调查目的的基础上尽量少。

题目说明

　　1. 由于抽样成本，普查不可取，但是抽样方法的样本数和调查效益之间有平衡关系，确定你的抽样数时应该考虑这种平衡关系。

　　2. 完整地描述你的调查方法，并且清楚地给出你的模拟数据。如果使用问卷式抽样调查（不限于问卷式），请给出问卷格式。

　　3. 给出基于调查数据的市场评估和预测模型，并用数据说明你的方法的有效性和科学性。

　　4. 在附录1中给出了一个参考的问卷格式，也给出与该问卷相关的一个数据库（附录4）。这个数据库是包含10个省全部学生（为了减少数据量，假定全班学生填表相同，因此每个专业只有一个学生填写问卷）的模拟答卷（包括3年的），作为本竞赛题的背景数据。

　　5. 附录2中给出本题提供的数据库的29类教材名称以及分类号，附录3给出某出版社各类教材的3年销售量，可供查询。

　　6. 在附录4中也给出10个省所有学校名称以及其专业名称，你可以用这些检索词确定你对数据库的取样查询。

　　7. 如果你自行选用数据，请给出调查数据的可靠性和合理性的检验方法和数据来源。

五、提过建议

我曾经给出版社提过一些建议。例如，2005 年在学校中层干部会议上，会议的主要议题是学校的教学工作。在分组讨论会上，我说，教学改革的核心问题和重中之重是教材的改革，学院要抓好人才培养和教材建设。但是，近年来，学校出版社出版的高校教材很少。2004 年，我去学校出版社书店，看到仅有一个书架摆放着北京师范大学出版社出版的高校教材，感到很不是滋味。我建议学校出版社重视高校教材的出版。当时，赖德胜社长和杨耕总编辑都在我们小组。值得欣慰的是，学校出版社后来非常重视高校教材建设。现在再学去学校出版社书店，情况已经大大改变了，可以看到多个书架摆放着北京师范大学出版社出版的高校教材。

以上工作，尤其是出版院系史、文集、系列教材，都得到了北京师范大学出版社领导和编辑同志们的大力支持。在出版社成立 40 周年之际，对出版社为我们学院提供的诸多支持和帮助，表示衷心的感谢！祝愿北京师范大学出版社在今后取得更加辉煌的成绩！

我与《动物生态学原理》的缘分

王德华

1987 年 12 月，还在读研究生的我邮购了北京师范大学出版社出版的《动物生态学原理》，当时的书讯应该是从科技新书目录中获得的，价格是 5.7 元。这本书的作者是孙儒泳先生。

说起来，我与孙先生相识很早。1984年我在报考研究生的时候，曾写信联系过他。孙先生当时给我回了信，还给我寄了一份油印的《动物生态学》复习题。

孙先生 20 世纪 50 年代留学苏联莫斯科大学，师从著名生态学家纳乌莫夫教授（我国曾翻译过纳乌莫夫的著作《动物生态学》，1958 年，科学出版社）。1958 年他获得副博士学位后，即回国参加新中国的建设。20世纪 60 年代初，孙先生开始在北京师范大学生物系讲授动物生态学，并编著了《动物生态学讲义》。孙先生是新中国成立后第一位讲授动物生态学的教师，也是最早编写动

作者简介 >>>

王德华，中国科学院动物研究所研究员，博士生导师，中国科学院大学岗位教授。国家杰出青年基金获得者，百千万人才工程国家级人选。主要从事动物生理生态学研究和动物生态学教学工作，发表学术论文 160 余篇，主编、合著和译著多部，兼任《兽类学报》主编、*Journal of Animal Ecology* 副主编等职。

物生态学讲义的教师，北京师范大学自然也是新中国最早开设动物生态学课程的高校。

20 世纪 70 年代，国家开始规划生态学教材的编写出版工作，孙儒泳先生与华东师范大学钱国桢先生、复旦大学黄文几先生和中山大学林浩然先生等共同编写了我国第一本《动物生态学》教材（上、下册）。该书于 1981 年由人民教育出版社出版，共 11 章，孙先生独立撰写了 5 章，与钱先生合写了 1 章。这本教材获得了国家教委优秀教材二等奖（1988）。孙先生还与华东师范大学的老师联合编写了《动物生态学实验指导》，于 1983 年由高等教育出版社出版。

我报考研究生的时候就自学了这本上下册的《动物生态学》教材。后来我考取了原在中国科学院西北高原生物研究所工作的王祖望先生的研究生。王祖望先生和孙儒泳先生是宁波同乡，两人的私人关系很好。王

祖望先生经常给我们讲孙先生的一些研究工作。孙先生当时也是中国科学院海北高寒草甸生态系统定位站的学术委员会委员，他和他的研究生都曾在位于青海门源县的海北高寒草甸生态系统定位站做研究。我硕士学位论文答辩的时候，王祖望先生邀请孙先生担任答辩委员会主席。

孙先生是我国动物生理生态学的奠基人，是我国动物生态学的奠基人和开拓者之一，他的学术论文和学术思想对我国动物生理生态学的发展影响深远。孙先生的学术思想很前沿，如在比较不同动物物种之间代谢率的时候，他就注意到体重对代谢率的影响，提出用协方差的方法去除动物体重的影响。当时计算机还不普及，一般用计算器计算数据。用计算器进行协方差分析，实在是太折腾人了，一个数据一个数据输入，然后求和、计算方差，等等，每一步都得特别小心，稍

不留心，几小时的计算就前功尽弃，想起来就发怵。

孙先生根据自己多年的教学积累，写成了 90 多万字的《动物生态学原理》，于 1987 年由北京师范大学出版社出版。这本教材一出版就广受学界的欢迎，无论是高校教师，还是研究院所的研究人员，都争相购买，在国内高校也成为广泛使用的教材。《动物生态学原理》第一版重印四次，被港台新闻界推荐为公众阅读的十本大陆书之一。这本教材获得全国高校教材优秀奖（1992）和全国教学图书展一等奖（1992）。

1990 年，在王祖望先生的推荐下，我考入北京师范大学生物系，成为孙先生的博士研究生。1992 年，《动物生态学原理》第二版出版，印刷质量和纸张比第一版精致了很多。在研究生期间，孙先生就请我们给他的书挑错，发现有错误的地方及时告诉他。我把读书的时候发现的一些印刷错误交给他，他在第二版的前言中还专门致谢，当时心里还是很高兴的。孙先生送给我一本第二版《动物生态学原理》，他在书上亲笔写上"王德华同学留念"。

《动物生态学原理》第三版于 2001 年出版，字数增加到 120 多万。我博士毕业后去中国科学院动物研究所做博士后，1995 年留所工作。第三版修订再版的时候，孙先生邀请我参与修订工作，我特别兴奋，但深知自己知识太浅，不能胜任。孙先生鼓励我，我就按照我自己对相关内容的浅显认识进行了一些修订，主要是补充了一些内容，如体重对代谢率的影响、非颤抖性产热、持续能量收支等内容。孙先生竟然都采纳了。第三版出版的时候，孙先生也送给我一本，竟然在扉页上写下"王德华研究员指正"几个字，我就有点受宠若惊了。

好教材再版和更新是必需的，也是很重要的。有一年，孙先生跟我商量他的《动物生态学原理》再版的事情，他说自己年事已高，没有精力了，希望我能帮他完成。由于多种原因，主要还是我信心不足，这件事情就耽搁了下来。2012 年的时候，北京师范大学出版社又跟孙先生联系催促再版的事情，孙先生就跟出版社负责的编辑姚斯研说，现在修订再版的事情交给我来负责了。孙先生在电话里又跟我说了这件事情。姚编辑到我办公室讨论了再版的方案和时间等具体事项，在姚编辑的一再催促下，我才开始启动第四版的修订工作，我与孙先生商量后，邀请了在北师大一线教学的牛翠娟教授、刘定震教授和张立教授参与，三位都是孙先生的弟子。

由于前三版都是孙先生一个人完成的著作（房继明博士、张大勇教授和我参与了第三版部分修订工作），也是他几十年教学和科研的积累，他有很丰富的教学经验，对于生态学的概念和原理的解释和叙述简朴、准确、易懂，阅读起来很流畅，有一种亲切感，很适合读者阅读。我们几个都感觉达不到孙先生那种对于学术概念和术语娓娓道来的能力，感到有些吃力，修订工作进展一直不是很顺利。

后来出版社的刘凤娟编辑负责此书的出版工作，在她的不断催促下，我们加快了修订进程。这次出版社要求大大压缩文字，这样我们几位商量后，决定补充少量的内容，以删减压缩为主，同时修改一些印刷错误和适当地修订语言等。在大家的努力下，《动物生态学原理》第四版于2019年顺利出版，文字从120多万字压缩到78万。

很遗憾，孙先生几年前患病，记忆力减退，不能进行正常交流了。我收到出版社的样书后，寄给了广州华南师范大学的师妹王维娜教授，委托她交给在校医院养病的孙先生。记得师妹把书交给孙先生的时候，师妹给我发短信说："孙先生在认真看，但不记得了。没办法，自然规律啊。"我看着师妹发给我的孙先生拿着书在认真看的照片，心里十分难过，给师妹回了句"有点心酸！也得面对现实"。

孙先生还主持编写了同样有重要影响的《普通生态学》（1993年，高等教育出版社）和《基础生态学》（2002年，高等教育出版社）等广受欢迎的教材，也主持翻译了一些国际上优秀的生态学教材，如美国学者 Eugene Pleasants Odum 的《生态学基础》（1981年，人民教育出版社）、英国学者 Robert May 的《理论生态学》（1980年，科学出版社）和美国学者 Robert E. Ricklefs 的《生态学》（2004年，高等教育出版社）等。孙先生从20世纪60年代开始从事动物生态学教学工作，编著和翻译了近20本著作，为我国的生态学教育奉献了一生，是我国杰出的生态学教育家。

回过头来看，孙先生编著的《动物生态学原理》影响了我国几代动物生态学工作者，从一个侧面反映了我国动物生态学的发展历程和我国生态学的发展历程。我国的很多生态学科研骨干、中青年科学家，大多都是读着这本书成长起来的，考研的时候读，考博的时候读，做研究的时候读，教书的时候读，当导师的时候读。值得一提的是，这本教材虽然取名《动物生态学原理》，除了个体生态部分，孙先生在种群、群落和生态系统部分都兼顾了动物生态和植物生态的内容，这也是这本著作在生态学界备受欢迎的一个原因。

2020 年春节，武汉暴发新型冠状病毒肺炎，大家都轻易不外出。2020 年 2 月 14 日上午，我收到了师妹发来的噩耗，孙先生在广州去世了。那天的北京下着大雪，由于疫情当前，我不能前往广州为孙先生送行。

我们在世界各地的师兄弟妹们相约在同一个时间向着同一个方向，为先生鞠躬默哀，向先生致敬，为先生送行。

孙先生走了，他留下的《动物生态学原理》还会继续影响着中国的动物生态学者，还将会产生深远的影响。我们也会尽力把《动物生态学原理》未来的更新和再版工作做好，让这本经典教材延续下去，保持她的生命力。

在中职德育课改革中结缘北京师范大学出版社

张可君

　　我和北师大出版社的结缘可以追溯到20年前。1999年，中共中央、国务院召开了改革开放以来第三次全国教育工作会议，会议作出了《关于深化教育改革全面推进素质教育的决定》。同年，国务院批转的教育部《面向21世纪教育振兴行动计划》提出了实施中等职业教育课程改革和教材建设规划，德育课程改革是其中的一项重要内容。

　　2000年的一天，我意外地接到了一份教育部职业与成人教育司（以下简称职成司）发来的会议通知，通知我参加一个关于中等职业学校德育课程改革的座谈会。后来我才了解到，那之前职成司思政处领导曾来安徽做相关调研，可能是因我当时担任安徽省贸易学校的校长，并兼任安徽省中专学校德育工作委员会主任，再加上一直没有脱离德育课教学，所以被安排参加了调研会。我在会

作者简介 >>>

张可君，女，1949 年 6 月出生于浙江省杭州市，1976 年山西大学政治系毕业，
高级讲师（中专系列）、副教授（高教系列）职称；曾任安徽省贸易学校校长、
安徽财贸学院合肥职业技术学院（现安徽财贸职业学院）党委书记，安徽新华
学院党委副书记、副院长，中国新华教育集团独立董事等职。

上谈了自己的看法。这次司里开会，大概是领导觉得我有一定的基层代表性，于是我又被安排参会。我感到遇到了学习的好机会。

没想到的是，职成司的座谈会后不久，我被确定担任教育部"中等职业学校德育课程改革与教材建设项目"中《经济与政治基础知识》的项目负责人，这个项目的主要任务是起草《中等职业学校〈经济与政治基础知识〉教学大纲》，审定后将由教育部颁发。这突如其来的重担让我压力很大，幸亏职成司指定了北师大程树礼教授任项目组专家，北京师范大学出版社参与项目组的有关服务工作，还有好几位很有实力的项目组成员，这使我增强了信心。正是从这项工作开始，我荣幸地结识了中国职教学会德育工作委员会顾问程树礼教授、北京师范大学出版社原副社长苏渭昌教授、原职教部主任仇春兰老师等，并随着工作的一步步深入开展，竟然

和北京师范大学出版社结下了不解之缘。

在改革中一路同行

2001 年，教育部印发《关于中等职业学校德育课课程设置与教学安排的意见》，把"政治课"改为"德育课"，把职业指导列为必修内容，必修课程从原来的 9 门精简为"职业道德与职业指导""哲学基础知识""经济与政治基础知识""法律基础知识"4 门，进一步突出了职业教育的特点，同时颁布了这 4 门必修课程的教学大纲。

教学大纲确定之后，立即面临教材编写的任务，而且教育部要求当年秋季开学要使用新教材，时间非常紧迫。职成司立即组织了教材编写招标，经过激烈的竞争，最后确定由北京师范大学出版社负责"经济与政治基础知识"课程的教材编写与出版。当北京

师范大学出版社来和我商量担任教材主编一事时，我开始是婉言谢绝的，因为当时学校的改革发展正处在一个重要阶段，工作确实繁忙，我担心会使两头工作都受影响。但后来经不住苏渭昌副社长的耐心劝导，我终于被北京师范大学出版社的诚意所感动而同意了。好在已先确定程树礼教授担任这本教材的主编（中职德育课4门必修课国家统编教材主编的结构基本都是一名高等教育工作者，一名中职教育工作者），更有已经比较了解的北京师范大学出版社工作团队（苏渭昌副社长总负责，仇春兰老师任责任编辑），我的决心和信心大大增强。

经过全体编写人员和出版社工作人员的共同努力，《经济与政治基础知识》在规定的时间内完稿、送审、获批，由北京师范大学出版社出版。紧接着，我们还完成并出版与教材配套的《经济与政治基础知识教学参考书》和《经济与政治基础知识学习指导》。完成了这些任务后，我们编写组总算松了一口气，但出版社的工作远没有结束，还有遍及全国的海量发行工作。更出乎我意料的是，北京师范大学出版社还承担起了使用这本教材的教师培训工作。好几个暑假，东南西北中，全国布点，我们的部分教材编写人员也参加了这项工作。这套教材整使用了8个学年。

为了进一步为教学服务，在北京师范大学出版社原职教部主任仇春兰的组织下，经教育部职成司批准立项，汇集了安徽、山东、江苏、湖北、上海的一批职业教育工作者，由科利华公司整合制作、北京师范大学出版社出版，我们又共同完成了《经济与政治基础知识》的多媒体课件。我在这项工作中担任了总策划的工作。

时间到了2008年，又一份教育部职成司发出的《关于召开中等职业学校德育课课程改革座谈会的通知》出现在我面前。会议内容是，根据党的十七大精神和近年来职业教育改革与发展的情况，完善中等职业学校德育课程改革方案，讨论修改《中等职业学校德育课教学大纲》。新一轮中等职业学校德育课课程改革又全面启动了。这次改革的特点是体现了新时期的新要求，突出了职业教育的特点，强调了教学方式的创新，并增加了心理健康教育。

在这次改革中，原"经济与政治基础知识"课程改为"经济政治与社会"，我又一次参加了从教学大纲制定到教材、教学参考和学习指导编写的全过程。我和北师大经管学院原书记沈越教授一起担任教材主编，和南京市职教教研室的胡卫芳教研员一起主编了《经济政治与社会教学参考》和《经济政治与社会学习指导与能力训练》，和我们并肩战斗的仍然是北京师范大学出版社，时任出版社职业教育分社社长王安琳老师以及杜永生、姚贵平、王婉诸位老师参与其中。2009年，国家规划教材《经济政治与社会》和配套的教学参考书、学习指导书由北京师范大学出版社出版。这套教材在使用过程中经过几次修订，一直沿用至今。在后期的维护过程中，北京师范大学出版社的邹瑛、鲁晓双老师接力合作。

在改革中相知相长

20年来，在职成司的直接领导下（两次德育课程改革座谈会都是由时任副司长王继平主持，职成司德育处的时任领导王扬南、刘宝民也参与了全过程的指导），在中等职业学校德育课程改革的推动下，我经历了与北京师范大学出版社的密切合作。在这个过程中，北京师范大学出版社机构几经变化，人员也不断更新，但不变的是一如既往地为着共同的目标同心协力。我从中感受到了一个优秀出版社的社风和人员的职业素养。

首先，德育课国家规划教材对严谨性要求很高，尤其是有关经济政治内容的课程。例如教材内容和方方面面的材料都需要严格落实无误，有些内容还要经过有关部委的审查，责任编辑们在这里承担了很多艰苦细致的工作，记得当年曾担任过我们这本教材责任编辑的杜永生老师，就备受大家的称赞。其次，德育课教材要求不断更新，两轮教材虽然用了近20学年，但中间补充内容、修订改版多次。因编写人员分布在不同地区，在职工作又都很忙，所以经常是利用双休日集中加班加点，其中出版社的基础工作更是大量的。除此之外，不断发展变化的教育教学形势，对教材建设在理念、模式、内容、方法等方面都提出了许多新的要求，我在和北京师范大学出版社的同志们相处的日子里感到他们总是勇于担当责任，努力了解教学对象需求，遵循教育教学规律，大胆吸取新鲜经验，做到了紧跟时代的步伐。所有这些，都是我们工作任务完成的重要保证，也使我个人受益匪浅。

我由衷地感谢北京师范大学出版社的同志们在工作中对我的支持和帮助，并祝愿出版社今后发展得更好、更快，为我国的教育事业做出更大的贡献！

第二编

书评空间

连接作者与读者的纽带

Stories Told
By Authors And Books

北京师范大学出版社：两大抓手打造新教材

刘海颖

在这次修订中，北京师范大学出版社与编写者共同努力，在保持教材原有优势与特色的基础上，着力在以下两个方面开展工作。

一是落实课程标准的教育理念和基本要求。为了全面领会课程标准精神，深入理解课程标准的理念、目标、内容，准确把握教材编写要求，尤其是本次课程标准修订提出的新要求，北京师范大学出版社的编辑与各编写组的编写成员多次组织会议，集体研读课程标准。通过认真学习、比对课程标准的变化，体会其内在的、深层次的意图，准确将课标要求落实到教材的修订中。北师大版教材编写组还根据教育部提供的"义务教育教材使用情况调研结果"和"教材国际比较研究成果"，努

力体现时代发展新要求、社会新变化和科学技术新进展，更新教材的内容；根据"当前我国中小学生心理发展现状与特点"，细致调整教材的容量、难度、梯度等。例如：

《义务教育物理课程标准(2011年版)》中规定了20个学生必做实验，为进一步强化实验在初中物理学习中的作用，北师大版初中物理教材此次修订特增加名为"学生实验"的栏目，除按课程标准要求明确规定的20个学生实验以外，还将原来的一些设计在"实验探究"栏目下的内容明确规定为学生实验，从而使规定的学生实验数量达到27个。为发挥教材编写对教学设计的引导作用，对于这些规定的学生实验内容，不仅给出明确的标识，还给出学生实验活动的具体内容与要求，以及相关的注意事项，以求明确"学生实验"的地位，促进实验教学。

《义务教育生物学课程标准(2011年版)》的修订重点是"凸显生物学的重要概念"，因此，北师大版初中生物教材在此次修订中将新生成的初中生物学概念体系融入原有的教科书知识框架；将教科书中的三级标题用命题或概念内涵的方式陈述，并力图体现出概念发展和知识结构的逻辑关系。

二是增强教材适宜性。按照义务教育课程标准(2011年版)的要求，教材的编写要面向全体学生，这就要考虑到学生发展的差异性。教材在满足课程标准基本要求

的前提下，还要体现一定的弹性，以满足学生的不同需求，使教材具有广泛的适宜性。例如，情境设计上更加注重题材的多样性，处理好不同题材(如农村与城市、童话世界、日常经验与社会生活、科技发展等)的平衡；适当增加有利于促进学习和理解的习题，使练习的层次更加清晰。

针对于此，北京师范大学出版社各学科教材编写组在充分调研的基础上确定了教材修订方案，在对教材进行修订并排出样稿后，通过各种方式征集来自各方的意见和建议，这样就使教材修订经历了从实践中来到实践中去的过程：(1)选取有代表性的教材实验区小范围试用修订后的部分内容，如城市重点学校及普通学校、城乡结合部学校、农村学校等，使修订后的教材更加具有弹性，更加适合不同地区、不同水平、不同生活经验和不同学习条件学生的学习需要。(2)从各个实验区抽调教研员、骨干教师召开意见咨询会，确保教材内容既贴近生活、结合社会实际、具有重要的学科价值，又便于教师在教学过程中呈现，使修订后的教材更加符合教师的教学实际，对教师教学更加具有指导性。(3)请相关的课程专家、学科专家在教材内容上进行把关，确保教材内容的科学性和规

范性，使修订后的教材知识内容更加具有层次性。同时合理把握深度和广度，科学有效地控制教材内容容量和难度，减轻学生的学习负担。

（原载《中国图书商报》2012 年 8 月 24 日）

新课标理念下的英语教材与学习

林咏梅　凌　蕙　赵淑瑞　曹瑞珍

信息时代的到来和国际交往的日益频繁，已经使英语成为事实上的国际通用语言。高中英语课程改革的目的，是使学生具备作为 21 世纪公民所应有的基本外语素养，为他们创设未来发展的平台和机会。在遵循高中英语课程改革理念的前提下，北师大版高中英语教材无论是在形式上还是在内容上都给人耳目一新的感觉，教材设计的思路获得实验区教师和学生的认可，教学效果显著。

■ 一线声音

高考成绩因她而改变
　　——佛山市荣山中学林咏梅

高考是一次选拔性的考试，它是对学生能力水平高低的综合检查。而学生拥有的学习能力是在高中三年的日常学习中一点一滴地习得的。作为教师，就要针对学生的特点，把这些摸不着的能力要求进行有效的分解，使它们成为一种可以具体实施的学习活动，通过教材这种载体具体地、清晰地呈现出来。

2007 年是广东省实施高中新课程标准以来的第一次高考。英语高考题型发生了巨大的变化。高考题型的改变凸显了学生在英语方面所应该具备的能力。

针对高考的变革和要求，回顾我们使用了 3 年的北师大版高中英语教材，我们不难看出该教材体现了新课改的理念和方法，它为学生能力的提高提供了极大的便利。作为教材的使用者，我们就是利用了北师大出版社的这套教材的强项提前进行了强化训练。而正是对这套教材比较准确、到位的把握，让我们的考生提前做好了准备，在 2007 年高考新题型最终确定后，所剩备考时间短暂的情况下走得更远。

运用课文所分的话题，充分进行内容拓展，帮助学生熟悉各类话题的讨论。

北师大版高中英语教材的单元是以话题为中心组织的，这些话题的选择都贴近生活，既具有人文教育具体指导内容，同时又包含着开放性的内容。正是通过三年来对北师大版高中英语教材每一课人文教育渗透不断的积累，学生的情感、态度和价值观在不断进步，知识面在不断扩大，他们在完成人文内容较重的高考中就占了先机。这些日常

的训练为学生完成高考中的任务写作奠定了扎实的基础。

着重课文内容理解，从单纯教授语言知识提升到对课文内容的深层探究和掌握各类有效的阅读策略。

北师大版高中英语教材的阅读教材编排上有两个长处：一个是根据不同的文体设定适合的阅读策略，而且每课所培养的阅读能力明确；另一个是选材内容有深度，文章句子隐藏意思丰富，利于培养学生的理解能力。在这样目的明确的阅读课中，教师的教学任务就十分清晰。作为教师就不仅要为学生指出所填答案的对错，而且应该详细指导学生在阅读时的思维过程。教师应该指导学生：不能被动地接受信息，读到什么单词知道什么意思，而应该积极思维，关注上下文的关键信息，并对信息进行重新组合，从逻辑角度找出所缺的信息。

教师应该在具体例子中点出哪些是关键信息，并分析判断的依据。这样一来，学生就会有较深刻的体会，从模仿思维逐渐向自主思维转变，学生在高考的信息匹配题中就可得心应手。

利用课后练习提供的 Word Bank 载体，教会学生词汇方面积累的方法，抓好有效的知识网络的形成。

北师大版高中英语教材提供了很好的词汇网络形成途径。它以话题为索引，把单词从意义上进行分类归纳，特别是 Key Words、Key Word Bank 和 Word Power 等形式，不仅让学生对新的词汇和旧的同类词汇形成知识联系，不断巩固，而且给我们极大的提示：可以运用这些形式帮助我们的学生构建有效的记忆体系。通过单词的积累方法，学生不是记住了一个单词，而是同时记住了一串单词；不仅清楚了一种用法，同时归纳了几种用法。学生在词与词之间、用法与用法间触类旁通，形成了一个不断反复螺旋上升的知识体系。

综上所述，在新课改精神指导下编写的北师大版高中英语教材与体现新课改精神的广东高考英语试题变革是不谋而合的。北师大版高中英语教材提供了一个很好的载体，让教师和学生在英语高考改革的契机下取得了教与学的双赢。

一方面，教师通过日常的授课，探索了新课改的新精神的具体运用，更新了自己的观念，提高了自己的理论运用水平；另一方面，学生通过对新颖的课文题材的学习，增强了兴趣，在不知不觉中接受了新的学习方法，理解、运用的能力得到提升，较大地提升了未来再学习的潜力，同时这些潜能又促使学生在高考中突破自己，取得成功。

这套教材在具体实施中的成功经验给了我们很大的启示：如果教师能善于挖掘，善于利用，那么将极大地提升自身的教育水平。

新教材教出新感觉
——北师大三附中英语教师凌蕙

2007 年 9 月，北京市全面进入了高中课程改革。置身于新课改，容不得你左顾右盼，容不得你走走停停，每个人都在困惑中寻找方向，在传统中寻找突破。

透彻理解新课标

接受新课改才能理解新课标。任何新事物被接纳都要经过这样一个过程：拒绝—犹豫—尝试—接受—感慨。课程改革也会是如此。否定的态度大都来自于对困难的惧怕和信心不足，事实上几乎所有的困难都会被人类的智慧所克服，因此，我们不妨直接从"接受"开始，少走几段弯路，早行动，早受益。

理解新课标就是理解教育。新课标把人的需要放在了首位。教育是一群人影响一群人的事业。教育的发展首先是人（教师）的发展，其次还是人（学生）的发展。本次课程改革的关键就是关注人的发展。

新教材的设计中也包含了很多新课程的理念，所以用好新教材就是在落实新理念。

课改不是单纯地更换教材，教材是落实新理念的载体，教材的意义在于为教学服务。但多数教材都不是为某一层次的学生特定的，因此老师如何使用教材直接影响到教学效果。有效使用教材的关键在于创造性地使用。

新教材的新优势

北京市海淀区采用的是北师大版的高中英语新教材，因此以下的举例皆为北师大版高中新教材的内容，其中最明显的感觉是"新"在了以下几个方面：为教学提供的相应练习层次清晰，为教学设计提供了很大的便利。从教材中练习的设计和编排可以看出"由整体到具体"的阅读训练过程，层层铺垫，同时将词汇学习有机地融于阅读。这样老师在备课的时候根据自己学生的情况适当调整难度和侧重点即可。

教材在语法学习和词汇学习方面充分体现了"把学习的过程还给学生"的新理念。从发现比较到归纳总结都是由学生自己完成的，这是对传统教学的一项突破，无论老师是否能领悟"发现式"教学法的优势，只要按照教材设计的思路走，不知不觉就

会走上一条新路，而且往往会得到意想不到的收获。

注重学习策略的教学是该套教材的一大亮点。在听、说、读、写各项技能训练中都有学习策略的指导，同时配以相应的练习来实践这些策略。实际上有些策略并不是新东西，老师们在以往的教学中也有意无意地使用过，但以往的学法指导大多数都较为零散，不够系统化，这套教材使学法指导得以完善，也正符合了让学生"学会学习"的新教学理念。

为语言应用提供了充分的练习空间。每一单元的四课书之后都有一个Communication Work shop，这是一个全新的课型，包括Speaking 和 Writing 共两课时内容，简单说就是语言输出课。这在以往的教材中是没有的。这种设置的优势在于让学生把本单元所学的知识应用出来，同时本单元四课书的学习内容又为学生的输出提供了足够的语言和信息素材，这种应用也是学习的一种形式，而且是更有效的学习。

具有很强的实用性。实用性强有两层意思。一是话题接近生活，触及文化，学生学完就能直接用，这在课堂发言和与外教的交谈中已经有所体现。二是对学生的学习来说本套教材所配备的巩固型练习有很好的过渡

性。不同星级的练习满足了不同学生的要求，Remember 一栏又为初中知识的补救和向高中的过渡提供了适量的帮助。

因为"新"带来新的挑战。有些话题非常新，以致一些老师不得不重新学习。如：京剧为什么被誉为国粹？歌里唱的是"生旦净末丑"，课文里怎么是"生旦净丑"？霹雳舞和街舞有何不同？如何欣赏抽象画？主要欧美建筑风格是什么？……这些问题都是学生在课上问到的，幸而我都是"有备而来"，但也花费了不少时间，由此想到其他的老师。这些虽不是语言教学内容，但了解这些对学生审美的培养、情感态度的渗透及课堂教学的生动程度有着直接的影响。如果教参中能提供一些相关资料，将会为老师节省一些时间。另外，我个人认为，这套教材很"都市化"，乡村的学校用起来可能有些困难，这里主要指话题的时尚和学生生活背景之间的落差。

用好新教材的建议

北师大版的高中教材给人的感觉是全新的，新在编排的有序，新在话题的开放，甚至是新得"无从下手"。因此建议老师们先熟悉一下一个完整单元的内容，至少在备课之前把所要教的整个单元的流程走一遍，熟悉各项练习的编排意图、相关性和难易程度，

如同一个导游自己必须先熟悉所要行走的线路，这样才能使整个单元的教学具有连贯性和一致性，使教学的内容和能力的培养达到前呼后应的效果。

另外，鉴于话题的较大开放性和学生活动量的增加，建议老师们在备课的时候留有一定的机动时间（约 5 分钟），以应对课堂上从学生中生成的新信息，使授课的过程更趋于交流化。

教材中提供了大量的练习，包括随堂练习和课后练习，都让学生做肯定没时间讲解，不讲则还不如不做，从实用的角度讲，做练习是为了发现问题，讲练习是为了解决问题。所以相当多的老师都被这种状况所困扰，实在没时间就只好"忍痛割爱"。但取舍也是要有根据的，最根本的一条是"从学生的学习需要出发"。对练习的选择如同在超市购物，在不同的情况下做不同的选择，在任何时候都没必要"把超市搬回家"。在此，建议老师们不要轻易放弃教材中"看似简单"的练习。同时，不提倡"借题发挥"式的大量扩展和拔高，其主要弊端是容易破坏教材的系统性，也会在不知不觉间走回"教师中心""一心应试"的老路上去。

全程体验特色服务
——北京市房山区教师进修学校赵淑瑞

我所在的地区于 2007 年开始进入高中新课改，我们选用了北师大版高中英语教材。在使用教材的这 3 年时间里，我切实地感到，随着新课程理念的实施和新教材的使用，在教学专家和教材编写组的精心指导下，我们的理论水平和教学水平得到了很大的提高。这些变化与北师大版高中英语教材的教学服务有着必然的联系。

培训注重联系实际

我参加过北师大版高中英语教材编写组提供的多次培训，他们的培训注重理论联系实际，关注课标理念的落实和课堂教学效果，受到我区教师的普遍好评。

侧重于课程理念和基本教法的阶段。刚进入新课程的时候，教师们最大的问题是对新课程教学理念的理解不够。北师大的英语教学专家对从国际英语教学的发展趋势到我国高中英语课程的现状以及新课标的理念进行了深入浅出的讲解，使我们认识到课改的必要性和重要性。同时，他们结合北师大版高中英语教材理念新、信息量大、教材结构创新的特点，介绍了教材的编写原则、结构安排和教学要求，特别重要的是对新课程下听说读写、词汇、语法等教学的基本方法进行了指导。通过这次培训，我们不仅熟悉了教材，更重要的是认识到必须要转变教学观念，变以教师为中心为以学生为中心，使英语教学适合 21 世纪对人才培养的需要。

侧重于新课程理念下的课堂教学模式探索阶段。随着教材的使用，我越来越觉得虽然方向找到了，但是具体到课堂落实却总是遇到这样那样的问题。比如，课堂教学如何体现以学生为中心？教学活动如何设计？就在这个时候，我参加了第二次教材使用培训。在这次培训中，教材编写组带来了在他们指导下拍摄的北京市海淀区和其他实验区的教学课例。他们根据各种课型的教学过程，将这些优秀课例截成片段，并由培训专家以互动的形式与参加培训的教师边看边讨论。从观看、讨论及培训专家的点拨中，我一一找到了上述问题的答案，不仅在英语教学理论上得到了提升，还进一步提高了课堂教学的执行力，增强了按照新课程理念从事英语教学的信心。

侧重于课堂教学有效性提升的阶段。北师大版高中英语教材编写组开展的培训不仅仅停留在教材的使用层面，更注重教学的效率和质量。为了使教师们从更高、更新的角度认识高中英语教学，进一步提高教学质量，北师大版高中英语教材编写组在北京的教材实验区展开了编写组送课到校的活动。他们集体备课，再由某个成员执教。我有幸观摩了两节课。这是我第一次见到编写组送课到校，感动之余更感叹每个教学步骤设计的精巧、细致，对学生思维方式的培养和英语综合表达能力提高的关注。这两节课使在场的老师大开眼界。主编的点评为解决我国英语教学的一些疑难顽症指出了新思路，如词汇教学的有效性、课文教学的落脚点、深层次阅读的策略等。

回访效果堪称一流

除了教材应用培训外，北师大版高中英语教材编写组成员每个学期的回访效果也堪称一流。教师们最感兴趣的是他们的点评。由于点评者都是教材编写组的核心成员，既了解教材的编写意图，又了解高中英语教学，所以他们的点评句句到位，有理论的依据，更有改进的建议，往往使在场的教师有眼前一亮、豁然开朗的感觉。他们的回访不是走形式，而是重效果。如果说教师们从北师大版高中英语教材应用培训获益多多的话，那么每年秋季的回访更成为实验区教师们期盼之事。

日常指导细致入微

除了定期的培训和回访，北师大版高中英语教材编写组开辟了教师与编写组沟通的畅通渠道。当教师们遇到解决不了的问题，可以咨询教材编写组，而每次咨询都能得到耐心的解答。有一次，我们区要上一节研究课，为了能上出准确把握教材、体现新课程理念的课，我打电话请教教材编写组，得到了教材副主编的亲自指导。这种日常的帮助和支持，可以随时解决我们教学中遇到的问题。

教学资源系统丰富

北师大版高中英语教材的配套资源每年都有更新，特别是教师用书，每年都有扩展。教师用书的补充内容可操作性强，减轻了教师备课的负担。例如，第二年时，教师用书中增加了由编写组修改的一个单元的教学设计、教学课件和学案；第三年时，又增加了优秀教师设计的另外两个单元的教学设计、课件和学案。这些内容满足了我们教师的实际需求，为我们提供了备课的参考依据，节省了备课时间。

通过使用北师大版高中英语教材，并在教材编写组提供的整体教学服务的帮助下，我和周围的老师对新课程有了更深刻的认识，自身得到了提高，课堂产生了变化，学生也有了显著的进步。

■ 主编寄语

北师大版高中英语教材特色分析

——北师大版高中英语教材副主编曹瑞珍

北京师范大学出版社出版的《普通高中课程标准实验教科书·英语》是通过全国中小学教材审定委员会审定的高中英语实验教材之一。该教材特色鲜明、语言鲜活，在教材的实验区获得了积极的评价和反馈。

突出学习者的发展

经过九年义务教育阶段的学习，学生已经具备了一定的学习基础。因此，在高中阶段应该特别强调培养学生的自主学习能力，为学生将来升学或步入社会实现终身学习创造条件。北师大版高中英语教材在设计上鼓励学生成为独立、积极的学习者。

注重学习策略的培养和使用。作为学生综合语言运用能力的一个组成部分，学习策略的指导是近年来外语教材的一个重要组成部分。学生掌握学习策略的多少，往往会决定他们语言学习的成败。北师大版高中英语教材在设计上有意识地培养学生运用多种学习策略进行学习。学生要先学习和了解有关的策略，在随后进行的听说读写的语言实践

活动中要使用这些策略。经过两个学年的学习和使用，这些策略将自然而然地转变为学生的语言学习能力，对学生综合语言运用能力的提高将起到重要的作用。此外，为了落实高中英语课程标准关于学习策略的具体要求，北师大版高中英语教材还集中对学生进行学习策略的指导。这些指导包括分析和认识自己的学习方式、了解有效的学习策略、评价自己的学习进展、制订个人的学习计划等。

注重提高学生的语言认知能力。语言知识的学习是教材的重要内容。是用传统的传授方式进行教学还是突出学生本人对语言的感知和感悟，体现了两种不同的语言教学观。课程标准倡导"学生通过体验、实践、讨论、合作和探究等方式，发展听、说、读、写的综合语言技能"。北师大版高中英语教材在设计上贯彻实行了这一理念。同教师讲、学生练的传统语法教学方式相比，本套教材倡导的发现式语法教学突出的是学生自己对语言的感知和认识，不仅体现了新课程以学生学习为主的课程理念，而且还有助于培养学生分析问题和解决问题的能力，从而促进思维能力的发展。

努力提高学生用英语进行思维和表达

的能力

注重提高学生用英语进行思维和表达的能力是高中英语教学的重要任务。

为学生提供更多的体验真实语言的机会。高中英语教学的重点之一是发展学生用英语思维的能力。当学生生活在汉语的环境中，且用汉语思维、用汉语交际已经是他们生活习惯的情况下，如何培养学生用英语思维的习惯？实际上，如果教师能为学生创造良好的课堂语言环境，学生熟悉目标语的语言形式和话题内容，并且有充分的时间体验所学的目标语，学生实现英语思维是可能的。

因此，在教材素材的选取上，北师大版高中英语教材力争使内容贴近高中学生生活，选取他们熟悉的语言素材；同时加大了语言信息量的输入，使学生大量地接触接近英语原文的语言素材，通过耳濡目染、潜移默化的方式，帮助学生养成用英语进行思维和表达的习惯。教材中所有的阅读和听力材料或是经过改写的原汁原味的英文素材，或是由教材专业编写人员编写的语言材料，语言鲜活地道。学生在阅读和听的过程中接触到地道的英语表达方式，再通过教材设计的活动和学生的语言实践，将这些表达方式内化成学生自己的语言资料库，成为学生自由表达的语言基础。

精心设计教学活动，使学生看到明确的目标和明确的成果。北师大版高中英语教材的重要优势之一是自始至终贯穿着一条明确的学习主线。每个单元、每一课、每个任务的设计都定位于经过仔细研究的下一个学习活动，都是要获得明确的交际结果。学生在教材的指导下，模仿教材提供的说和写的范例，综合运用前面所学的语言知识、技能和功能，表达自己的思想、认识和观点。

为学生发展语言能力提供详尽的语言支持

一般教材都很注重语言输入，而对语言的产出仅停留在给出指示语和关键词提示上。高中学生已经比较系统地学习了英语语法，也积累了一些基础英语词汇，但是普遍表达能力不强。这是因为一方面我们过去的课堂教学比较关注教师的讲解，学生缺少语言实践的机会；另一方面教材在指导学生进行表达方面提供的支持不够，以至于学生一到说和写的时候就想不出词来，不知道如何适当地表达自己的思想和情感。北师大版高中英语教材在帮助学生进行语言产出的设计上取得了突破性的进展，为学生顺利完成说和写的任务提供了充分的语言支持。

重视复现

高复现率是北师大版高中英语教材的另一个特点。考虑到学生生活在英语为非本族语的环境中，学过的东西容易遗忘这一事实，教材在学习策略、语法、词汇等基础语言学习方面努力为学生创造了大量的语言运用并向纵深发展的"见面"机会。

为师生提供个性化选择

北师大版高中英语教材的许多内容都有学习的基础结构，这有助于起点较低的学生学习，同时教师可以通过给基础较好的学生增加听说读写活动的难度或者数量，使他们保持学习兴趣和用英语进行交流的热情。另外，在教师参考用书中，每一课都有具体的可以删减和扩展的活动建议，供教师参考，便于教师灵活地使用教材。

在遵循高中英语课程改革理念的前提下，北师大版高中英语教材无论是在形式上还是在内容上都给人耳目一新的感觉，教材设计的思路获得实验区教师和学生的认可，教学的效果也有了一定的体现。我们相信，随着高中课程改革的深入推进，北师大版高中英语教材的优势会愈加明显地显露出来。

（原载《中国教育报》2009 年 11 月 5 日）

如何舞动教育资源的"彩练"

崔玉平

王善迈教授的专著《经济变革与教育发展：教育资源配置研究》最近出版了，此书汇集了王教授自 20 世纪 80 年代中期以来有关中国教育资源配置问题的代表性研究成果，对我们教育的宏观管理和微观管理都具有重要的指导作用。

"教育资源配置和教育市场化"一直是一个重大问题，该书重点阐述了教育资源配置的内涵和理论范畴，论述了教育资源配置方式的选择问题。

教育资源配置是指教育资源在教育系统内部分配和使用的过程。教育资源的理论范畴包括教育资源配置的主客体关系、基本原则、配置方式、制度与政策、效果与评价等。

关于教育资源配置的制度安排和方式

选择问题，20 世纪 80 年代中期、90 年代初期和末期，学术界及教育行政管理部门曾经进行了三次大规模探讨。王教授在一系列论著和政府决策咨询会议上，旗帜鲜明地反对教育市场化，这是因为教育具有

其自身的特殊性。

王教授认为,教育资源配置方式的选择关系着教育资源能否公平有效地开发利用,关系到教育改革的价值取向和教育事业能否全面、可持续、科学地发展。不同类型配置方式的优缺点明确可知,选择哪一种配置方式取决于学校初级产品即教育服务的性质。根据教育类别和性质的不同,教育公益性和外溢性越小,教育成本中受教育者个人及其家庭分担的比例越大;反之,教育公益性和外溢性越大,教育成本中公共财政负担的份额就越大。

教育服务不应该市场化,不是说不应该引入市场机制。事实上,作为一种市场力量的教育消费者和利益相关者对教育的选择与作为一种市场力量的学校对优质资源的竞争已经存在。应该反对的是那种背离育人宗旨、忽视教育公平、削弱教育公益性的教育市场化,不应反对教育体制机制层面上的市场化改革取向。

从"公共教育经费"来看,在一定时期,政府应为教育服务生产和消费提供多少教育经费,公共教育经费如何合理分配和使用,如何实现和保障政府确立的教育经费投入目标,这三个问题至关重要。

由于公立高校作为非营利性、公益性组织,没有提高效率的内在动力,在竞争机制缺乏的条件下,也没有提高效率的外在压力,政府部门可以通过建立教育经费的约束、激励和监管机制,促使高校提高经费使用效率。从外部可以对高校经费使用效率做出科学评价并公布评价排名。同时,需要完善高等教育财政问责制度。目前我国主要采用审计制度和项目绩效考评制度,制度实施主体主要是政府部门。一个完整的问责制的主体还应该包括其他利益相关者,应该建立高校财务报告和绩效报告向社会公示制度。

学校内部经费分配上也存在公平和效率问题。在维持正常运转的经常性经费分配方面,学校各管理部门和教学单位普遍反映分配不公,如综合性大学历来存在重理轻文现象,理工科人均经常性经费大大高于人文社会学科。对于发展经费,虽然引入了竞争、评估和集体决策等机制,但受行政决策者的专业、学科、出身、偏好等因素的影响依然严重,有职权的领导及其同盟者多吃多占的现象依然严重且普遍存在。经费分配中各方所关注的焦点是争项目、争投资,获得立项和投资后,如何有效使用以便发挥资金使用效益并没有得到足够的关注和评价。产生上述问题的根源是学校内部经费分配缺乏具有实施力的制度规范，解决问题的途径应该是建立一套兼顾公平与效率的分配制度和程序，建立成果导向的经费使用绩效评价体系。学校经费分配的最终目标应该是稀缺资源合理有效配置，为学校发展目标的实现提供保障。

"教育均衡发展与教育公平"涉及千家万户，是万众瞩目的问题，该书主要论述了教育均衡发展、教育公平的分析框架与中国教育公平的评价、推进教育公平的制度政策等方面的问题。事实上，教育资源配置和教育发展在区域间、城乡间、学校间和群体间的不均衡是导致教育不公平的重要原因。教育公平的实现是一个不断进步的过程，受制于特定历史阶段的客观条件和受教育者个体发展的特点，具有阶段性、递进性和相对性特征。当前推进我国教育公平的核心任务是实现教育资源配置上的均衡，而均衡的重点应该是推动同一行政区内同级学校之间的均衡。我国在义务教育阶段基本上实现了入学机会公平，但是，在基础教育入学规则和优质教育服务分配上存在相当程度的不公平。高等教育则在区域间、群体间存在入学机会上的不公平。基础教育阶段各种形式的"以权择校"，实质上是一种腐败，"以钱择校"

是另一种形式的腐败，这两种现象都严重损害了教育公平，因此，必须从制度上遏制这两种择校现象的蔓延。

王教授在书中集中论述了在中国市场经济体制改革和生产方式转型的背景下，教育资源管理制度方面的改革。

中国自改革开放以来，伴随着经济体制改革和产业结构的调整，教育体制在不断变革。两种体制虽然不同，但二者之间必然存在内在联系。从教育体制和经济体制的互动关系入手，王教授很早就探讨了高等教育管理体制改革问题：产业结构与高等教育改革的关系。产业结构变化从劳动力即毕业生需求方面影响高等教育发展和资源配置，当前，我国正处于工业化、城镇化、深度市场化、国际化、信息化过程中，劳动力产业结构处于从"二、三、一"向"三、二、一"转变的过程中。劳动力产业结构的变化直接决定了高等教育结构的变化，导致高等教育体制变革。

在我们国家，处理好高等教育体制中政府、学校与劳动力市场的关系十分重要。在处理政府与学校的关系上，要"简政放权"，基于全国高校信息网上管理系统的政府管理应该是宏观管理，微观层面上由学校法人负责治理和经营，同时中央政府要向省级政府放权。高等教育与劳动力市场的关系是互动互推的关系。一方面高等教育在学生数量和质量、层次结构、专业结构、区域结构上需要积极适应劳动力市场和经济社会发展变化。另一方面高校人才培养和专业设置与劳动力市场需求之间不是简单对应和被动适应的关系，众多具有创业精神和能力的毕业生进入经济社会可以创造并改变或引领劳动力市场需求。

此外，劳动力市场对高校毕业生的需求受经济形势、产业发展规律和政府政策等因素的影响而出现短周期变化，高校人才培养周期长、变化滞后，并且为了保证人才培养质量和学科专业的持续积累以及教育资源利用效率，高校不会随外部市场短期需求变化而调整专业、改动人才培养方案。

（原载《中国教育报》2014 年 10 月 30 日）

为孩子打开一扇精雕细琢的门

马桂林

因为做儿童杂志的缘故，总会被家长问到：为什么我们的孩子对于传统文化失去了兴趣，而念念不忘喜羊羊和灰太狼？我也会不断地问自己，为什么很多家庭对于孩子看电视和玩游戏，往往需要规定时间、限制时间。看过了丛书"最活泼有趣的生肖剪纸图画书"，答案似乎逐渐浮出水面：

我们正在经历一个越来越快的时代，高铁一日快似一日，经济发展的很多领域，都可以用一日千里来形容。表现在文化领域，非常明显的趋势是——文化消费变得越来越快餐化，越来越讲究快感。认真思量，你就会发现，是越来越明确的短期利益导向和越来越坚硬的物质标准，不停地在异化我们，改变我们。作为一个儿童阅读和出版的从业者，我也痛心地发现，我们也无可避免地被改变了。孩子们在粗制滥造的传统文化读物和至少有阅读快感的卡通故事之间，他们靠

直觉选择了阅读快感。

而丛书"最活泼有趣的生肖剪纸图画书"则给了我们另一个角度，让我们看到用爱慢慢酿造出来的是什么……丛书是由年高德劭的民间剪纸艺术家徐威、著名出版人马博华和青年剪纸艺术家李旺联合创作的，翻开丛书，一个个朗朗上口的诗化民间故事和鲜活生动的剪纸造型，相得益彰、水乳交融！尤

其值得一提的是，丛书中收录的 108 个诗歌体民间故事，是老先生徐威数十年的积累，是建立在他几十年的生活积累之上，而不是一时兴起，或者受一个选题或项目的诱发，短时间内一蹴而就的。

老先生徐威，从人民卫生出版社退休多年，生活并不富足，但他酷爱剪纸，醉心民间故事创作。老编审马博华，也从中国人口出版社退休多年，退休后非常偶然地拿起剪刀，发现了一个工作时从未被挖掘的天赋，并很快在国家图书馆开设儿童剪纸培训班，常常有妙手偶得的剪纸创作。还有青年剪纸艺术家、中央民族大学的研究生李旺，无论你任何时候见到他，你都会觉得他离这个时代的潮流总有一段差距，渊源深厚的家传剪纸艺术，让他看起来有点落伍的样子。

三个估计很难被过分物质的社会价值标准所引导和改变的人，他们走到一起，用剪刀和笔，用文字和剪纸，合作了这套丛书"最活泼有趣的生肖剪纸图画书"，总计 12 本，厚厚的一叠，每一本都是一扇门，一扇为孩子打开的门，一扇精雕细琢的门，门里是活色生香的传统文化。

（原载《中国图书商报》2012 年 5 月 29 日）

和孩子的相遇，一生一次

方卫平

　　"小孩儿来了，小孩儿还会走的"，或许，只有母亲们才能最深刻地体会到这是一场多么短暂、多么甜美、多么珍贵的与孩子之间的"相遇"。

　　保冬妮和她的女儿浇浇合作，在北京师范大学出版社出版了两本书，一本童诗集《从前有个小小妖精》，一本儿童生活故事集《小孩儿，来了》。母女俩一文一图，一写一绘，除了别致的意趣，其中更洋溢着言语道说不尽的深情。

　　不久前，冬妮告诉我："我写儿童诗，实际上更想用孩子的感觉、语言、节奏去表达他们的小世界。像《闭嘴》《大悲神咒》《拓麻歌子》等很多作品几乎直接来源于女儿的真实生活。"读冬妮的童诗，你会觉得她是真的走进了孩子的世界，透过他们的眼

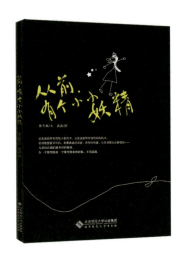

睛、感觉和充满幻想的心灵，来表达他们独特的认知、感受和想法。

　　收入《从前有个小小妖精》的童诗，从各种角度描绘孩子生活中那些缤纷的想象、新鲜的趣味和无稽的游戏，诗歌节奏明快、

叮咚有声的韵律烘托出童年生活中抑制不住的那份自由、欢快和潇洒。这使得她的一些童诗读起来似乎莽撞摇晃，却也颇有些无厘头的意趣。一个孩子，就是她自己世界里的"小女王"，这里的一切仿佛都为她而在，一切也仿佛都迎着她而来。"我的晴天，/我的树。/我的云彩，/我的路。/我的太阳，/我的鸟。/我的脚丫，/跟我跑。"在这样充满张扬感的"我字体"诗行中，我们看到了一个孩子与身边万物之间天然的一体感，以及她想要以自己的语法建构和诠释这个世界的天真的自信。这一充满稚气却也充满气魄的"指点江山"的身影，其实是童年无边无际的创造力和生命力的表现。

所以，作家也以诗的方式提醒我们，成人世界有时以怎样的不经意扼杀着童年这份珍贵的创造力和生命力。在分数的逼迫下"刻苦与牺牲"的小孩（《大悲神咒》），在僵化的管制中被勒令"闭嘴"的小孩（《闭嘴》），在残酷的校园竞争中"得不到奖励的小孩"（《得不到奖励的小孩》），是童年世界里那些随时会令我们感到沉默的身影。冬妮曾跟我说，早在女儿三四岁时的幼年时代，她就常常看到女儿随手画下的涂鸦。问她为什么这样画，她的回答有时叫母亲非常难过。冬妮由此发现，成人对他们的伤害实在太大了！"几乎所有的孩子可能都是这样过来的。这两部作品就成了我们那些年生活的纪念。从那时我更觉得，做小孩太不容易了。他们经常是被伤害者，有时是身体的，更多的是心理和精神的。只是大人很少去自省。"尽管如此，冬妮的这些诗歌最后却无一落在一种沮丧的情绪里，相反，作者要让这些孩子的童稚和幽默照亮他们自己的生活，让他们自己为自己开解困境。这样的安排进一步凸显了儿童自己所拥有的生活能量，也让我们看到了新的时代里属于孩子们的新的文化姿态。

然而，这个看上去由孩子做主的世界并

不是唯我独尊的，它有力地抵抗着来自成人世界的专制，却也保持着与这个世界之间真挚的情感牵连。这部诗集里，我个人最喜欢《妈妈，我不会走远》一诗：

妈妈，我不会走远，
我就在楼下的滑梯旁。
妈妈，我不会走远，
我就在游乐场的木马亭。
妈妈，我不会走远，
我就在学校的科技馆。
妈妈，我不会走远，
我就在地铁的东单站。
妈妈，我不会走远，
我就在新疆的疏勒县。
妈妈，我不会走远，
我就在剑桥大学的医学院。
妈妈，我不会走远……

"我知道，你在飞往麦哲伦星系的八又四分之一点。"

在这首诗作中，与"妈妈，我不会走远"的反复表达相伴随的，是一个孩子逐渐远离父母、走入世界的身影。这里，表达中的"不会走远"与事实上的"不断走远"之间，既构成了一种有意味的反差，又巧妙地传达出了成长中的孩子对妈妈不变的爱和牵挂。冬妮在这首诗的"保妈妈微语"中写道："所有的孩子都会慢慢地走远；他们慢慢地离开妈妈的怀抱，下地，学走路，然后，离开家。跑向大自然，跑向他们的理想，跑向他们的爱。永远抱着孩子的妈妈是愚蠢的妈妈，阻拦他们奔跑的妈妈是病态的妈妈。撒开双手，向远去的他们招手的妈妈，心离他们最近。"是的，诗歌末行以妈妈的一句"我知道"结尾，看似简单的回应，实则蕴含了一个母亲对孩子的那份自豪的牵念和理解的深情。

我惊讶于冬妮能够把一首儿童诗在形式、内容上的朴拙稚趣与情感、气韵上的意味深长如此完好地融合在一起；不过，读了她写在《小孩儿，来了》中的那些属于她和女儿的共同的故事，我想，这一切其实顺理成章。"小孩儿来了，小孩儿还会走的"，或许，只有母亲们才能最深刻地体会到这是一场多么短暂、多么甜美、多么珍贵的与孩子之间的"相遇"。我相信，冬妮和女儿浇浇合作的这些诗、画和故事，也是她们一起写给和画给这场一生一次的美好相遇的纪念。

（原载《中华读书报》2013 年 5 月 8 日）

可爱的童真　神奇的想象

鞠　萍

"恐龙化石是怎么回事？"

——"恐龙死后冻的。"

——"火山爆发把恐龙肉化掉了。"

——"恐龙死后留下的骨头。"

——"石头做成的。"

——"恐龙先掉进海里，骨头慢慢变硬了，沙子变成岩石，形成恐龙化石。"

——"恐龙被埋了以后，由于地球运动升上来露出来，就是化石。"

…………

这是孩子提的问题，也是孩子们的答案。谁说只有大人能回答小朋友的问题？小朋友们自己的回答更有趣、更好玩！妈妈经常听到宝宝提的问题，可是妈妈们很少有机会听到更多小朋友们的回答。

如果有机会听听更多小朋友们的回答，

做妈妈的是不是会更明白孩子在想什么呢？"妈妈，这是为什么呢？"这套书就为妈妈们提供了这样一个机会。书里收集了来自4所幼儿园和2所小学的1000多位小朋友的趣味问题和精彩答案，从中，我们看到了可爱的童真，感受到了神奇的想象，也了解到了小朋友们对世界万物的独特理解。

当孩子提出一个问题的时候，不一定要马上回答他，可以先问问孩子们在想什么，如果我们先了解了孩子的想法，也许更能满足他的愿望和需求。这本书就是这么做的。

我们在收集了小朋友们的答案之后，邀请幼教专家、科普作家和儿童文学作家，根据小朋友们的思路对问题进行解答，同时给妈妈们提供有用的教育提示，给妈妈们一些建议，在日常生活中用巧妙的方式来教育孩子、提升孩子。这样，孩子也会更加喜欢妈妈、崇拜妈妈。

我很荣幸能参与这套书的编写工作，有了一次重回童年、重新学习的机会。

我等着你们提出更多、更有趣的问题哦。

好，和妈妈们一起，打开神奇的世界之窗吧。

（原载《中国图书商报》2011 年 12 月 6 日）

良好习惯缔造健康人格

孙云晓

父母们都明白,教育孩子需要用好方法。那么什么是好方法呢? 在我看来,最好的也是最有效的儿童教育方法,就是培养良好的行为习惯。

说得更彻底、更准确一些,儿童教育的根本任务就是良好习惯缔造健康人格。说得更具体、更实用一些,就是通过培养仁爱助人、主动学习、认真负责、自我管理和尊重他人五个良好习惯,促进少年儿童健康人格指标的实现。如何有效地去做呢? 这本《习惯决定孩子一生》及"五个好习惯"丛书,就是习惯与人格研究专家和学者给予您的极为重要的建议。

有一位母亲跟我说:"我的孩子真讨厌,坏毛病太多了,不爱写作业,整天黏着电视,上网玩游戏没完没了,您说怎么办呢? 我都

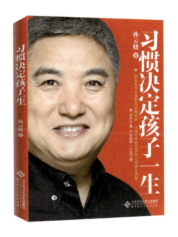

说他八百遍了,就是改不了。"

因为比较熟悉,我和她开玩笑说,"您要是这样说孩子八千遍,他就更改不了了。一位著名的儿科医生跟我说,一句话重复三遍就是对别人的折磨。您对孩子说的话重复

了八百遍，他怎么受得了？"我建议父母们，如果不信我的话，可以把每天对孩子说的话录下来，录一星期放给自己听听，父母自己都会烦死。

孩子们对我抱怨说："我妈妈真烦人，每天都唠叨不完，她只要嘴唇一动，我就知道她要讲什么，因为她天天都讲一样的话。"

我也惊讶地发现，全国许多父母都对孩子唠叨一样的话：别看电视了，别玩游戏了，赶快写作业！你要是考不上好中学，怎么考上好大学？上不了好大学，以后怎么找好工作？没有好工作，你喝西北风去？……这样的话说一遍两遍还可以，说多了之后就变成一种噪声，只能让孩子情绪混乱，信心崩溃。这是您想要的结果吗？

实际上，没有一个孩子不想成为好孩子，也没有一个孩子不想好好学习。他学习不好可能是碰到了困难，孩子需要的是您具体有效的帮助，而不是唠叨或训斥。所以我给大家一个忠告——"训子千遍，不如培养一个好习惯"。

其实，许多父母已经开始重视孩子的习惯培养，可是为什么效果不明显呢？我发现，问题在于有些父母还是把习惯培养当成了说教的内容，而忽略了习惯培养是一套科学的教育方法，需要按照其规律来做才会见效。

自 2001 年到 2010 年，作为中国青少年研究中心研究员和副主任，我一直在主持少年儿童习惯研究课题，即教育部的全国教育科学"十五"规划课题——"少年儿童行为习惯与人格的关系研究"，后来接着做全国教育科学"十一五"规划课题——"少年儿童自我管理习惯培养及其与社会适应的关系研究"。

特别需要说明的是，我们的研究之所以能够取得突破性成果，首先是有一个强大的科研团队，如全国有几百所中小学和幼儿园参与了我们的研究；中国科学院心理研究所的张梅玲研究员与我共同担任课题组组长；在博士生导师邹泓教授的带领下，北京师范大学心理学院 6 位博士生深入北京 11 所小学，进行了为期一年的实验研究，对少年儿童行为习惯与人格的关系作了深入细致的探索。

您面前的这本《习惯决定孩子一生》及"五个好习惯"丛书，是我们 10 年课题研究发现与建议的普及版，是关于习惯培养内容与方法最为通俗和实用的读本，同样是由我们课题组的专家学者所撰写的。我相信这些图书会给广大家长和老师们提供科学的教育方法与理念。

（原载《新华书目报》2013 年 10 月 21 日）

三尺讲坛成长起来的杰出人物

李雪洁

《从中小学讲坛成长起来的杰出人物》并非名人所写的书，在这个意义上它无疑是一本"小书"。然而就是这本书，折射出 27 位大师在三尺讲台留下的闪光身影，蕴含着促人奋发的澎湃力量，并得到温家宝总理亲笔作序，在这个意义上，它又是一本"大书"。2011 年 6 月 17 日，就是这本书，静静地躺在首届免费师范生毕业典礼的主席台上，接受了总理的检阅，见证了北京师范大学首届免费师范生毕业的历史时刻。我想，作为本书的编辑，我有责任，把它和总理的特殊缘分，把它所承载的特殊意义，向读者一一道来。

总理"策划"出书

2007 年 9 月 9 日，是首届免费师范生入学的日子。温家宝总理专程来到北京师范大学，看望免费师范生并讲话，从而向全社会发出了一个强烈的信号：要进一步形成尊师重教的浓厚氛围，让教育成为全社会最受尊重的事业；培养大批优秀教师，鼓励更多的优秀青年终身做教育工作者。2010 年教师节，温家宝总理视察河北省六道河中学，专门邀请了北京师范大学的教师和免费师范生与自己同行。温家宝总理非常重视对未来的教师进行职业信念和专业素养的培养，在座谈时提出，"教中小学也能出大师，（北）师大的领导和教授可以研究整理一下"，为宣传教育领域的杰出人物作出了明确的要求。在认真学习温家宝总理的讲话精神后，在教育部师范教育司的组织协调下，北京师范大学相关专家成立了专题研究小组，分别从政治、军事、科学、文学、史学、哲学、教育等领域广泛查阅文献，对有过中小学教师经历的中外名人材料作了整理，并呈报温家宝总理，总理作了亲笔批示给予肯定。由此，《从中小学讲坛成长起来的杰出人物》项目正式启动。

小岗位出大家

翻开这本书可以看到，古今中外，许多杰出人物都有过当中小学教师的经历。然而，本书的编写者要探讨的不是他们日后的成功，而是他们的成功与中小学教师生涯的联系。

对革命家来说，中小学教师生涯促进了他们革命思想的启蒙与传播。毛泽东在担任湖南第一师范学校附小教师期间通过接触、了解民间民情而逐渐成就出革命家的气象。

对文学家与艺术家来说，中小学的从教经历能够为他们提供源源不竭的创作源泉和创作素材，产生伟大的作品。鲁迅有多年的中小学教育经历，他为人师表的事迹至今仍传为美谈，即使之后走上大学讲坛，他从事的也始终是开启民智与教育国民的工作；从教 6 年的李叔同，以其深厚的人格魅力和丰博的中西文化学识，培养了一大批艺术及艺术教育人才，为中国现代艺术事业的蓬勃发展奠定了坚实的基础。

对史学家与哲学家来说，中小学讲坛往往是他们将理论付诸实践的舞台，理论向来不是闭门造车的产物，只有在实践中，理论才能不断得到检验，进而丰富发展。学以致用，知行合一，唯其如此，知识才能成为有用的知识，即所谓"真知识"。梁漱溟是书生报国的典型，他三次办学，以学校为交友上进的团体，依儒学做真实全面的教育，"替教育界打出一条路来"。

对科学家来说，中小学教学经历成为他们奋发向上、求学探索的动力源泉。"学然后知不足，教然后知困"，他们正是在中小学教师生涯的实践中认识到自身学识的不足，从而产生了积极进取的动力。著名科学家吴有训、钱伟长、邓稼先早年的中小学教学经历激发并促使他们继续求学、出国深造，日后取得了辉煌的成就。

就教育家而言，只有深深扎根于中小学教育实践，才能获得对教育本质的深入理解，才能将教育理念从梦想变为现实。著名教育家陶行知、张伯苓重视利用中小学的教育实践来验证或者检验自己的思想。面对问题，通过实践或实验，不断检验和修正新的思想。中小学教师生涯铸就了他们淡泊名利的高尚志趣与执着的奋斗精神。

让教师成为最受尊重的职业

对于为什么这么多的中小学教师能够建功立业，温家宝总理也提出了自己的见解："中小学老师天天面对的是最渴望求知的眼神和最纯洁的心灵，往往最能体会学生对教育的真实需求，最有条件思考教育的实际问题，最能体会教育的本质，从而不断检验和修正自己的教育思想和教育理念。""小学教师另外一个独特的优势，就是脚踏实地、扎根基层，广泛接触民众，深入了解民情、国情，有利于激发老师教育好下一代的责任感和使命感。"

温家宝总理在免费师范生毕业典礼上语重心长地对广大师生说："实施师范生免费教育政策，就是向全社会发出重视师范教育的强烈信号，吸引最优秀、最有才华的学生做教师，鼓励更多的优秀人才终身做教育工作者；就是要进一步在全社会形成尊师重教的浓厚氛围，让教师成为最受尊重、最令人羡慕的职业。"作为本书的编辑，我希望能够通过这本书，告诉青年们，中小学教师同样大有作为，在这个平凡的岗位完全可以成就一番不平凡的事业。

（原载《中国教育报》2011 年 12 月 15 日）

再展中华五千年美术发展史

陶　虹

　　对于一个人来说，十七年的岁月足可以使他从幼稚走向成熟，从平凡达到卓越，同时，也会使他从强健变得衰老。就在二十多年前，曾经有一群学者，他们用十七年的时间成就了一部著作——12 卷本《中国美术史》。如今，一些年轻人听了，可能会不禁咋舌：竟然用了 17 年去写一部书？这在今天看来，似乎是不可想象的。

　　20 世纪 80 年代初，中国进入一个新的历史时期。《中国美术史》作为国家一项文化建设的重大工程，在 1983 年 3 月桂林会议上被确立为第一批艺术学科国家重点科研项目并正式启动。这一项目由中国艺术研究院美术研究所承担，74 岁高龄的新中国美学的开拓者和奠基人之一的王朝闻先生任全书的总主编，统领全局，美术研究所所长邓福星为副总主编，主持该项目工作。项目汇聚了全国众多顶尖的艺术史

论学者，并得到全国各地文博、考古单位的积极支持。王朝闻先生在全书总序中提出了本书的主导思想："这部（美术史）它应该是作为审美主体的中华民族同他们所创造的美术作品之间审美关系的发展

史。"国内先后有一百多位专家学者参与了编撰工作。他们一方面潜心于案头的研究，另一方面又不畏艰苦，跑遍相关的古代文化遗址和博物馆考察、观摩，掌握第一手资料。他们不吃现成饭——直接照搬前人的观点，而将自己新的研究成果写进书里。写作的过程也是提高的过程，当时参加这一项目的不少年轻的作者如今已经成为美术史论研究的知名学者或艺术院校、研究机构的学术带头人。

为了提高这部书的学术质量，编委会特别邀请了考古学家贾兰坡、哲学家和历史学家任继愈、雕塑家和美术教育家刘开渠、书法家及文史学者启功等十多位相关学科的专家审阅了书稿，从而使得这部书成为当代中国最具权威性的美术史著述。

该书出版后，深受读者好评，被誉为20世纪规模最大、内容最完备的美术史著作，书中的史料和观点为众多美术史论著所引用。2001年被国家出版总署评为全国艺术类图书一等奖。2004年6月，胡锦涛主席出访美国时，将该书作为体现中国文化的珍贵礼品赠送给耶鲁大学。

《中国美术史》初版发行已经10年，许多读者只知其书而欲购难求。基于读者的需要，也为使这一关于传统文化的重头

著作在广大读者中间得到普及，北京师范大学出版社将其再版，于2011年年初面世。虽是再版，但新版却做了很大改进。它全然不是老版的模仿秀，而以新的出版理念，利用当下更为先进的印装技术，并经过精心的装帧设计，使之面目焕然一新。

新版《中国美术史》不仅保持了依据原内容设立的原始卷、夏商周卷、秦汉卷、魏晋南北朝卷、隋唐卷、宋代卷（上）、宋代卷（下）、元代卷、明代卷、清代卷（上）、清代卷（下）以及年表索引卷共计12卷，而且经过版式上的巧妙处理，使各卷厚度更为均衡。为了便于青少年读者阅读，这次再版还将繁体版改为简体版，全部彩色印刷，并且将原来附于书后的彩版改为文中插图，使文图形影相随，阅读文字的同时就可以一览相应的美术作品。对读者而言，这诚然方便多了，但对出版社来说，仅仅这一个改进，就须将原有版式一页一页地重新设计。新版封面、版式、色调等也都与前不同，看上去给人以轻松愉悦的感觉。另外，所用纸张薄而细密，使书的体量减少了一半。

总之，新版《中国美术史》全书的整体风格庄重而又清丽雅致、平易活泼。新版的设计和印制好像着意在严肃的学术著作和轻

松阅读之间铺设一道坦途。

一部 12 卷本《中国美术史》，记载了五千年辉煌灿烂的中华美术的发展历程，展现并标志了 20 世纪末中国艺术史研究的成就和高度，同时，也反映了近 10 年来中国图书出版事业的迅速发展。我们祝愿中华文明世世代代绵延不息，我们愿意为之添砖加瓦、让其薪火相传。

（原载《中华读书报》2011 年 11 月 2 日）

张大千眼中的东方女性美

张　法

为画之全张大千

给现代中国画的研究提出最多问题乃至难题的人，是张大千。

一提起现代中国画，你会想起齐（白石）、黄（宾虹）、潘（天寿），也许会加上傅（抱石）、李（可染）……但把张大千放到哪里呢？思考张大千，使我们省悟出，前面所提的顶级大家，主要是从中国画的国内演化中去理解的，但对张大千却需从一种国际关联中去理解。人们把齐白石与毕加索相比，但张大千与毕加索还有面对面的交谈，他与毕加索的合影成为中西艺术交汇的绝佳记录。50 岁以后，张大千先后在中国香港、印度、阿根廷、巴西、美国等地居住，并游遍欧洲、北美、南美、日本、朝鲜、东南亚等地的名胜古迹。置身在如是的国际氛围中，张大千对中国画

所作的泼墨泼彩的新变，那绝对的现代观念和绝对的中国形式的结合，不落痕迹的以一种纯中国的方式呈现，有着非常深厚的意味在其中。张大千的存在让我们从中国画与全球的关联、互动中去思考中国画的现代演进。

在上面提到的那些顶级画家中，谈到对中国画传统的理解和继承，没有谁能与张大千相比。张大千用临、摹、仿等方式借鉴的古代绘画从隋到清，上下千余年，名家近百人（从展子虔、阎立本、李思训、韩幹、荆浩、董源、黄筌、米芾、易元吉、夏圭、梁楷，到赵孟頫、倪瓒、唐寅、徐渭、陈洪绶、董其昌、石涛、朱耷、金农……）。更突出也更意味深长的是，张大千对古代名家的理解，已经达到了与古人同心同手的境界，他模仿古人的画作，连鉴赏行家黄宾虹、张葱玉、罗振玉、吴湖帆、溥儒、陈半丁、叶恭绰，以及世界著名博物馆专家们都分辨不出。而今张大千的伪作，《吴中三隐》《石涛山水》《梅清山水》《巨然茂林叠嶂图》等，还在华盛顿佛利尔美术馆、纽约大都会博物馆、伦敦大英博物馆收藏着，从这些画中，我们仿佛听到张大千"狡黠而豪放的笑声"。在这一现象里，中国画的原则，绘画六法中"传移模写"真谛以一种完全不同于现代艺术理论的方式暗示出来。而深得此中三昧的张大千让我们思考这一真谛与中国画在现代演进中的关系。

张大千眼中的传统不仅只是纸上的传统，他花了两年多的时间（1941—1943年）到沙漠之中的莫高窟去临摹敦煌壁画，正是在这里，张大千对传统的理解有了一个飞跃，从明清上溯到盛唐。在这里，张大千获得了与盛唐气象同调的容纳万有的胸怀。当从这一张大千与其他顶级画家区别的特点去反思中国画的现代演化，一些新问题会浮现出来。敦煌让张大千对中国画中水墨与色彩的关系有了一种新的理解，对人物画与山水画的关系有了一种新的理解，对中国女性之美有了一种新的理解，对文人画、宫廷画、民间画有了一种新的理解……一句话，对人、画、世界有了一种新的理解。张大千一个巨大的亮点就是他成了现代中国画画家中的全能者，他把绘画的类型，文人画、宫廷画与民间画熔为一炉，他对绘画的题材，人物、山水、花鸟、虫鱼、走兽，工笔，写意，无一不能，无一不精。这使人们理解中国画在现代演进的线索更加复杂和扑朔迷离。

为人之全张大千

张大千不但有为画之全，而且有为人之全，他的一生，伴随着美人、美食、美情、美居。就美居而言，自1932年张大千入住苏州网师园之后，以后的居所都具有园林美景：北京的颐和园、四川的青城山与昭觉寺、巴西的八德园、美国的环荜庵、台北的摩耶精舍，他像古人那样让行住坐卧都包围在一种艺术环境之中，以一种独特方式，提出了画家的画中之景与画家日常生活的关系。仅看到这一面，仿佛张大千只有古代的诗情画意，而张大千于1925年举办他第一次画展时，就开始以展卖画，所有100幅作品，每幅一律定大洋20元，不几天全部卖完。从此，张大千成为艺术市场的高手。而且对"天生我才"具有最大的市场信心，为了敦煌临画，他可以举债5000两黄金。"千金散尽还复来"真的构成了他一个个的传奇故事。他成为与林风眠截然不同的另一类型。

现在，当《美丽的粉本遗产——张大千仕女册》出版的时候，一方面解决了张大千研究中的一些问题，同时又向现代中国画研究呈现了新的难题。论者已讲，张大千的画有三阶段的演变，40岁之前以师法古人为主，40岁至60岁以师法自然为主，60以后以抒写心灵为主，其仕女画也有三阶段，40岁之前，有明清仕女的韵致，40~50岁，有唐代仕女的神采，50岁之后，张大千的仕女画更接近于他心中的女性理想。而今这一仕女画册，以更为详细的资料让我们去更近地感受张大千作仕女画时

的心境。册中有不少名作，是粉本与完成画的对照，静观这样的比对，你仿佛可以看到张大千的作画过程。前面说过，张大千的生活有着四美，美人是其中的一大要项，对美人的感受是张大千丰富心灵的一个组成部分，大师之心一直有艺术家"痴"的一面，他临摹古画而入神，是痴的表现，为画荷花，在北京颐和园湖边长时间地观察体悟花的形、态、风、神，是痴的表现，在敦煌临摹时，他说："有不少女体菩萨，虽然明知是壁画，但仍然可以使你怦然心动。"虽然话语风趣，但仍透出画家心灵的痴意。这一画册中展现了张大千一生中仕女画的整体结构和整体演进，并让我们对他的仕女画在其整个画中的位置有了更大的研究空间，同时也让人感受到不少的难题。比如，张大千的画，与他生活经验相同步，然而，他客居海外时的仕女画，画的只有日本女性和印度女性，却没有西方女性，这是为什么呢？而且，按体质人类学，印度人与东亚人是不同的，但在张大千笔下的印度女性，在容颜和风姿上却与中国女性和日本女性基本相同。这里有没有透露出张大千内心的审美偏好？又比如，留心中国近代以来图像史，不难发现，中国人对女人的审美观在现代以来发生了

很大的变化，最显著的一点是从古代美人的单眼皮细长眼向双眼皮大眼睛的变化，但在张大千的仕女图里，尽管有自 1920 年以来数十年的变化，尽管有丰富的女性类型：宗教类女性（观音）、神话类女性（山鬼）、历史类女性（明妃）、士人类女性（琵琶仕女）、摩登女性……尽管有时代和民族的不同，中国古代女性，中国现代女性，日本女性、印度女性，然而所有女性的脸部结构，特别是眼睛和嘴唇的构造，都是同一类型，是那种张大千所认为理想美的类型。正是在这一种理想美里，透出了张大千所欣赏的东方女性之美，不因时间而改变，不因地域而改变，不因身份和种族的不同而改变。也许，正是在这里，可以发现走向张大千心灵的通幽曲径。

（原载《中华读书报》2009 年 9 月 24 日）

音乐让他如此天真感伤

赵柏田

这是郑亚洪第三本音乐随笔。前两本是《天鹅斯万的午后》和《音乐为什么》。亚洪说，写前两本书的时候，他还没有听过音乐会。但对我这样的音乐门外汉来说，他上或不上音乐会，他对音乐的传达都是好的。早在 20 世纪 90 年代他在《爱乐》开专栏时，他就是中国最好的乐评作家之一，他丰富了音乐随笔这一文体，使之浮现出了清晰的文学轮廓，并让这类文字带上了自己的认知和体温。他是音乐随笔这一文体中的小普鲁斯特。

"走，去听音乐会"，对居住在东部海滨县城温州乐清的"小普鲁斯特"来说，这不是他的日常。尽管他是如此地迷恋这个伟大的患着哮喘病的小说家，如此地迷恋精灵般的音符，但生活在一个没有音乐厅的城市

里的事实，还是让他为了听一场马勒或者瓦格纳，不得不把自己从日常里拔出来，驱车数百公里，或者坐三四小时的动车（最长一次，他去上海听音乐会在长途汽车上颠簸了九小时），然后把自己摁进音乐厅的某排某座。他真的是把自己摁进音乐里去听的，带

着蓄积着大半个年头的情感和力量，带着背离日常的决绝和勇气。所以在一场音乐会与另一场音乐会之间，他会期盼，会焦虑，会周期性地不安。出行前数日，他就不听唱片了，如同古人去完成一件十分重要的事之前斋戒沐浴，他的焦虑，也从一系列下意识的动作里流露了出来，他会在出门前反复检查衣着和行囊，反复擦拭书房里的灰尘，如同一个轻微强迫症患者，更像是一个出门独自去偷欢的男子。

为什么要去听音乐会？为什么离开家，跑那么远，坐在黑暗中让音乐风暴裹挟着带走，尔后又像一个走失了的孩子般回来，回到原来的位置，继续一成不变的生活？亚洪说，这是从混沌的生活中的一次次逃离，它如同阅读、写作一样，为的是让我们不再封闭、昏睡在无奈的生活里。生活需要仪式，文艺的生活尤其需要。某一日坐在音乐厅里，他已发誓不再做 CD 的奴隶，要把身和心投入音乐厅的怀抱，如同投进某个他热爱的女子的怀抱。他相信音乐产生于现场，产生于弓与弦摩擦的瞬间里，如同爱情必须在一场场真实的性爱里升华自己。

于是，在这本小书里，我们会时常看到，这个天真与感伤——先是天真的、然后是感伤的——爱乐人，经过一场不长不短的

城际旅行后，坐进上海某个音乐厅的角落深处，消失在渐次升起的黑暗里。当听到让他心动的乐章时，他的手悄悄地打着拍子。他流泪，发呆。他鼓掌，表达对大师们的敬意。他内心激动，满怀善意，以为现场的每一个绅士淑女都会是知音，而散场后门口小贩拉着大喇叭播放的流行音乐，正伺机夺走他奔突五百公里好不容易蓄积起来的好心情……

亚洪热爱的瓦格纳说：音乐不能继续前进的地方，于是出现了语言。而这本小书里的大多篇章，我相信是亚洪走出音乐厅后、音乐还继续奔涌在他心头的时候写下的。他被感动过了，他内心里的某种东西契合了，苏醒了，或者说，他自以为发现大师的秘密了，他返身回来，告诉我们在彼一世界中他之所见，而当亚洪像个跑回来报信的孩子一样说出他的发现的时候，当他的文字捕捉住音乐里的叙述的时候，他是多么欣喜啊！

亚洪听过十多年马勒，他有三个版本的马勒《复活》，听伯恩斯坦指挥的"第五交响乐"，他把唱片光滑的表面都听出了无数道划痕。马勒的挣扎、浪漫，对生的眷恋，是他最为痴缠的。他认为在六月雨季的午后，听马勒的"第三交响乐"是最相宜的。通过六月的雨水，马勒抵达了他内心的隐蔽的地方，"由未知的它构成了未知的我"。"第

四"，仿佛一颗虔诚的心里做了一个关于天堂的美梦。而"第五"的小柔板，在托马斯·曼的《威尼斯之死》改编的电影里，老艺术家在街头遇到波兰美少年时，也曾响起过。但这一切，全都抵不上他在音乐会上遭遇马勒时的震撼。

2008年春天，亚洪在苏州金鸡湖畔的音乐厅听了一场马勒的《第九交响乐》。终场时分，"定音鼓熄灭了，小号熄灭了，长号熄灭了，大号熄灭了，竖琴熄灭了，圆号熄灭了，单簧管熄灭了，只有几把弦乐器拉动着，细如游丝，像死者呼出的最后一口气。"（《苏州，法兰克福，马勒》）他不敢呼吸，都听得要哭出来了。半年后，他在上海听了一场芝加哥交响乐团演绎的《第六交响乐》，他看见"阳光和灾难，一来一往，在乐池上空升腾"，最后，马勒用最抒情的双簧管结束了音乐中的叙述，那种尖锐的对立。听马勒，还让亚洪发现了音乐叙述中"轻"的力量：一位指挥家是否修炼到大师水平，很重要的一点是看他对轻乐器的处理，看他能否调控乐队最微弱的一个音符，而不是把乐队调拨得轰隆隆响。他发现指挥家伯纳德·海丁克善于"轻"，"如昏暗湖面上的一根羽毛"，捕捉到了马勒内心深处的东西。

说了"轻"，再说"慢"。亚洪心仪的慢的大师是切利比达克。"先是慢，然后还是慢"，他这样说倾听切利比达克的慕尼黑爱乐版布鲁克纳《第九交响曲》的感受。"删除浪漫，去掉悲情"，正是在这位指挥家身上，他看到了小说中已很难见到的叙事的零度。他这样说切利比达克演绎的穆索尔斯基《图画展览会》："你甚至从一骷髅里听闻出死神暗淡的红光来"；切利比达克之勃拉姆斯《第四交响曲》，让他听出了杜甫《秋兴八首》中"玉露凋伤枫树林"的意境，比正常交响乐起步迟五秒的第一个乐符的出现，在他笔下是，"像一声自责，像一声哀叹，勃拉姆斯开始了音乐的叙述，他回旋了又回旋，迟疑了又迟疑，就像他一生中漫长的等待和舍身相让"。

至于切利比达克之贝多芬《第七交响曲》，到了亚洪这里，竟叙述得如同诗人布罗茨基的一曲挽歌："切利比达克放慢脚步，吹低单簧管，吹低大管，拽下小提琴的叹息声一遍又一遍，敲在搪瓷缸上发出嗡嗡的回音。大雨之夜，一切都湿了，湿了，南方与北方的两个人物，湿了；雨中的溪流，湿了；火钳上的柴火，湿了；门窗上的小扣，湿了；打上硬蜡的地板、多情的马勒、遥远的贝多芬，湿了，低垂的黄铜管乐。"

读着诸如此类文字的时候，我时常会觉

得在听一场音乐的"百家讲坛"。还有切利比达克之柴可夫斯基《悲怆》，他这般传达老柴的阴郁之气："大管在低音区域滑出晦涩音符，稍微停顿，如漆黑一片的大海，低音提琴拉动琴弦，两个低音叠加，如黑暗坠落在夕阳之上，乐队以缓慢步调扶持着它，在57秒，沉郁的风格反复了一次，中提琴和大提琴闪现了下，如明火举于水面，随即消逝，沉入到黑暗之中，感觉世事两茫茫，木管吹奏出温暖的声音，给这无限的阴郁增添了些许亮色。"

在这种种摇曳多姿的叙述中，音乐以另一种介质——文字的介质——呈现了：它是抽象的，又是实在的，抽象在于音乐在演奏之前，它只是错落的音符，而当它们流动起来，它又确确实实会刮起一场场情感的风暴。这种风暴先是起自音乐人自身，再裹挟着听众和观众，就如同上海东艺音乐厅里的那个单簧管吹奏者，一个叫萨宾娜·梅耶尔的美丽女子那样："她的脸在吹奏中红了，脖子红了，她的细长如单簧管手臂也红了，音乐在她全身的银红中低垂下去，我能感受到她流动的血液，它随吹奏者沉迷奔跑着。"亚洪发现了，音乐中的叙述秘密和写作竟然是一样的，"打动人心的与其说是高潮，不如说是高潮来临前的静穆时间，那才是音乐的本质"。天才作家和音乐家的一个特质，就是对他们作品中时间的处理。

生活在温州乐清的亚洪，和坐进音乐会的亚洪，从一场马勒到一场切利比达克的亚洪，是同一个亚洪，也是另一个亚洪。他活在一个四维甚至五维的时空里。这常人看不到的一维，是写作和音乐带给他的。音乐拓展了他的世界，这无边的福分，让我这样一个乐盲是多么羡慕嫉妒恨啊。

这个带着普鲁斯特的小说去听瓦格纳《女武神》的家伙，这个时常出门去偷欢的家伙，这十年里，他无所用心地玩着，玩出了这么一本自带真性情的书。这又一次印证了艺术生于无用、生于自由。读了《音乐会见》，我不由得怀疑，亚洪身上是不是有一台解码器。这台神秘机器的一端是耳朵，一端是他的小心脏。如此，只要他一发动汽车的马达，音乐就环绕他讲述各种故事，他把自己投身在延绵不绝的音符汇成的河流里——如他所说，既有一种现实感，又有强烈的虚幻感——为了让音乐成为现实，于是，他一次次地动身去音乐会。

（原载《中华读书报》2016年11月9日）

最美丽的遇见

杜　霞

有个天天向前走的孩子，

他只要看到某一个东西，

那个东西就成为他生命的一部分

…………

　　我相信惠特曼在写下这首诗的时候，他的心里，不仅有个天天向前走的孩子，也有个像孩子一样天天向前走的大人。

　　星星老师就是这样的大人，一个像孩子一样欣欣然向前走的大人，只不过，他不是一个人在走，他的电动单车后座上，有一个小女孩，那是他心爱的女儿；而他的身边，还围绕着一群孩子，那是他同样心爱的学生。

　　他们一起走，天天向前走。早开的丁香会成为他们的一部分，牵牛花、三叶草还有鹨鸟的歌声，都会成为他们生命的一部分……而更重要的是，他还引领着他的孩子们，获得了童年最温暖最美丽的遇见：阅读。于是，那些书，也成为他们生命的一部分。

　　这个被我称为"星星老师"的人叫周其星，深圳实验学校小学部资深语文教师，知名儿童阅读推广人，曾获安徽省第二届教坛新星，《中国教育报》2012 年度"推动读书十大人物"。

　　但在内心里，星星老师一定更愿意把自己当作一个"种树的男人"。他早些时候的新浪博客，用的就是这个名字。当其他的人在忙着抱怨土质不好、温度不好、环境不好的时候，星星老师却埋头在那里松土播种灌溉。上苍赋予他的，未必是一方多么好的水土，但他相信一个农人的诚实与劳作，相信"一切福田，不离方寸"，相信种下善美的种子，就能培植出蓊郁的树林。

他不仅种树，还种草，种一种能带来幸运的三叶草。作为全国最大的亲子阅读公益组织"三叶草故事家族"创始人，他致力于推动优质的儿童阅读，影响了中国数万个家庭……

好久了，我一直跟踪着这个种树人的博客，看那里面的小树苗们蓬蓬勃勃、生机盎然，看小树林里发生的那些有情有趣的故事："当世界重新开始的时候，男孩叫土豆，女孩叫樱桃，学校叫树林，教室叫大树，老师叫小鸟，讲课叫唱歌。一天，如果你看到，在一片树林里，一棵大树上，一只小鸟在唱

歌，一群樱桃和一群土豆在树下认真地听着，就是我们在上语文课呢！"每每被这些温情中闪烁着智慧和幽默的文字所打动，我就想，做他的小树苗，真真是有福了！

如今，这个种树的男人，不仅捧出了他最丰美的果子，也将他春种夏收的经验细细道来，用他有温度有深度且诗意盎然的文字，为我们打造了一间《彩色的阅读教室》。

彩色的阅读教室，一定是充满色彩的。六个结实的彩色书柜，在教室里围出一个独立的阅读空间，里面不仅有好看的绘本，还有舒服的垫子，只要一下课，孩子们就会脱了鞋爬进这个彩色的书籍王国。一年级天天听故事，二年级做阅读小报，三年级海量阅读，四、五年级继续增强阅读的广度和挑战性……这时的星星老师，俨然已变身为画家和设计师。平生多阅历，胸中有丘壑，他深知阅读是循序渐进的功课，生命的色彩需要一层层铺垫，朗诵、讲故事、画画、演剧、班级读书会、主题大单元活动……多样化的阅读分享，多元化的活动设计，在不断地探索与尝试中，他的教室被赋予了越来越丰富的色彩。

彩色的阅读教室，也是彩色的语文课堂。当你惊讶于星星老师所开列的那个蔚为壮观的书单，并暗自思量"一年级上学期精读李

欧·李奥尼的17本书,下学期精读安东尼·布朗的24本书"这样庞大的阅读任务是否能在规定时间完成时,他会以自己的实例告诉你,要有超越教材、创生课程的勇气和智慧。如果要扩大阅读视野,提升阅读品质,就一定要把大量优秀的读物整合进课堂,就一定要在自家院子里"种点自己喜欢的花花草草"——因为这是一个语文老师"必然的担当"。与此同时,面对格局气象都显局促的教材,星星老师提出要"擦亮眼睛、化弊为利、拓展视野、重建教材",于是,在他那里,教材被当作识字学词朗读的工具,也被看作是"训练独立思考和批判精神质疑能力的摔跤场",而语文课堂也随之变成了魔法课堂,查字典比赛,听写比赛,超级变变变,开火车,故事接龙……一个灵感就会催

发一个游戏,高效而快乐的彩色课堂,给真正有品质的阅读腾出了宝贵的时间。

这间彩色的阅读教室,其实联结着的,是一条更加宽广的生命之河。由"阅读"所牵引所贯通的,是对生命的宽度与深度的探寻,是对精神自由与局限的追问,是对万事万物的柔情与悲悯。那些小小的心灵,只有经由这样一个教室的涵养与孕育,才能有足够的力量去感受世界的万千气象、浩荡风云……

星星老师说,这本《彩色的阅读教室》是对往日时光的顾盼与回望。是的,无论是对他,还是曾经在这彩色中沉浸的孩子们来说,那都是一段最好的时光。

（原载《中国教师》2015 年第 3 期）

寸心度风雅　千古传美俗

赵　勇

读完"中华雅风美俗丛书"，神气爽然，再三品之，如饮回温小酒，竟迷失在历史的光影之中，跌跌撞撞，不知归路。随意抽出这套丛书的一本，都让你无法对你所看到的时代妄下断语。在这里，你看到的是一幕幕神秘而又充满了世俗气味的生活场景。光和暗并生，美和丑共存，温柔与粗暴并肩而立。拉开长镜头，站在历史之外，风尘四散，看到的是雅与俗的相离相生，古与今的相映相照。而时代的气脉时运与个体生命的生气灌注唇齿相依。本套丛书对于历史文化的书写显然有它的独特定位：从各个时代个体生命的日常生活当中挖掘出时代之精神气脉和审美内涵，既保留了对于时代思想发展的严肃思考，又深入到时代的微观层面，全方位地复现思想文化生活和世俗生活的场景，精准地凸显出了各个时代的文化艺术趣味和生活趣味。而本书从各方面呈现这

种趣味的同时更确立一种名目和判断：名为"雅风美俗"也，乃"趋美避丑之心"也。这正是统摄整套丛书的核心之所在。因此在这套丛书里，虽然内容因时代之不同而风格迥异，却无一不极尽"观风雅，知美俗"之能事，举重若轻，见微知著，于细微之处拈出时代之精神风貌，可谓纲举目张，血肉鲜活。此套丛书共八本，按照历史展开的时间和各个时代的整体风貌，分别命名为《先秦礼乐》《天汉雄风》《魏晋清玄》《隋唐气象》《两宋雅韵》《金元俗趣》《明人奇情》《大清余境》。

具体说来：《先秦礼乐》紧扣礼乐文化的核心，寻找中华文明的起源，无疑，这是中华雅风美俗巡礼的第一站。礼乐中和成为当时文化阶层的普遍追求，人伦成为一切规范和制度的基石。尽管野蛮的习气并没有完全褪尽，但人们的文化和生活趣味渐渐

穿透了蒙昧历史的迷雾，展露出孩童般的天真和狡黠。虽然西周末年的社会已经"礼崩乐坏"，但"礼"和"乐"已经沉淀为民族集体心理意识而保留了下来，成为绵绵不绝的传统。本书的特色之处在于从祭祀、丧葬、婚姻、宴饮、劳作等各个角度集中展现了"礼""乐"在社会和个人生活当中的审美内涵，进而勾勒出了集体无意识的心理图景。

《天汉雄风》拈出了大汉追求"崇高""雄豪"的时代精神，从汉人的自然观到社会生命价值，从他们的日常生活态度到人际关系，处处洋溢着"雄豪"的风姿和气度。本书尤为引人注目之处在于对

汉代建筑的精彩描述，无论城墙、宫殿还是街道、苑囿的设计都和汉人的豪放雄奇的生命追求息息相通。

《魏晋清玄》勾出"清""玄"二字，浓笔相肖，淡笔轻染，魏晋风流扑面而来。从魏晋诗论到书论再到画论，从帝王将相到风雅文士，从经国之事到日常零碎，从哲理思辨到睿智小语，随手拈来，有经有权，举重若轻，不仅勾勒出了时代的大环境，而且带领我们从细微处去领略这个时代的独特气度和精神。若依此书绘图一幅，当有二三雅士，红叶煮酒，围坐清谈。于魏晋风度而言，雅俗二字，有何分别？

《隋唐气象》则对唐代的神来、气来、情来的开放自信的精神面貌做了独特的观察，尤值得一提的是书法艺术中的"狂草"，冲决一切的自由精神是后世无法企及的巅峰。该书展现了从盛唐到晚唐社会所经历的巨大心理变化，贵族与世俗不再截然两分，浪漫的青春开始被日渐成熟的理智代替，细腻开始代替雄放成为人们感知生命和艺术的方式。这个国家仿佛在一夜之间改变了外向型的性格，沉静下来。

《两宋雅韵》点出了两宋"平淡"的审美趣味。儒学大师们开始认真地重建道统，对外要辅佐君王，对内要修美道德。看似枯

淡的外表之下积蓄着打造千年基业的壮志。此等雄心也可谓"前无古人，后无来者"了。而对于雅俗的认识更有着独到的理解，正如本书作者所说："宋代文人把博学、深思、疑古、求新、穷理、淡泊、超脱视为高雅，而把追名求利、不学无术、浅薄盲从、蝇营狗苟视为庸俗。"本书立足于谈文人的情思雅趣、艺术作品，集中而深入，略为遗憾的是，未涉及凡人俗趣。不禁让人充满遐想：如此理性平稳之知识阶层，会有怎样的平民生活情趣与之相映呢？

《金元俗趣》"俗""趣"二字可谓开门见山，我们未能在宋人那里领略的美俗可以在这本书里一饱眼福。而此处之"俗"却与宋人观念中的"蝇营狗苟"之"俗"大相径庭。儒士地位的中落，导致大批读书人流落民间，在勾栏瓦肆中寻找立身之所。杂剧和散曲的出现和流行使以前视之为高雅艺术的诗文创作黯然失色。杂剧艺术在元代达到了顶峰。而与此相辉映的是文人画的出现和大发展。真可谓"雅"与"俗"双峰并峙，打成一片，相映成趣。

《明人奇情》波澜再起。华服丽辞横空，"狂人"出世，这是一个让人心动神摇的时代。思想激荡砥砺，纵情享乐竟成风尚。"心"字当空，成"圣"成"魔"乃一念之隔。无论是心学大师，还是市井歌儿舞女，无论是诗词曲赋还是小说传奇，人们争相谈"情"，无论雅俗，追真、尚奇、求异即是当下实在。知识界对于如何"求放心"有着激烈的争论，世俗之人可不管这些，只听得"人人皆可成尧舜""人人皆可成圣贤"便满意而去。本书以"奇""情"为全书支撑，从衣食住行、诗文曲辞、小说各个方面展开，移步换景，可称得上是目不暇接了！

《大清余境》又是另一番景象。感伤、讽刺成为清人复杂心态的投射，埋头书斋，谈狐说鬼，园林微雕，煮茶走棋，如此雅致生活竟有感时伤世作为底色，可谓不哭而悲，不哀自伤。而严苛的政治统治竟催生了如此精致的艺术品位和追求，让人唏嘘不已。

这套丛书的内容从经子之学到民风民俗，从相对稳定的典章制度到风格多样的艺术作品，立体地展现了当时的文化景观和生活场景。各个内容层面之间存在着天然的亲缘关系，审美不能离开生活，而生活从来就不缺少审美。而这些都共存于制度的物质层面，反过来又对社会的物质层面产生一定的影响。生活的趣味和文化的趣味相互追逐，尽管存在时间上的错位，却始终朝着交汇点迈进。随手拈出一本细细品读，雅致而不失俗趣，奇崛而无伤大雅，错落有致，亦庄亦谐，开卷令人流连忘返。另外值得提及的是，该丛书此次重印增加了许多与文字相关的精美图片，并附有精彩的说明，对那些喜爱或者想要更多地了解中国古代文化的读者来说是一个不错的选择。

（原载《中国图书商报》2009 年 10 月 20 日）

凭借元典关键词，走进中华文化意义世界

李建中

笔者在大学讲授和研究中国传统文化三十余年，切身感受到新时期以来校园内外对中华文化的热爱与渴求：校内，我主讲的"中国文化概论"既是专业必修课，又是全校通识课，还是中国大学慕课MOOC（Massive Open Online Courses，学员累计十万余人）；校外，常有各种机构、团体、书院或讲坛请我去演讲传统文化。无论校内校外，每到互动环节总有听众提问"学习中国文化要读哪些书"。我当然可以随口说出一大串：从经史子集到诗词歌赋，从四书五经到四大名著……只是这种"随口"是不得要领也是不负责任的。

"学习中国文化要读哪些书"，或可置换为"学习中国文化从何处入手"。刘勰《文心雕龙》称习文者务须"振叶以寻根，观澜

而索源"。从源头上看，中国文化表现出三大特征：一是早熟于轴心期的元典，二是其基本原理和核心观念在元典中凝练为"字"或"词"，三是凭借对关键性字（词）——我们今天称之为"关键词"——的诂训、语

用和阐发得以源远流长、绵延至今（清人戴震称之为"由字以通其词，由词以通其道"）。刘勰说"不述先哲之诰，无益后生之虑"，我们这些"后生"研习中国文化，只有回到滥觞处，方能把握中国文化之真谛，方能探到中国文化之宝藏，方能解开中国文化亘古亘今之奥秘。一言以蔽之，学习中国文化，须从"元典与要义（即关键词）"入手。

这些年，笔者主持一项国家社科基金的重大招标项目《中国文化元典关键词研究》，按规定设计了五个子课题，分别研究中国文化的五个关键词。而博大精深且源远流长的中国文化，绝非仅有五个关键词。同样的道理，中华文化的元典也很多：从总体上讲有先秦两汉的经书和诸子，而各个文化流派或门类又有各自的元典。即便是专业的研究人员，也只是精读本领域的相关元典，又怎能要求普通读者去硬啃"十三经"或"诸子集成"？一方面是广大读者研习传统文化的需求，另一方面则缺乏相应的读本和有效的路径。正是在这样一个文化语境下，笔者受北京师范大学出版社之邀，主编这套《中国文化：元典与要义》。多年来，北京师范大学出版社坚持高品位出书、大市场经营，在教育界、学术界、出版界享有盛誉。这套《中国文化：元典与要义》，印制精美，版式典雅，既可作为高校通识教育和大学慕课教材或教学参考书，又可供广大中国文化的爱好者和研习者选读与参阅。

研习中国文化最为有效的方法之一，是在熟读中华元典的基础上熟谙元典关键词，借助元典关键词这枚金钥匙打开中国文化之宝库。我们这套书从中国文化元典中精选出30部伟大著作，并凝练出100个关键词，前者是后者的文本依据、语用资源和思想基础，后者则是对前者的提炼、概括或举要，二者构成一种较强的互文性，从而为海内外广大读者研习中国传统文化提供经典文本和有效路径。是书的独特之处在于，以轴心期中华元典为研究对象，以对元典及其关键词的重新阐释为主要内容，以解诠元典关键词的词根性、坐标性和再生性为总体思路，以揭示中国文化元典的原创意蕴和现代价值为最终目标。

中华元典的伟大著作在源起、原本及原创的层面，形塑并记录中国的文明进程，深刻影响中国人的生活、行为及思维方式，因其观念的原创性、思考的深邃性和涵盖的广阔性而成为中华民族的思想精粹与生命活力之所在。中国文化的关键词是中国人的名号与实质，是中国人之所以为中国人的文化依据，是轴心期中国文化生生不息、亘古至今的语义根源。源起于轴心时代、扎根于先秦两汉元典的文化关键词，多具有"全息"特征，秉有无限丰富的文化内涵。从轴心时代到全球化时代，汉语关键词以词根性固其本，以坐标性续其脉，以再生性创其新，从而建构起中华文化的意义世界。

（原载《中华读书报》2016 年 11 月 30 日）

及物的研究与跳动的薪火

霍源江　王宇翔

在当下浮躁的学术空气中，一本安静而饱含诚意的学术作品，且能做到与研究对象亲密接触，不流于空疏已属不易，而在此基础上博观约取、吐故纳新，便是更上一层楼了。概括起来说，就是及物的研究与跳动的薪火传承二者兼顾。如此，研究落到实处，一鞭一条痕；薪火才能跳动不熄，一代一传递。

作为一位浸淫俄罗斯文学研究二十余年的研究者，曾思艺教授为我们呈现了这样一部著作，它多达百万字，分为上、下两册，可谓厚重。翻开该书，上册"19世纪俄国文学"，分为14讲，请13位经典作家来书中作客，有为人熟知的茹科夫斯基、普希金、果戈理、托尔斯泰等，也有曾被文学史提到但不详尽的丘特切夫、费特等纯艺术派诗人，还有以往关注不多的阿克萨科夫、柯尔卓夫等传统经典作家。下册共18讲，也是名家

云集，包括索洛古勃、高尔基、蒲宁、勃洛克、曼德尔施塔姆等17位作家及其作品。单说这些名字就让人惊叹，如此之多的文学名家，他们的人生经历、生平思想与文学创作蔚为壮观，各有不同，几乎每一位作家及其作品都能填满一位研究者的研究履历，开启一场文学的审美之旅。

既然该书邀请的多是一些俄罗斯文学的著名嘉宾，"对付"这样的重量级人物，作者从何处下手，又在多大程度上实现了自己的初衷呢？也许受累不讨好，作者又为何选取他们为对象呢？这些问题的答案，隐然回荡在书中。

艾布拉姆斯在《镜与灯》中提出文学研究四要素的说法：作者、世界、作品和读者。这四个要素基本代表了文学研究的四个基点。我们不妨从这四个基点上观察该书的努力和成果。

梳理文学作家和世界的关系

在行文结构上，作者沿用了作家生平加创作的一贯模式，将作家纳入到当时所在的历史环境和文化语境中，对作家和世界之间的关系展开必要的梳理。俄罗斯本身是个多文化传统、多民族聚居和东正教信仰根基深厚的复杂国家，加之19世纪、20世纪动荡的政治环境与国际环境的变迁，为俄罗斯作家的创作提供了多元丰富又相对统一的主题，尽管他们出身、禀赋和际遇各有不同，但在某些方面有共同趋向。该书总结俄罗斯文学特点时，认为主要体现在三个方面：突出的现实关注、浓厚的道德色彩、宏阔的人类事业或全球视野。比如在关注社会现实问题上，作者认为俄罗斯文学关注"小人物"命运，思考国家民族前途、时代精神的改造，控诉非人政治和统治，彰显了作家作为历史书写者、灵魂塑造者和丑恶批判者的使命意识。譬如对"小人物"命运的关注，该书系统梳理了不同作家在不同历史环境下"小人物"的成因和困境，表现形态、个性特点。从19世纪初普希金开端，到果戈理夯实基础，陀思妥耶夫斯基继承并发展之，契诃夫不断扩大其范围又从"小人物"自身的劣根性找根源，20世纪的左琴科则辛辣与温情并济地表达了对下层人民不幸的悲悯，他们笔下的"小人物"绝对不是简单地延续或平移，而是随着时代环境各具形态和特点。正是基于此，该书努力把握两个世纪历史图景之变更，以踏实的实证研究，把作家生平经历和创作，与外在的大环境联系起来，分析并评价了其历史意义。

不仅如此，作者还介绍了外界因素对作家成长的影响。对作家生平的考证和梳理使我们了解到他们所受的文化影响，所遭遇的文化风暴，以及流风余韵，譬如普希金、莱蒙托夫这两位大诗人对后世的影响，映照着俄罗斯文学的星空，时间之长，影响之巨，该书对其的查证和梳理一丝不苟。以普希金一节为例，该书将他的创作分为三个时期：法国影响时期、拜伦影响与走向独创时期和创作辉煌时期。同时，引述别林斯基、高尔基、斯洛尼姆、米川正夫等人的论述，标举其地位，介绍其对后世的影响。如此，把一位文学大师生前身后的流变勾勒清楚，一目了然。

着墨作品研究和阐释

作品研究和阐释是该书的重头戏。与研究同步，作者做了大量文本阅读积累。如果说文本细读是输入与蓄势，那么品鉴和评论便是输出与释放。作者对诗歌的鉴赏与评论颇有经验和心得，曾著有多部与诗歌相关的学术著作。以 19 世纪俄国五大诗人茹科夫斯基、普希金、莱蒙托夫、丘特切夫和费特为例，作者从他们诗作的流派取向、主题内涵、风格特色、形式技巧、意象韵律和情感指涉等角度给予扫描和透视，有时以几十页的篇幅细读某位诗人作品，从多学科和中外比较来烛照之，可见该书的视野与胸襟。为了有的放矢，该书动用了不少篇幅安放诗作译文，将之和作者的评论置于前后次序，不惧读者目光的检阅和挑剔。

在小说品鉴与评论方面，作者采用点面结合的方式，从宏观上对作家及其作品给予简要概括，又以其某部代表作品作为重点阐释对象，灵活多样又对症下药，或以叙事学分析叙事艺术，或从人物塑造、形式结构、主题变奏，现实与历史、人物与境遇之间的联系等方面多管齐下，颇为有力和全面。《罪与罚》向来是各种教材和研究偏爱的对象，被选为面中之点。那么，如何同中求异、平中出彩就构成了一次挑战和冒险。作者倾尽长达 19 页、每页大约 1000 字的篇幅来剖析、疏解作品，从创作素材的起源、欧洲近代长篇小说的发展过程，到心理小说的成熟与光大，《罪与罚》作为"心理小说"的深刻性和独特性一一排开，并把它纳入俄罗斯文学"关注当前社会现实问题"的整体坐标中，确立其地位，托举出作品的三重内涵——"现实性、哲学性、宗教性"，指向对人的终极问题的思考。在艺术形式上，作者从微观上细细爬梳，举例论证心理小说的发展与演变，指出《罪与罚》被认为是欧洲 16 世纪到 19 世纪小说流变下的一次飞跃，是有迹可循和独树一帜的。比较了它与以往小说在形式上的差异，对 20 世纪文学的影响，进而从主人公拉斯科尔尼科夫的双重人格和潜意识心理切入，具体讲解了作品的"心理小说"特性。至此，多方开拓，点面结合，开合有度又力求深刻，该评析传达给读者这番阅读印象。

吸收中外研究成果，关注前沿

全书在内容简介中提到四大特点，其一是前沿性。表现在该书吸收了最新科研成果，是为四要素中读者（在此主要是研究者）的接受史、批评史。首先是作者个人在大量的阅读之后，沉淀、思考、创造，发表了"30 余篇与 19 世纪、20 世纪俄罗斯文学相关的论文"，从这一点也能看出，该书不是一部急就章，更多是摒弃草率和捷径，选择了稳扎稳打的研究程式，步步有痕，处处留踪。其次是大量吸收中外研究成果，尤其是最新的成果，像俄罗斯文学研究领域的知名学者，如李明滨、汪介之、周启超、刘文飞、邱运华、汪剑钊等人，这些专家既有各自的研究领域又志在开拓，不断进取，他们的成果对该书的科学性和前沿性做到了良好的补助、完善乃至深化。不仅如此，国内学者中后起之秀的成果甚至一些硕博论文，也经作者目光的筛选，被用于文章的写作，及时反馈了当前的学术进程。这些老中青学者在书中和域外学者，如英国、美国和俄罗斯文学研究界的见解荟萃一堂，发生碰撞和互渗，形成了开放、有序又共同发声的广场效果，刷新了文学介绍和研究的图层，搅动了沉闷的学术空气。为了表示对这些研究者的谢忱，作者在每一讲后面都附上了所参考的文献，密密麻麻，读者完全可以把它当作一份推荐书单使用。要说的是，虽然该书是作者独立写作完成，但仍在封面和《后记》中特别指出是"编著"的结果。不掠人之美的动机，昭示了作者持守严肃写作和尊重他人成果的态度。

如果以比较文学方法论的视角裁量，该书还运用了常见的影响研究、平行研究和跨学科研究方法。仅看叶赛宁一节，作者细数文学史上诸多对其产生影响的因素，又谈到了他与普希金、莱蒙托夫诗作的区别，还用中国诗人杜甫作比较对象，以神话学、心理学、人类学、哲学、宗教等不同学科眼光审读、提炼作品内涵，阐扬其历史层、审美层和哲学层的意蕴，使解读明白晓畅、开朗清明。

总之，作者从"四要素"入手，注重四者的关联与走势，旨在沟通教学和科研，提升学生阅读和审美能力。至于成果与初衷有多远，我想每位读者自有答案。当今大学生缺乏"独立思考问题与解决问题的能力"和"能相对轻松地面对困境的审美能力和人文素质"，作者自陈俄罗斯文学的教学在这两方面负有一定的使命。在结合自身条件情况下，作者向两个世纪的俄罗斯文学经典作家们求助，哪怕"音实难知，知实难逢"。

不得不说的是，作者以俄语作为外语，曾翻译多部俄语作品，语言优势和翻译成果为作者鉴别译本优劣，深入源语言文本助力不少，书中有大量诗歌和散文段落直接源于作者的翻译成果。征引的他人译作，也是经得起时光挑剔的优秀成果。有时参考同一部作品的多个译本，力求严谨、多元和细致，显示了其专业性和科学性。

毕竟，这是一部"讲座"性质的作品，其书名已传达了它某些目的。该书努力做到通俗和深刻并存，所以尽管由专业研究者执笔，但行文间有散文化倾向，文字通俗、叙述流畅，不少地方情感喷薄，语言生动，而非平淡抽象、晦涩难读的案头大作，"不仅适合大学生、研究生，也适合广大爱好文学尤其是俄罗斯文学的读者"。

（原载《中国出版传媒商报》2016年3月8日）

当我们在谈论陈寅恪时，我们是在谈论什么？

宋旭景

提到陈寅恪，不少人脑海里立刻浮现的是他非同寻常的家世、他的风骨、他的"独立之精神，自由之意志"、他的冷冷清高的劲儿、他的瘦削、他的"清华国学院四大导师之一"的名头、中山大学陈寅恪故居前的铜塑像。

第一次听说陈寅恪是在中国历史隋唐段的课上，"哦，治唐史的专家"，仅此而已，没有下文。确实，如果是隋唐史研究者，陈寅恪是会被问到的。问题一般是这样的"请你说说隋唐史研究的名家及著作"，回答者一定会说到"陈寅恪《隋唐制度渊源略论稿》《唐代政治史述论稿》"，能接着再往下细说他的其他研究主题及渊源的是很少的。真正完整读过他的书、读懂他的书的人更少。和陈寅恪的再度相遇已经是三年后了，《柳

如是别传》，竖排繁体，完全是《二十四史》的排版章法，拿起来几次，读读前言，就再也读不下去了。

知道点陈寅恪，似乎也能抬升些许自己的品位、见地和涵养，"你看，我是知道的，

在某种程度上我是没有流于俗气的"，不管是真心尊重也好，附庸风雅也罢，知道比不知道总是好的。

对于陈寅恪的讨论有几次"热潮"，1996年《陈寅恪的最后二十年》的出版、2005年前后的"国学院热"、2012年《先生》纪录片的拍摄……这些自然是极少涉及陈寅恪的学问的，宣扬的都是他的那种劲儿，陈寅恪被推向了神坛，出版商、国学机构、视频机构是无不欢喜的，只有这样才有关注度，才有市场，陈寅恪才能走入寻常阶层的生活，一定程度上也反映出陈寅恪的某些特质是当时当下很多人需要的，他是众人对于社会现状婉转的表述。

学术界是社会潮流影响最弱的领域，即使受到影响都很难直接察觉得到，它有着"学统"的坚持，它要求在学理中去论述，它很少追逐时髦，倒是它其中的某些研究在很多年后才会有人进行肤浅的分析和认识。最为典型的例子是梵高的《星空》，"20世纪，有些理论物理学家发现，它跟物理学里面的湍流理论有很高的契合度，一个19世纪的画家，预见到了20世纪物理学的重要进展。2004年，美国宇航局公布了一张哈勃望远镜拍到的照片，照片上的星系离地球足足有两万光年，看上去跟梵高的《星空》差不多。

2011年8月，澳大利亚的摄影师，采用长曝光技术，拍了本迪戈艾佩洛克湖边的星空，曝光了十五小时后拍出来的照片跟《星空》几乎一模一样。梵高在125年前画了《星空》，它的杰出之处直到现在还在逐渐地被认识过程中。"

陈怀宇的《在西方发现陈寅恪——中国近代人文学的东方学与西学背景》是一本颇为严肃的学术著作。陈怀宇受余英时影响颇深，余英时有本很著名的书《论戴震与章学诚》，他的新作力图向这本书致敬。

《论戴震与章学诚》其实是一本从内在理路研究清代思想史的著作，是从"满清压迫说""市民阶层说"之外说明清代思想界的变化和转向，藉分析戴东原和章实斋的思想交涉，以及他们和乾、嘉考证之风之间的一般关系，展示儒学传统在清代的新动向。书分内篇和外篇，内篇探讨戴震对章学诚的影响，及各自的学问理路。外篇则主要分析二人与其他思想史学者、历史哲学家的关系及异同，外篇的比重比内篇略重，因此书名虽为"论戴震与章学诚"，但欲探讨的是清代思想史。

同理，陈怀宇的著作也是如此，陈寅恪只是研究留学西欧和北美的近代人文学者的线索。陈寅恪先后在日本、德国、瑞士、法国、美国、德国游学，游学学习以东方学为主，选他做剖面是合适的。陈书集中于他 1918 年的美国哈佛游学和 1921 年的德国游学，力图以"了解之同情"还原一个完整的青年陈寅恪形象，一如作者非常强调的陈寅恪受赫尔德的影响——"了解之同情"。赫尔德对民国学人的影响在一书当中比重也略重，全书一共 11 章，占了 3 章的篇幅。这也是作者最初的想法，想把书名定为"论陈寅恪与赫尔德"。藉对陈寅恪学术理路的分析，要展现的是从哈佛到柏林、从西方学者到在西方学习的东方学者（主要是日本）的人文思想和学术方法在民国"西学东渐"过程中的脉络。所以陈书的编排并没有严格的按照时间顺序，他也不期望大家按照从前到后的顺序去阅读，相反，他鼓励大家自己去找出散落在书中的"珍珠"，然后把它串成线。

这本书 55 万字，厚厚一本，作者虽已经尽可能地去寻找史料论证自己的种种观点，但书中猜测之处还是过多。因此，此书可为人称道的还是他的视角和史观，厘清陈寅恪的游学生活、他的住处、他选过的课、他的室友、他的交游、他同时期的学人、他后来获得的学术荣誉……

"哈佛园中多英杰"，给大家讲述了当时留学哈佛的牛人们，跟牛人们比，陈寅恪真的算是比较普通的。例如，陈寅恪当时在哈佛的学习成绩并不是很好，当时哈佛有 9 个学人文社会科学的学生，陈寅恪、俞大维、林语堂、张歆海、顾泰来、吴宓、汤用彤、韦卓民、洪深，他们都拿有奖学金；两个人拿到博士学位——俞大维、张歆海。当时在哈佛留学的中国学人，只有陈寅恪没有拿到学位，只有陈寅恪没有拿到奖学金，也可以说他完全不在乎，沉浸在读书的世界当中。在这 9 位之前进入哈佛读书的还有赵元任。赵元任是奖学金拿得频繁的人，可以与他相提并论的是俞大维。赵元任是非常聪明的，且有着录音机一样的听力，比较夸张的说法是有一次他坐船去日本，在船上听人说日语，下船就能用日语讲话了。陈寅恪的英语相比赵元任、俞大维、韦卓民也是不那么好的。

关于"陈寅恪 20 世纪 40 年代获得英美学术荣誉"，原来是汤因比、陶育礼等人的"还礼"。他在 40 年代曾经被选为英国学术院院士、英国皇家亚洲学会通讯院院士、英国皇家亚洲学会荣誉会员、美国东方学会荣誉会员，大约相当于外籍院士的声誉。英国学术院和英国皇家学会是英国两个最高的学术机构。至于为什么会选他，是因为曾在中国做传教士的修中诚促成了一次抗战期间英国学者对撤退至西南一隅的知名大学和研究机构的访问，陶育礼和李约瑟在这次来中国的学术交流之后被聘为"中研院"的通讯研究员，修对于陈的学术是非常了解的，修与陶育礼又是好朋友，这样就有了"还礼"，汤因比的太太是陶育礼恩师的女儿，因此汤因比和陶育礼联名推荐也就不奇怪了。北美汉学界对于陈寅恪的评价则基于在陈当选之后陶育礼访美带去的中国学界的消息，在战时交通和交流不畅通的年代，这都是可以理解的。

这样的研究观点贯穿全书，使得我们可以穿透"巨人"的外壳，窥视整体和全貌。拨开崇拜、神化的云雾，见到客观。学者亦凡人，亦有他的时代性，学者的研究也不都是空穴来风，是都可以找到出处的，"洋为中用、古为今用"是颠扑不破的真理，至于学者的风骨和个性，也都和他的家世经历密切相关，是模仿不来的。

（原载《中华读书报》2014 年 2 月 19 日）

杜威家书：一份迟到了百年的时代见证

刘　幸

1919 年 5 月 1 日早晨，美国哲学家、教育家约翰·杜威在上海的寓所里醒过来。这一天，杜威给美国家中的子女们写信："我们在中国睡了一晚，但现在还谈不上什么印象，因为整个中国还没有进入我们的视野。"

多半是因为舟车劳顿，5 月 1 日的这封家信写得并不长。这一天的杜威大概也绝难料想，从那时候起，他将要在这个"还谈不上什么印象"的中国滞留长达两年零两个月，行遍十一个省，在各地举行大小两百余场演讲。杜威将带动着实用主义思潮，尤其经过胡适等人的发酵，席卷整个中国的教育界和思想界。老一辈的蔡尚思先生曾回忆说，当日中国的思想界几乎无不受到杜威思想的影响。

但这只是故事的一面。故事的另一面在于，杜威本人在中国究竟有什么样的所思所感，是什么原因促使他不断延长这趟计划外的旅行，并最终使之演变为中国近

现代教育史和思想史上的一件大事？这恰恰是我们过去谈得很少的。原因之一是杜威等当事人亲自回顾这段历史的文献资料非常不足，仅存的那些又往往流于面上的客套话。这种不足一定程度上源于疏忽，因为杜威滞留中国以及日本期间其实留下了丰富的书信材料。只是这批书信一直没有汉译本，久而久之便湮没了。

日本之行：集权下臣民的重负

事实上，刚到东京，杜威夫妇就开始用书信给子女们介绍起了自己在日本的见闻。东京的喧闹、女儿节的人偶、商店里的周到服务、壮丽的富士山和秀美的日式庭院，都被杜威一一记在了笔端。还有日本人接二连三的鞠躬，让杜威连连赞叹这个"奇异得近乎一半都是魔法的国度"。

日本朋友是以高规格招待杜威的，杜威也投桃报李，精心准备了在东京帝国大学的演讲，这就是后来他的名作《哲学的改造》一书的雏形。在 3 月 5 日的家书里，他开篇就说："我现在已经举行了三次演讲。他们真是很耐心的民族，还有很可观的听众，大概五百人。"可是根据记载，杜威的第一讲，其实到场了一千余人，可见人数是逐次减少

的。将杜威在日演讲形容为高开低走，只怕并不为过。明治以来的日本，效法的是德国，思想学术也是唯德国马首是瞻。杜威所代表的美国实用主义哲学，在第一次试图融入日本的时候，折戟沉沙了。

不过，更让杜威感到忧虑的是高度集权的天皇制下，日本社会中隐约可见的压制和束缚。杜威明确地感知到，明治维新以来狂飙突进的日本"如此迅猛地跻身于第一流的国力，以至于在许多方面都毫无准备"，因而不得不搬出天皇制，使之成为"一个统一且现代化的日本的象征"，但这种天皇崇拜，又反过来"成了压在日本人身上摆脱不掉的东西"。譬如按照当时的《教育敕语》，学校要培养的是为国尽忠的"臣民"，因此许多师生甚至为了救下火灾中天皇的相片而牺牲。面对这样的故事，杜威在家书里写满了愤慨。

杜威的这次东半球之行，原本谈不上什么周密的计划。爱丽丝患有抑郁症，杜威想带妻子出去散散心，恰好又拿到了哥伦比亚大学的休假，索性便走得远一些。他早些年结识的一些日本朋友抓住这个机会，请他到东京帝国大学讲学。杜威原来在美国的学生，此刻已经是中国风云人物的胡适、陶行知、郭秉文等人获悉了这一

消息，也延请杜威趁此机会到中国一游。

杜威的日本之行只有两个月。就在他刚刚熟悉起日本的方方面面时，他又和妻子来到了中国。

亲历"五四"：今天的新闻是拒签巴黎和约

在到中国后的第一封家书里，他就说："我饶有兴趣地想要知道，在这个真正意义上非常古老的国家，人们是不是也像在日本一样大量讨论'万世一系'。"所谓万世一系，指的正是天皇制。当时的中国人显然没有那么重的精神包袱，反而让杜威觉得"很有人情味"。和善，爱笑，这是杜威对中国人的印象。

但这种和善的反面，又往往近于犬儒。1919 年的中国，北洋政府当道，谁也不知道国势将走向何方。杜威敏锐地注意到，中国人的口头禅就是"谁知道呢"。犬儒的精神之下是涣散。走在南京街头，杜威眼看着无数没有学上的孩子，长着一张张老成的脸，无所事事地晃荡在街头。谈及此事，他在家书里流露出的那种痛心感，到今天都格外扎眼。如果说日本是一个极端，那中国未免不是另一个极端。

就在这个当口，一件改变中国近现代史轨迹的事情发生了，那就是五四运动。巴黎和会的外交失败刺激了中国长期以来积累的各种矛盾。5 月 4 日，众多学子聚集天安门，打出了"外争国权、内惩国贼"的口号，举行了声势浩大的示威游行。随后各界响应，罢工罢市，终于促成北洋政府拒绝在巴黎和约上签字。五四运动不只是五四当天的游行活动，更是一个长达数月的连续事件。从 5 月 12 日，杜威第一次在家书中谈及北京的风波开始，之后的家书里，他就持续不断地关注着运动的走向。

北洋政府的压制和普通民众的淡漠一度让运动走入低潮，但杜威始终坚信学生们的韧性。果然，这一次学生们以稚嫩的肩膀承担起了民族的重任。6 月，运动进入高潮。杜威夫妇亲眼看到成百上千的学生在街头演讲，宣传抵制日货、拒签条约、保障自由。杜威在家信里说，"学生们曾经钻研过日本的进口商品里有哪些可以不借用资本，而直接用手工劳动来代替。等他们钻研成功之后，他们就去商店，告诉大家如何制造，如何贩卖，同时还发表演讲。"而后，北洋政府又实施了大规模的逮捕，甚至一度将北大校舍变为临时拘留所。但学生们全无畏惧，纷纷向学校涌来，"并且加强了四处演讲的活动……北京当局不能再拘捕更多的学生，只好驱散深深受感动的听众"。杜威就敏锐地感觉到，"总体来说，警察的溃败已经是注定了的"。

不久，天平果然开始向学生一方倾斜。6月10日，曹汝霖、章宗祥和陆宗舆的罢免令公布。各界人士继续抗争，终于使得驻巴黎的代表团28日没有在巴黎和约上签字。7月2日，杜威极其兴奋地在家书里写道："今天的新闻就是中国代表团拒绝签署巴黎和约。这条新闻真是太好了，都不像是真的。"

与华情深：我们正亲眼见证着一个国家的诞生

"你们想象不到，没有在巴黎和约上签字对中国而言意味着什么。这是公众意见的胜利，一切都是由这些学校里年轻的男孩女孩们推动的。毫无疑问，当中国能做到这一点的时候，美国应当感到羞愧。"杜威在家书里感叹。

五四运动中，学生们昂扬的姿态让杜威看到一种全新的国民的可能。正是在这个意义上，杜威发出了一句意味深长的感慨："我们正亲眼见证着一个国家的诞生。"也正是在这个过程中，杜威和中国的感情

日益浓厚，他看到了自己长期以来倡导的"民主教育"在这片东方大地上生根发芽的可能。由此，他才推迟了返美的时间，积极投身到在华的讲学中去。

1920年，杜威的子女们将这批家书整理为 *Letters from China and Japan* 出版。杜威的女儿在序言中说："中国此刻正在为统一而独立的民主制度而斗争，杜威夫妇也沉浸其中……他们两人都在演讲、参会，热切地将一些西方民主的实情传递给这个古老的中华帝国。反过来，他们也享受着一段美妙的体验。他们将这段体验视为对自己人生的一次大丰富。"

杜威一生勤奋而高产，这批逐日写成的家书合计十余万字，忠实而细致地呈现了杜威在这趟东亚之行中所经历的思想转折，更有无数鲜活的历史细节，在今天看来尤显珍贵。无论是供一般读者了解百年前中日两国的风貌，还是供专业学者研究当日的政局、教育或社会舆论都颇有助益。

可惜的是，这批书信材料虽然早在几乎一百年前就面世了，但主要还是在英语世界里流传。在日本，偶见学者引用，但没有日文译本，大家多是淡漠视之。20世纪70年代，台湾有位王运如先生编译了其中关于中国的部分章节。受制于时局，此

书的影响极为有限，如今甚至连原书也不易见到了。

今天，当这批弥足珍贵的第一手资料第一次完整地进入汉语世界后，我们仿佛可以随着1919年杜威夫妇那风尘仆仆的身影，重新回到那个激荡人心的五四时代，感受到一百年前的中国人迸发而出的民族感情和时代强音。

（原载《新京报》2016年9月10日）

陈平原：将文人的点滴心事看得丝丝入扣

赵月华

眼下的学问文章似乎越来越像鲁迅先生笔下的仲甫了，"门却开着的，里面有几枝枪，几把刀，一目了然，用不着提防"：议题开门见山，沿途只管拾掇材料，临到结尾再重弹旧调。如此为文，固然可免疏漏之虞，却总是面目冰冷得叫人非打起十二分精神不足以应付。

陈平原的文章显然走的是另一番步调。材料之扎实当然是学人本分，《现代中国的文学、教育与都市想象》一书起首一篇《半部学术史，一篇大文章——现代中国学者的自我陈述》征引足足五十位前辈学者的自述文献，熔铸而成，其背后用功之勤、用心之细可以推想；但在我看来，陈平原的文章最能拨人心弦的却是在大块文章之间穿针引线般埋伏下的一两句闲笔。这些闲笔粗看仿如报纸的补白，不过聊胜于无，仔细揣摩起来才觉得个中滋味一言难尽，好几处地方全然

值得再做出几篇好文章。陈平原征引了杨树达在日记中对大学教授评级定薪一事耿耿于怀的句子："平心而论，余评最高级，决不为少；而与杨荣国、谭丕模同级，则认为一种侮辱也。"常人或多将"此等快人妙语，一概视为文人相轻或意气之争"，但陈平原

却直言"正是因为同行，互相间知根知底，容易相亲，也容易相斥"，"而且，因其多为晚年所作，'青梅煮酒论英雄'时，真的是肆无忌惮。此等寸铁杀人般的品鉴，即便带有明显的偏见，作为同时代人的证辞，也都值得充分重视。"更为重要的是，陈平原从这类月旦人物的言辞中见出的是"学术取向"，乃至"学术史的意味"，这就和大家动辄盖以"文人相轻"的帽子有了全然不同的意味。

今日撰写文学史者，多从新文化运动中，陈独秀、胡适诸公发表在白纸上的黑字来检点文学观念之演进。这种方法倘若流于观念与观念之间的较劲，既怕如空中楼阁上的翩翩舞姿，扎根不到文学创作的土地上；也怕如独占鳌头的个人舞，忽略了幕布背后声光电的配合。陈平原从 1903 年颁布的《奏定大学堂章程》"中国文学门"一张小小的课程表找到了传统诗文难免于中道崩殂的节骨眼，既是重彼时文学创作之实际，因为日后文学的实际创作者和文学接受的标准制定者多从大学中来；更是从视野上将整个新文化运动的成功视作了多种潜流暗合于一处的时代幸运。所谓"季孙之忧，不在颛臾，而在萧墙之内矣"，21 世纪伊始，古典诗文就在现代大学制度之下被釜底抽薪

一般截断，若非如此，只怕新文学的路还将更为艰苦。从这个角度来看，我们对现代文学发展历程的认识，应该是更为贴近于历史了。

当然，仔细揣度起来，陈平原的笔调中对此不乏遗憾。所谓历史进步，常常与我们内心最诗意的情愫多有矛盾。曹丕能将文章目为"经国之大业，不朽之盛事"，虽有夸饰，却也可见诗文创作曾经在中国文人心中受到怎样的尊崇。现代大学炮制出来的一辈辈学子隔绝于创作之外，于文字少了贴身的把玩，尤其不曾在古诗那般方寸天地间字字斟酌，虽然多了层出不穷的理论仿如人手一柄锤炼好的利刃，却再难舞出"来如雷霆收震怒，罢如江海凝清光"的潇洒自如。董桥说"文字是肉做的"，这般与文字的熟络情谊，只怕不是空泛的文学史教得出的。陈平原也常说，自己治学之余多写随笔，借以保持心境的洒脱与性情的温润。这时的陈先生很有些旧时文人的做派。梁启超已被定评为"笔锋常带感情"，陈先生的文字在不少地方也同样饱蘸浓墨。

陈平原考辨鲁迅的文体旨趣，很有点正本清源的意思。"假如你一定要把鲁迅众多杂文中对于林黛玉的讥讽，作为鲁迅对于中

国小说的'新见解'来接纳，而不是将其与梁实秋论战的背景，以及对梅兰芳自始至终的讨厌考虑在内，很可能差之毫厘，失之千里。"他详述了鲁迅对不同文体的不同态度："学问须冷隽，杂文要激烈；撰史讲体贴，演讲多发挥"。各有指涉的文体常常被后学混为一谈，再貌似高明地"以子之矛攻子之盾"，看上去仿佛别求新声，实则只能是郢书燕说。尤其陈平原坦言，《鲁迅全集》电子版的流布很容易让学人陷入一种寻章摘句式的研究套路。这一句，只怕是带着锋芒的。有鉴于此，我仍然愿意再援引陈寅恪先生被后学重申了无数次，同样也为陈平原所看重的一句话："所谓真了解者，必神游冥想，与立说之古人，处于同一境界，而对于其持论所以不得不如是之苦心孤诣，表一种之同情，始能批评其学说之是非得失，而无隔阂肤廓之论。"

以上所及，不过是这部《现代中国的文学、教育与都市想象》中千万精彩处之一二罢了。由此窥到的陈平原，在我眼中当然仍可称为一个优秀的学者，但更近乎一个气韵卓绝的文人。唯其文人，才更能将文人的点滴心事看得丝丝入扣，才更能沉潜反复于前人体大虑精的著述，讲求的是体认与同情。值此之故，文人风致多在一些常人疏于体察的小处摇曳生姿，陈平原的文章也因此在一些小处有藏掖不住的真性情，这才最叫我莫逆于心。所谓"于无声处听惊雷"，庶几近之。该书后两组文章再论中国之教育与中国之都市，影影绰绰里都有些书生的意气与张岱的剪影。书的内容摊得宽，气韵精神却是聚合的。或许这便是陈平原的文章既享誉学林，又广布于普通读者的缘由吧。也愿这部新书能惠及更多好学之人，教后学如我辈懂得沉潜体认的可贵。

（原载《中国图书商报》2011 年 5 月 17 日）

对话科大卫：历史研究，不止于书斋

孔　雪

从来没有过华南学派

新京报：你在一些文章中讨论到田野对于历史研究的重要性：每一座乡村里的老庙都是一本丰富的地方史，去庙里应该带着去图书馆、档案馆的心情。在华南跑过的印象最深刻的一座庙是哪里？它最打动你之处是什么？

科大卫：很多庙都留下深刻的印象，可能对我研究上最有冲击的是佛山的祖庙。可能因为我开始研究的时候，还没有预料地方信仰在一个市镇上有那么明显的标签作用。

新京报：你认为中国社会的统一性源于共同的礼仪，这种共同并非中国各地全然一致，而是地方礼仪通过协调进入到中央认可的一套礼仪系统中，加固和延续社会的稳定。包括宋代的礼仪改革，目的是维持社会现状，而非推动社会革命。从思想认同具体化到地

方实践的礼仪系统，对于中国明清社会稳定性的影响有多大？这种影响是否还表现在经济、思想等其他领域？

科大卫：要看"稳定性"是什么意思。从宋到清，中国地方上的礼仪经历了很大的变化。要不要以"革命"来形容只是一个文

字上的问题。礼仪只是一种表现，假如你的"稳定性"是关乎权力或经济，我相信动力不是来自礼仪。

新京报：是否可以理解为地方基于宗族的礼仪的前提，是国家基于皇权的一种映射。那么这套明清建立起来的礼仪系统受到的最大冲击，是来自于想要改变社会现状、质疑皇帝与国家关系的社会革命，如清末孙中山等人推动社会革命，以及1919年倡导"科学""民主"的五四运动？

科大卫：宗族礼仪的前提，一定不是皇权而是祖先（宗族礼仪提倡拜祖先，不是拜皇帝）。皇权也有接受宗族礼仪的时候，以拜祖先为前提的活动可以应用到多方面，例如乡村组织，商业集资。五四运动反对旧礼教，也以为地方信仰是"迷信"，对宗族礼仪有些冲击。但是我并不相信"最大冲击"来自五四运动。我相信最大的冲击来自社会的改变：城市代替了乡村的政治地位、医药代替了传统神明、商业法律代替了传统的关系，等等。

新京报：在中央和地方之间的整合中，明清时期中国民间社会的独立性有多大？你更认同这种民间社会是一种智性的构建，而非一个有公共性的空间？如果从明清社会的礼仪系统这一角度，要如何解释中国的民间

社会在近代没有形成大家热议的"公共空间"？

科大卫：（1）"公共空间"是个以西方为核心的概念。它源于18世纪欧洲反专制的言论。欧洲反专制，不只反对皇权独专，也反对专制的教会。中国没有统一的教会，所以，假如需要在中国应用"公共空间"的概念，不必把信仰排在其外。（2）同时，欧洲反专制的工具与中国也不一样。欧洲的思想，把秩序归根于法律。中国的思想传统，把秩序归根于"礼"。欧洲的法律，并不等同中国的"法"。所以，需要在中国应用"公共空间"的概念，当然可以包括礼仪传统下的民间社会。没有什么理由把民间社会与"公共空间"对立。

新京报：《告别华南研究》一文中，你谈到需要到华北去，走出华南研究的范畴才可以把中国历史写成是全中国的历史。研究华南的学术共同体被外界称"华南学派"，你怎么看这种叫法？

科大卫：从来没有过"华南学派"。做学问需要思想开放，搞学派是自寻死路。

在科大卫看来，对宗族礼仪的"最大冲击"来自社会的改变：城市代替了乡村的政治地位、医药代替了传统神明、商业法律代替了传统的关系，等等。

什么历史令我们感觉是"普通人"？

新京报：今天大多数中国大众都觉得"天地会"是一个实体，有一群密谋反清的兄弟在筹划。这样一种对历史的认知又被金庸等作家的《鹿鼎记》及其改编的流行影视作品加强了。同样的情况也出现在一些描写清朝皇帝"出征平乱"的影视剧中。但实际上，你认为这些我们以为是实体的名词，只不过是思想的认同。

科大卫：正如从来没有过"华南学派"一样，也从来没有过天地会。生动的名词引起人们的幻想，但是幻想是否属实需要考证。

新京报：另一个相似的例子是"传统中国"。大多数中国人认为有个"传统中国"，可我们自己往往也不清楚"传统中国"到底从什么时候形成或是什么样子。但这种认同和建构有现实意义和功能，是国家和社会有意在营造的一种历史认同？

科大卫：中国有传统不等同中国只有一个传统，更不等同只有一个传统中国。不懂中国历史的人，例如研究当代的社会学者、人类学者不方便承认他（她）们不懂，所以把他（她）们不懂的中国称为"传统中国"。

新京报：是否可以把以上两个例子理解

为"精英"想象的那种历史？你提到希望人们对于中国的理解更深刻，这就需要去超越这种想象的那种历史，而历史人类学的方法是值得倡导的一条路。

科大卫：我不是很相信社会由"精英"领导，所以也不是很相信有一个"精英想象的那种历史"去超越。我比较相信，因为权力和资源不是均等的，不同群体相信的历史在不同权力与资源下竞争。但是，我并不相信他们对历史的信念都一定源于利己的阴谋。更大程度上，他们的信念来自缺乏考证。很多历史理念，好像"圣诞老人"一样，能维持下去，不是因为有历史的支持，而是符合信仰者的需求。

新京报：历史人类学如今已经走过了30年了，从"历史人类学"被学者构建出来，到历史人类学的观点被越来越多的大众接触到。对于未来30年历史人类学的发展，你有哪些具体的期冀？

科大卫："历史人类学"只是一个标签。我希望应用这个标签来刺激有些学者对中国历史的思考。

新京报：历史人类学家可以帮助我们去看清深刻的历史，那作为一个普通人，你觉得我们要如何在社会、国家层层有意或无意的认同建构中，去把握个体对于历史的独立认知？

科大卫：这是一个很大的问题，连"普通人"的概念也需要反思。"普通人"普通吗？我们经历了什么历史令我们感觉我们是"普通人"呢？从这里开始吧。

你的历史就是你

新京报：16世纪以来，中国经历了一场"礼仪革命"。在这个过程中，按社会地位（里甲）登记的户口，迅速让位给明朝法律认可的"祠堂"，即以祭祖活动地点为中心的组织。对照当下中国的户籍制度来看非常有趣，因为现在中国实行的是户口制度。你会怎么看当代中国户籍制度与里甲制的关联？

科大卫：里甲制度是一种户籍制度应该是没有疑问的。明初的政府当然没有当代政府的行政能力，所以运行上有很大的区别。二者似乎都不是很能够在市场制度下延续。我怀疑在市场发达的环境运行身份制是很困难的。

新京报：你从一个很有趣的角度讨论过当代中国和历史的关联：中国城市中等收入阶层的生存和生活状态的确是很多人关注的，你如何想到从乡村社会节日狂欢来解读它？

科大卫：我研究的明清时代的乡村，没有电影、电视、手机，连收音机都没有。娱乐是需要由人直接提供的。那个时候的乡村也没有工厂生产的潮流衣着或依靠广告和超市引诱小孩子口味的糖果汽水。现在的城市人可以天天享受乡村的节日狂欢。但是节日还是多了参与，所以我们现在还是维持节日，让大家在很商业化的环境下，参与消费。做生意的人，还是很明白消费者从历史遗留下来的习惯的。

新京报：为了理解20世纪中国的变迁，很多人在谈论什么是新的，而你希望展示的是，在今天中国的官僚制度、经济、信仰、文学、社会和其他方方面面，历史无处不在。所以在每天都在变的中国，当下中国社会如何处理与历史的关系，才是比较合理和理智的？

科大卫：如何处理才是理智的，不由我定。作为一个历史学者，我可以说的，是不管你如何处理，历史不会跑掉。即使你想办法遗忘，它也在你的深处控制住你。历史不是在你以外的一个东西。你的历史就是你。

新京报：你谈到研究中国的历史，最终目的是把中国史放到世界史里，让大家对人类的历史有更深的了解。从17世纪西方传教士进入中国到现在，中国史一直很受西方学者关注。人们通过读中国史，可以对于世界史的了解增加哪些更深的认识？

科大卫：中国是世界的一个重要的部分，世界史当然撇不开中国历史。当我们说要把中国史"放到"世界史，好像已经有一套现成的世界史让我们放进去。但是，中国史还没有放进去的历史，并不是世界史。把中国史放进去的世界史，还需要我们的想象。

（原载《新京报》2016 年 12 月 17 日）

精益求精是我们的目标与追求

——读再版本《外国教育思想通史》有感

杜成宪

由吴式颖先生和任钟印先生担任总主编的《外国教育思想通史》（十卷本）第一版问世于 2002 年。这部集我国老中青三代、60 多位外国教育史学者历时六年而完帙的皇皇巨著，是我国首次出版的多卷本外国教育思想发展史的学术著作。它历述外国教育思想从古代走向现代、当代的发展之路。其中，文明、国家、思潮、学派、人物，头绪纷繁，展开着外国教育思想嬗变承继的多彩画卷。全书出版后，不仅获得教育史专业同行的好评，还受到教育学界专家的重视，并于 2003 年 12 月获第六届国家图书奖。本书作者是以精品书作为努力目标的，获国家级图书出版奖应被认为是目标的达成，然而在获得成功的时候，作者却保持着一份冷静，甚至在反省。作

者认为，书中还存在着一些不足，尤其是书出版十几年来，国内外的外国教育思想研究已取得较大进展，著作和论文迭出，应当及时补充和探讨。可见，作者并不满

足于已经获得的成功和荣誉,无故步自封之心,而有矢志进取之愿,并将心愿付诸行动。修订工作于 2015 年 7 月正式启动,提出以"精益求精,更上层楼"为目标,以此鞭策各卷作者。修订工作历时一年半,修订完成后于 2017 年 1 月正式出版。展读再版本《外国教育思想通史》(十卷本),感到"精益求精"不仅是主编与编写团队的目标追求,他们确实也做到了这四个字!

一、"锱铢必较",文求其信

史贵信实,《外国教育思想通史》(十卷本)作者深知这一著史信条。修订原则的第一、第二条即要求各卷主编和作者把各章内容认真通读,把其中错误一一捉出、一一改正,将其中的引文、注释和参考文献修订为最新的研究成果,使修订几乎做到了"锱铢必较"。

例如,第一版所引用的马克思主义经典著作,依据最新版全部作了校对。又如第六卷中引用的亚当·斯密等著名学者的经典著作,也依据最新译本作了校对。再如第九卷引用的《爱因斯坦文集》1997 年版引文,更新为 2009 年版增补本引文。这样的修订在其他各卷中也比比皆是。原书

从第六卷开始,有些章节涉及对俄苏教育思想的论述,其中俄文人名、书名拼写颇多讹误,此次修订均逐一改正。作者对一个字词、一个标点的疏忽都不放过,为全书奠定了信实的基础。例如,第一版第一卷第八章论述古代大乘佛教教育思想的代表性人物时,所写的"无著世亲兄弟"一句,极易给阅读和理解带来困难。实际情况是,无著与世亲两兄弟是北印度富娄沙富罗国人,原修小乘佛教,后转习大乘佛教,两位都是古印度大乘佛教瑜伽行派的创始人。为便于理解,修订时作者在"无著"与"世亲"之间加上了顿号。一个顿号之改似乎微不足道,但修改后更容易理解了,使文字的可读性、表述的科学性和史料的可信度大大增强。

二、损益分析,提升境界

第一版《外国教育思想通史》(十卷本)已具有相当优异的学术基础,修订工作如何才能提高学术水平?作者对此作了很多思考,并尝试通过对原作的损益分析,进一步做到了历史地考察,史论结合,提升历史叙述和理论阐述的水平。

第一版第二、三、四、五卷对教育思

想的论述已较全面、翔实，因此修订的重点就放在使文字表述更为简练、准确和各章结构层次更加分明上。如第一版第二卷第七章（希腊化——罗马教育思想）中论述西塞罗的关于雄辩家素质及其教育内容思想时，将他关于雄辩家应当具备的广博而坚实的知识基础与其伦理性格混而论之，修订时重新组织了内容，将知识与伦理两方面的素质分而论之，条理顿显清晰，论述也更显充分。又如第四卷第九章中论述路德及路德派教育思想时，在最后部分增加了约二百字的一段论述美国教育家杜威有关基督教福音观核心思想的内容。此修改不仅说明了路德派宗教改革的历史影响深远，也点出了杜威教育思想的思想渊源丰富。这样的修改虽着墨不多，却有一石二鸟之妙。此外，在第一卷第二章通过新史料评述苏美尔人史诗《吉尔迦美什》处增加了一段约三百字。除了苏美尔人对妇女教育要求的论述，作者在古代埃及教育思想的部分也增加了一段关于埃及人对妇女教育主张的论述。由此，以往较少为人注意的古代两河流域和埃及教育思想中的妇女教育诉求得以展现，丰富了人们对古代东方教育的认识。

三、广采新知，与时俱进

《外国教育思想通史》（十卷本）修订的动因之一，是近十多年来外国教育思想史研究在国内外已经取得显著进展，新说屡见，新作迭出。翻阅再版本《外国教育思想通史》（十卷本）可见，既有根据新发现的史料而作的补充，也有因新观念、新理论、新方法的提出而带来的更新。旧说新知，琳琅满目，令人有行走在山阴道上、目不暇接之感。这成为再版本《外国教育思想通史》（十卷本）的一个十分突出的特点。

如在第九卷第十章印度民族主义教育思想这一部分，作者根据近年学术界有关印度教和印度种姓制度、印度教育与印度国家和社会的现代化、印度种姓制度的现代变革及其法律保障等方面的最新研究成果，为阐明印度民族主义教育思想构建了更为深厚的政治、历史、文化背景。关于泰戈尔的教育思想，增补了对诗人教育思想特有的洞察力、表达方式的阐述，增补了对泰戈尔为促进不同社会阶层平等关系，致力于从农业、卫生、教育、公民意识等方面去改进印度乡村状况实践的描述，写出了作为诗人的泰戈尔教育思想的独特个性。关于甘地的教育思想，增补了美国学者研究甘地的概况，阐明了甘地教育思想具有基于印度传统观念又汲取西方民主平等思想的特性和强调"自治""共同繁荣"主张的时代开创性。就这样,再版本《外国教育思想通史》(十卷本)展现了颇为充实饱满的20世纪前半叶印度教育思想史画卷,使这一时期世界教育思想史显得更为平衡。

值得一说的是第十卷。这一卷内容涉及第二次世界大战之后的外国教育,再版本的最大亮点在于增补了当代教育思想和思潮的新近动态,即包含了后现代主义教育思潮、女性主义教育思潮、多元文化教育思潮、后殖民主义教育思潮等内容。关于后现代主义教育思潮,书中不仅论述了其思想渊源、主要特点,还列举了后现代教育思潮的五种理论:吉鲁克斯的"边界教育学"、麦克拉伦的公民责任理论、包尔斯的生态教育理论、马丁的内部平和论和多尔的课程理论;关于女性主义教育思潮,不仅论及其中的各种流派和主题,还分析了女性主义的教育目的观、课程观、师生观和教育研究观;关于多元文化教育思潮,不仅论及思潮缘起和理论基础,还阐述了班克斯的多元文化教育模式和课程建设取向说、卡伦的"文化多元主义"和斯利特的多元文化教学方法说等;关于后殖民主义教育思潮,不仅论及思潮缘起及其理论基础、思想立场和特点,还总结了其教育的

目的、知识、课程和教师观,改变了当代教育思想方面比较薄弱的状况。尤其应当肯定的是作者撰写这部分内容所使用的史料,不仅有较为丰富的英文文献,而且绝大多数史料为21世纪新整理的。这就做到了用最全面、最权威的史料撰写新近的历史,保证了再版本《外国教育思想通史》(十卷本)的前沿水平。

四、高屋建瓴,辩证源流

《外国教育思想通史》(十卷本)的总序堪称全书的灵魂,是点睛之笔。这篇十万字的长文包含六个部分,依次论述了人类教育思想的起源、古代东方国家的教育思想、古希腊罗马的教育思想、中古时期的教育思想、近代教育思想、20世纪(现代)的教育思想,高屋建瓴,提纲挈领,洪流支脉,原原本本,堪称一部外国教育思想简史。读罢一序,即知全史。《外国教育思想通史》(十卷本)修订工作"精益求精",对总序修订也提出了很高的要求,其主要表现是对教育思想历史源流进一步辩证。

如对近代教育思想这一部分的阐述,第一版在论述文艺复兴时期的教育思想时仅论及人文主义教育家、宗教改革派和反宗教

改革派的教育思想，而再版本用 3000 多字的篇幅增加讨论了 14 世纪意大利文学家但丁、彼特拉克和薄伽丘等人对人文主义精神的颂扬及其学生为复兴古希腊罗马文明的种种作为，以说明人文主义教育思想的源头。还增加讨论了文艺复兴时期达·芬奇、米开朗基罗、拉斐尔等艺术家的创作思想与艺术品，阐述了文艺复兴时期的艺术不仅对后世西方的艺术也对后世西方的教育思想，产生了特殊影响。这些论述发前人所未发，视野开阔，视角独特，梳理出文艺复兴教育思想源流更为丰富而细致的内涵。《外国教育思想通史》（十卷本）作者所定义的近代教育思想，内涵丰富，包含了文艺复兴时期、17 世纪、启蒙时代、19 世纪等历史阶段的教育思想，涉及书中第四、五、六、七、八等

卷，人繁事富，千头万绪，然而总序不仅将这一时期的教育思想大要整理得井然有序，而且逐一点评了各卷研究的有得之处；不仅评价了各相关领域所取得的新进展，还明确告诉读者相关问题的学术前沿究竟何在。可以说既总结了学术发展趋势，又指点了读书研习的门径。类似情形，在总序其他部分不胜枚举。

上述种种，充分显示出《外国教育思想通史》（十卷本）的作者切实以"精益求精"作为修订目标与学术追求。事实上，他们在给读者捧出这一份丰厚的学术大礼时，也向后世馈赠了如何对待学术、如何研究学术的精神和法则。

（原载《中国教育科学》2018 年 11 月卷）

从国际视野看陶行知教育思想的创造性再生

——"全球视野下的陶行知研究"丛书评析

鲍成中

　　近日，通阅由北京师范大学出版社出版发行、著名学者周洪宇领衔主编的"全球视野下的陶行知研究"丛书，收获颇丰。不仅再一次感受到陶行知作为我国伟大的人民教育家的崇高人格和学术魅力，而且也感受到陶行知教育思想的原创力、完整的教育学说体系、广泛的世界性影响力。该丛书充分反映了陶行知教育学说在我国近现代史上的独特性。陶行知亦不愧被毛泽东称为"伟大的人民教育家"、被宋庆龄誉为"万世师表"、被郭沫若赞为"两千年前孔夫子，两千年后陶夫子"。正如美国援华会总干事毕莱士所说："我觉得陶博士不仅仅是属于中国的，而且是属于全世界的。"

　　从历史深处走来的陶行知教育思想具有厚重的历史基础和文化传统基因。陶行知的教育学说是在中国半殖民地半封建社会的背景下产生的，是对中国传统教育思想批判性继承的结晶，又是西方理论中国化的成功典范。所以，陶行知教育思想既符合中国国情，又适应现代社会发展和世界教育潮流。陶行知教育思想是新中国教育思想体系的重要理论来源之一，也是当今与未来中国教育思想发展的一个重要理论资源。在我们当前的教育改革的大环境下，该丛书系统梳理和呈现了陶行知教育思想的再生性创造，具有特殊的价值和意义。

　　从该丛书的编写体例来看，丛书根据研究内容的重要性、典型性、全面性等原则，在设计编排上，按照研究者和理论传统所属的国家和地区，分为中国卷、日韩及东南亚卷、欧美卷等八卷。每卷既包括

一、中国对陶行知教育思想的创造性再生

在中国卷中，该丛书充分展现了陶行知教育思想在中国的曲折而生动的创造性再生的全景过程。关于陶行知教育思想的研究，最早可以追溯到1921年的缪金源的研究成果《读陶知行先生的"学生自治问题之研究"》，至今已有90余年的历史。在这90多年的历史发展轨迹中，国内的陶行知研究经历了"探索研讨期""纪念评价期""批判沉寂期""争鸣复兴期"和"发展实验期"等不同阶段。这些阶段共涌现了3000多位陶行知研究者，成果丰硕，影响甚大。丛书主编从这些成果中，选编名人名篇，组成了三卷本的中国卷，生动地演绎了陶行知教育思想在中国从"新学"到"禁学"再到"显学"的艰难过程，为读者从不同角度解读陶行知教育思想在中国的创造性再生的成果提供便利。

对陶行知的思想理论的研究，又含有对其实践改革的研究；既有宏观的研究，也有中观、微观的研究；既有抽象的研究，也有具体的研究。

从该丛书的内容来看，它融资料性、工具性和学术前沿性为一体。空间范围涵盖中国大陆、中国港澳台地区以及海外地区，时间上纵贯20世纪20年代至今。史料丰富，既包括原始性的一手资料，又有近年来全球陶行知研究的新成果。该丛书客观、真实地再现了近百年来陶行知研究的发展状况，还原了陶行知研究的原生态之路。该丛书的内容主要体现在以下几个方面的创造性再生：

二、日本对陶行知教育思想的创造性再生

20世纪30年代初至40年代中叶，日本尝试将外国教育思想进行本土化改造，在

此过程中，一些研究者看到陶行知成功地把"杜威的教育理论"进行了改造，于是，开始研究陶行知的教育思想，并创造性地再生了陶行知的教育思想，取得了丰硕的成果。早期的主要代表人物有牧泽伊平、户塚廉、村田孜郎、中保与作、国分一太郎、海后宗臣。"二战"后，日本对陶行知研究更加重视，以斋藤秋男最为杰出。"斋藤秋男的研究开创了陶行知研究的新思路：以陶行知教育理论和实践为研究中心，以三个相互关联的研究课题为主攻方向，以'民族土壤的回归'为核心命题，将陶行知视为'杜威的学生'，把他的思想发展作为'跟老师杜威的学说、理论的格斗过程'来把握，认为在陶行知的思想里，对杜威理论的接受与克服不是毫无媒介地直接相连起来，而是以'民族土壤'这种中国行知的东西为媒介相连起来。可以看出，斋藤秋男的陶行知研究，思路新颖、见解独到，具有比较浓厚的理论色彩，确已形成一个'斋藤模式'。"20世纪80年代初至今，一大批优秀的中青年陶行知研究者脱颖而出，牧野笃便是其中的佼佼者。另外还有中野光、世良正浩和日籍华人学者张国生、李燕等人。日本的陶行知教育思想的创造性再生的成果是中国之外最为丰硕的，也是最深入、最系统的。

三、韩国及东南亚国家对陶行知教育思想的创造性再生

韩国的陶行知研究最早开始于1975年。1975年，学者李炳柱在韩国发表了《陶行知博士与中共的教育理念》一文，成为韩国研究陶行知的开篇之作。20世纪90年代以后，韩国也进入陶行知研究的一个活跃阶段。其中，金贵声是佼佼者，他先后对陶行知的"儿童教育""劳作教育""知行观"，以及陶行知"生活教育"的思想来源与时代背景进行了专门研究。另外，金玟志、李庚子等人的陶行知研究成果也较丰硕。另外，在东南亚的一些国家，诸如马来西亚、菲律宾、新加坡等，都有一些关于陶行知教育思想的本土化的实践和研究。

四、欧美国家对陶行知教育思想的创造性再生

欧美国家的陶行知教育思想的创造性再生的成果，是除日本之外的又一个重大收获。陶行知曾有在美国哥伦比亚大学求学的经历，故其师友群体对陶行知教育思想在欧美的传播起到了重要作用。陶行知教育思想在欧美的创造性再生主要有五种类型：第一

种是追记、回忆和评价类，主要代表人物有毕莱士、陈鸿韬、傅里曼、贤明大将军、维尔默特、文幼章、詹生等。第二种是发现和肯定陶行知教育思想的学术价值与实践价值类，如著名学者费正清、克伯屈、司徒雷登、林顿、波西凯、陶露西·尼达姆、蔡崇平等。第三种是系统深入地研究陶行知教育思想类，如巴雷·基南、孔斐力、休伯特·布朗、苏智欣、朱宕潜、姚渝生、黄冬、鲍列夫斯卡娅、内克曼等。第四种是将陶行知与其他教育家进行对比研究类，如艾恺、苏珊娜·佩珀、魏斐德、余英时、玛丽安·巴斯蒂等。第五种是日记体研究类，如在该丛书中首次公开的藏于哥伦比亚大学图书馆的克伯屈日记。欧美对陶行知教育思想的创造性再生活动，让读者看到了中国思想走向世界的历史轨迹。

五、我国港台地区对陶行知教育思想的创造性再生

陶行知去世后，香港不少报刊刊登文章，介绍陶行知及其思想。1966 年以后，香港涌现了阮雁鸣、卢玮銮、周佳荣、甘颖轩、区显锋、文兆坚等一批研究陶行知的学者，使香港的陶行知教育思想研究更

加深入地走向了学术研究和实践运用的新阶段。台湾地区学者对陶行知及其教育理论和实践的研究成果较多，如陈启天、程本海、郑世兴、周邦道、吴鼎、吴俊升、简淑勤、周永珍、曹常仁等一大批陶行知研究学者，都有代表性的研究成果出现，使陶行知教育思想在台湾得到了创造性再生。我国港台地区的陶行知研究的特色和优势得到了充分发挥，成为世界陶行知研究的一支重要力量。

综上所述，"全球视野下的陶行知研究"丛书，有助于加深和拓展世界性陶行知研究，加强世界性的学术交流。用周洪宇主编的话说："该丛书具有为教育教学的改革和实践，解决教育的现实问题，预知未来教育发展趋势、少走或不走弯路提供历史的经验教训和理论指导的作用，有利于教育的科学发展。"更为重要的是,该丛书让我们树立了一种"全球思维模式"：本土思想如何走向世界，以及全球视野下的外来思想如何中国化。该丛书为我们展现了陶行知教育思想的全球化视角，在我们追寻中华民族伟大复兴的中国梦的进程中，具有特别重要的启发意义和借鉴价值。

（原载《生活教育》2015 年第 23 期）

历史题材文艺潮的冷峻审视

——读童庆炳教授主编的《历史题材文学系列研究》

王一川

在中国这样一个几乎全民热爱历史、竞相从历史故事中汲取人生营养的国度，历史题材的作品自然具有强劲的社会影响力。不仅公认的史书，如《春秋》《左传》《史记》等至今仍具历史借鉴意义，而且富于审美与艺术品位的历史作品，如《世说新语》《隋唐演义》《三国演义》等亦深入人心，体现了"润物细无声"的深远魅力。改革开放以来，还陆续涌现了《曾国藩》《张之洞》《大秦帝国》等一批有巨大"读者缘"的小说力作，并且其中不少被改编成电影、电视剧和话剧等作品，形成了宽广的公众覆盖面，进一步拓展了历史题材文艺作品的市场份额和公共影响力。但与此同时，伴随市场经济的兴起，以电视剧《戏说乾隆》（1991）在大陆播出并引发争议为开端，大众文化或通俗文化中扬起了一股势头迅猛的历史娱乐化风

潮，其潮头所向在于对历史故事加以重新编排，着力取悦公众或网民，以满足其历史消遣或娱乐需求。这就使得一个严峻的问题被提出来：我们应当如何把握历史审美化与历史娱乐化之间的界限，也就是如

何才能做到既愉快地重温历史，获得其积极的启迪意义，又不致坠入历史的廉价消遣的无聊陷阱中？在这个意义上，童庆炳生前担任总主编的五卷本学术著作《历史题材文学系列研究》，无疑是一套十分及时的力作。

该书的一个突出价值在于，以严谨的学术眼光去清晰梳理历史题材作品的理论问题，正面回答公众在鉴赏中遭遇的重温历史还是消费历史的困惑。在总序中，童庆炳对这套五卷本图书中的基本的历史理性关切做了全面而深入的表述。他把历史题材文学在创作、改编、鉴赏和批评中呈现的主要问题，整理为五个层面：基本的历史观、历史真实意识、有关历史的价值判断、历史书写如何与现实对话、文艺文体的审美化。这五个问题的抓取和论证，体现了童庆炳晚年对历史题材文艺作品所面临的主要理论问题的通盘思考，对当前反思历史题材文艺作品中的问题具有针砭时弊的启迪意义。其中，我特别有感慨的是一个有关艺术作品中历史理性与人文关怀的张力或二律背反的观点：历史进步往往难免以民众利益及其牺牲为巨大代价，但人文、人性或人道理念本身与这种历史进步相比又是至高无上的，这两者之间无

疑会构成不可调和的悖逆。"作为历史学家和历史题材文学家，就一定要认识到历史的前行总是带有悲剧性的。历史理性与人文关怀总是顾此失彼。没有一段历史的发展是完全美好的，完全不损害人民利益的，完全没有价值缺陷的。历史上许多时代，特别是历史进步的时代，总是存在着历史理性与人文关怀之间的二律背反。"（总序第17页）对这种不可调和的悖逆，童庆炳认为史学家与艺术家都应抱以悲剧性态度，而非当前流行的某种喜剧性或正剧性态度。这是一种基于人文、人性，或人道立场上的历史悲剧性理念，对于当前理解历史题材文艺创作风潮中所引发争议的问题，应当具有振聋发聩的作用。

该套书由五卷组成，第一卷至第五卷分别题为《历史题材文学前沿理论问题》《中国古代历史文学的传统与经验》《中国现代历史文学的传统与经验》《中国当代历史文学的创造与重构》《英俄历史文学的传统与经验》。这样的总体安排体现了总主编的系统考量：首先，集中理论团队悉心探究历史题材文艺创作的前沿理论问题；其次，组织中国古代文学、现代文学和当代文学研究队伍分别考察中国古代文学、现代文学和当代文学中的历史文学

的传统与经验；最后，聚焦在对英国和俄罗斯两国的历史文学的借鉴上。可以说，就历史文艺研究领域而言，该套书这样全面深入而具系统性的研究结构，是空前的和有开拓性的。

这套五卷本著作的空前的开拓性突出地表现在，它们分别体现了对历史文学研究的若干分支领域的精细阐释。第一卷由童庆炳亲自担任分卷主编，对下列相关前沿理论问题做了全面而深入的剖析：文学研究与历史研究之关联、文学叙事与历史叙事的异同及关联、历史题材文学的类型及其审美精神、历史题材文学中封建帝王的评价问题、历史题材创作的评价标准与方法问题、历史题材创作中的"戏说"问题。这样的研究直接回应了学术界、艺术界和普通公众的高度关切，对历史题材创作和鉴赏领域的重大理论问题予以正面回答。第二卷返回中国古代史传文学的传统和经验中。令人感到新颖的是，该卷不仅讨论了人们通常会涉及的古代历史演义和历史剧问题，还把古代历史诗歌和历史传说纳入同一个视野去观察，从而给人带来新的阅读与思考空间。第三卷则在安排上颇费思量，既有现代眼光下的历史重释问题，又有诸如《故事新编》《屈原》等作品和

孔子、西施等历史人物形象案例的深入阐发，还有对巴金早期异域题材文学的重新解读。这就体现了古代与现代、中国与西方交汇视野下的新的理解。第四卷内容相对丰富，呈现了20世纪50年代以来有关历史剧的讨论及历史题材写作规范的确立，如由《海瑞罢官》引发的历史叙事政治化的个案分析、新历史小说的解构与重构、革命历史小说的固守与位移、历史文学的消费主义与世俗化倾向、历史文学的历史化与史诗性特征等。本卷不仅重点分析了《曾国藩》《杨度》《张之洞》《白门柳》《张居正》等个案，还独出心裁地纳入《北大之父蔡元培》加以讨论，探讨现代人文观照下的历史叙事规律，尝试寻找现代新人文与重塑大学理念、知识分子形象塑造的层次及其悲剧性结局等问题的答案。第五卷把眼光投向近现代以来在中国产生过强烈影响的英国历史文学和俄罗斯历史文学，在英俄历史文学发展概观的导引下，依次考察了莎士比亚历史剧题材的改编问题、19世纪英国历史小说的发展特征、20世纪英国小说的历史叙述策略、20世纪晚期英国历史小说的走向、普希金的历史题材文学创作、托尔斯泰的历史小说、俄国的历史题材创作与西方的历史题材创作、

阿·托尔斯泰的历史戏剧创作、当代俄罗斯文学的历史题材创作等问题。当这些英俄历史文学问题探讨同中国历史文学问题分析综合为一个整体时，以及当跨越时空的中国古代、现代和当代历史文学被综合起来看待时，一种跨越中外差异、历史时段差异的新视野势必建立起来，共同服务于对中国历史文艺问题的跨文化及跨时空阐释（尽管这样的整体性阐释还有待加强）。

据我了解，童庆炳主持这个项目，可谓颇费心血。他根据自己多年的观察和研究，先是构想出"历史题材创作和改编中的重大问题研究"项目选题，报送教育部社会科学司后被采纳，又自己申请招标这项课题并中选，从而担任由自己提出并被核准的教育部哲学社会科学重大问题攻关项目的首席专家。从那时起近十年的时间里，他带领团队先是完成该重大课题的研究及结项工作，随即又持续发力，扩充力量编撰了这套更加体大虑周的五卷本著作。这支学术队伍荟萃了北京师范大学、浙江大学、南开大学和首都师范大学等多所高校的学者，他们分别来自文艺学、中国古代文学、中国现当代文学、比较文学与世界文学等若干学科，体现了中国语言文学学科内几个学科的跨学科交融以及跨校团队交融，特别是年过七旬的程正民

老先生领衔并亲自撰写俄罗斯历史文学卷，浙江大学教授吴秀明慨然加盟团队并承担中国当代历史文学卷的编撰工作。童庆炳和他率领的这支团队在历史文学研究领域的全面精深的开拓精神，确实值得敬佩。

在历史题材文艺作品的社会影响力持续扩大的今天，对当代历史文艺的种种风潮加以学理审视，既十分必要，也颇为难得。十分必要在于，历史题材文艺作品的创作、改编、鉴赏和批评中的种种疑难，特别是历史娱乐化倾向，迫切需要学理探讨；颇为难得在于，对当代历史文艺作品的评价，能力排众议地采用"历史悲剧性"的立场。这无疑是一种基于历史理性与人文关怀，并能实现跨越的冷峻的历史美学洞见。由此可见，童庆炳主编的这套五卷本著作应是我国中外历史文学研究领域的一项体大虑周的总结性成果，在历史文艺研究领域树立了一座想必后人无法回避而需注目凝望和反复思量的高大路标。当然，假如五卷书都能贯通始终地和浑然一体地落实这一历史美学洞见，则这套集体著作无疑会更具学术价值。但做到目前这一步，已殊为不易了。

（原载《中国新闻出版广电报》2016年
10月17日）

薪火化甘霖，花开得绚烂
——评《中国舞蹈艺术史图鉴》

李　洁

从古至今，人类利用舞蹈陶冶情操，愉悦身心，舞蹈以它独特的魅力和优美的肢体语言塑造形象，反映社会生活，表达人们的情感。正如《毛诗大序》中所说："咏歌之不足，不知手之舞之，足之蹈之也。"

从 20 世纪末到 21 世纪，舞蹈呈现出空前的繁荣。在我们的生活中，舞蹈成为不可或缺的部分，无论是老大妈，还是家庭主妇；无论是青年学子，还是三岁孩童，人们都对舞蹈充满了热情。古典舞、民族舞、现代舞、街舞、广场舞……舞蹈拉近了不同年龄层、不同种族、不同地区，甚至不同国家的距离，它总能给人以强烈的艺术感染力，激发人类对生命本源的爱。广场上、原野中……人们想跳就跳，载歌载舞，充满了热情，甚至达到忘我的境界。不管你是职场中人，还是田间地头的劳作者；不管你生活如意，还是暂时失意，都能用舞蹈语言来表达自己的情感，

都可以用舞蹈来锻炼自己身体的柔韧性、协调性，甚至可以用舞蹈来达到强身健体的目的。21 世纪，人们对舞蹈的热情不但没有冷却，反而持续升温。为了爱人，你可以翩翩舞起《惊鸿舞》；参加年会，你可以率性跳起《江南 Style》；小朋友为家长舞个《种太阳》；老姐妹一起舞个《最炫民族风》；

街边舞者也可能向陌生人秀个迈克尔·杰克逊式的太空步……你或许会问：人们为什么对舞蹈这么热衷？舞蹈的魅力从何而来？那么请你不妨读一下《中国舞蹈艺术史图鉴》这本书。

我国舞蹈史论界的一些舞蹈史学家励精图治十年之久，终于在 1997 年为公众呈献了一部洋洋洒洒十万言的鸿篇——《中国舞蹈艺术史图鉴》。这是中国舞蹈理论界的一面"镜子"。本书不同于一般的学术著作，它以全景的方式图说中国舞蹈和相关人体文化。跟以往的研究不同，这部书旨在回归舞蹈艺术本身，从舞蹈学的视角，以舞蹈人体形象发展全貌为起点，观照了我国整个舞蹈历史的进程，更加接近历史真实。而从舞蹈通史的角度来看，它又呈现出一种时空交叉、纵横交错的"立体式构图"，是一部具有鲜明个性的舞蹈史书。从原始社会到现代，从舞蹈的起源到现代舞蹈的发展，每一章都具有鲜明的民族特色。正如张庚先生在此书序中说的"真正的图文并茂"。它展示了中国五千年的传统的舞蹈艺术，在当今的剧场表演和民间艺术中，具有重要的指导作用。综观这部鸿篇巨作，不但流风遗韵，还兼具豪迈风情。该书从图文录入的比重到图片的数量和质量，均属前无古人，具有珍贵的史料价值。于是，2013 年 4 月北京师范大学出版社再版此书。

中国民族舞蹈是最能体现中国各民族审美、习俗和文化的艺术种类之一，它的表现手法、内容形式都渗透着中国传统文化的审美情趣和艺术魅力。如果你是一个舞蹈爱好者，喜欢中国传统的民间舞蹈，想要了解中国的舞蹈艺术历史，那么就请读一下这本集历史、艺术、考古、民俗于一身的鸿篇巨作吧。该书有近千幅图片、拓片、照片和近三十万字的论述，能够使你融入舞蹈的世界中，随着舞蹈的历史，不断地探索舞蹈艺术的魅力。读者通过阅读《中国舞蹈艺术史图鉴》这本书，既能了解历史长河中珠贝珍玉般的前代舞蹈杰作，又能欣赏当代舞蹈家的倩姿丽影，还能学习丰富的舞蹈知识。

如果你是一位舞蹈艺术的研究者，对舞蹈史学的研究有一定的兴趣，也请你不妨读一下《中国舞蹈艺术史图鉴》。这部著作整合了历时态和共时态，多学科分立，又在更高一级的层面上加以综合，从而构成了史学研究的一种新方法。在结构上，这部著作对不同时期的舞蹈文化进行了剖析，如周、汉、唐、宋、元等朝代的主流舞蹈形态；并且也对不同时期的舞蹈艺术种类进行了剖析，如民族民间舞、原始舞蹈、现代剧场舞蹈、古典舞蹈以及现代舞蹈等。它不但包含了各个时期的舞俑、画像，还包含了各个时期的石刻和壁画，汇集了考古和文献资料之精华，并且公开了在海外首次面世的与舞蹈形象有关的珍品文物资料，带领读者领略国外的舞蹈艺术和异国风情。

如果你想在舞蹈艺术研究上有所建树，想要了解一下世界各地的华人历史，了解一下近现代的舞蹈现象和人物，那么这本著作会对你有很大的帮助。《中国舞蹈艺术史图鉴》后三编在整合古今的基础上，另辟蹊径，对各门舞蹈和相关的民族文化进行了横向的探求。该书常采用多学科分论的方法，如从文化史的角度出发，探讨中国古典舞蹈的史学价值和文化构建，向人们展示中国传统舞蹈的个性魅力；又如利用语言系属分类，研究民间舞蹈史，进而引进现代西方艺术学的成果，从发生学和民族考古学的角度，系统地比较和阐述舞蹈的形成、源流以及当前的状态，使人们能够在民族成分、宗教信仰、文化艺术以及生活习惯等方面，充分地感受到舞蹈艺术深层次的民族文化心理，领略到舞蹈的个性魅力。

"每一种独立的文化都有它的基本象征物，具体表象它的基本精神。"如果你想了解中国舞蹈文化根基的实质是什么，那么请你不妨读一下《中国舞蹈艺术史图鉴》，这部著作汇集了我国古代先人的智慧精华，从原始社会的舞蹈文化到夏商时期、春秋时期的雅乐舞蹈文化，再到秦、汉时期的俗乐舞蹈文化，它为大众呈现了有别于他国的舞蹈文化魅力。如果读者想了解中国古典舞和中国民族舞的运动规律和动作形态的理论支点，也可以在本书中找到答案。从三国两晋南北朝时期的民族乐舞到隋唐五代时期的燕乐舞蹈，再到宋辽西夏金时期的戏曲与民间舞、元代富有民族特色的舞蹈，直到明、清时期向戏曲转化的民间舞及"家乐舞蹈"，以及近现代的舞蹈，这部著作为人们呈献了一个丰富多彩的舞蹈世界，包罗万象、海纳百川。

如果你学习舞蹈仅是为了强身健体，那么请你也不妨读一下这部著作。作为终结"东方人体文化"的著作，《中国舞蹈艺术史图鉴》和一般的舞蹈史学著作不一样。它以舞蹈为中心，开拓了广阔的领域，把杂技、武术以及瑜伽、气功等整合在一起，在舞蹈艺术中加入了太极、少林功夫、瑜伽等，在带领人们领略舞蹈艺术魅力的同时，让其感受不同文化艺术的特点。

《中国舞蹈艺术史图鉴》是一部"信史"，

是一代舞林学者披肝沥胆"求实精神"的写照，是一次披坚执锐的灵魂磨砺。这部由董锡玖、刘峻骧主编，傅兆龙、刘凤珍、巫允明担任编委，集体共创的著作，容量浩大，历经十载春秋，考察了人体艺术发展的"动态"过程，利用了大量的真实描摹，加强了其研究的实用性和可视性，对古今舞蹈家和众多舞蹈形态进行了分析。这部著作为人们展现了一种"实证"精神和本体意识。在读完这部著作后，我由衷地感受到这些编创者的耕耘精神，由衷地敬佩其敬业精神。播下一颗种子，历经十年耕耘，使其饱蘸生命的智慧和灵性，本不是刻意为之，最终却也能满眼绿荫。在编撰的过程中，一代代参与者在字里行间重构生命的基因，把生命融入每一个字中。人生能有几个十年？他们在这物欲横流的时代，呕心沥血，给这部时代的著作赋予了生命力，为人们馈赠了珍贵的舞蹈艺术作品。青灯黄卷，白驹过隙，正是他们的执着和坚守，才有了今日《中国舞蹈艺术史图鉴》的灿烂和恢宏。我们不得不说，他们是智者，在拥抱生命绿色的同时，守护了一份永恒的希望。利用回归本体的史学视角，使人们感受到了什么是"永生"，什么是生命情调的宁谧。

在《编后记》中我们可以读到他们的心语，"生有涯而知无涯，我们只愿以有限的生命，以我们一滴滴生命的甘霖，为中华民族这棵参天大树，奉上几片绿叶，愿后来者开放灿烂的花朵"。

（原载《出版广角》2014 年第 11 期）

把爱国主义情怀厚植在祖国的版图上

——评"可爱的中国地理科学绘本"

南　钢

《可爱的中国》是方志敏于八十多年前在狱中写下的一篇著名散文，他在文中把中国比作自己的母亲，把祖国的崇山峻岭、大江巨河以及大小湖泊比作母亲健美的肌纹和肌窝，把城市乡村、山水丘壑比作母亲的天姿玉质，把祖国的海岸线比作母亲的曲线美，从而表达了对祖国母亲的爱慕之情。近百年来，这部书影响了几代中国人的价值追求和精神生活。

如何把祖国的可爱与伟大植根于幼小的心灵，让儿童的爱国之情油然而生，始终是爱国主义教育的重要内容。今天，我们看到的"可爱的中国地理科学绘本"，正是本着"给儿童画、画给儿童"的宗旨，不仅实现了可爱中国的可视化书写与表达，而且完成了中国传统地图呈现方式的创新性转化，从而把爱国主义情怀厚植在祖国的版图上。

"可爱的中国地理科学绘本"选取了我国最具代表性的地理元素，用十条看得见的"线"描绘出美丽中国的轮廓、地标、印记和符号，为孩子们勾勒出一幅完整的国家地理版图和文明传承脉络。目前，出版的第一辑包括《我叫黄河》《你好，长城》《飞行在中国的脊梁上》《中国的海岸线，你了解吗》《穿越丝绸之路》共五册。丛书采用长卷绘本的形式，以祖国代表性的

地形地貌线为经，以对这些线的解读为纬，融历史文化、诗词歌赋、风土人情、社会生活、改革发展等于一体，成为开展爱国主义教育的鲜活读本和厚植爱国主义情怀的生动读物。

丛书通过唤醒儿童对伟大祖国的认知来厚植爱国主义情怀。祖国之伟大既在于山川之秀美、物产之丰饶，也在于历史之悠久、文化之灿烂，更在于人民之勤劳、社会之和谐。对于这些，儿童如何认知？如何打开其认知方式？又如何让儿童通过对绘本的阅读不断提升其认知水平？在《我叫黄河》的特别告白中有这样一句话，"儿童与绘本中绘画的关系，首先是在画上看出故事或知识、信息，对儿童而言这就是读书的最初入口，画引起孩子的兴趣"。正是基于对儿童认知的深刻把握，本套绘本把祖国的伟大浓缩进一幅幅长卷之中，并辅以对诸多地标的文字说明，从而为儿童打开更多遐想的空间提供更为多元的理解，以至于从学龄前幼儿到中小学生乃至大学生，都能从中获得自身独特的爱国主义认知体验。例如，通过阅读《我叫黄河》，唤醒对母亲河的眷恋之情；阅读《你好，长城》，构建起儿童最初的精神家园；阅读《飞行在中国的脊梁上》，可塑造儿童的国人性格；阅读《中国的海岸线，你

了解吗》，可让儿童拥有祖国海纳百川般的胸怀；阅读《穿越丝绸之路》，可让儿童感知中华文明的世事沧桑和现代价值。正是由黄河、长城、海岸线、丝绸之路以及北纬37度脊梁构成的国家版图框架，成为儿童感知中国、了解中国、发现中国、热爱中国的原动力，进而汇聚成中华儿女爱国主义精神的磅礴伟力。

丛书通过百科知识的交相辉映来厚植爱国主义情怀。爱国主义既形象又抽象，既表现为言行又根植于内心，既源于感性又需要理性，为此，要在儿童中厚植爱国主义情怀，就需要围绕"有什么""是什么""为什么""怎么样"的思路，从形象图案迁移至抽象文本、从感性认知升华到理性思索、从现实观照回归至多元场景、从空间视域转换到时光隧道，唯有把其建基于深厚的民族文化和丰富的日常生活，才能使爱国主义情怀热烈浓郁、厚重深沉、经久不衰。国家地理版图给广大儿童打开了美丽中国的一扇扇窗户，他们从一幅幅长卷绘本中感受到了黄河的奔腾、海岸线的漫长、大山的伟岸、长城的古老和丝路的沧桑。在这些具有重要政治意义、地理意义和社会意义的标识线上，丛书勾画出的是一连串的地理印记，并通过多学科解读，为儿童了解当下中国提供

了重要脚本。在这些解读中，既有发展状况的现实展示，也有历史变迁的追根溯源；既有科学知识的初步启蒙，也有生态文明的现实呼唤；既有中华文明的核心价值，也有地域文化的风土人情；既有诗词歌赋的大气婉约，也有丝路驼铃的阵阵悠扬。总之，它把历史、自然、生物、建筑、宗教、文学、艺术、交通等诸多学科融入地理绘本之中，从而实现了多学科知识的交融，既可作为儿童成长的启蒙读物，又是厚植爱国主义情怀的重要载体。

丛书通过绘本长卷这一特有形式来厚植爱国主义情怀。绘本最早发源于日韩等地，因此，如果说绘本是一种舶来品的话，那么与一般绘本读物不同，该绘本丛书采用了长卷的形式，既继承了中国传统山水长卷的审美特点，也符合国家地理版图绘本的特点。实际上，长卷代表了中国传统的审美特点和价值追求，无论是传统的绘画艺术还是书法作品，抑或是早期的经卷书籍或是手工艺品，无不采用卷轴的形式加以保存，所以在某种意义上，卷轴成为国人的精神寄托。可以说，一部卷轴，卷起的是历史沧桑，展开的却是万象大千。本丛书继承和保留了长卷形式，延续了中国传统的审美特质，巧妙地将地理科学、绘画艺术和儿童文学有机融合起来，为儿童带来不同的阅读体验。其中，最长的一本长卷《你好，长城》达 8.8 米，即便是最短的一本长卷《我叫黄河》，也有 3.2 米，通过一幅幅长卷，不仅展现了祖国母亲的完整轮廓，为儿童传递了祖国母亲的第一声问候，而且也以海纳百川的胸怀把广大儿童纳入了祖国母亲的怀抱中，为广大儿童播下了爱国主义的种子，促使他们萌发爱国主义情结。

在此，我郑重地向全国的广大少年儿童推荐本套原创"可爱的中国地理科学绘本"，希望你们在丛书中收获的不仅是丰厚的知识，更是对祖国母亲那份热烈而深沉的爱慕之情。

（原载《光明日报》2019 年 6 月 1 日）

当前科学哲学的研究面貌及未来走向
——评"爱思唯尔科学哲学手册"

郭贵春　殷　杰

科学与其他人文社会学科的关系已经愈发紧密，存在着普遍的交叉，当代科学自身的发展以及研究模式也发生了巨大的变化，科学哲学研究必须顺应变化，对自身的研究目标和方式进行重新定位和调整。

整个 20 世纪，伴随着一系列科学上的革命性进展，因其而产生的科学哲学也经历着从初期到兴盛再到转型的过程。在刚刚步入 21 世纪之初，面对科学哲学未来走向的发问，一批科学哲学家以及科学家被召集起来，共同完成了这部迄今门类规划最为全面的科学哲学丛书——"爱思唯尔科学哲学手册"。它以宏大的视角展现了步入 21 世纪的科学哲学的研究面貌，通过对一般科学哲学以及各具体科学哲学研究的梳理与阐释，试图为未来科学哲学开启一幅远景。

正如这套科学哲学手册的三位英文版主编——道·加比（Dov Gabbay）、保罗·撒

加德（Paul Tha-gard）、约翰·伍兹（John Woods）所共同认为的，在已知的任何时期，科学在其前沿的运行总是遭遇到有关知识与实在的本质的哲学议题。科学论战会引发诸如理论与实验的关系、解释的本质以及科学接近于真实的程度的问题。在具体科学中，关于存在是什么以及如何知晓它的问题会引发特殊的关注。例如，物理学中的时空本质问题、心理学中的意识本质问题。因此，科学哲学是对世界进行科学调查的必要部分，并且总的来说，科学哲学正日益成为哲学的核心。尽管仍有哲学家认为关于知识与实在的理论可以通过纯粹的沉思而发展出来，但大多数的哲学研究表明，重视相关科学发现才是必要的和有价值的。例如，心灵哲学已经很明显地与经验心理学绑定在一起，而政治理论经常与经济学产生交叉。这些科学哲学研究为哲学探究与科学研究之间架起了一

座宝贵的桥梁。科学哲学本身也越来越不再局限于关注一般的科学本质与科学合法性议题，而是格外关注在具体科学哲学内部所引发的特有议题。

正是出于这个原因，该丛书的英文版主编们规划了目前最为齐全的科学哲学子学科群，并且力图确立一种偏向于具体科学哲学问题的研究模式。这一举动也在一定程度上表明，具体科学哲学已经成为未来科学哲学研究的重要方面，而造成这种趋向的原因，一方面在于当代科学自身的发展以及研究模式发生了巨大变化，科学哲学研究也有必要顺应这种变化来对自身的研究目标和方式进行重新定位和调整，以便保持连接哲学与科学之间的这座桥梁的通畅；另一方面，科学与其他人文社会学科的关系已经愈发紧密，存在着普遍的交叉，而产生的影响又多体现在科学中的子学科，甚至一些研究前沿与人文、社会领域的交互上，这要求我们不能将科学作为一个简单的整体，而是应该在各个具体的科学领域中来探讨科学之于人文、社会领域的交叉与影响。基于这些判断，可以认为，未来科学哲学研究必将伴随着各个领域上的科学发现而不断走向前沿和深化，并在一些传统议题上走向新的理解与探讨，将科学哲学引向新的发展阶段。

为了实现最初的意图，丛书邀请了众多熟谙各门具体科学的分卷编者，他们从通晓科学的哲学家们以及（少部分）通晓哲学的科学家们那里征求来的宝贵稿件令人欣喜。这16卷系列丛书为当代科学哲学研究门类提供了一种目前最为完善和齐全的纵览。这套丛书由目前世界上最大的医学与其他科学文献出版机构之一的爱思唯尔（Elsevier）出版集团推出。

"爱思唯尔科学哲学手册"最大的特点在于其所规划的严密的学科体系，并且面向基础性的学科导论，与具体科学发展的历史联系紧密（甚至邀请许多具体科学领域的学者撰写一些重要科学人物的传记以及某些学科或命题的发展简史），科学色彩浓厚，所涉及的哲学论题十分前沿，不仅受到许多哲学学者的关注，也收到了来自各相关领域科学家们的好评，在内容上兼顾了基础性及前沿性，是一部特点鲜明、不可多得的科学哲学丛书。呈现在大家面前的是"爱思唯尔科学哲学手册"中译本第一批译著，共9卷，具体包括《一般科学哲学：焦点主题》《物理学哲学》《生物学哲学》《数学哲学》《逻辑哲学》《信息哲学》《技术与工程科学哲学》《心理学与认知科学哲学》《人类学与社会学哲学》。

整套"爱思唯尔科学哲学手册"始终在强调科学与哲学的紧密联系，其中涉及的案例大都聚焦于自然科学和社会科学研究的最前沿，丛书的宗旨便是为这些前沿问题提供一种最新的、最深入的哲学分析，从而在整体上描绘当前科学哲学的研究面貌及其未来走向。因此，学科专业性与问题前沿性便是本丛书的基本特点，它在为读者带来一场思想盛宴的同时，也给翻译造成了相当大的难度。山西大学科学技术哲学研究中心作为丛书翻译工作的独家承担者，在时间短、工作量大的情况下，为翻译好这套丛书，起用了中心几乎全部的人力资源，将翻译工程列为山西大学科学技术哲学研究中心工作的第一要务，力求将这套巨著准确、流畅地呈现出来。

自2010年1月山西大学科学技术哲学研究中心正式启动首批"爱思唯尔科学哲学手册"9卷的翻译工作以来，历时五年多，各位翻译人员克服种种困难，兢兢业业地履行着自己的职责。在山西大学科学技术哲学研究中心全体同人的共同努力之下，我们很高兴丛书16卷中的9卷能够如期顺利出版。如果条件成熟，我们将筹备展开后续7卷的翻译工作，使之早日与广大读者见面。

另外，若不是北京师范大学出版社的远见卓识、对于新兴思想进行引介的魄力以及对学术求真务实的态度，便不会有此次翻译工程，"爱思唯尔科学哲学手册"也就没有机会被列入"十二五"时期（2011—2015年）国家重点图书出版规划和国家出版基金资助项目（2015年）。北京师范大学出版社对此次翻译工程异常重视，专门选派了精良的编辑团队，他们的认真敬业与专业高效给我们留下了深刻的印象，我们谨代表全体翻译人员在这里向他们表达最诚挚的敬意。总之，希望我们的努力工作最终能够换来广大读者的肯定，以绵薄之力推动国内科学技术哲学事业蓬勃向前。

（原载《中华读书报》2016年9月14日）

积极促进残疾人就业　全面建成小康社会

——《2013 中国劳动力市场发展报告》评介

马洪立　李宝元

党的十八届三中全会通过的《中共中央关于全面深化改革若干重大问题的决定》强调："面对新形势新任务，全面建成小康社会，进而建成富强民主文明和谐的社会主义现代化国家、实现中华民族伟大复兴的中国梦，必须在新的历史起点上全面深化改革"；而"促进社会公平正义、增进人民福祉"，就应该成为新一轮改革的出发点和落脚点。中国人民，特别是在就业、工作和生活等方面均处于弱势地位的 8500 多万残疾人，他们的小康生活的实现，不仅是全面建成小康社会进程中的题中之义，而且是重中之重。就业乃民生之本、民权之根，促进残疾人就业是维护残疾人劳动权益、改善残疾人和残疾人家庭生活状况、保障残疾人平等参与社会的基础；保障残疾人平等就业权、促进残疾人就业，应该成为衡量全面建成小康社会的重要指标，成为实现全面建成小康社会重

大战略的主要任务。由北京师范大学经济与工商管理学院院长赖德胜教授主持完成、北京师范大学出版社出版的《2013 中国劳动力市场发展报告》，正是在这样的背景下，针对这样一个重大社会现实问题，系统描述分析了近年来中国残疾人这个弱势群体就业的基本走势和问题，并有针对性地提出促进

残疾人就业的战略思路和对策建议，受到相关专家、学者和社会各界人士的高度评价。

一、《2013 中国劳动力市场发展报告 》的基本内容

《2013 中国劳动力市场发展报告》运用历史回顾、逻辑归纳与实证研究方法，总结归纳了近五年来残疾人就业在全面建成小康社会的进程中呈现出的九大趋势，即（1）残疾人就业率稳中有升，特别是在全球金融危机时代和后金融危机时代，残疾人就业率依旧保持较稳定的水平；（2）残疾人就业形式日趋多样化，残疾人就业形式逐渐从以集中就业、按比例就业和个体就业为主转变为以公益性岗位就业、辅助性就业、居家就业、网上就业等为主；（3）残疾人就业能力大幅度提高，残疾人文盲率持续下降、受教育程度不断提高，接受职业技能培训比例均呈上升趋势，除听力残疾和言语残疾之外，其他类别残疾人的职业康复训练与指导状况均呈上升趋势；（4）残疾人就业渠道有所拓宽，依靠熟人介绍、残联就业服务机构等求职就业是当前残疾人搜寻工作时的主要途径，通过网络就业信息搜寻到工作的增幅比较显著；（5）残疾人家庭收入稳步提升，

残疾人家庭财产性年收入、转移性年收入整体上处于明显上升趋势，残疾人的就业与生活状况在不断改善，残疾人家庭整体的富裕程度也在稳步提升；（6）残疾人社会保障日趋完善，残疾人纳入最低生活保障的规模总体上呈稳步上升趋势，城镇残疾职工参加社会保险人数整体保持稳定，城镇居民参加基本医疗保险规模明显提升，残疾人在各类福利院、养老院享受集中供养、五保供养规模稳步增加，残疾人托养服务机构建设成效显著；（7）残疾人就业质量不断提高，就业率有了稳定的增长、社会保障覆盖面和保障水平均有所提高，工作岗位稳定性有所增强，劳动关系较为和谐；（8）残疾人就业服务体系不断完善，公共就业服务机构和残联就业服务机构数量不断增加，并已成为促进残疾人就业的主要渠道，政府提供的公益性岗位由无到有，2012 年已提供近 4 万个就业岗位；就业培训机构有所增加，仅城镇接受培训的残疾人大约有 30 万人次；（9）残疾人创业活动日趋活跃，残疾人自主创业的比例呈现不断上升趋势，不少残疾人成为创业成功的典型，为解决其他残疾人就业和鼓励他们创业树立了典范。

《2013 中国劳动力市场发展报告》认为，虽然近年来残疾人就业工作取得了巨大

的成绩，但应该清醒地看到，当前残疾人就业依然面临着诸多困难和问题。事实上，残疾人就业困难问题已成为全面建成小康社会的重大困难和障碍之一，比如，与社会总体就业水平相比仍存在较大差距，目前尚有近 1/3 处于就业年龄段的城镇残疾人未能就业，登记失业率远高于社会平均水平；残疾人就业地区差异明显，不同残疾类别就业也不平衡；就业质量（包括工资收入、社会保障水平）较低，工作稳定性较差；残疾人整体素质和就业能力较弱，普遍存在着残疾人不能适应按比例就业岗位要求的情况；一些地方和部门对残疾人仍存在歧视和偏见，就业机会不平等，同工不同酬现象还时有发生；一些用人单位依法吸收残疾人就业的责任落实不到位；残疾人就业服务体系仍有不少漏洞需要弥补和改进；等等。课题负责人、北京师范大学经济与工商管理学院院长、劳动力市场研究中心主任赖德胜教授强调指出，对残疾人实现高质量就业的追求，是社会经济发展到一定阶段的产物，但这并不意味着我们只能坐等，相反，若尽早采取得当措施，则能够以较低成本和较快速度实现残疾人高质量就业。主要措施包括：以加强普通教育与职业培训为根本，逐步实现残疾人就业由岗位提供向能力提升；构建完善的就业服务体系，促进就业政策从分割到融合；推动残疾人就业从被动型就业到创业型就业的转变；实现残疾人就业形式从单一到多元的转变；推动残疾人从"等、靠、要"到"找、立、创"的就业观念的转变。

二、《2013 中国劳动力市场发展报告》的特色

《2013 中国劳动力市场发展报告》是一部首次在全面建成小康社会的国家战略层面上对近年来残疾人就业状况和关键问题做出系统、科学、实证描述的对策性研究报告，从研究理念、选题特点、研究内容、研究方法等方面均有突破，可作为政府决策、学者研究的重要参考资料。具体来说，有如下几大亮点。第一，在研究理念上，《2013 中国劳动力市场发展报告》首次明确提出"残疾人是一种重要的人力资源"的观点，认为有劳动能力的残疾人都可以积极参加社会活动，为社会主义建设和家庭奔小康出力。这在一定程度上突破了长期以来仅在道义上"同情、关心"残疾人群体的局限，转为对他们在"平等权利"方面给予"正视、信任"，其中饱含了"与残疾人同劳动、共享社会成果"的前沿理念和人文情怀。《2013 中国

劳动力市场发展报告》认为，残疾人不仅仅是社会救助的对象，残疾人本身也是一种重要的人力资源。虽然他们在肢体或心理方面存在一定缺陷，但是仍旧可以通过教育、培训、康复等手段加强他们其他方面的人力资本存量，使他们成为经济发展和小康社会建设中的有生力量和重要人力资源；因此，促进残疾人就业，从残疾人本身和家庭劳动力的释放这两个方面着手进行人力资源开发，具有重大现实意义。

第二，在选题特点上，《2013中国劳动力市场发展报告》直面回应重大社会现实问题，紧紧抓住党中央号召"坚定不移沿着中国特色社会主义道路前进，为全面建成小康社会而奋斗"这个重大战略主题，直面聚焦8500多万残疾人、约2亿残疾人家庭人口生存状况和现实困境，"消除一切影响平等就业的制度障碍和就业歧视"，针对"有特殊困难的"群体"实行全程就业服务"这一总纲领，对残疾人就业和自主创业面临的现实困难、残疾人岗位供给和需求等一系列重大现实问题，提出有针对性的对策研究，为国家决策提供全面、系统、科学的理论支持。

第三，在研究内容上，《2013中国劳动力市场发展报告》对残疾人就业基本情况和变动趋势做了系统、全面的总结和归纳，并对残疾人社会保障体系和服务体系建设的政策效果进行了客观、公正的综合评价，不回避矛盾，直面现实问题，明确指出政府和事业单位吸纳残疾人就业、残疾人保障金缴纳与使用、残疾人福利企业设定的门槛限制、残疾人教育与培训、残疾人康复及辅具发放等方面，国家法律制定和执行部门、财政部门、就业和保障部门、教育部门、残疾人用品生产企业以及残疾人工作者，都还存在着一系列工作不到位乃至错位的矛盾和问题，未来残疾人就业工作任重而道远。

第四，在研究方法上，《2013中国劳动力市场发展报告》采取理论研究和经验研究相结合，静态比较和动态分析相结合，定性分析和定量分析相结合，宏观分析与微观阐释相结合，主题报告与专题研究、访谈相结合的方式，借助中国残疾人联合会发布的中国残疾人状况监测和中国残疾人事业发展统计公报两个权威数据库，进行了全面系统、科学合理的深入研究。利用人力资本理论、消费理论、公共财政理论、供求理论剖析、归纳出了残疾人就业特征，从横向和纵向上对比了残疾人就业趋势，定性和定量挖掘分析了残疾人就业方面存在的问题。在宏观上侧重政策分析、政策评价、政策的国际比较的同时，分别就就业模式、就业渠道、社会补贴、社会优抚、社会保障等方面提出了政策建议。在国际比较的基础上侧重对西部、少数民族残疾人的关注，同时借助访谈、问卷的方式对残疾人个体和残疾人家庭进行调查、分析。

　　总之，《2013 中国劳动力市场发展报告》是一部有分量、科学的、有针对性的重要研究报告，其发布在社会上引起了较大的反响。中国残疾人联合会、中国社会科学院、民政部、人力资源和社会保障部、国务院研究室、教育部、国家发展改革委员会等政府主管部门和科研院所的领导和专家对《2013 中国劳动力市场发展报告》给予了高度评价，认为《2013 中国劳动力市场发展报告》立足残疾人就业在全面建成小康社会中的重要作用，将为丰富社会公众对残疾人的就业认识，引导学术界进一步加强残疾人就业研究，促进有关部门在不断完善残疾人就业政策、深化残疾人就业实践方面发挥积极而有效的作用。

　　　　　　　　（原载《中国编辑》2014 年第 1 期）

从"碑帖之辨"到"刀笔之辨"

——启功《论书绝句》的学术贡献

邓宝剑

一、《论书绝句》问世的历史语境

清中叶以来,"碑学"渐盛。至于晚清民国,学人讨论书法,几乎言必称"碑学""帖学"。影响所及,直至今日。能不囿于风气而独开局面者,允推启功先生。

启功先生之书学见于各种著作、论文、序跋,若将这些著述比作一首诗,《论书绝句》则堪称诗眼。百首《论书绝句》及自注,凝练地表达了启功先生的书法观。其中涉及的学术问题非常丰富,很难做出周全的概括。若就书学发展的逻辑着眼,笔者认为,将清代以来的"碑帖之辨"转换为"刀笔之辨",是启功先生对书学史的一大贡献。

广义的碑指各个时代的碑刻,而狭义的碑主要指南北朝碑。广义的帖包括墨迹和刻帖,由于六朝名家墨迹难得一见,所以狭义的帖就是刻帖。康有为说得很清楚:"今日所传诸帖,无论何家,无论何帖,大抵宋、明人重钩屡翻之本。""今日欲尊帖学,则翻之已坏,不得不尊碑;欲尚唐碑,则磨之已坏,不得不尊南北朝碑。"(《广艺舟双楫·尊碑》)

明代书家多临阁帖,而至清代,金石出土日多。对于论学重实证的清人来说,对各种书法遗迹进行考校自是题中应有之义。这种考校,关联着审美的倾向,发展出以碑帖、南北、古今二分为基本结构的书学思潮——"碑学"。尽管"碑学"思潮各代表人物的关注点有所不同,比如康有为便不同意阮元的南北分派之说,但大体的倾向是尊碑抑帖、尊北抑南、尊古抑今(表现为尊崇篆隶笔意、尊魏卑唐)。

20世纪以来,又有大量的书迹面世,如汉代简牍、晋人残纸、敦煌经卷等。与清代出土的金石不同,这些书迹皆是原汁原味

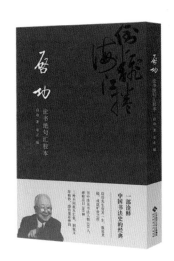

的墨迹。新材料的出土并不仅仅带来新的研究对象，更为重要的是，它还可能更新人们对于历史现象的理解结构。当然，这需要学者对历史现象的敏锐把握与对现有理解结构的深入反思。启功先生可谓开风气之先，他既对清代的碑学做出有力的批判，又将一种新的书法史观阐发到深微的地步。

二、对"碑学"的解构

针对"碑学"中人碑帖、南北、古今诸方面的立场，启功先生的反驳皆有釜底抽薪之效。

《论书绝句》第30首注云："端重之书，如碑版、志铭，固无论矣。即门额、楹联、手板、名刺，罔不以楷正为宜。盖使观者望之而知其字、明其义，以收昭告之效耳……简札即书札简帖，只需授受两方相喻即可，甚至套格密码，唯恐第三人得知者亦有之，故无贵其庄严端重也。此碑版简札书体之所以异趋，亦'碑学''帖学'之说所以误起耳。""碑与帖，譬如茶与酒。同一人也，既可饮茶，亦可饮酒。偏嗜兼能，无损于人之品格，何劳评者为之轩轾乎？"碑与帖有不同的功用，书写的样貌自然有所不同。概而言之，碑与帖只是不同的功用类别，而非不同的艺术派别。这是对碑帖分派以及尊碑抑帖的批判。

《论书绝句》第92首注云："余素厌有清书人所持南北书派之论，以其不问何时何地何人何派，统以南北二方概之，又复私逞抑扬，其失在于武断。"一代书风同中有异、异中有同，远不能以南、北二派做笼统的概括。这是对南北分派以及尊北抑南的批判。

《论书绝句》第95首注云："书体之篆隶草真，实文字演变中各阶段之形状，有古今而无高下……贵远贱近，文人尤甚。篆高于真，隶优于草，观念既成，沦肌浃髓，莫之能易焉。"篆隶草真只是不同的字体类型，古今字体之间不能断然做高下之分。这是对尊古抑今的批判。

启功先生发出这些批评，并不是简单地站在与"碑学"相反的立场上，比如从尊碑抑帖走向尊帖抑碑，而是从根本上解构"碑学"诸家二元对立的理解结构。

三、"透过刀锋看笔锋"

历代书迹有多种存世的形式，概而言之有两类，一为墨迹，包括真迹、摹本、临本；一为刻本，包括碑刻、刻帖。前者是由笔完成的，后者是由刀参与完成的。这些书迹被启功先生纳入一种新的阐释视野，或可称为"刀笔之辨"。

刻本与墨迹之间的比较是启功先生最为着力的。无论是碑还是帖，都是刀刻出来的，与书家的真迹已经颇有不同。《论书绝句》第 11 首注云："碑经刻拓，锋颖无存。即或宋拓善本，点画一色皆白，亦无从见其浓淡处，此事理之彰彰易晓者。"这是说碑刻与真迹之差异。又云："宋刻汇帖，如黄庭经、乐毅论、画像赞、遗教经等，点画俱在模糊影响之间，今以出土魏晋简牍字体证之，无一相合者，而世犹斤斤于某肥本，某瘦本，某越州，某秘阁。不知其同归枣石糟粕也。"这是说刻帖与真迹之差异。这些差异，清代

包世臣、何绍基诸家乃至明代王宠、祝允明诸家多有忽视，这和他们少见晋唐墨迹有关。

刀刻不能准确地传达墨迹，但启功先生并未因此鄙弃刻本，而是"透过刀锋看笔锋"，建立起墨迹与刻本的关联。要能做到这一步，必须对墨迹多有领会，揣摩墨迹与刻本之相通与相异。正如启功先生所说："余非谓石刻必不可临，惟心目能辨刀与毫者，始足以言刻本。"（《论书绝句》第 32 首注）刻本与墨迹相较之例颇多，如以唐摹《丧乱帖》与阁帖相较（第 3 首），智永《千字文》墨迹与刻帖相较（第 7 首），西域出土晋人残纸与阁帖、馆本《十七帖》相较（第 5 首、第 61 首），高昌未刻墓志与北碑相较（第 6 首），唐人写经与唐碑相较（第 11 首），魏晋小楷墨迹与小楷刻帖相较（第 11 首、第 81 首），汉简墨迹与汉碑相较（第 21 首、第 97 首），《异趣帖》《出师颂》墨迹与章草刻帖相较（第 35 首），日本藤原皇后临《乐毅论》墨迹与《乐毅论》刻帖相较（第 51 首），小野道风或藤原行成所临王羲之草书墨迹与刻帖相较（第 52 首）。

当然，启功先生从早年质疑刻本，到后期以"透过刀锋看笔锋"的方式利用刻本，是有一个发展过程的，正如《论书绝句》第 79 首所云："昔我全疑帖与碑，怪他毫

刃总参差。但从灯帐观遗影，黑虎牵来大可骑。"

除了刻本与墨迹的比较，启功先生对刻本系统内部的比较亦有所关注。与清人不同的是，启功先生不再对碑、帖做派别之分和高下之判，只是区别碑和帖不同的功用性质，并考论诸碑与诸帖的不同。启功先生认为碑帖的刻工有精粗之别，如唐碑精于六朝碑（第8 首、第 28 首），《神策军碑》精于《玄秘塔碑》（第 54 首），《大观帖》精于《淳化阁帖》（第 60 首）。另外，新出土的碑胜于捶拓已久的碑，如对《朝侯小子残碑》《张景残碑》的看重（第 22 首、第 23 首）。这些评判虽然是在刻本与刻本之间进行的，却是以距离墨迹之远近为标准的，也是以对大量墨迹的深入体会为前提的，所以"刀笔之辨"依然是隐在的参照系。

启功先生所做的"刀笔之辨"含着一种书学旨趣，即最大程度地逼近经典作品的真迹。在这样的阐释视野中，历代书迹被纳入一个以经典作品真迹为核心的系统中，距离真迹近的处于这个系统的内环地带，距离真迹远的处于这个系统的外围地带。新的阐释视野让历史现象呈现出新的秩序，犹如把磁铁放在不同的位置，周围的铁屑会呈现不同的形状一样。启功先生

打破了清代以来碑派、帖派二分的格套，但恰恰因此延续了清人重证据、求真相的学术精神。明辨刀笔之别，我们才可能更加看清书法史的真相。

四、《启功论书绝句汇校本》的文献价值

章正先生所编《启功论书绝句汇校本》近日由北京师范大学出版社出版了，这本书影印了《论书绝句》的三个版本，包括启功先生 20 世纪 70 年代用毛笔抄录的"简注足本"，1982 年用毛笔抄录的"定稿本"，以及 20 世纪 80 年代初的"硬笔详注稿"。

《论书绝句》最初发表于香港《大公报》"艺林"周刊，后来结集出版的时候做了修订。书中影印的"硬笔详注稿"即启功先生当年寄给"艺林"主编马国权先生的稿件。文稿经过修订，虽然更为精审，但之前的版本亦有价值。仅举一例，如《论书绝句》第 37 首谈《出师颂》墨迹，"硬笔详注稿"云："宋代以来丛帖所刻，或题索靖，或题萧子云，皆自此翻出者。此卷墨迹，章草绝妙。米友仁题曰隋人者，盖谓其古于唐法，但非索非萧，可称真鉴。"《大公报》亦照此刊发（1981 年 7 月 12 日）。

1985 年香港商务印书馆出版的《论书绝句》单行本，则删去了"但非索非萧"，其后各本尽皆如此。细审句意，删去实为遗憾。

尤为值得注意的是《论书绝句》第 32 首自注，《大公报》发表的版本（1981 年 5 月 31 日）与后来的单行本只是略有不同，但"硬笔详注本"与其他诸本大有不同。"硬笔详注本"应当是最初起草的，发表时又整体做了改写。改写后的版本中"白骨观"实为妙喻，故"硬笔详注本"亦有其特别的价值。兹节录"硬笔详注本"，读者当可从中领会"刀笔之辨"的理趣："质言之，北朝诸碑，刻工俱有刀痕凿迹，以视初唐诸刻，盖不免大辂椎轮之比。可贵处端在笔势雄强，结体磊落。知其法者，如医家之揣骨点穴，虽隔重裘，望而知识其肌理脉络。未知其法者，徒见其棱角方严，乃侧卧笔毫，抹而拟之，犹每自恨其笔之未方，殆如见衣狐貉者而谓其人之自具金银毛色耳。昔有俗语，谓书家体格，有底有面，例如谓某人书'欧底赵面'。底者指其间架结构，面者指其点划姿态。吾亦以为观六朝古刻之摹勒未精者，尤当重其底而略其面，庶几不为刀锋所惑焉。"

（原载《光明日报》2018 年 1 月 28 日）

捕捉史家与时代的多重记忆
——《章开沅口述自传》书后

谭徐锋

十年潜影

我发愿想请章开沅先生写一部口述自传，其实是受胡适的启发。

2001 年冬天的一个午后，作为大一新生，我在武昌桂子山华中师范大学历史文化学院资料室读胡适《四十自述》时就留意到，1933 年 6 月底，胡适乘船在太平洋上，为该书作序："我在这十几年中，因为深深地感觉中国最缺乏传记的文学，所以到处劝我的老辈朋友写他们的自传。不幸得很，这班老辈朋友虽然都答应了，终不肯下笔……"

其中让胡适最为后悔的是，林徽因之父林长民就因横死于兵变，满肚子曲折摇曳的故事随风而逝。

我当时就想，桂子山的两位杰出历史大家，张舜徽先生无缘得见，可惜除了片段日记与少许回忆，未留下翔实的自述；而章开

沅先生经历的事情更多，或许值得发掘。

这一潜影，时时记挂心头，直至北上游学，随后投身出版，未敢或忘。后来因策划出版章先生的著作，得到他的鼓励，这一念头更加强烈。

查 2011 年 10 月 9 日日记，记有：

昨天宫崎寅藏家藏革命文物首发式在宋庆龄故居举行，师爷章开沅先生出席。

昨晚，前往沅公下榻处拜谒，告别桂子山，后来常邮件往复，已经八年未曾谋面，尽管先生的影像一直在心目中存留。承蒙谬奖，提到我与杨公编的《辛亥革命的影像记忆》，又再三谈及他在我老家读中学时的情形，以及老一代出版人的风范与操守。因为怕他激动，只好适可而止，计划请他做一本口述自传。后与彭兄剧谈，几近失眠。

早晨起床，6：30去请起时他如约开门，提着电脑包，轻便下楼，只是比原来更多了些许笑容。言及自传，先生认为明年或许有时间来操作。

这就是《章开沅口述自传》出版的缘起。

当时，作为辛亥革命史研究元老，章先生正忙得不可开交，但精神依然矍铄，时不时还有论著发表。

当时我正计划约请冯其庸、戴逸、章开沅、龚书铎、汤志钧诸位先生的亲近者整理其口述自传。这一计划，后来时断时续，因为要找到合适的整理者与时机颇不容易。龚书铎先生的自传就是一个极令人遗憾的插曲。当意识到该开始进行时，龚先生不久即因病去世。龚先生交游极广，学术兴趣浓厚，从当年自台湾冒险奔赴北京求学的传奇经历，到身处各种重大事变时的应对，件件皆值得浓墨重彩。

不过，章先生的自传由于他本人的密切配合，以及彭剑兄的积极推动，如约完成。其间，我与彭兄时常沟通，从章节布局到图片选择，皆甚为融洽，现在想来，真是流连忘返，值得浮一大白。

史家本色

此书成稿后，我拜读过数次，觉得其中写法很值得一说。

口述采访结束之后，整理者先将口述录音原原本本地转换成文字，即口述史学界所称"制作抄本"。

接下来，彭兄用了近一年时间进行梳理。抄本的文字超过 60 万字，而自传的文字却不足 30 万字，即此一端，便可看出二者差别之大。而且，自传文稿的文字，也不是将抄本做简单的减法而来。其中的大部分内容当然来自抄本，但除此之外，尚有如下几种来源：第一种是别人所做的口述采访；第二种是听章先生或别人口述，但未记录者；第三种是章先生的笔述；第四种是章先生的日记。

当整理稿送呈章先生审读时，老先生花了很多心思进行润色。先生对此书极为看重，其中修改不下百数十处，补充了大量口述时没有谈及的信息。

当然，这些修改仅仅是将内容变得更加完善，但也体现了章先生对此书的高度重视。

对于很多重要事件，我跟整理者达成共识：只要先生愿意讲，就秉笔直书，暂时或许不方便发表，也为今后保存史料，从更加原生态的角度为历史研究提供另一种可能。

我相信，今后如果读者看到最完整的版本时，或许会对章先生与整理者的良苦用心感佩不已的。

这一做法，或许最为直接地体现了史家本色。

多重记忆

记得当时听章先生演讲，他曾多次提到海外戏称他为"非著名大学的著名校长"，读了这本自传，我们不仅可以了解这所"非著名大学"——华中师范大学的前世今生，更可以直溯民国时代，将章先生的家世源流与早年经历，得着一个细密而生动的了解。

作为改革开放后最早开展国际学术交流的中国学者之一，章开沅先生先后应邀访问了东西方十几个国家和地区，并先后受聘担任耶鲁大学、普林斯顿大学和台湾政治大学

及"中研院"近代史研究所等许多著名学术机构的研究教授；曾任华中师范大学校长；国务院学位委员会历史学科第一、第二届评议组召集人；在辛亥革命史、中国商会史、中国教会大学史、南京大屠杀历史文献等研究领域都有开创性的学术贡献，在国际上享有盛誉。

章先生生于北洋时代，成长于抗战之期，曾浪迹江湖，亦投笔从戎，再就读于享誉国际的金陵大学，最后投身解放区，参与革命。1949 年之后，由中国革命史教员，经过借调北京，亲历"文化大革命"，艰难困苦之中，笔耕不辍，继而创建享誉国际的中国辛亥革命史研究会、华中师范大学历史研究所和中国教会大学史研究中心。

当初设计这一套丛书时，我构想不是干瘪瘪地进行大事记的笔录，而是以日常生活视角，更加多元地呈现传主的经历，尽量保持历史原貌。现在看来这一构想的确比较成功，呈现了晚近中国学术史、教育史与中外文化交流史中的不少生动的历史细节，娓娓道来，趣味盎然，于不经意间，让读者领略近百年历史剧变。

正是基于更加立体的角度，此书不仅仅关注传主成功的一面，也关注那些不堪回首的记忆，追寻当时那些共同相依相随的

师友故旧，在不断的角色转换中，留下那些动人的足迹。

真相何为

作为一名杰出的历史学家，传主耄耋之年对自己的过往有极为真切的认识。个中叙述，往往可以澄清很多我们对于既往历史的迷思，让未来的研究者可以更接近真相。

传主参加青年军退伍之后，进入著名的教会大学金陵大学就读，其中对学生考核之严格，严进严出的遴选与淘汰机制，使得其学生素养得到了很大的保证。当下不少文化人称其为"民国范儿"，以至于有些历史学者也望风而靡，透过传主的亲身故事，或许不无以正视听之益。

八十年代也是近些年被神圣化的年景，作为一名大学校长与研究机构的领导者，章先生对此有细腻的描述。他以学术本位为宗旨，在看似不疾不徐的谋划中，将所服务的机构托到一个海内外知名的地步，其中很多点滴，在书中都有细致入微的描述。尤其难得的是，这些成绩完全不是所谓行政支持与干预，更多是源于章先生身上的使命感与感召力，无论是主攻方向的定位、学术梯队的

建设，还是学术交流的频繁，都处处体现出匠心独具的努力。

他对学术立校的坚守，无疑值得当下纷纷扰扰的高校借鉴与反思，那些看似波澜不惊的付出，反而可以给大学奠定坚实的根基，进而挥发出绵长而浓厚的文化芬芳。

这部自传，或可以较为清晰地呈现一个民国与八十年代的真相，以及我们国家近六十年的风雨兼程。

作为过来人，章先生举重若轻的点评，或许可以给有心人不少启迪。

历久弥新

不过，此书给人最大的感受，反而不是那些让人目不暇接的生动细节，最重要的是章先生身上那种纯真。

作为学术前辈，他对当下浮躁的学风深感忧虑，认为盲目追逐项目将是对学者学术生命的最大戕害，召唤涌现更多纯正的学者，以便振兴中国学术。

做学问的最佳精神状态是什么？简单地讲，就两个字，一个是"虚"，一个是"静"。虚即虚空，脑中没有丝毫杂念，没有柴米油盐酱醋茶的羁绊，没有项目，没有考核，甚至于没有自己以前的一切理论知识，将

自己完全放空。静即宁静，不生活在热闹场中，才能宁静；心不为外界诱惑所动，才能宁静。能虚能静，便能神游万古，心神专一，思虑清明。"虚""静"的学者，在旁人看来，可能是"发疯了，痴呆了，入迷了"。但这确实是做学问的最佳精神状态。虚静的学者，是纯真的学者。越虚越静，纯真度越高。一个学者最终能达到什么样的境界，开创什么样的局面，和他的纯真度是大有关系的。

作为一位九十岁高龄的长者，他曾经亲历抗日战争、解放战争，也度过了风雨如晦的"文化大革命"，在朝气蓬勃的八十年代引领一个大学与研究所，与海外学界互动频繁，俨然是中国学术界学识渊博、谈吐幽默的文化使节，名扬海内外，为有些寂寞的中国历史学界增添了几抹亮色。

难能可贵的是，章先生至今依然笔耕不辍，时不时发表论著，对历史研究与社会风气提出独到的观察，这一老而弥坚的学术品格，值得后辈效法。

我曾经提过建议，请章先生修书一封，向海内外亲朋故旧征集自己的书信，再加上自己所收书信，编成一部来往书信集，如果辅以亲友故旧的回忆，加上章先生保存较为完整的珍贵照片，或许会大大充实本书的内容。

20世纪是中国从困境走向振兴的大时代，诸多层面都发生了极为深刻的变化，这些变化或许在承平岁月，哪怕是三四百年也很难遭逢。用章先生纪念辛亥革命百年的话说，这段岁月，"百年锐于千载"。

作为个体，每个人都是自己的历史学家。

我们不妨试着既关注所经历的重大事件，又记录那些日常生活的丰富细节，江山有待存信史，更望你我有心人。这一突破宏大叙事的努力，随着更多人的参与，无疑将蔚为壮观。

如何记录这些历史，留下手稿，留下照片，留下回忆，留下自传，就不失为极好的方式，无论是正在颐养天年的长辈，抑或正当壮年的中坚力量，还是青春勃发的同龄人，请关注你们身边的"活历史"，用心刻写刚刚过去的大时代吧！

（原载《光明日报》2016年2月16日）

《四库全书》背后的故事

曹 巍   周中梁

作为中国古代规模最大、最重要的一部丛书，《四库全书》一直都能够引起学界的广泛关注。早期《四库全书》研究多受民族主义思潮影响，着重阐发其对古籍的篡改、禁毁及其反映的清代国家权力对文化领域的强力干预。民国时期，陈垣、余嘉锡、胡玉缙、杨家骆等名家前辈都对《四库全书》及《四库全书总目》用力甚深，取得了丰硕的成果。近年来，随着《四库》系列丛书的影印出版、四库学研讨会的多次召开、四库研究机构的建立以及大量研究专著、论文的面世，"四库学"已成为古文献学科中一个富有活力的新兴分支。一直以来，人们大多专注于对《四库全书》内容的研究，而对四库馆情况了解很少。北京师范大学张升教授的新著《四库全书馆研究》（入选2011年国家哲学社会科学成果文库和中华学术外译项目）讲述了《四库全书》背后鲜为人知的故事。

这是一部严格意义上的学术专著，十分厚重，但作者能从一般读者的角度出发，叙述行文，读来毫无艰涩之感。作者充满问题意识的笔触，直抵细节，为世人揭开了四库馆的双重面相。

四库馆设在何处？以往都认为设在翰林院，其实不够准确。四库馆分为翰林院与武英殿两大系统：翰林院四库馆，负责办理四库全书处；武英殿四库馆，主要缮写四库全书处。翰林院系统负责纂办《四库全书》，以纂修官为代表。武英殿系统负责缮写、分校、刊印、装潢《四库全书》，以分校官为代表。两大系统泾渭分明，互相配合，又统辖于正总裁与副总裁。

馆臣如何上班？四库馆提供了非常好的修书保障。馆臣一般每日清晨到四库馆上班，下午离馆回家。翰林院中设有大厨，供馆臣茶饭。后来，有的馆臣为了赶工，将书带出馆外来办理，以致丢失馆书。乾隆针对这种情况批评说，我都给你管饭了，你们就好好在里面校书，不要把书籍带出馆外去办。

馆臣如何分工？一般人会认为四库馆总裁统领一切馆务，于馆内大小事务，例得过问。其实，总裁亦有较明确的分工：不阅书之总裁与阅书之总裁。前者以满人为主，管理四库馆杂务；后者主要出身翰林，负责审查图书。相对来说，后者更重要。纂修官的工作主要包括两方面，一是分派办书，拟写提要，提出处理意见；二是校书。分校的主要工作既要校对誊抄本，也要校对原书（底本）。此外，总纂、总校、纂修等馆臣均有其明确分工。

共有多少馆臣？该书制作了全新的"四库馆馆臣表"，提供了最新的馆臣统计数——476人。这一数量大大超过了我们以前所有关于馆臣的统计数。

办书流程如何？翰林院四库馆的办书（采进书、内府书）流程为：采进书、内府书送进翰林院后，由提调分给纂修办理，纂修拟写提要并提出图书处理意见；其中定为应刊、应抄者，经总纂、总裁乃至送呈御览裁定，然后发回原纂修详校；校勘后，要经总纂、总裁审阅，即于原书内改正；然后，下发武英殿校正，誊成正本。武英殿四库馆的办书流程为：武英殿提调将底本下分给分校，分校校好后，分给自己负责的誊录，誊录抄好后，再交回分校，分校再校此誊抄稿。分校校好后，再交覆校（后改为总校），覆校校好后汇交提调，若没有问题就装订成正本。这些抄成的正本还要由总阅或总裁抽阅，然后进呈乾隆御览。最后，经各环节修补好的《四库》正本交武英殿收掌官收掌。这样，《四库全书》就算修成了。

从上面几个基本而重要问题的讨论，我们可以得到一个较为清晰的四库馆印象。作者的考问并未停止，还在不断发掘、揭示四库馆背后的多种现象，以及其运作过程中存在的诸多复杂变数。

一是助校现象。《四库》编修中普遍存

在着助校现象。助校分为居家助校和游走于各家的助校。前者往往为馆臣家处馆或入幕者，助主人校书是其处馆或入幕的分内工作。后者辗转于各家，为多人校雠，与馆臣的助校关系较松散。只有了解了助校现象，我们才能解决四库学研究中的一些疑难问题。例如，为何有的馆臣的工作量大得惊人？原来他们背后都有助校在帮忙。最典型的是总纂官纪昀，他能够遍校群书，修订《总目》提要，其实也多得助校相助。可以说，《四库全书》并不都是馆臣编纂的，其中还包含了诸多助校的心血与汗水。与此相对应，《四库》中存在的一些问题，也应与助校有关。

二是佣书（助抄）现象。与助校类似，四库馆中的誊录也因为这样那样的原因而请人代抄。乾隆虽然知道这一情况，曾予以警告，但因这一现象太普遍，最后只能不了了之，默许其存在。因此，尽管《四库》阁本各册副页中均著录有负责誊抄该册的誊录的姓名，但我们认识了助抄现象后就会明白，这些书其实不一定是列名的誊录所抄写的。

三是馆臣干私活。四库馆臣大多都是知名学者，他们有自己的治学兴趣与目的，因此，在修书过程中会出现这样一些奇怪的现象：馆臣大量进行私家录副，而无暇顾及集体修书；为了录副，馆臣任意携带馆书出外，造成遗失；录副后，馆臣花很多时间校勘自己的录副本，而对《四库》本的校订则敷衍了事；馆臣在工作之余更多地投入自己的学术研究，相互间较少商议解决修《四库》中遇到的问题。这些必然会给《四库》修书带来诸多负面影响。不过，馆臣干私活也非全无意义：由于私家录副的四库馆书都是外间罕见或已失传的珍本秘籍，因此，这些录副本一经流入社会，即通过传抄、售卖、刊印等方式很快广为传播。在传播过程中，有的录副本不断得到经手学者的校订整理，远胜于四库馆书原本及《四库》本。

四是馆臣的兼职与流动。馆臣中存在着较为普遍的兼职现象。也就是说，不少馆臣除馆职外，还有其他行政职任。他们如何兼顾，又以何者为重呢？该书指出，就兼职总裁而言，一般会尽力兼顾各方面，但还是以行政工作为主。以王际华为例，其对行政工作的投入要远高于对修书工作的投入，而王际华恰恰是当时被公认为对修书投入精力非常大的总裁。另外，馆臣的流动也很普遍，出出入入，变化非常频繁，如《四库总目》职名表著录的纂修官共 56 人，而本书考得未入职名表"纂修官"的纂修官有 32 人，其中在职名表中著录为其他馆职的纂修官有

22 人，职名表未予著录的有 10 人。后者是一种显性的遗漏，而前者是一种隐性的遗漏。显性遗漏体现了职名表失收的严重性，而隐性遗漏体现了四库馆兼职、馆职变化的普遍性，体现了四库馆动态变化的特征。学界以前多注意到显性遗漏现象，几乎没有关注过隐性遗漏现象，这是不对的。其实，隐性遗漏更值得重视，它对四库学研究具有多方面的意义。

五是私人关系网。四库馆是一个小社会，也是个名利场，许多人多方钻营，跻身其中。只要我们稍加发掘即会发现，许多馆臣间存在千丝万缕的联系。可惜以前学界对这方面不够重视。本书对其中的一些显性关系网做了揭示，指出馆臣中普遍存在着兄弟、师生、父子、同门、同年、同乡等关系，而这些关系相互间又构成多重关系网。这些关系网的存在，从不同角度（如学术争议、官场斗争、责任推诿、包庇放任等）给《四库》编修带来诸多影响。只有厘清其中的关系网，我们才能真正理解四库馆中诸多纷争与问题的症结所在。

六是官书私办。《四库》当然是一部官书，是官方开馆编修的。但本书通过仔细分析四库馆及其运作后发现四库馆具有明显的官书私办的特征，包括助校、助抄、录副、关系网等，因此，《四库》其实是官私合一的产物。

通过对四库馆的深度挖掘，可以发现其潜在的另一面相。前一个是表面的、按规则运作的四库馆，后一个是隐藏在背后、不按规则（或按潜规则）运作的四库馆；前一个是静态的四库馆，后一个是动态的四库馆；前一个是常态的四库馆，后一个是非常态的四库馆；前一个是馆内视野下的四库馆，后一个是馆外视野下的四库馆；前一个是官方的、公开的四库馆，后一个是隐秘的、私办性质的四库馆。因此，尽管作者在书末谦虚地说，"要进一步加深对四库馆的研究，还应该从动态角度以及四库馆外的角度来考察四库馆"，事实上，该书已给我们诠释了这种新颖的研究角度。

对四库馆背后面相及其复杂性的揭示，具有重要的学术意义和启示：其一，四库馆研究可以从更多的角度来解读，可以从静态，也可从动态；可以从馆臣，也可从助校者；可以从馆内，也可从馆外；等等。其二，四库馆如此，古代其他朝廷所开书馆是否也应如是分析。其三，四库馆研究有助于我们更清楚地了解《四库》中存在诸多问题的原因。其四，书中虽没有刻意联系当前大型图书编修等文化工程进行讨论，但其中指出的四库馆的运作经验与教训，无疑对我们今天有重要的借鉴作用。正如四库学研究专家黄爱平教授所说："清朝纂修《四库全书》，是一项重大的文化工程，至今研讨的著述与论文虽已然很多，但只有此著（《四库全书馆研究》）才将四库馆的组织状况与运行机制清晰地予以了考释，这是突出的学术贡献。而这一点，无论是对深入了解清修四库运作的具体工作状况，还是对今天发展文化事业提供借鉴，都不无裨益。"

《四库全书馆研究》新见迭出，胜义纷披，充分展示了四库馆内涵的丰富性与复杂性，代表了四库学研究的前沿水平。该书对四库馆组织机构、人员构成及运作模式所做的详细考证与分析，开拓和展示了四库学研究的广阔空间，也为今后政府及民间组织大型图书的编纂活动提供了诸多有益的借鉴和参考。

（原载《中国图书评论》2013 年第 11 期）

第三编

书里书外

前言后记中的故事

Stories Told
By Authors And Books

《中国教育通史》总序

顾明远

　　《中国教育通史》即将付梓。首先我要向田正平、俞启定、金林祥、于述胜以及参加这次修订编纂工作的学者表示感谢,感谢他们不辞辛苦,在短短的两年多时间里完成这部巨著。

　　《中国教育通史》是将 20 世纪 90 年代出版的王炳照、阎国华教授主编的《中国教育思想通史》(8 卷本)和王炳照、李国钧教授主编的《中国教育制度通史》(8 卷本)合编而成的。原来两部著作是三位教授的力作,本来由他们合作主持合编修订《中国教育通史》是最合适、最理想的,可惜李国钧、王炳照两位先生都先后离世,阎国华先生年事已高,于是由田正平负责的修订小组接手完成,原作者基本上都参加了此次修订工作。

　　王炳照、李国钧、阎国华都是我的朋友,我们曾经多次合作过。我主编的《中国教育大系》中《历代教育论著选评》和《历代教育制度考》两大系列就是王炳照、李国钧两位编纂的。阎国华则参加了我主编的《教育大辞典》的工作。李国钧先生是华东师范大学的教授、博士生导师,是我国著名的教育史学家,特别是研究中国教育制度史的权威,不仅著作丰硕,而且培养了一批人才。阎国华先生是河北大学教育史教授，兼通中外教育史。王炳照则是我们北京师范大学的教授，是我的同事，我对他有更深的了解。他先后主编了《中国教育思想通史》《中国教育制度通史》等专著，又参加了《中华人民共和国教育史》的编纂工作。他对我国古代私学、书院和科举制度又深有研究。他不仅研究中国教育通史，而且拓展了区域教育发展史的研究，并且对教育史学也有较深的研究和独特的见地。

王炳照、李国钧、阎国华是我国教育史学界承上启下的人物，他们师承舒新城、孟宪承、毛礼锐、陈景磐、沈灌群、滕大春等老一辈教育史学家，"文化大革命"以后，他们接过这批老先生的班，开拓中国教育史的研究。他们坚持教育史研究中"古为今用，以史为鉴"的史学原则，探寻中国教育思想产生、发展及其演进的历程，挖掘历代教育思想的丰富内涵，总结前人的成功经验和失败教训，揭示教育思想发展的客观规律；研究中国教育制度的形成、发展和变化的历史，回答教育制度作为一个历史存在物的存在特性，及其与现实存在的教育制度之间的关联，探讨现代教育问题的历史根源。

《中国教育思想通史》和《中国教育制度通史》是两部巨著，各有 300 多万字，把两本书合并起来，编纂成一部《中国教育通史》，其难度之大是可想而知的。在田正平、俞启定、金林祥、于述胜几位教授的主持下，在原作者的积极配合下，经过对两书的合并、调整、修订、创新，终于完成了我国第一部最完整的《中国教育通史》。这部书的出版，具有里程碑的意义。其一是，这部书的出版标志着我国教育史学研究进入了一个新的阶段；其二是，这部书的出版标志着我国新一代教育史学家的成长，因为参加修订工作的大多是各校中青年学者。李国钧、王炳照、阎国华开展了中国教育史研究承上启下的工作，现在后继有人，值得他们欣慰了。

（《中国教育通史》，
北京师范大学出版社 2013 年版）

"元代古籍集成"总序

韩格平

　　元代，是中国历史上由蒙古族统治者建立的多民族的统一朝代。蒙古部族早年生活于大兴安岭北部、斡难河一带及其西部的广大地域。1206 年，成吉思汗完成了蒙古各部落的统一，建国于漠北，号大蒙古国。1271 年，元世祖忽必烈改国号为大元。1276 年，元灭南宋。1368 年，元顺帝妥欢贴睦尔率众退出中原，明军攻入大都。明初官修《元史》，自成吉思汗建国至元顺帝出亡，通称元代。蒙古人原来没有文字，成吉思汗时借用畏兀儿字母书写蒙古语，从此有了蒙古文。1269 年，忽必烈颁诏推行八思巴创制的主要借鉴于藏文的新的拼音文字，初称蒙古新字，不久改称蒙古字，用以"译

写一切文字"。同时，元代统治者重视学习汉文。元太宗窝阔台于 1233 年颁有《蒙古子弟学汉人文字诏》，鼓励、督促蒙古子弟学习汉语。忽必烈亦重视吸取汉文化中的有益成分，其为藩王时，曾召见僧海云、刘秉忠、王鹗、元好问、张德辉、张文谦、窦默等，询以儒学治道。其后的元仁宗爱育黎拔力八达、元英宗硕德八剌均较为主动地借鉴汉族封建文化，且颇有建树。有元一代，居于统治地位的蒙古贵族及色目贵族不同程度地受到了包括汉民族在内的多民族文化的影响。可以说，元代文化是由蒙古贵族主导的包容多民族文化的封建文化。其中，中土汉人和熟悉汉语的少数民族文人积极参与元代文化建设，他们用汉语撰著的著述数量极为丰富，其内容涉及元代社会生活的方方面面，是元代文献的主要组成部分。

明修《元史》，未撰《艺文志》。清人钱大昕撰有《补元史艺文志》，"但取当时文士撰述，录其都目，以补前史之阙，而辽、金作者亦附见焉"，共著录辽、金、元作者所著各类书籍 3224 种，其中元人著作 2888 种（含译语类著作 14 种）。该书参考了焦竑《国史经籍志》、黄虞稷《千顷堂书目》、倪灿《补辽金元艺文志》、朱彝尊《经义考》等著作，增补遗漏，纠正讹误，颇显钱氏学术功力。今人雒竹筠、李新乾撰有《元史艺文志辑本》，既广泛参考前人论著，亦实际动手搜求寻访，"凡属元人著作，不弃细流，有则尽录，巨细咸备"，共著录元代作者所著各类书籍 5387 种（个别著录重复者计为一种，如方回撰《文选颜鲍谢诗评》分别著录于诗文评类与总集类），除 11 种蒙文译书外，皆为汉文书籍。其中现存著作 2196 种（包括残本、辑佚本）。具体分布情况如下：经部，著录书籍 1117 种，今存 220 种；史部，著录书籍 1026 种，今存 273 种；子部，著录书籍 1076 种，今存 488 种；集部，著录书籍 2168 种，今存 2125 种。与钱《志》相比，《辑本》具有两项显著的优点，一是增补了戏曲、小说类著作，二是每一书名之后记以存佚，颇便使用者查寻。可以说，该书是目前较为详备的元代目录文献。持此《辑本》，元人著述状况及现存元人著作情况可以略窥概貌。需要说明的是，元人著作散佚严重。仅据元人虞集所作诗序，可知《胡师远诗集》《吴和叔诗集》《黄纯宗诗集》《杨叔能诗集》《会上人诗集》《刘彦行诗集》《杨贤可诗集》《易南甫诗集》《饶敬仲诗集》《张清夫诗集》《谢坚白诗集》《崝山诗集》等未著录于《辑本》别集类，则编纂元人著作全目的工作，尚有待于来日。

陈垣先生《元西域人华化考》卷八结论中"总论元文化"一节曰:"以论元朝,为时不过百年,今之所谓元时文化者,亦指此西纪一二六〇年至一三六〇年间之中国文化耳。若由汉高、唐太论起,而截至汉、唐得国之百年,以及由清世祖论起,而截至乾隆二十年以前,而不计其乾隆二十年以后,则汉、唐、清学术之盛,岂过元时!"今以现存元代古籍为例,略述元代学术文化之盛。

经学是一门含有丰富哲学内容、体现儒家思想精要的古老学问,长期居于中国学术文化的主导地位。元代结束了两宋以来的长期分裂局面,元代经学亦在借鉴、调和宋代张程朱陆理学的进程中,产生了许衡、刘因、吴澄等理学名家。清儒编纂《四库全书》,收录了约380种元人著作,其中多有对于元人经学著作的赞誉之词。例如,评价吴澄《易纂言》曰:"其解释经义,词简理明;融贯旧闻,亦颇赅洽,在元人说《易》诸家,固终为巨擘焉。"评价许谦《读书丛说》曰:"宋末元初说经者多尚虚谈,而谦于《诗》考名物,于《书》考典制,犹有先儒笃实之遗,是足贵也。"评价梁寅《诗演义》曰:"今考其书,大抵浅显易见,切近不支。元儒之学主于笃

实,犹胜虚谈高论、横生臆解者也。"评价赵汸《春秋属辞》曰:"顾其书淹通贯穿,据传求经,多由考证得之,终不似他家之臆说。故附会穿凿,虽不能尽免,而宏纲大旨,则可取者为多。"清末学者皮锡瑞认为元代为经学积衰的时代,"论宋、元、明三朝之经学,元不及宋,明又不及元",承认元代经学在中国经学史上占有一定的地位,且有如赵汸《春秋属辞》这样的"铁中铮铮、庸中佼佼"之作。

元代史学是中国史学的继续发展时期,成就显著,著作甚丰。其中,影响较大的著作有如下几种。一、元顺帝至正年间编纂的《辽史》《金史》《宋史》。三史编纂皆有三朝专史旧本可供借鉴,故历时不及三年即告竣事,且整体框架完备,基本史实详赡,为后人研究辽、金、宋历史的重要著作。同时,顺帝诏"宋、辽、金各为一史",解决了长期持论不决的以谁为"正统"的义例之争,显示出元代史学观念上的进步。二、马端临《文献通考》。该书是一部记载上古至宋宁宗时期典章制度的通史。作者对唐杜佑《通典》加以扩充,分田赋、钱币等二十四门,广取历代官私史籍、传记奏疏等相关资料,对各项典章制度进行融会贯通、原始要终的介绍,

篇帙浩繁，堪称详备。三、《元典章》。该书全称《大元圣政国朝典章》，为元代中期地方官府吏胥与民间书坊商贾合作编纂的至治二年（1322年）以前元朝法令文书的分类汇编，分诏令、圣政、朝纲等十大类，60卷。书中内容均为元代的原始文牍，是研究元代法制史与社会史的重要资料。四、《大元大一统志》。该书为元朝官修地理总志，始纂于元世祖至元二十二年（1285年），成书于元成宗大德七年（1303年），600册，1300卷，是中国古代最大的一部舆地书。该书气象宏阔，内容广泛，取材多为唐、宋、金、元旧志，今仅有少量残卷存世。

元代子书保持和发扬了传统子书"入道见志""自六经以外立说"的基本特色，广泛干预社会生活，阐发个人学术含艺术观点，产出了许多优秀作品。面对民族矛盾与阶级矛盾交织的社会现实，程端礼《读书分年日程》、谢应芳《辨惑编》、苏天爵《治世龟鉴》诸书推阐朱熹学说，力辟民间疑惑，探求治世方略，显示出元代子部儒家类著作的基本格调。元代科学技术水平有了新的进展。李冶《测圆海镜》的成书标志着大元术数学方法的成熟，"是当时世界上水平最高的代数著作"。稍后朱世杰《四元玉鉴》用四元

术解方程（包括高达14次方的我国数学史上最高次方程），"对方程的研究（列方程、转化方程和解方程等），朱世杰在中国历史上达到顶峰"。《四元玉鉴》的另一部分重要内容是有关垛积与招差问题，就其成果的水平来看达到了中国古代此类问题的高峰。司农司编《农桑辑要》、鲁明善撰《农桑衣食撮要》、王祯撰《农书》三部农书，是元代农学的代表作。又李杲有"神医"之誉，"其学于伤寒、痈疽、眼目病为尤长"，观其所著《内外伤辨惑论》《脾胃论》《兰室秘藏》诸书，可知时人所誉不虚。

元代文人文学创作的积极性很高，吟诗作文是当时文人的普遍行为。"近世之为诗者不知其几千百人也，人之为诗者不知其几千百篇也"。与经、史、子部著作相比，元代集部著作数量最多。其中，尤以别集数量居首。现存或全或残的各种别集（含诗文合集、诗集、文集、词集）约660种。阅读郝经《陵川集》、姚燧《牧庵集》、刘因《静修集》、吴澄《吴文正公集》、赵孟頫《松雪斋集》、袁桷《清容居士集》、欧阳玄《圭斋集》、揭傒斯《揭文安公全集》、虞集《道园学古录》、黄溍《金华黄先生文集》等别集，可以从其不同个体的视角，了解元代社会生活的诸多不同侧面，了解

作者个人的情感与情操，体味元代诗文创作的艺术成就。而阅读耶律楚材《湛然居士文集》、马祖常《石田集》、孛术鲁翀《菊潭集》、萨都剌《雁门集》、迺贤《金台集》等少数民族作家用汉语创作的诗文，则于前者之上，平添了几分赞叹与钦敬。苏天爵《元文类》，选录元太宗至元仁宗约80年间名家诗文800余篇，后人将其与宋姚铉《唐文粹》、宋吕祖谦《宋文鉴》相提并论。元代杂剧与散曲创作成就显著，后人编辑的杂剧或散曲总集有所收录，较全者有今人王季思主编的《全元戏曲》与隋树森编的《全元散曲》。

总之，元代古籍内涵丰富，在中国古代文化发展史上居于承上启下的重要地位。

今天我们所能看到的元代古籍，既有少量当初的刻本或抄本，又有大量明清时期的翻刻本、增补修订本、节选本或辑佚本，版本系统复杂，内容互有出入，文字脱讹普遍，大多未经整理，今人使用颇为不便。有

鉴于此，我们决心发扬我校陈垣先生发端的整理研究元代文献的学术传统，充分利用此前编纂《全元文》的学术积累，利用10年至20年时间，整理出版一部经过校勘标点的、收录现存元代汉文古籍的大型文献集成——"元代古籍集成"。我们的研究计划得到了北京师范大学领导及相关院、处的充分肯定与大力支持，在"211""985"及自主科研基金等方面提供科研资金予以资助；海内外学界师友或给以殷切勉励，或积极参与我们的工作；北京师范大学出版社在出版资金、编校力量方面予以积极投入，在此，谨致以衷心感谢。同时，我们深知，完成这样一项巨大工程，不仅耗时、费力，还要承担一定的历史责任。我们将尽力而为，亦期待着来自各方面的批评指教。是为序。

（《资治通鉴纲目考异》，北京师范大学出版社2016年版）

"新课标古诗文丛书"总序

康　震

古代诗文，是中华优秀传统文化的精华，是中华传统审美形态的集中体现。近年来，全社会掀起了学习古典文学的热潮，方兴未艾，形势可喜，值得加倍点赞！

2018 年 1 月，教育部发布了新版的《普通高中课程标准》，其中语文学科的古诗文推荐必背篇目大幅度增加，还设置了"中华传统文化经典研习""中华传统文化专题研讨"等学习任务群。北京师范大学文学院多位教授参与了制定新课标的工作，体现了北师大中文学科的雄厚实力以及文学院关注语文教改创新的深切情怀。

这套"新课标古诗文丛书"就是实力、情怀的具体体现，也是对新课标新要求的具体落实。丛书中张德建教授主编的共五本，其中《高中新课标必背古诗文 72 篇鉴赏全

书》，每一篇下均列原文、注释、全文翻译、重点摘句、背诵提示、创作背景、全文鉴赏、作品影响八个条目。为优化阅读体验，书中的注文放在云端，用手机扫码即可看到，配图也很精美，篇目按课标顺序排列，方便

检索。另有四本《普通高中古诗文赏析》，则将 72 篇古诗文分解到高一、高二四个学期（即四个分册），篇目从先秦至明清依次排列。分册中每一篇的条目、内容均与《鉴赏全书》一致，这样比较方便课堂教学。

丛书主编张德建教授，是北京师范大学文学院古代文学研究所所长，明清文学专家。他学问积淀深厚，学术成果丰硕，学界声誉日隆，由他主持编写这套"新课标古诗文丛书"，本身就是品质的保障。加之由北京师范大学出版社编辑出版，更是

锦上添花，必然会在业内产生显著、持久的影响力。

德建兄与我是多年好友，他为人宽厚，做事稳重，学问日益精进。我对高中古诗文教学本是门外汉，但德建兄嘱我作序，我只好不揣冒昧、浅陋略谈一点自己的感想，希望读者诸君能够由衷地喜爱这套丛书，从这套书中获得一些人生的道理。

（《高中新课标必背古诗文 72 篇鉴赏全书》，
北京师范大学出版社 2019 年版）

关于"北师大诗群"

——"北师大诗群书系"总序

张清华

假如从胡适《尝试集》中最早的几首算起，2016年恰好是新诗诞生一百周年。一百年，中国新诗已从稚嫩的学步者，走到了多向而复杂的成年，水准和面貌的成熟与早年相比，早已不可同日而语。而且如果从胡适这里看，中国新诗诞生的摇篮不是别处，就在大学中。数一数"五四"时期其他几位重要的白话诗人，沈尹默、周作人、康白情、刘半农、俞平伯……几乎都是北京大学的教授。

算起来，北京师范大学与北京大学本亦属同源，1902年创立的京师大学堂师范馆，即北京师范大学的前身。京师大学堂最早成立于1898年的戊戌变法中，但两年后因八国联军入侵京城而关闭。1902年年初，战事平息，清廷下令恢复京师大学堂，且因急

需用人而举办速成科，分仕学和师范两馆于1902年10月开始招生。有此前缘，北京师范大学便可以当仁不让地认为，她本身也是新诗和新文学诞生的摇篮之一了。而且还可以列出这些名字：梁启超、鲁迅、钱玄同、钟敬文、穆木天、沈从文、石评梅、郑敏、牛汉……在当代，还有一大批作家和诗人都是出自北京师范大学。2012年获得诺贝尔文学奖的莫言，也是北京师范大学的校友作家。与他一个班的，还有余华、迟子建、严歌苓、刘震云、洪峰、毕淑敏、海男、刘毅然等一大批，就读于1980级本科的还有苏童，1982级的则有陈染，干部班的还有刘恒，等等。

从这样一个角度看，尽管"北师大诗群"是一个相对封闭的小概念，但其历史

格局与背景谱系不可以小觑——某种程度上它甚至可以看作新诗历史的一个缩微版。鲁迅自 1920 年到 1926 年在北京师范大学任教达六年，1927 年由北新书局出版的《野草》便写于此间，其中收入的作品多曾发表于 1924—1926 年的《语丝》周刊。而且从各方面看，如果我们不以狭隘之心看待"新诗"这一概念的话，那么说《野草》代表了这一时期新诗的最高成就，大约也不为过。因为很显然，以胡适为首的"白话新诗派"的作品确乎乏善可陈，在语言和形象方面都显得单纯和稚嫩，而郭沫若出版于 1921 年的《女神》，虽说真正确立了新诗的诞生，但在美学上还止步于以启蒙主义为基础的浪漫主义，而几年后的《野草》则真正抵达了以叔本华、尼采、克尔恺郭尔的思想为根基的存在主义，在语言上它也堪称创造出了一种真正现代的、象征与暗示的、多意而隐晦的语体。直到今天，它也还散发着迷人的魔力，以及解读不尽的晦暗意味，甚至它的"费解"也是这魔力的一部分。

因此，如果要真正编第一套"北师大诗群书系"的话，鲁迅的书应该排在首位。只是因为《野草》的版本如此普及，我们才不得不放弃此举，但必须将之放入这一谱系的最前端，这套丛书才算有了"合法性"。

现代中国新诗的道路显然相对复杂，有无数的歧路与小径。但说到底，在 1925 年《微雨》出版——即以李金发为代表的"象征派"出现之前，在 1924 年始鲁迅《野草》

中的作品陆续发表之前，新诗基本还处于草创期，语言并不成熟，一套新的艺术思维也还未成形。之后新诗步入了一个建设期，简单看，我以为大抵有两条路径：一是以闻一多、徐志摩等为代表的留学英美的"新月派"，主要师承了英美浪漫主义的传统，这一派固然写得好，人气旺，讲究修辞和形式感、韵律和音乐性，但从艺术的质地与难度、含量与趋势看，似乎并不能真正代表新诗的前景与方向；二是颇遭质疑的"象征派"，以及稍后至20世纪30年代初涌现的以戴望舒、艾青等为代表的"现代派"则表现了更为强烈的冲击力与陌生感，其普遍运用的隐喻与象征、感觉与暗示的手段，以及在诗意上的沉潜与复杂，都更准确地体现了现代诗的要求，因此也就更代表了新诗发展的前景。

从这个意义上说，鲁迅所开辟的诗歌写作传统或许才是真正"正宗"的。虽然很久以来，人们将其当作"散文诗"，狭隘和矮化了它的意义，但是从大的方向看，鲁迅的诗更接近于一种"真正的现代诗"，其所包含的思想、思维方式和美学意味更能显示出新诗的未来前景。换言之，鲁迅所开创的新诗的写法，对于新文学和新诗的贡献是最重要的。从这个方向看，穆木天的重要性也同样得以凸显，他出版于1923年的第一本

诗集《旅心》，也因为初步包含了一些象征的因素，而在创造社的浪漫主义派别中具有了一些特立独行的意味。当然，那时穆木天与北京师范大学之间尚未有什么交集。之后在20世纪40年代赫然鹊起的"九叶"之一郑敏也一样，她作为诗人诞生于西南联大的校园，昆明近郊的稻田边，与北京师范大学的距离也还显得过于遥迢；而远在西北，就读于抗战时期西北联大的牛汉，那时在诗歌写作上还远未真正显露头角……种种迹象表明，在鲁迅之后，北京师范大学这座校园与新诗之间的联系似乎不够紧密。

如此说来，"北师大诗群"这样一个概念也就在"历史客观性"上面临着检验。一方面，她有着足以令人钦服的鲁迅传统，同时又似乎在很多年中略显沉寂和寥落。另一方面，20世纪五六十年代之后长期执教于北京师范大学的穆木天与郑敏，主要的写作和影响时期也不在此间。此间出现的一些写作者似乎又不能在整个诗歌史中具有代表性。因此，假如我们硬要赋予这一概念一些"底气"的话，那么将这段历史当作一种漫长的前史、一种久远的酝酿，或许是更为得体和合适的。

但当时光飞到20世纪80年代之后，北师大人就再也没有错过时代的机缘。1978

年以后，牛汉的《半棵树》《华南虎》等作品都引发了巨大的反响，而执教师大且再度浮出的郑敏也在随后被命名的"九叶诗人"群中显现了最为旺盛的持续创造力；20世纪80年代后期开始，任洪渊也开始发力，他创造了一种具有"现代玄学"意味的诗体，同时以特有的思想煽惑力，为一批喜爱诗歌写作的学生提供了兴趣成长的机遇；之后同在北师大任教的蓝棣之也作为诗歌研究家，以鲜明的风格影响了校园的诗歌氛围。因了这些具体的影响，当然更多还是出于这一年代的大势，1984级和1985级中出现了前所未有的诗歌写作热，涌现出了宋晓贤、伊沙、徐江、侯马、桑克等一批诗人。这批人在20世纪90年代迅速成长起来，成为当代诗坛的一支新军。尤其以伊沙为代表，他在1992—1993年的两期《非非》上发表的《历史写不出的我写》《中指朝天》两组诗，堪称惊雷般振聋发聩的作品，对这个年代的文化氛围造成了犀利的冲击和颠覆、戏谑和解构的效果。由此出发，"北师大诗群"这一概念似乎渐渐生成了一个雏形。

迄今为止，在当代中国的诗歌生态中，假如说存在着一个有机的"解构主义写作"的派系的话，那么其肇始者应该是20世纪80年代中期的韩东和于坚。但他们此期的

作品，其解构效能基本上还处在观念阶段，语言层面上的解构性还未真正生成。无论是韩东的《有关大雁塔》《你见过大海》还是于坚的《尚义街六号》、李亚伟的《中文系》，这些作品虽已高度经典化，但细审之，还远未在文本层面上形成真正的戏谑性。只有到了伊沙的《梅花：一首失败的抒情诗》《事实上》《车过黄河》《结结巴巴》《诺贝尔奖：永恒的答谢词》一类作品出现，在诗歌写作的主题与话语类型上、在词语与美学上，才产生出真正的解构力量。这种冲击在文化上引申出来的精神意义与美学势能成为所谓"口语派"或"民间写作"在1999年"盘峰诗会"上提出的依据及底气。没有这种写

作背后的文化精神，以及在美学上强有力的颠覆性，单纯在风格学上强调口语，显然是没有多少意义的。

而这也就是在世纪之交新的一批诗人得以出现的因由，在沈浩波们那里，这种前所未有的解构性写作被经验主义地进行了发挥，"下半身"美学诞生了。但问题是，破坏力的持续发酵失去了文化或美学上内在的理由。如果说人们从早期伊沙的诗中可以读出美学的激愤和文化的合理性的话，那么在"下半身"运动中，这种文化的合理性似乎打了折扣，并因此而遭到了更多质疑。但是，从历史长河来看，沈浩波们所发起的破坏性的极端写作成全了"北师大诗群"在文化精神与美学取向上的一种连贯性，以及"奇怪的针对性"——他们仿佛是专门为"北师大诗群"而生的。在北大的文化产床上诞生了海子、西川、骆一禾、臧棣……那么在北师大的摇篮里就势必要生长出伊沙、徐江、侯马、沈浩波……这似乎是冥冥中的一种逻辑，一种天然的对应关系。

或许我可以用布鲁姆的"影响的焦虑"来解释这种现象的由来，因为某种对于优势的反对冲动，"北师大诗群"出现了某种奇怪的"集体无意识"。这种推论当然是个人的猜测性解释，缺乏学理上的依据。假如我

们不用这样一种逻辑来设定，从另一个完全自足的角度来理解的话，那么"北师大诗群"的风格当然应该是丰富和多面的。稍早于沈浩波的朵渔，还有与伊沙同期的桑克、宋晓贤等，都可谓有自己独有的立场，晚近因为读博士而进入北师大的吕约，则更像是特立独行的个体。

其实，值得一说的还有批评和研究方面，假如果真存在一个"北师大诗群"的话，那么批评和研究也理所当然是其有机的部分。如前所述，北师大的批评传统前有鲁迅、钱玄同、钟敬文、李长之、黄药眠、童庆炳等先贤，中间则有任洪渊、蓝棣之在诗歌研究中的接力，再之后则有一批在诗学和批评界耕耘的中青年，这个阵容在中国所有的大学校园中也堪称独秀了。

至此，关于"北师大诗群"的话题似乎可以落定了。虽然作为后学和外来者，我并无资格在这里谈论历史和现今，但借了北师大国际写作中心成立之机，整理师大文学传统、开展校友作家研究，变成了一份置身其间者难以推卸的责任。秉此大意，我不得不勉为其难，做些事务性的工作，来设法梳理和"包装"一下由众多北京师范大学先贤所开创、由许多同代和同人所传承的诗歌脉系。

这便是该套"北师大诗群书系"诞生的

缘由，虽说文章乃天下公器，无论是以个人、群体还是"单位"来窄化其意义都不足取，但以文化传承和流派共生的角度看，又是其来有自、有案可循的。况且，历史上很多流派和概念都是后人重新命名的，像"九叶诗人""朦胧诗派"都是先有创作后有名号的。即便"北师大诗群"不能算是一个严格意义上的流派，但在大学文化和脉系传承的意义上也算是一种有意义的集合。

我不想在这里全面地阐述这一诗群的文化及美学含义，自知力不能及。但假如稍加审度似也不难发现，由鲁迅作为源头的这一脉系，确有着创造与发现、突破与颠覆的精神暗线；在语言上，早先的隐晦与暗示，中间的玄学与转喻，还有后来的直白与冒犯，竟然可以构成奇怪的交叉与换位，且有着若隐若现、似有似无的传递关系，但同时，更为丰富的构造和自我分化也更体现了兼容并包的大学精神。且不论怎么变，他们在文化上天然的先锋与反抗、探求而崇尚自由真理的内在精神，似乎永远是一脉相系、绵绵不绝的。

这便是它存在的理由和需要重新梳理的意义。薪火相传，我们审视百年新诗的演变，也许它还可以提供一个范例、一个缩影。

"北师大诗群书系"的第一辑中，我们所选的四位诗人是穆木天、牛汉、郑敏、任洪渊。他们与北师大的交集有先有后，在新诗史上的地位也有差别，但之所以将他们作为第一辑推出，是因为首先要使这一概念"合法化"。虽然按成就、地位，他们谁都难以和鲁迅比肩，在北师大的名望和"资历"也同样如此，所以单立一辑的应该是鲁迅而不是别人，但因《野草》读者随处都是，遂不需重新编辑出版。从几位的年龄上说，生于1900年的穆木天早在1971年便已辞世；晚其一辈，生于1923年的牛汉则在2013年过世；稍长牛汉，于1920年出生的郑敏，如今仍健在，成为百年诗坛的又一见证人；至于1937年出生的任洪渊，又比牛汉小了十几岁，出于技术考虑，单列亦难，不得不将他放入第一辑。

因此，简单化处理或许是有理由的。不管怎么说，穆木天、郑敏、任洪渊三位都有在北师大执教数十年的履历，由他们组成第一辑，可为众多的后来者奠定脉系的根基。基于此，我们在第二辑中，拟将成长于20世纪80年代校园的伊沙、宋晓贤、桑克、侯马、徐江置于一起，构成中间一代的景观。第三辑则仍呈现一个开放性的阵容，拟以更为晚近走出的朵渔、沈浩波、吕约等组成。同时，假如可能，我们还打算将活跃于当代诗学研究与诗歌批评领域的一批师大同人，如李怡、张柠、陈太胜等算作第四辑，将他们的理论批评文字也予以集中展示。另外，更重要的是，自 2015 年起，北师大相继调入了著名诗人欧阳江河和西川，他们在诗歌写作和诗学建树方面均有广泛影响，他们长期服务于北师大，自然也应视为北师大诗群的重要组成部分。因此，在适当时机，我们还要将他们也一起收纳进来。如此，几代人构成的谱系、创作与批评互补的格局，便大致可以显现出一个轮廓。

下决心写短序，但还是拉杂至此。这些话其实本应由北师大德尊望重的长辈，或者学养修为更高的同人来说，只是因为我冒昧充当了"北师大校友作家研究校级重大课题"的责任人，才不得不滥竽充数，写下如上文字。从研究者的私心说，希望借此机遇，将"北师大诗群"一说坐实，至少能够提供一个为研究者参考、为读者评说的读本，当然，如能引数十万计的北师大校友自豪，增益其认同之感，更足以欣慰了。唯望这个谱系的勾画是大致符合历史的，如有重要遗漏，那么罪责亦将无以推卸。

惶恐之至，谨以为序。

（《侯马的诗》，北京师范大学出版社 2019 年版）

马克思与我们同行

——"当代学者视野中的马克思主义哲学"丛书总序

袁贵仁　杨　耕

马克思主义哲学的创立是人类思想史上的壮丽日出，它使哲学的理论主题、思维方式和社会功能发生了根本转换，其思想之深刻、方法之科学、影响之广泛都是无与伦比的。马克思主义哲学产生 150 多年来，追随者有之，赞同者有之，批评者有之，反对者有之。梅林、考茨基、伯恩施坦、拉布里奥拉、普列汉诺夫等人对马克思主义哲学进行过深刻论述，卢卡奇、柯尔施、葛兰西、霍克海默、马尔库塞、阿尔都塞、哈贝马斯等人对马克思主义哲学进行了新的探索，罗素、杜威、萨特、海德格尔、福柯、伽达默尔、德里达等人也直接或间接地研究过马克思主义哲学，其中不乏深刻的见解。在这个论述、探索过程中，许多观点不很一致，甚至很不一致，争论持久而激烈。

一个伟大哲学家逝世之后，对他的学说进行新的探讨并引起争论在历史上不乏先例，但像马克思主义哲学这样在世界范围引起广泛、持久、激烈的争论却是罕见的。马克思主义哲学所蕴含的思想资源为当代哲学家提供了广阔的思考空间和多维的阐释角度，马克思主义哲学是当代"不可超越的意义视界"。

——

无论是马克思所处的时代，还是现时代，都涌现出了一批又一批马克思主义哲学的信奉者、实践者以及愈来愈多的研究者。在一定意义上说，马克思主义哲学的世界性影响，不仅是通过马克思的理论和实践活动而实现

的，而是通过其后继者的理论和实践活动来实现的。在这个过程中，又往往因为对马克思主义哲学文本的不同解读而形成不同的理论倾向和思想流派、不同的马克思主义哲学形态。在当代，马克思主义哲学无疑已经成为一种"世界的哲学"，翻译的文本愈来愈多，研究的范围愈来愈广。就研究主体和理论传统分属的国度和地区来说，当代马克思主义哲学研究大致可以分为四种路向。

第一种是西方马克思主义、西方马克思学，以及一些既不属于西方马克思主义，也不属于西方马克思学的当代西方哲学家。西方马克思主义是20世纪初产生的一股思潮，其基本特征是把现代西方哲学中的各种学说同马克思主义结合起来，在淡薄马克思主义哲学实践本性的同时，将其理论努力指向文化批判，主要思潮有弗洛伊德的马克思主义、存在主义的马克思主义、结构主义的马克思主义、实证主义的马克思主义、分析主义的马克思主义、现象学的马克思主义以及法兰克福学派，等等。西方马克思学则立足文献考证，从事文本解读，强调要用严格的客观态度研究马克思的文献和思想，从而建立一门特殊的严密的科学，主要代表人物有法国的吕贝尔、德国的费切尔、英国的麦克莱伦、美国的胡克等人。除了西方马克思主义、马克思学，在西方还有一批哲学家如罗素、海德格尔等人，根据不同的理论需要，从不同的角度对马克思主义哲学进行过深刻阐述，这些哲学家结合马克思主义哲学提出的问题以及研究问题的方法和角度对于马克思主义哲学研究也有启发意义。例如，海德格尔认识到"马克思完成了对形而上学的颠倒"以及这一颠倒的深刻性、超前性和巨大的优越性，并在《关于人道主义的书信》中断言："马克思在体会到异化的时候深入到历史的本质性的一度中去了，所以马克思主义关于历史的观点比其余的历史学优越。但因为胡塞尔没有，据我看来萨特也没有在存在中认识到历史事物的本质性，所以现象学没有、存在主义也没有达到这样的一度中，在此一度中才有可能有资格和马克思主义交谈。"

　　第二种是苏联模式马克思主义哲学和东欧新马克思主义。苏联模式马克思主义哲学以宣扬整个世界的客观性、可知性的世界观为主要内容，以斯大林《辩证唯物主义和历史唯物主义》为蓝本，主要代表人物有尤金、米丁、康斯坦丁诺夫等。东欧新马克思主义是 20 世纪 50—60 年代在东欧非斯大林化过程中涌现出来的一种理论思潮，其基本立场或理论基点是马克思的实践哲学和异化理论，实践、生存、异化、人道主义、自由人的联合体在这一理论思潮中占有十分重要的地位。以彼得洛维奇、马尔科维奇等人为代表的南斯拉夫实践派，以赫勒、马尔库什等人为代表的匈牙利布达佩斯学派，以科拉科夫斯基等人为代表的波兰意识形态批评流派，以科西克等人为代表的捷克人本主义流派，在总体上都属于东欧新马克思主义。苏联和东欧国家的马克思主义哲学研究内容上存在着交叉性，但苏联模式马克思主义哲学主要表现为对斯大林哲学体系的弘扬和对马克思主义哲学的阐发，东欧新马克思主义则表现为对斯大林哲学体系的批判和对马克思主义哲学的重建，二者各有自己的理论内容和理论特征。

　　第三种是俄罗斯马克思主义哲学研究，即苏联解体以后俄罗斯哲学家对马克思主义哲学的反思和再认识。以 1991 年苏联解体为标志，俄罗斯社会发生了重大转折。重大的社会转折以及由此带来的巨大的心灵动荡，使俄罗斯哲学在短暂的"休克"之后表现出未曾有过的活力。马克思主义哲学所注重的世界观，对客观规律和科学认识的追求，逐渐退出了哲学舞台的中心。对苏联历史的反思，对俄罗斯发展道路的探索，对人类未来的关切，成为俄罗斯哲学关注的焦点。特别是在对马克思主义哲学和社会主义道路的反思、对西方工业文明的批判、对全球性问题的探讨等方面提出了一些深刻而富有新意的思想。随着苏联的渐行渐远，俄罗斯学者们已经逐渐改变了对马克思主义激情式的彻底否定态度，重新以客观的、理智的、冷静的心态研究马克思主义哲学。从中既可以看到以谢苗诺夫为代表的"正统"马克思主义哲学，也可以看到斯焦宾等人对马克思主义哲学的分析批评，并从社会生物学的角度对唯物史观进行了系统阐发。

这些社会思潮、理论模式和研究范式从不同层次、不同角度，对马克思主义哲学做了许多新的探索，为我们提供了一个多维视野中的马克思。其意义不仅表明马克思主义哲学史上对马克思主义哲学的理解存在着不同的观点和流派，而且表明马克思主义哲学研究已突破单一的模式，呈现出解释的多元化格局；不仅为马克思主义哲学研究提供了更多的可能途径，而且为解读马克思主义哲学文本提供了更多的方法。例如，卢卡奇和柯尔施的总体性方法启示我们，要把马克思主义经典文本作为整体来把握，而不能简单

地把它分割为哲学的、政治经济学的和科学社会主义的；阿尔都塞的症候式解读方法启示我们，阅读马克思主义哲学不能停留在字面上，而要努力追踪它的问题框架，发现表象背后隐秘的、被遮蔽的方面；吕贝尔、费切尔的文本解读方法启示我们，不仅要全面研究马克思哲学在各个领域的思想特征，而且要深入研究马克思著作中概念、范畴乃至思想的演变；德里达的解构式阅读方法则启示我们，即使在马克思主义哲学的同一文本中也存在着张力和冲突，要善于思考其间的断裂和缝隙；沙夫的"人的哲学"启示我们，关注人的存在、人的自由和人的困境是马克思主义哲学的重要内容，哲学研究应当探讨不同历史条件下人类所面临的重大现实问题和理论问题，并使现实中的问题上升到哲学中的问题；科普宁的"认识论主义"研究方法启示我们，认识不是盲目地跟随客体，而是创造性地反映客体，如此等等。

毋庸讳言，20 世纪 80 年代以来，中国马克思主义哲学界关于人的价值和人道主义问题的研究，关于主体性和实践唯物主义的研究，关于交往和社会本体论的研究，以及文化哲学、生存哲学、生活世界理论等，从争论的议题到基本的依据，都既有中国现实

的基础，又在一定程度上受到西方马克思主义、东欧新马克思主义的激发。90 年代以后，中国学者"重读马克思""回到马克思""走近马克思""走进马克思"一类的研究进路，都直接或间接地受到西方马克思主义、马克思学的影响。对于当代国外马克思主义、马克思学以及马克思主义哲学研究，我们不能采取简单拒斥的态度，而应在批判它们错误的同时，对它们提出的重要问题和具有启发性的思想进行反思，以扩大自己的理论视野。无论在哪一个时代，马克思主义如果忽视对同时代理论成果的批判考察和借鉴，把自己同整个时代的文化背景和社会思潮隔离开来，都会由于孤立而走向枯萎。

二

在充分肯定当代国外马克思主义、马克思学以及马克思主义哲学研究的意义及其对中国马克思主义哲学研究具有启示性的同时，对它们的局限及其对中国马克思主义哲学研究的负面影响也应有清醒的认识。无论是西方马克思主义、马克思学，还是苏联模式马克思主义哲学、东欧新马克思主义，以及当代俄罗斯学者对马克思主义哲学的研究，都没有也不可能达到马克思主义哲学研

究的"终极真理"状态。它们的确看到了某些合理的事实，但往往又把这些合理的事实溶解在不合理的理解之中。即使是西方马克思主义对资本主义的批评，在今天也更多地表现为文化批评、文学批评，乃至符号的、修辞的批评，由此一路狂奔和下滑，走向虚无和颓废，并没为社会发展提供现实的指向。因此这样的批评很难称得上是对马克思主义批判理论的继承和发挥。更重要的是，自法兰克福学派之后，西方马克思主义和社会实践无缘，在相当程度上成为书斋里的批判。正如佩里·安德森在《西方马克思主义探讨》一书中所说，这些学说"以自己密码式的语言说话"，其"首要的最根本的特点就是，它在结构上与政治实践相脱离"。而德里达在苏东剧变后之所以不断"靠近马克思"，实质上是从解构主义立场出发为马克思辩护，同时运用马克思主义方法来旁证解构主义。在这一"联姻"过程中，马克思主义已被德里达在解构性的阅读中重新书写了，马克思主义成为一种解构主义版本的马克思主义……在一定意义上，一个完整的马克思主义哲学在这些不同的学派、学说和思潮中被肢解了。在当代，无论是西方马克思主义，还是东欧新马克思主义，抑或是苏联模式马克思主义哲学都已经成为思想博物馆

的标本陈列于世，而不是兴盛于世了。

当代国外马克思主义、马克思学以及马克思主义哲学研究对我们摆脱对马克思主义哲学教条化的理解，具有一定的启示意义，但过高评价它们，则会妨碍我们进一步的思考；笼统地谈论国外马克思主义、马克思学以及马克思主义哲学研究的高度，无助于我们的研究工作，相反，倒有可能混淆它们内部的张力和冲突。国外马克思主义、马克思学以及马克思主义哲学研究不乏深刻之处，同时也有许多误读、误解乃至歪曲马克思主义哲学的思想。质言之，它们为我们重新理解马克思主义哲学开启了广阔的语义空间，提示了种种可能的思路，具有积极的意义，但如果把它们当作马克思主义哲学的"最高境界""最佳视角""终极真理"来仰视，不仅丝毫无益于马克思主义哲学的发展，而且会使我们的马克思主义哲学研究走向迷途。

如何理解马克思主义哲学的主旨，如何从根本上和整体上把握马克思主义哲学，中国的马克思主义者已经并继续在做出积极的回答。中国马克思主义者对马克思主义哲学所做的最大贡献，就是使马克思主义哲学中国化，就是使马克思主义哲学与中国实际相结合，与中国社会实践相结合，

与中国传统哲学相结合，体现马克思主义哲学的实践性、民族性、时代性，使马克思主义哲学成为具有中国特色、中国风格与中国气派的哲学形态。马克思主义哲学中国化是中国马克思主义者研究马克思主义哲学的根本指向，也是当代马克思主义哲学研究的第四种路径。

三

哲学研究不能仅仅成为哲学家之间的"对话"，更不能成为哲学家个人的"自言自语"，马克思主义哲学研究应当也必须与现实"对话"，深入现实，超越现实。当代中国最大的现实就是建设和发展中国特色社会主义。这一实践活动把现代化、市场化和社会改革这三重大的社会变迁浓缩在同一个时空中进行，构成了一场极其特殊、复杂、艰难，史无前例而又波澜壮阔的伟大的社会变革，它必然会引起一系列重大而深刻的哲学问题，必然为当代中国马克思主义哲学研究开辟一个广阔的社会空间。关注这一现实，由此引发对马克思主义哲学民族形式和当代形态的思考与建构，反过来，以一种当代中国的马克思主义哲学引导现实运动，这是中国马克思主义者应有的良心和使命。当代中

国马克思主义者不辱使命，无论是从研究深度来说，还是就研究广度而言，当代中国马克思主义哲学研究都在马克思主义哲学史上留下了浓墨重彩的一章。

因此，我们编纂了"当代学者视野中的马克思主义哲学"丛书。这套丛书是中央实施马克思主义理论研究和建设工程课题"马克思主义哲学"、国家社会科学基金重大课题"马克思主义哲学基础理论研究"、教育部哲学社会科学研究重大课题攻关项目"马克思主义哲学体系创新研究"的阶段性成果。

"当代学者视野中的马克思主义哲学"丛书力求根据马克思主义哲学研究的当代性、广泛性和学术性，按照当代西方、当代东欧和苏联、当代俄罗斯和当代中国四个角度，汇集了当代学者对马克思主义哲学的种种解说和阐释，使马克思主义哲学研究的当代境遇凸显出来，使马克思主义哲学与时代课题的联系多方面地显示出来。这套丛书所选材料中的立场、观点和方法并不一致，它们之间的差别有时非常大，甚至可能是对立的，但也正因为如此，这些研究材料的作用和意义就会是多重的，其中所包含的一致、差别和对立能够为马克思主义哲学中国化提供不同的参考维度，提供较大的思考空间。透过这些观点、学说和学派，你会体验到，在当代，没有任何一种哲学思潮或哲学流派能够取代马克思主义哲学，马克思主义哲学的确是"我们时代唯一不可超越的哲学"。当然，随着自然科学的重大发现和社会生活的重大变化，马克思主义哲学应当也必须研究新的课题，应当也必须改变自己的理论形式，应当也必须调整、充实和丰富自己的理论内容。但是，课题的更新，形式的改变，内容的丰富，应当也必须沿着马克思开辟的方向进行，另谋"出路"是没有出路的。在编纂"当代学者视野中的马克思主义哲学"丛书的过程中，我们深深地体会到，马克思仍然活着，马克思与我们同行。

（"当代学者视野中的马克思主义哲学"丛书，
北京师范大学出版社 2014 年版）

对世界社会主义五百年历史的观察与思考

——"世界社会主义史丛书"总序

高　放

2013 年 1 月 5 日，中共中央总书记习近平同志在新进中共中央委员会委员和候补委员学习贯彻党的十八大精神研修班的讲话中指明："从提出社会主义思想到现在，差不多有五百年时间。"接着，他依照自己的体会把世界社会主义思想的发展分为六个时间段，精辟地概述了这六个时间段的发展进程。第一个时间段是从 1516 年英国人托马斯·莫尔发表《乌托邦》到 19 世纪初法国的圣西门、傅立叶和英国的欧文，这个时间段是空想社会主义的产生和发展。第二个时间段是马克思和恩格斯创立科学社会主义理论体系。第三个时间段是列宁领导十月革命胜利并实践社会主义。第四个时间段是苏联社会主义模式逐步形成。第五个时间段是新中国成立后我们党对社会主义的探索和实践。第六个时间段是我们党作出改革开放的历史性决策，开创和发展中国特色社会主义。习近平同志对世界社会主义思想近五百年来的发展，做出高屋建瓴、高瞻远瞩的精要概括，激起了广大干部和青年学生对学习世界社会主义近五百年的历史的浓厚兴趣。中共北京市委宣传部、中共北京市委讲师团和北京电视台随即组织专家编写并拍摄一部题名为《正道沧桑——社会主义 500 年》的电视政论片，分为 50 集，来讲解习近平同志上述关于世界社会主义思想的发展历史。在该片拍摄过程中，北京市委讲师团曾经约请我讲解马克思、恩格斯的科学社会主义理论的诞生这一集，并且寄来了他们编写的初稿。我对初稿提出了一些修改意见，同时表示我年事已高，最好请较年轻学者讲解。后来我没有参与讲解。《正道沧桑——社会主义500年》这部大型电视系列片从2013年5月初在北京卫视开始播出，每晚一集，广受观众的欢迎。同时有不少受众在学习中也提出好几个问题，诸如世界社会主义为何不从科学社会主义诞生算起，而从空想社会主义出现算起？是谁把1516年莫尔著《乌托邦》的空想社会主义定为世界社会主义的起点？除了世界社会主义思想的发展之外，是否还有世界社会主义运动的发展？世界社会主义500年是否还有其他的分期分段标准？苏联和东欧国家发生剧变后世界社会主义现在处于什么发展阶段？世界社会主义的前景如何？为了回答读者的这些疑问，《北京日报》理论部约请我撰写一篇《关于社会主义500年历史的答问》，发表于6月24日该报第20版。我在文中提出世界社会主义500年依照时间顺序大致可以划分为以下四个大阶段，即社会主义从空想到科学、从理论到实践、从一国到多国演进、从一国到多国革新这样不断飞跃的四个历史进程。社会主义500年长波激流，高扬跌宕，极大地改变了世界面貌，冲毁了部分旧社会，开创了一片新天地。我在文中还谈到社会主义500年对我们的五点主要历史启示。拙文在《北京日报》刊

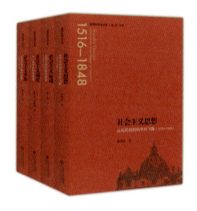

登后，第二天我就接到北京师范大学出版社编辑打来的电话。他认为，我把世界社会主义500年划分为上述这样四个大阶段很有新意，并提出要我主编一套"世界社会主义史丛书"，要我约请几位专家撰稿，要写得有深度，一定要在2016年世界社会主义500年之际出版，献给读者一部有分量的完整的世界社会主义史。

北京师范大学出版社策划出版这一套"世界社会主义史丛书"，是很有胆识和谋略的。当前我国广大人民群众正在以习近平同志为核心的中共中央领导下大众创业、万众创新，齐心协力建设中国特色社会主义。没有世界社会主义的源头就不会有中国社会主义的由来；没有世界社会主义的迂回曲

折，就不会有中国社会主义的崭新创造；只有充分汲取世界社会主义实践的经验教训，才能取得中国特色社会主义全面建设成功；只有建设中国特色社会主义取得越来越多的成就，才能越来越有力地推进世界社会主义重新振兴。我从事世界社会主义历史与理论的教学和研究工作将近70年，亲身经历了近70年来世界社会主义的兴衰成败和苦乐祸福，深感世界社会主义的成就主要是各国社会主义政党正确领导各国人民艰苦奋斗取得的，而其挫折从内部情况来看主要是急于求成的过左路线和权力过度集中的领导体制造成的。邓小平于1992年南方谈话中根据他毕生从事革命工作的经验，语重心长地指出："右可以葬送社会主义。'左'也可以葬送社会主义，中国要警惕右，但主要是防止'左'"，"根深蒂固的还是'左'的东西。"我自己从1949—1978年在教研工作中就多受"左"的影响，在课堂和文坛上发表过很多错误言论。1978年我们党端正了指导思想和基本路线后，我痛定思痛，幡然悔悟，在教研工作中尽力纠"左"防右，本着解放思想、实事求是、独立思考、与时俱进的原则重新研究世界社会主义。尽管我现已年近90岁高龄，还指导三名科学社会主义与国际共产主义运动专业的博士研究生，并承担较重的科研任务，然而我还是乐于应约为北京师范大学出版社主编这一套"世界社会主义史丛书"，因为这是一项很有历史和现实意义的学术工程。

经我进一步斟酌，我把这一套四卷本"世界社会主义史丛书"定名为：第一卷，社会主义思想 从乌托邦到科学的飞跃（1516—1848）；第二卷，社会主义运动 从理论到实践的转变（1844—1917）；第三卷，社会主义制度 从一国到多国的演进（1917—1991）；第四卷，社会主义革新 从地区到全球的拓展（1978—2016）。我约请较长期从事世界社会主义教研工作的几位中年学者来撰稿，他们都是与我志同道合、观点一致、纠"左"防右、不偏不倚的。第一卷由中国人民大学蒲国良教授执笔。第二卷本来我先后约请北京、天津和上海的学者撰写，因他们都另有任务，最后只好把我自己在《延安干部学院学报》"国际共产主义运动史专题讲座"专栏发表的相关文稿加以删改和补充编成。第三卷由北京大学孔寒冰教授执笔。他因忙另请年轻教师项佐涛博士与他共同完成。第四卷由中国人民大学郭春生教授执笔。我们五个作者是老、中、青三代人，共同写成这套丛书。

起先，第一、三、四卷的作者按照我

的要求拟定出全书分章分节提纲，由我略加修改后加上我拟定的第二卷的提纲，统一交北京师范大学出版社审定，然后我们分头撰写。两年多来，我们在教学之余努力写出初稿。我初读之后提出需要增补的内容，大家又分头写出第二稿。我在通读中对章、节、目的三级标题作了必要的修改，尽力做到全书体例、规格一致，标题鲜明活泼，内容的一些提法和表达也尽量做到全面、准确、稳妥，史实也作了一些订正和补充，可以说这套丛书是前后连贯、内容完整的史书。各卷都有简短的前言和结语，对每卷的内容作出扼要概括。读者只要细读各卷的章、节、目三级标题，就能掌握全卷的要点。我们都是本着以史为据、以论研史、史论结合、论从史出的原则来论述世界社会主义 500 年的历史，力求使之成为一部客观、公正、详明、真实的信史和力作。读完这一套丛书，必能对世界社会主义 500 年的兴衰成败获得较为系统、完整、翔实、细致的了解。这样必能有助于以史鉴今，鉴往知来，增强我们建设中国特色社会主义的信心和信念，激励我们实现社会主义现代化的斗志和干劲。

这套丛书的出版，还要感谢北京师范大学出版社领导的审读和杜松石、韩拓、张爽三位编辑的费心尽力帮助。

（"世界社会主义史丛书"，
北京师范大学出版社 2018 年版）

《心理学导论》序言

张厚粲　许　燕

心理学是与人发生最密切关系的学科之一，哪里有人，哪里就有心理学。随着生命科学时代的到来，心理学在人类生活中越来越凸显其重要的地位与作用。

早在 1879 年心理学从哲学母体中分离出来，就以其实验科学的特点展现出无限扩展的可能性。最初，心理学有三大应用功能：首先，可使广大的普通人完善自我、提升人生幸福感；其次，可帮助优秀人才发挥潜能、追求卓越；最后，可疗愈心理创伤者，使其心态平稳。然而，在大众眼里，心理学常常被局限在第三功能——治疗心理疾患上，心理问题常常被误解为精神疾病。这使得心理学成为只为精神病患者服务的学科，逐渐被大众疏远，心理科学甚至被污名化。时至今日，社会发展与科学进步揭开了心理学的神秘面纱，其学科价值越来越被大众认识。心

理学不仅有助于个人成长、促进个体身心健康，在国家发展建设中也具有重要作用。虽然心理学科产生于西方，但是心理学思想在中国文化中早已存在。古人在《大学》中就阐明了心理的基础性作用：正心，修身，齐家，治国，平天下，明确了"心"在个人修养、家庭和睦、国家建设、世界和平方面具

有的重要作用。1918 年，孙中山在《建国方略之一：心理建设》中首次提出，心理建设具有与国家建设同样的地位。2006 年党的十六届六中全会通过的《中共中央关于构建社会主义和谐社会若干重大问题的决定》中明确提出要"注重促进人的心理和谐，加强人文关怀和心理疏导，引导人们正确对待自己、他人和社会，正确对待困难、挫折和荣誉"，在和谐社会建设中突出了心理和谐的作用，第一次以文件的形式将心理和谐的问题提到如此高度。2016 年，国家卫生和计划生育委员会（现为国家卫生健康委员会）、中宣部等 22 个部门联合印发《关于加强心理健康服务的指导意见》，强调加强心理健康服务的重要意义，提出了大力发展各类心理健康服务的总体要求。2017 年，习近平总书记在党的十九大报告中提出，要加强社会心理服务体系建设，培育自尊自信、理性平和、积极向上的社会心态。

由此可见，从古至今，国家建设、社会建设、家庭和谐、个体发展等各个方面都对心理学提出了要求，强大的需求使得心理学已经成为现代人的热选知识之一。越来越多的人开始关注心理现象，越来越多的人开始阅读心理学书籍寻求答案，越来越多的人开始选择心理学专业探索其中奥秘。

大学时期，是青年人开始思考人生、探索未知世界的时期，心理学知识为学生提供了思考的知识基础，掌握心理学知识就成为众多大学生选择心理学课程的主要目的。为了适应当前社会发展与民众心理发展的需求，心理学教材层出不穷，心理学书籍在市场上到处可见。但是，好的心理学书籍应该是科学性与实用性的结合，既要让读者学习到准确的心理学知识，又要让读者学会运用所学知识。本书依据《普通高等学校本科专业类教学质量国家标准》中的"心理学类教学质量国家标准"，力求通俗易懂、言简意赅地讲述心理规律，并结合生活实际来解答心理问题。它不但是不同专业的大学生学习心理学的公共课教材，同时也是广大心理学爱好者的优选自学读物。本教材在内容上强调科学性、基础性、前沿性，在功用上强调规范性、实用性，在风格上强调简明性、趣味性。具体特点体现在以下几点。

一、精简知识

心理学导论是一门入门课程，可供心理学专业和非心理学专业的初学者学习，为了保证一学期的教学课程能够完成心理学基础知识的学习，本教材的撰写原则是浓缩知识、简化语言，尽量运用通俗易懂的语言来描述各种心理现象与规律，力求减少读者的认知负荷，以便在轻松的状态下学习心理学知识。同时，本书收入了一些新进展和新的知识表达，力求反映心理学学科的前沿动态。

二、启动兴趣

在学习心理学知识的过程中，许多心理学爱好者常常是满怀兴趣来，带着失望离开。部分原因是这些人对心理学的了解片面。例如，他们只关注弗洛伊德以及与心理咨询有关的内容，当接触到心理学的基础知识时，发现这些与他们的初始印象不同，就觉得枯燥无味，失去了学习兴趣。任何一门科学，要掌握它都要先从基础知识学起，因为有效的应用必定建立在对科学知识理解的基础上。心理咨询仅仅是心理学的一个分支，在我国社会转型与快速发展的现阶段，人们所出现的心理适应问题日益增多，对心理咨询与心理健康领域的关注也越来越多。但是要深入理解心理咨询知识与原理，必须要学好心理学的基础知识。本教材强调心理学各分支领域的基础知识，并在每一章的开头都用一个现实例子和插图引出该章内容，力求使知识更加生动，激发学习者的兴趣，以便理解相关知识，提高应用的效能。

三、强调应用

知识只有被应用才具有生命力。大学生学习心理学的主要目的是将心理学知识运用于日常生活与学习中，这对于大学生的心理健康和学习生活至关重要。本书在内容结构的编排和知识点的筛选上，就力求与学习者的生活紧密结合。本书不但介绍了个体心理学的各种认知过程（感知、学习与记忆、思维等）、个体差异、心理健康，还详细介绍了群体心理学中的人际交往、社会态度与行为的内容。虽然心理学的应用价值越来越受人们重视，但是心理学的知识还传播不够，很多知识的表述过于深奥而不能深入人心。为此我们进一步简化了知识的表述，强化了知识的运用，并在每章都设定了知识扩展、生活中的心理学等辅助栏目，目的就是为读者扩展知识并展示心理学知识的应用。

四、促进成长

心理学的应用性还表现在它对人生的指导意义上。心理学也是生活的哲学，它告诉我们如何认识自我、完善自我，让我们能了解认知心理学知识，有效地运用感知、记忆、思维等心理功能，提高学习能力；了解智力与人格知识，明白个体差异的表现特征，也让教师可以因人而异、因材施教。学习心理学知识，还可以让我们学会自我分析，扬长补短，激发潜能，成就自我。大学阶段是自我成长的重要时期，希望同学们能够通过心理学知识的掌握，学会将其运用于自我成长与发展中，以塑造良好人格，建构人生之路，有效地发挥个人潜能，为国家和社会做出贡献。

《心理学导论》是由张厚粲先生主持的教学团队完成的。张厚粲先生负责第一章、第二章、第三章、第四章、第五章、第八章内容，黎坚副教授负责第六章、第七章、第九章、第十章内容，许燕教授负责第十一章、第十二章、第十三章、第十四章、第十五章内容。感谢姚梅林、舒华、宋合义、樊富珉、阎巩固、金盛华、宋健辉、王立新、姜涛，以及策划编辑周雪梅博士对本书所做的贡献。

心理学带给人们科学知识，带给人们对生活的思考，带给人们实践知识的动力，带给人们提升能力的方法。你们开始阅读这本书时，也就开始了探索心智和行为奥秘的旅程。我们愿将此书献给在人生旅途上不断探索、不断成长、不断完善的读者们。

（《心理学导论》，北京师范大学出版社
2020 年版）

仰望星空　心契先贤

——《中国人的情感：文化心理学阐释》序言

韩布新

　　《中国人的情感：文化心理学阐释》是中国人用英文写给外国人看的一本好书，作者用西方（现代心理学）人的概念和语言把中国人的情感说得明明白白、清清楚楚；现在被译成中文，中国学人可以受益，真好！感谢北京师范大学出版社的信任，我能先睹为快，幸甚！

　　看译稿的过程十分享受，我很高兴！我高兴的是，中国古代文人士子和现代书生都关心的概念（例如和、静、古诗词之比与兴）和修行实践，吕坤维（Louise Sundararajan）先生条分缕析地用现代心理学相关研究说得很清楚，让读者知其然更知其所以然。吕先生开宗明义，在第一章就定了一个大目标：让读者对各类文化的认知风格差异，既知其然亦知其所以然。应该说，吕先生实现了诺

言。至少，给陷入分析思维迷途的主流文化心理学研究者，特别是尚未摆脱身份认同危机的中国心理学家们指出了一个既令人振奋又充满希望的方向。

　　本书堪称跨界杰作。吕先生不仅从概念、

理论与技术、科学哲学三个层面条分缕析了中国人的情感，更从物理学、心理学、哲学、文学艺术等多维度分析儒家、佛家、道家思想，因为传承至今的民间婚丧嫁娶习俗皆或多或少地植根于三家，更因为中国人的情感就是在这些重大生活事件中萌芽、发展、成形的，非如此难以说清楚。

令人惊讶的是，想必读者朋友也会有同感，我们中国人和中国心理学家都习以为常的"心疼""和谐""撒娇""品味"背后居然有如此深刻的心理、哲学、人文内涵。可惜，我尚未看到大陆心理学家的研究、文章涉及类似内容。这些日常生活的酸甜苦辣与儒家之情、佛家之空、道家之真有如此千丝万缕的关联！古代圣贤们的思考与社会治理设计真是顶天立地！能够跨越时空与先贤神交会意，我为闻道而喜，亦感读者得其之幸！感谢吕先生！

在我看来，本书兼具主位（emic）、客位（etic）和中位（moderate）的论述，其思想深度与广度自不待言；对于历经19世纪、20世纪、21世纪过山车似的经济全球化遭遇，尚未走出身份认同危机的中国（心理）学人，本书就是场及时雨。我相信，本书可以为读者朋友答疑解惑。

近年我深为中国（心理）学人的身份认同危机担忧，因为他们既非中国传统文化的实践者，更因他们接受着不全面的科学教育，"喜资料而轻探究，喜笼统而轻分析，喜答案而轻问题，好学而轻问，好研而轻究"。中国诗书画印等艺术，是超出现代心理科学的高明修行之路，十分有利于全人发展、毕生发展；在认识论（顿悟 vs. 逻辑推理）、身心健康促进效果（和谐模式 vs.战争模式）、精神升华与超越（追求心灵永恒 vs. 试图躯体不朽）三个层面皆领先其他国家千年以上。中国人两千年前已经达到的认识水平，现代（心理）科学刚开始领悟——过去100年（特别是近30年）东西方（心理）学人都已经交了太多的学费。好好的科学研究被弄成了担夫争道——弗洛伊德容不下荣格。大道不该如此之小！

语言鸿沟导致的沟通障碍和阅读负荷，使我们这些肩负"赶超世界科技前沿"使命的中国学人深受其害。用自己的母语阅读、思考这样一本开阔眼界、启发思维的好书，真乃人生一大快事！这本书恰逢其时。我们都知道中国传统文化有很好的一面，但是好在何处？为什么好？常常是心中了了、嘴上难明。我作为一个幼承庭训、热爱中国传统文化（诗书画印）的应用心理学家，对此很是愧疚。感谢吕先生为我解惑！

我心仪本书，因为青少年时父母亲、师长们言传身教，让我自觉认同并践行中国传统文化及其推崇的诗书画印等核心修行技术，深知其利己益人。正念无处不在，关键在"悦纳自我"。琴棋书画诗酒花茶，既需习技，亦可行术，更能修道。从五官感受入手，经日常生活的长期应用不断了解自己、心慕前贤、手追圣迹、结交同道；从知难行易进入眼高手低，从知易行难再进入心手相应境界，无论何种途径，或以诗言志，或胸有丘壑，皆可静心得乐［内在拟化（internal simulation）］，乃致虚极守静笃。诗书画印之修行皆可用对称（symmetry）、对称破缺（symmetry breaking）、复对称（symmetry recover）框架，心—心相交的关系型认知风格、心—物相交的非关系型认知模式演绎。比如，苏东坡"厌从年少追新赏，闲对宫花识旧香"突出的是光阴长河之流逝与永恒，体现了中国传统文化的从容与自在。再如，陆游说，小楷经典《乐毅论》"纵横驰骋，不似小字"，碑中之王《瘗鹤铭》"法度森严，不似大字"。小字易拘谨难奔放，展书家胸中气度；大字易游滑难收敛，验书家腕底功夫。前者因习者少而少见，后者多见于当代丑书，比比皆是。微末处见功夫，方寸间好经营。这正是中国传统诗书画印修身养性的讲究处。

吕先生的叙述启示我们，诗书画印对修习者的益处有三。首先，是主动的自我整合乃至疗愈。无论是面对山川森林还是人生苦乐际遇，眼底所见、心中所想皆触景生情，"漫卷诗书喜欲狂"的积极情绪也好，"凄凄惨惨戚戚"的消极情绪也罢，既然面对自然奇迹的冲击或惨淡人生际遇所致认知失调而冗思于心、述之以诗词，显然已在心中既有能量支撑下经认知重评达致新的平衡。这是我们能够跨越时空与南唐后主李煜、宋代词人李清照共鸣的根本原因，因为每个人都需要其诗词表达的认知、情感正能量（失去中有得着、悲惨中找到宁静、绝望中认定盼望）。可以说，我们自己完成或者欣赏他人的一首诗、一阕词、一幅字画、一方印章，就是自我疗愈的有效途径。其次，眼目所及、口耳相传的诗书画印，皆启动了我们意识乃至潜意识层面的正能量，见一次即启动一次正能量循环，书斋、客厅、会堂，公私时空皆可随意以此"栽培心上地，涵养性中天"，以心—物之交实现心—心之交。最后，心流（mental flow）与兴盛（flurishing）是近年现代积极心理学研究中人人皆经历过的两个现象。心流是大脑的生命。进入心流状态，心理能量就会围绕着同一个主题组织、向同一个方向高效率地输出。人在心流状态下的表现最好。而且，如果人经常经历心流，他的心理会被训练得越来越有序，以后进入心流就越来越容易；即使平时不在心流状态下，也不像一般人那样心猿意马。修习诗书画印正是训练心流、实现兴盛的有效途径。

吕先生是少有的学贯中西、融会贯通而"跳出三界外，不在五行中"的华人心理学家。先生生于云南，长于台湾，先后获台湾东海大学英语语言文学学士学位、哈佛大学宗教史博士学位和波士顿大学心理咨询博士学位，现定居美国。她曾担任人类终极现实与意义心理国际协会主席、美国心理协会人本主义心理学分委会主席，2014 年荣获后者颁发的"亚伯拉罕·马斯洛奖"。她主导的中国本土心理学推进小组已吸引全球 200 余位学者加入。

本书由美国文化心理学学者杜艾文（Alvin Dueck）教授的学生谢中垚博士翻译。15 年前，我和杜艾文教授合作，开始组织国内心理学同人选译经典。很高兴美梦成真，我们陆续翻译出版了《和平心理学》《像我们一样疯狂》等好书。这些书跳出主流心理学家惯常的范式，直面现代（中国乃至世界）心理学之痛处！

在译稿审读过程中，本着文字洁癖者的强迫倾向，我也提出了一些文字翻译表述的改进建议，谢中垚博士大量，多惠予接纳。感谢谢博士辛勤翻译，感谢他为出版社、为读者、为作者尽心竭力，不负吕老师写了这本好书，不负将来的读者。

我希望，也相信，本书能够裨益读者全人成长乃至毕生发展，故不揣浅陋，而作此序。

（《中国人的情感：文化心理学阐释》，
北京师范大学出版社 2019 年版）

《比较文学概论》序言

季羡林

几年前，我曾说过一句话：比较文学日益成为一门显学。现在，无论是从世界范围来看，还是从中国国内来看，比较文学的发展都异常迅速。这就说明，我那一句话并没有落空。

形成这种情况的原因何在呢？难道说仅仅是由于学者的努力吗？学者们的努力是非常重要、不可缺少的。但是，更重要的是——我想套用本书的一个观点：比较文学的发展是一种历史的必然。这种发展是合乎规律的，顺乎世界潮流的，沛然不能抗御的。学者们只不过是表达这个规律和潮流的工具而已。

从整个世界文化的发展来看，也有同样的现象。有人说，今天的两年等于20世纪初的二十年，等于历史上的两千年。无数事

实都能证明，这几句话并没有夸大之处。

处在社会主义初级阶段的中国，必须认清当前世界文化发展的潮流，奋力追赶，否则就必然受到惩罚。我们不但要追赶世界潮流，而且还要尽可能地推动潮流前进。只有这样才算是顺应潮流，与时代同步

前进。

专就文学研究而言，比较文学在我国算是一门新兴学科，方兴未艾，充满了活力。这就说明，我们在这一方面赶上了世界潮流。最近几年以来，许多大学争相开设比较文学的课程，撰写的专著和论文日益增多，青年学习的兴趣也越来越高涨。对我国社会主义建设来说，这是非常好的现象，对发展我国社会主义文艺，建设社会主义精神文明，是必不可少的。

陈惇、刘象愚二同志的这一本书，也可以说是应运而生的。它不是这一类书的第一本；但是，我想借用中国一句老话：后来居上。当然不会在所有的方面都居上。我们现有的几本比较文学概论一类的书，是八仙过海，各显神通，各有各的优点和特点。陈、刘二位的这一本书也有其特点。它介绍了国际国内比较文学发展的历史和现况，介绍了比较文学的定义、理论和方法，但它的作者不是单纯地介绍，而是把自己也摆进去，把自己摆进去而又不强加于人，以讨论的口吻，与读者平等对话。我个人认为，在目前比较文学还没有发展成为有严格范围和固定内容的专门学科的情况下，这是唯一正确的态度。青年读者读了本书以后，自然而然地就会抱一种态度：借鉴而不为奴，求知兼又创新。这对青年理解能力的提高、知识面的扩大以及创造性的发挥，都会有很大的好处。中国比较文学的发展重任已经历史地落到青年们的肩上。

国家教委规定比较文学为某一些科系的必修课，是有真知灼见之举。陈惇、刘象愚二同志又写了这样一本有真知灼见的比较文学教科书，真可谓珠联璧合。我非常高兴为这一本书写了上面的那些话，算是序，用意只不过是锦上添花、鼓吹升平而已。

（《比较文学概论》，
北京师范大学出版社 2010 年版）

《中国数学史大系》序言

吴文俊

1984 年间，四位中国数学史的专家教授，倡议撰写一部全面论述中国传统数学历史发展的巨大著作，取名为《中国数学史大系》，这四位教授（以年事为序）是：

北京师范大学的白尚恕教授；

杭州大学的沈康身教授；

内蒙古师范大学的李迪教授；

西北大学的李继闵教授。

中国传统数学源远流长，有其自身特有的思想体系与发展途径，从远古以至宋元，在很长一段时间内成为世界数学发展的主流，但自明代以来，由于政治、社会等种种原因，特别如明末徐光启所指出的那样，一方面"名理之儒，土苴天下之实事"，另一方面"妖妄之术，谬言数有神理"，致使中国传统数学濒于灭绝，以后

全为西方欧几里得传统所凌替以至垄断，虽然康乾之世曾又一度重视，但仅止于发掘阐释古籍而已，循至 20 世纪中叶，李俨、钱宝琮先生撰写中国数学史专门著作进行介绍，使中国古算得以免于绝迹。到 70 年

代特别是改革开放以来，全国兴起了研习中国传统数学的高潮，论著迭出，仅研究《九章算术》与注者刘徽的各种形式的专著，就在 10 种以上，其他方面论著之多，更难以统计。这些研究使中国传统数学的固有特色，如构造性、机械化以及离散型的算法形式等，与西方欧几里得传统迥然异趣，得以怡然在目，甚至国外数学史家，也表示了对中国古算的浓厚兴趣，李约瑟的中国科技史巨著固不待论，此外还酝酿了《九章算术》与刘徽注的英文与法文编译。尤其值得一提的是：《九章算术》刘徽注中关于阳马术的一段术文，过去认为有脱漏舛误而难以理解。丹麦的 Wagner 先生却给了正确的解释，使中国古算中一段辉煌成就，得以大白于世。虽然如此，目前国内大部分群众对中国数学的成就和发展情况了解仍嫌不足，已有的同类书籍却偏于某一侧面，不能满足现在教学、科研或其他方面的需求。已有的工作与我国的发展形势还不太相称，国际学术界也有较强烈的要求，希望有大型的中国数学史著作问世。《大系》的倡议，可谓来自这些对客观形势的分析，有鉴于客观上有此必要而来。《大系》全书是编年史，自上古以迄清末，共八卷，各卷自成断代史，除复原古代算法的形式，并对照以近代算法外，将尽量收入各家最新研究成果，以期能对中国古代数学的发展情况与辉煌成就做一次较彻底的清理与研究，借以达到发扬成绩、总结规律、预见未来并服务于我国四化建设的目的。

《大系》在白、沈与二李等四位倡议与领导之下，有不少中算史的专家学者参与了写作，规模之宏，在国内外还从未见过，可谓首创。不幸的是：在写作过程中，李继闵教授于 1993 年因病逝世，白尚恕教授也于 1995 年因肺癌逝世。这影响了编写进程，使《大系》的写作不得不一再延期，原来的计划也做了某些局部修改，所幸赖写作者的积极工作，以及北京师范大学出版社的高度热情，第一部分一、二、三卷自上古以迄以刘徽为中心的三国时代，终于问世。在《大系》全书不久即可全部出齐之际，聊志数语，以示庆贺。

（《中国数学史大系》，
北京师范大学出版社 1998 年版）

《百年变局》绪论

——如何理解"前所未有之大变局"

王　文

"大变局"是目前中国官方对全球形势发展的权威战略判断，引起了国内外的高度关注。2012 年 11 月 15 日，党的十八大以后，新任中共中央总书记、中央军委主席习近平主持召开新一届军委班子第一次常务会议，首次提出"世界正发生前所未有之大变局"，2017 年 10 月，习近平在党的十九届一中全会上的讲话中，明确提到，"当今世界正面临着前所未有的大变局，中国特色社会主义进入了新时代"。2017 年 12 月 28 日，中国国家主席习近平出席年度驻外使节工作会议并发表重要讲话，央广"中国之声"用《习近平：放眼世界，我们面对的是百年未有之大变局》标题报道后，开始引起国内外广泛关注。2019 年 3 月 26 日，习近平在巴黎同法国总统马克龙、德国总理默克尔、欧盟委员会主席

容克一道出席中法全球治理论坛闭幕式，再次论述"当今世界正面临着百年未有之大变局"，引起全球的高度关注。

对习近平"大变局"的战略判断，近年来学术界的探讨也逐渐深入。在笔者看来，"大变局"并不仅限于如经济全球化、大国博弈等国际关系领域，而是覆盖技术、制度、

知识、权力等更广泛领域；经济不只是 100 年的范畴，而是涉及过去 500 年经济全球化进程中的数个时间节点。如何深刻理解与全面把握这个"大变局"，决定着中国对当今世界未来与中国发展的清晰认识，也会直接影响中国人的日常生活。

一、五个时间维度的大变局

"穷则变，变则通，通则久"，《周易·系辞下》所强调的这句话说明当人类历史发展到某个阶段时，变化往往会成为下一个历史阶段的重要动力。但是，人类演进的历史变化，不会只是仅仅在某个单一侧面的片面超越，更可能是在多个层面的全面、系统的转变。了解目前世界形势从未有过之变局，应该用更广的视角去透析全局演进的逻辑。笔者认为，"前所未有之大变局"至少有五个时间维度。

"500 年未有之大变局"。从文明领衔的角度看，500 年前西方开始领衔全球化的趋势正在逐渐让位于东方。16 世纪初，西欧国家开创"大航海时代"以来，全球化的动力均来自西方文明。无论是从事对外殖民、黑奴贸易，或采取金本位、构建布雷顿森林体系、推行美元霸权主义，西方领衔全

球的总体局面在过去 500 年左右的时间里没有发生变化，变的只是西方文明内部的不同国家在领衔而已。然而，21 世纪以来，中国、印度、东盟、日韩等东方文明逐渐成为新一轮经济全球化的主要动力，扛起了贸易自由化与市场开放化的经济全球化大旗。过去 20 年，东方文明覆盖下的国家对全球经济增长的年均贡献连续超过 50%，领衔世界发展的潜力还在扩张式爆发。正如在《东方化：亚洲崛起与从奥巴马到特朗普及其之后的美国衰落》一书中，《金融时报》专栏作家吉迪恩·拉赫曼讲到"亚洲经济实力的上升改变世界政治"，"西方长达数十年的对世界事务的统治正在接近尾声"，多项权威研究报告也都认为，2050 年全球前四大经济体分别是中国、美国、印度与日本。东方文明在 500 年后重新回到全球舞台的中心位置，而中国正在逐渐扮演领头羊的角色。

"400 年未有之大变局"。从技术动能的角度看，400 年前逐渐掀起的工业化进程已从机械化、电力化、信息化逐渐演变到了智能化阶段，人类运行逻辑与国家治理规律正在被智能化的高速、高效与高频所左右。17 世纪产生物理科学层面上的技术革命后，人类逐渐进入人机械化社会。技术便捷化解放了人的四肢五官。此后出现的蒸汽机、电机、

汽车、飞机、网络使人类变得更快、更强、更能跨越物理空间进行生产和生活。然而，21世纪初兴起的基因、纳米、超材料、云计算、万物互联、机器人服务、可穿戴设备、数字化家庭、智慧城市等智能浪潮，开始解放人类的大脑思维与神经指令，人类有可能从"智人"变为"智神"。诚如布雷特·金在《智能浪潮》一书中所说，人类开始不必事事"亲自"思考、不必"亲自"发号施令时，生活习惯、金融运行、经济规则、社会治理、全球互动的惯性将随之出现颠覆式的变化。国家如何在智能化社会的建构、数字化革命的推行等进程中发挥正向作用，人类如何解决人工智能带来的道德伦理困境，既为技术革命不可阻挡之方向而因势利导，又为防范技术产生的不确定性而维持社会稳定，中国正在做出积极的尝试。

"300年未有之大变局"。从国家制度的角度看，300年前开始的资产阶级革命产生的所谓"民主政治"体制出现了衰败甚至崩塌的迹象。"历史终结论"始作俑者弗兰西斯·福山在《政治秩序与政治衰败：从工业革命到民主全球化》一书中反思，源于18世纪前后的社会契约与现代责任制前提下的"多数决"（democracy）制度出现了生物演化式的衰败。在美国，国家成立初

期设计的政党制衡体系变成了现在的相互否决制，甚至还出现了"家族制的复辟"。20世纪70年代以来的"民主第三波"国家出现了集体性的政治固化、经济停滞、社会失序现象。在美国，"不平等"已成为当下的基本状况，财富与权力集中于极少数人之手，曾经引起全球向往的"美国梦"正在坠落。当前，全球普遍反思，人类治理的国家政治制度设计或许面临着重新的选择。在新一轮制度设计上，公民权利、政党责任、法治架构、社会稳定、国家治理之间的平衡关系与匹配程度需要更深的考量。国家在未来的政治运行与社会治理的制度设计远比300多年前英国光荣革命以来基于个人选票简单计算的"多数决逻辑"更为复杂、更有难度。历史尚未终结，世界的进程不可能只是终结在西方模式的阶段，相反，新的世界历史刚刚开始。未来会出现怎样更符合各国国情、更适应全球新趋势的制度架构，解决目前人类对政治体制的集体困惑与普遍焦虑，中国应能提供非常特殊的制度发展经验。

"200年未有之大变局"。从知识体系的角度看，200年前出现并在全球普及的学科体系与思想范式在当前认识世界、重构世界的进程中，暴露出了不可修复的缺陷与短板。按照沃勒斯坦的说法，19世纪以来，发端于

西欧与美国知识界的社会科学出现了内部结构分化，建构了当代知识分工与学科划分体系。"历史学、经济学、社会学和政治学合演了一首四重奏，构成了一个可以'社会科学'为名并与各种社会思想相区别的制度化知识领域。"学科的制度化进程，不仅是在西方实践基础上展开的方法论，更是持续强调与其他知识的差异或特殊性，进而导致知识分子在解释世界时形成了浓烈的"西方化"与"狭隘化"色彩。源于西方实践的社会科学知识越来越难以解释非西方世界的全新现象，而后者的含义、范畴、活跃度均远超前者。比如，现在西方社会科学知识体系难以解释中国 40 年改革开放的进程，无法解读"一带一路""人类命运共同体"等源于东方智慧的新思想、新倡议。对此，全世界理应对现有的知识体系进行深刻"否思"。换句话说，这种"知识赤字"迫切需要跨界知识大融通，需要从全人类的现代实践出发，重新进行跨学科、融知识的解释与理解。2008 年国际金融危机、2016 年特朗普当选、英国脱欧等"黑天鹅"事件频繁出现，西方社会科学理论的准确性、适用性已受到频繁质疑。作为新兴大国，中国的知识体系构建进程基于对西方社会科学的引进，但必须拥有中国社会科学的自主性，运用大量新兴国家开创的新发展实践，建构

新的知识范式与创新理论。

"100 年未有之大变局"。从权力结构的角度看，100 多年前确定的大西洋体系正在经历洲际式的转移与主体性的分散。随着中国、印度、日本、韩国、东盟的崛起，全球权力重心正在逐渐向亚洲转移，这包括亚洲国家的市场活跃度、创新研发投入、工业制造规模、电子商务普及度、移动支付普惠性、基础设施便捷化，甚至还包括时尚、旅游、电影、小说等消费文化行业，亚洲的全球号召力与软实力越来越多地使欧美国家自惭形秽，以至于在美国出现了集体焦虑。从经济、贸易、金融、工业等诸多数据变化所带来的影响看，百年来的国际机制与国际组织都面临着改革的压力，如 WTO、联合国等。正如新加坡著名学者马凯硕在其著作《新亚洲半球》中所说：欧美国家在自由贸易、全球变暖、核武器扩散、中东、伊朗等问题上，都已捉襟见肘，世界师法亚洲之长的时刻到了。与此同时，全球化与反全球化的力量共同挤压着国家权力，国际行为主体不只是由国家垄断，而是如中世纪欧洲在政治形式中出现帝国、王国、城市、国家、部族、封建领主、神权政治、行会、公爵等那样多重行为体，国际组织、非政府组织、意见领袖、极端主义、民粹主义、反全球化力量、网络

精英、媒体、智库都在分散国家的权力，"新中世纪主义"之态在当前世界的迹象相当明显，世界既非 G2、G20，也非 G0，而是 Gn 时代，即 n 种力量正在影响着世界新进程。未来世界的冲突，不一定聚焦在国家领导权之争，而是取决于国家与社会、国家与非国家主体之间的力量平衡。依靠 20 世纪以来国家主义的权力逻辑，估计很难应对当前的全球乱局，相比之下，亚洲各国的发展经验，尤其是源于中国改革开放 40 年合作精神与实践理性的治国理政经验，正在为世界的发展提供新动力。而过去十年，中国在多数行业出现对西方的"弯道超车"，并呈现出越来越多的"换轨领跑"趋势，世界也为此展现出了新的制度性活力。

二、变局绝非定局

"前所未有之大变局"的战略判断表明，未来已来。文明、技术、制度、知识与权力等各个维度的变化，正在推动世界以难以预测的轨迹往前演进。旧力量与新力量加剧博弈，不同事物之间加速更替，机遇与挑战并存，重塑与破坏同行，非线性变量增强，不确定概率提升。从总体上看，在这个"大变局"中，中国、中国社会、中国民众代表着各个层面上的新生力量，面临着与各方旧有力量的互动、博弈甚至相互制衡。只有以更充沛的勇气与智慧、更强大的耐心与定力，透析新机遇，确立大战略，主动迎接正在到来的巨大变局，中国才能力保在变局中前行、受益，而非倒退、受损。毕竟，"前所未有之大变局"远比我们想象的复杂。

变局常常会带来变数。多数情况，国际变局若遇上"黑天鹅"事件，便会产生新的不确定性，甚至产生更大的冲突。比如，第一次世界大战伤亡惨重，全球反战情绪高涨，1920 年"国际联盟"成立，协调国际合作，旨在减少冲突。1928 年，多国签署《非战公约》，世界一度以为，第一次世界大战是"停止所有战争的战争"。世界永久和平，将是决定未来的重大变局。未曾想，第一次世界大战结束仅十年多，席卷全球的 1929 年金融危机爆发，法西斯主义、军国主义借势上台，伤亡更惨重的第二次世界大战爆发，人类深受浩劫。可见，知晓变局线索易，掌控变局前程难，让变局顺着有利于自己方向发展就更难了。中国当下洞悉全球重大变局正在发生，但隐藏在其中的风险、危机、冲突可能性，更需要中国人去琢磨、把握与防范。变局未必会带来定局。很多时候，"变化"是一种进行时的状态，未必是完成时的结果，甚至还有可能会出现逆转。比如，"冷战"结束后，西方世界被空前的乐观主义情绪笼罩，坚信"历史已终结"，共产主义已死亡，资本主义模式将是未来社会发展的终点，任何国家的发展道路都将归统到西方所确立的模式。傲慢的西方肯定没想到，短短20多年后，"历史终结论"基本宣告破产，连该论始作俑者弗兰西斯·福山也承认"美国兴衰与民主体制是两回事"，更重要的是，新兴经济体发展迅速，西方颓势明显，欧美内部利益争斗、理念分化变得难以调和。可见，中国崛起处在"前所未有之大变局"，面临着重大战略机遇期，也可能潜藏不可测的风险。切不可以为，时局的变化会轻易地、必然地给中国带来巨大的利好。若不努力抓住，再好的机遇也会稍纵即逝。

变局有时需漫长过渡。通常的情况，变局从发生到尾声需经历相当长的演变，即使重大事件在朝夕间发生，关键人物瞬息更替，但后继效应也会超过人们的一般预期。互联网产生于1969年，半个世纪后才逐渐在全球普及；苏东剧变发生在1990年前后，对世界的冲击与影响足延续此后数十年仍未明朗；"9·11事件"发生在2001年9月11日飞机撞击美国大楼的瞬间，但引发美国的反恐战争、国内安全政策及全球格局的变化一直延续到现在，甚至直接影响到世界第一强国美国的兴衰；2011年西亚北非变局一度被西方舆论视为中东民主化的"阿拉伯之春"，但目前看来，是"春"是"冬"仍未明晰。可见，面对"前所未有之大变局"，中国需要有强大的政策毅力、战略耐心与理念敏感，深知世界的转化肯定无法在短期内完成，时常还会波折，避免盲目乐观，保持头脑清醒。

2018年年初，习近平在党的十九大精神研讨班省部级开班仪式讲话中指出："当前，我国正处于一个大有可为的历史机遇期，发展形势总是好的，但前进道路不可能一帆风顺，越是取得成绩的时候，越是要有如履薄冰的谨慎，越是要有居安思危的忧患，绝不能犯战略性、颠覆性错误。"如何把握"前所未有之大变局"，并在变局中走好、走远，对中国来说至关重要。

三、变局中的中国崛起评估

2018年以来，国际形势波谲云诡，以朝核冲突转圜、各国经济复苏、智能技术突飞猛进为主要标志的区域发展积极迹象与中美经贸摩擦、美伊冲突加剧等为主要特征的大国摩擦消极趋势同时并存。中国面临的是"前所未有之大变局"与"未曾料到之新时局"。

在国内，中国面临着反腐败(anti-corruption)持久战、反污染（anti-pollution)阵地战、反贫困(anti-poverty)攻坚战、反风险(anti-crisis)阻击战的重大考验，全面深化改革任务艰巨繁重，社会稳定形势空前严峻，经济稳中有进的压力持续存在，对此，中国必须要有针对"变局"的先招、高招与长招。

从国内治理看，中国已全面进入信息化时代，互联网力量无孔不入，既像"机器猫的肚囊"那样，为社会民生提供数之不尽的便捷，也像打开"潘多拉魔盒"似的，使社会运行出现前所未有的即时化效应。数千年来中国社会自带农耕文明特征的超稳定性正在发生动摇，自上而下式的垂直社会结构属性开始悄然瓦解，扁平化的社会治理结构使中国正在进入到"数字化时代"，即信息拥有者、流量领先者逐渐跨越职别高低、财富多少、地位贵贱等传统标准，成为社会权势与运行规则的新标尺。互联网技术产生了新时代的数字经济、共享经济，使社会服务快速均等化，过去只有富者、强者、贵者才能享有的司机、厨师、保姆等，目前都能通过快递、外卖、网约车等互联网服务普及平常百姓家，但互联网时代会产生新的不均衡与新的极端性，各类奇葩现象层出不穷，社会稳定的迫切性陡增。更重要的是，发展主义

的陷阱在资源消耗、生态压力、人口红利消逝面前暴露无遗，"幸福在哪里"成为社会天问，"全民焦虑"成为大众通病，14 亿人的高质量发展超越了数百年来西方社会科学的思考范畴与路径。

中国目前面对着贫富差距加大以及"马太效应"能否彻底遏止的问题，全面消除贫困且永不反弹是否能够实现，是中国能否出现人类社会发展前所未有的"奇迹"的关键。目前，各国金融危机的脚步如同"灰犀牛"般无形有声，经济金融化的趋势将导致未来不可捉摸的"黑天鹅"频繁显现，作为 40年从未发生过金融危机的中国，是否能够持续保持这个纪录，肯定是一场前所未有的难题。对于中华民族伟大复兴而言，解决以上难题，必将成就伟业，但外部的战争、冲突或天灾，内部的社会失序或金融危机，也会使发展盛况"一夜回到解放前"。在互联网时代，国家脆弱性的爆发，强化社会的坚韧性，是中国国家治理现代化的前所未有之挑战，也是前所未有之机遇。

"我们现在所处的，是一个船到中流浪更急、人到半山路更陡的时候，是一个愈进愈难、愈进愈险而又不进则退、非进不可的时候。改革开放已走过千山万水，但仍需跋山涉水，摆在全党全国各族人民面前的使命

更光荣、任务更艰巨、挑战更严峻、工作更伟大。"2018 年年底，习近平在庆祝改革开放 40 周年大会讲话中提到这句话，深意可能也在此。

从国际形势看，自 16 世纪初麦哲伦环游世界开启全球化始，西方出现了第一次全面颓势。特朗普执政下的美国，使得欧洲、加拿大、澳大利亚、日本等西方"铁盘"出现巨大裂迹，"西方"作为一个政治整体已出现了名存实亡的趋向。欧洲老牌强国云集，却深陷老龄化深渊，加之数百万难民的冲击，增长长期乏力，日益成为暮气之地。但为了维护世界应有地位，欧洲仍是不可或缺的全球治理力量。美国不再是 19 世纪上半叶托克维尔写《论美国的民主》时的那个"美国"，"盎格鲁 – 撒克逊"政治文化主体传统日渐式微，所谓"有色人种"比例在未来 20 年内超过白人将是大概率事件。虽然特朗普以"退群""砌墙""贸易战""反全球化"等方式力挺保护主义、民粹主义与孤立主义，遭遇国内外不同势力的强力反对，但美国的破坏力不可估量。俄罗斯、日本、印度、巴西等在一些领域的影响力也不可低估。新兴国家虽集体大崛起，但未来前景存在不确定性。区域强国雄霸一方，局部冲突不断。全球政治大觉醒，西方经验在非西方国家出现"水土不服"，

各国根据国情走自己道路之风日盛。中国 40 多年来发展实践的成功，为各国提供了不可或缺的道路选项，但如何学习与借鉴却仍是个问号。国际社会的行为体出现"新中世纪主义"浪潮，非国家行为体如跨国公司、非政府组织、意见领袖，还有"独狼"式恐怖主义者、极端力量，甚至人工智能都日趋成为与国家平行的国际形势影响因子。

相比于 1500 年以来相继崛起的葡萄牙、西班牙、荷兰、英国、法国、德国、日本、苏联、美国，中国崛起面临的局势复杂性，超过以往任何一个大国。中国须克服的，不只是避免与美国纠缠的"修昔底德陷阱"，应对霸权国的压制、围堵与老牌传统大国的竞争、博弈，还要强化在新时代下的全球强势个体、跨国公司、国际组织的"分权"，以及与新兴经济体可能出现的"同质化竞争"。在各类后现代主义思潮的社会渗透下，中国力求保持国家主体性与民族认同感的延续与稳定，同样也是难题。

历史地看，18 世纪前荷兰、葡萄牙、西班牙等国崛起时，人口仅百万级，充其量是当下中国一个"县"的崛起；19 世纪英国、法国、德国等国崛起时，人口仅千万级，充其量是当下中国一个"市"的崛起；20 世纪美国、苏联、日本等国崛起，人口是亿

级，充其量是当下中国一个"省"的崛起。但 21 世纪中国和印度的崛起，人口则是十亿级，伟大进展创造出来的影响"吨量"，相较于过去，无异于原子弹与炸药之别，而带来的治理难度也是前所未有的。

对持续崛起 70 年之久的中国而言，未来要做的工作，已不再是站在中国看中国，而是站在全球的高度看待中国本身的发展与对世界的影响。一方面，中国需要保持长期的中高速或至少是中速增长，才能保证就业、社会稳定、地区平衡与发展方式的可持续；而另一方面，中国需要努力实现与国际社会的制度对接、区域统合、文明对话、共荣共生，使中国作为新型大国的崛起不是重复过往 500 年大国崛起的老路。

习近平在庆祝改革开放 40 周年讲话中曾说："建成社会主义现代化强国，实现中华民族伟大复兴，是一场接力跑，我们要一棒接着一棒跑下去，每一代人都要为下一代人跑出一个好成绩。"十九大报告也指出："改革开放之后，我们党对我国社会主义现代化建设作出战略安排，提出'三步走'战略目标。解决人民温饱问题、人民生活总体上达到小康水平这两个目标已提前实现。在这个基础上，我们党提出，到建党一百年时建成经济更加发展、民主更加健全、科教

更加进步、文化更加繁荣、社会更加和谐、人民生活更加殷实的小康社会，然后再奋斗三十年，到新中国成立一百年时，基本实现现代化，把我国建成社会主义现代化国家。"

由此看，当下的中国比历史上的任何时期都更加接近实现中华民族伟大复兴的目标，但要谈真正崛起成功，恐怕还为时尚早。中国人一定还要继续保持艰苦奋斗、戒骄戒躁的作风，以时不我待、只争朝夕的精神，奋力走好"崛起时代"的长征路。

总之，"前所未有之大变局"是党中央结合历史和现实、贯通国际和国内、联系理论和实际的一次重大理论与战略判断。诚如伊恩·莫里斯在《西方将主宰多久：东方为什么会落后，西方为什么能崛起》中所说，16 世纪以后，大航海时代引发了全球大变局，但西方真正全面领先于东方是 19 世纪以后的事情了。所以，对"大变局"的研究才刚刚开始，对"大变局"的把握与应对应防止误解、误判、误行，而应显现中国志怀高远，以及在新时代下的政策执行力与战略远见。对大变局应对成功，中华民族才能最终屹立于世界民族之林的最前沿。

（《百年变局》，
北京师范大学出版社 2020 年版）

《文化自信中的传统与当代》前言

陈先达

历史是文化之根，是文化产生的土壤和活动舞台。只要考察中国历史的发展，就可以清晰地看到中国文化发展的进程。文化问题并不是脱离历史进程高悬于天空的纯精神领域，它与我国的历史发展密不可分。文化自信的传统与当代的关系表明，文化自信问题是一个既具历史性又具现实性的问题，它潜藏于中国历史的发展之中。

习近平总书记教导我们，"坚定文化自信，离不开对中华民族历史的认知和运用"。从文化自信角度考察传统与当代的关系，我们会发现在中国历史的长河中，我们经历过高度的文化自信、短期低谷和文化自信在当代中国重建的螺旋式的发展过程。当代中国，正处在重建对中华民族文化自信和中华民族复兴的伟大时代。

在长达几千年的历史中，中国从来不缺乏文化自信。作为世界四大文明古国的中国，有着灿烂辉煌的文化。毛泽东在《中国革命和中国共产党》中指出，"在中华民族的开化史上，有素称发达的农业和手工业，有许多伟大的思想家、科学家、发明家、政治家、军事家、文学家和艺术家，有丰富的文化典籍"。在明中期以前，中国是世界上经济发达、国势强盛的国家，也是文化最发达的国家。商周时的典籍，战国时的诸子百家，汉代雄风，盛唐气象，两宋文化之高度发展，成为世界文化史的辉煌篇章。在秦始皇陵墓中发现的气势雄伟的兵马俑；汉墓中出土的马踏飞燕所显示的汉代奋发向上、豪迈进取的精神；《清明上河图》所展现的宋代发达的城市文明；以及明初郑和率领二百四十多艘庞大船队、近二万八千名船员，前后七次访问南洋和东非，充当传递和平之音的友好使者。我们的祖先是何等的自信。

当西方进入资本主义社会，并开始向外扩张和殖民时期，经过长期发展并处于成熟和高峰的中国封建社会，开始走向衰落。经历过两次鸦片战争、中日甲午战争和八国联军入侵后的中国，数不清的不平等条约像无数条捆住中国手脚的绳索和套在头上的枷锁。中华民族面临"亡国灭种，瓜分豆剖"存亡危机的同时，文化自信同样也发生危机。它的最突出表现就是丧失民族自信心，认为中国技不如人，船坚炮利不如人，文化不如人，总之，中国一切不如人。这段时期，应该说是中国文化自信的低谷时期。中国遭受着帝国主义文化和殖民文化的侵蚀。

马克思《中国革命和欧洲革命》这篇文章在论述当时中国问题时说："历史好像是首先要麻醉这个国家的人民，然后才能把他们从世代相传的愚昧状态中唤醒似的。"尽管摇摇欲坠、千疮百孔的腐朽的清王朝，对列强予取予求采取卑躬屈膝以求苟安的卖国投降政策，但无数革命先烈和志士仁人，仍以"拼将十万头颅血，须把乾坤力挽回"的牺牲精神，奋起拼搏。中国近代史也是一部民族奋斗史。那些站在历史前列的革命者，是中华民族自强不息的优秀文化精神的化身。

中国共产党的成立，是中国历史上开天辟地的大事件。中国共产党继承了中华民族优秀文化传统，继承近代历史上中华优秀儿女不屈不挠的奋斗精神。历史经验证明：一个没有自信力的民族，是不可能自立于世界民族之林的；一个没有自信力的军队，是不可能战胜敌人的。中国共产党的成立以及它领导的革命斗争，开辟了中华民族复兴的新历史进程。这个进程也是文化自信的重建过程。

中国共产党在九十多年波澜壮阔的奋斗历程中，取得了一个又一个胜利，为中华民族的复兴做出了伟大贡献。中国共产党之所以能坚持战斗，在战斗中失败、失败中战斗，擦干牺牲同志身上的鲜血，继续前进，直到胜利，就是因为中国共产党人充满民族自信和文化自信。民主革命时期，从井冈山、中央苏区、长征，到延安时期和西柏坡的红色文化，是民族文化重建的革命时期，是对中华民族传统优秀文化在民主革命时期的传承和发展；社会主义建设和改革开放时期，中国共产党人的文化自信，表现为对中国特色社会主义道路、理论和制度的自信。

时代不同、社会制度不同、文化底蕴和历史传统不同，因而中国文化自信的重建，完全不同于西方殖民主义的海盗文化。中国的文化是和平的文化，而不是扩张的文化。在被资本主义世界封锁的情况下，我们完全依靠独立自主、自力更生，依靠党的领导和人民的力量进行社会主义建设；在经济全球化的背景下，我们通过深化改革开放，在世界交往中继续推进社会主义建设。中国向世界打开门是一种自信的表现。中国走的是和平发展道路，没有殖民，没有掠夺，只有互利共赢；没有血与火，没有战争，而是构建人类命运共同体。中国文化自信的重建和中华民族伟大复兴，是增强世界和平、防止战争的力量，是促进世界和平发展的力量。这与西方现代化进程中所伴随的殖民、战争和掠夺迥然不同。

在当代中国，面对中国道路取得的伟大成就，有些人仍然缺自信。他们认为中国应该走世界人类文明发展的共同道路，走所谓世界文明之路。在他们看来，西方的道路是世界文明的普遍道路。中国特色社会主义道路脱离世界文明，是沿袭自秦始皇以来中国封建社会的专制主义之路，是自外于世界潮流的道路。为什么西方资本主义道路就是世界文明之路，就是世界人类的共同道路，而一个有自己的历史传统、自己的文化传统、自己的国情的中国，为什么就不能走自己选择的道路呢？鞋子穿在自己的脚上，合不合适自己最清楚。别人有什么权力评论我的鞋子是否合我自己的脚？我们为什么要把评价鞋子是否合自己脚的话语权交给别人呢？以西方人的偏见来衡量中国道路对错，实际上与用别人的鞋子度量我脚上的鞋子是否合脚一样荒谬。

中国有"郑人买履"的寓言，那是宁愿相信鞋样而不相信自己脚的蠢人，这种蠢人用当代话说是教条主义，而以西方道路来评论中国道路也是一种教条，不过不是土教条而是洋教条。说轻点儿，是食洋不化，说重点儿，是"西方中心论"的流毒未消。当代中国由原来一个一穷二白的国家，成为当今世界的第二大经济体，中国的高铁里程是世界之最，中国各种基本建设、科学技术发展处于世界先进行列，不都证明了中国人的自信不是虚的，而是实实在在有史无前例成果的自信。

习近平说，历史是一面镜子。从历史中，我们能够更好地看清世界、参透生活、认识自己；历史也是一位智者，同历史对话，我们能够更好地认识过去、把握当下、面向未来。从中国历史上文化自信发展的螺旋式进程，我们可以清楚地得出这样的结论：文化自信与国家的综合国力的强大，与国家的统一和民族团结是命运与共、息息相关的。中国文化从传统到当代的发展，一脉相连，从未中断，虽经曲折，但没有其他几个文明古国那样历经帝国灭亡、国家分裂、文化碎片化的命运。中国通过民族文化融合始终是作为一个统一的、独立的国家存在和发展，中华民族文化的基本精神贯穿中国历史的发展和嬗变之中。只有民族自强才有民族文化的自信；只有坚持文化自信，即使遭受民族危机也是暂时的，一定可以浴火重生，再度辉煌。可以说，当代中国已经一扫近代帝国主义侵略的屈辱。

中国近百年的历史发展也昭示一个真理，中华民族的伟大复兴、中华民族文化自信的重建，离不开中国共产党的领导，离不开马克思主义指导，离不开坚持中国特色社会道路。在中国，正是在中国共产党的领导下才重建了中华民族伟大复兴和文化自信。如果不推翻压在中国人民头上的三座大山，不获得民族独立和解放，一切都无从谈起。

中国近百年的历史发展也昭示我们，要坚持文化自信，必须正确处理文化的古今与中外关系。古今关系，是传统文化与当代文化的关系。我们要正确认识中华民族的优秀文化传统，要充分理解我们传统文化并能区分其中的精华与糟粕，这样才能认识我们的历史，认识过去；也只有立足现实，重视我们的红色文化和社会主义先进文化，才能把握当下，并展示我们的未来。

中外关系，是中华民族的本土文化和外来文化之间的关系。中华民族自古就善于吸取外来文化。无论是张骞通西域或汉唐时期佛教的传入，对中华民族文化的发展都产生过重要作用。闭关锁国是不利于国家和文化的发展的。在中国特色社会主义文化的重建中，我们从不拒绝对西方优秀文化的吸取。中国对西方著作的翻译和引进，远比任何一个西方国家对中国著作的翻译和引进都要多很多。

我们的未来，是在优秀传统文化与红色文化和社会主义文化辩证统一中向前发展的。割断传统与当代的辩证关系，只重视传统，轻视当代，从古书中寻找微言大义，把中国当下变成传统文化的注脚，就会走向复古、泥古；或者轻视传统文化，割断历史的联系性，当代文化就会成为无根之木、无源之水，中国文化就会枯萎。同时，我们反对西方极具政治性的、别有用心的所谓"普世价值"观，绝不是拒绝西方优秀文化。中国文化应该充分吸取世界优秀文化，既要走出去，也要引进来，在文化交流中，重建我们的文化自信。

文化自信中的传统与当代问题，就是以马克思主义作为基本理论和方法，正确处理古今中外的关系。历史已经昭示了这个真理。

（《文化自信中的传统与当代》，

北京师范大学出版社 2017 年版）

《职业教育要义》前言

姜大源

屈指算来，我从事职业教育研究已有20多年了，写过不少论文，也主编或撰写过一些专著，但大多是就某一领域或某些专题进行的论述，有的是微观的探究，有的是宏观的论述。其实，微观与宏观这两者不是分割的，其间必定存在着相互依存的逻辑联系。所以，我一直打算静下心来，把多年来对职业教育的本质或原理的领略，再进行一次较为系统的梳理。遗憾的是，近年来，一是苦于杂事太多，没有充裕时间——精力不够；二是业界大作颇丰，似无必要重复——动力不足；三是意欲出点新意，且想有所跨越——能力不济。无奈之下，再度著书立说的"夙愿"，也就不得不撂下了。

然而，大千世界，很多事情的转机，往往出现于无声和无形之中。正如清人周希陶在《增广贤文》里所言，"有心栽花花不放，无心插柳柳成荫"。今天，当我手捧这本《职业教育要义》之时，回溯该书杀青的来龙去脉，还真觉得"无心插柳"这句话，所言极是也！

大约是在 12 年前，也就是我担任《中国职业技术教育》杂志主编前后的那段时间，杂志编辑部主任董成仁编审，在听过我关于职业教育的几次讲座之后，希望我能将相关内容分解成若干专题，以卷首语的形式在杂志上发表。这以后，从 2004 年年底开始到 2005 年全年，我先尝试着以"袁江"的笔名写卷首语，随后启用实名陆续发表了以"观"为后缀的卷首语 12 篇，来阐述我对职业教育作为一种教育类型的理解。一年后，考虑到日常工作过于繁忙，无暇顾及，便打算收笔了。没想到许多读者来信或来电，要求我能继续就职业教育的规律及其特点，做一些诠释性的工作。"读者是上帝"，盛情难却啊！于是 2006 年，我又以"说"为后缀，每月一篇地连续发表了 12 篇卷首语。这一来"愈发不可收拾"：2007 年，遂再以"论"为后缀完成了 12 篇卷首语，对职业教育的教育和教学理论进行了解读。紧接着，在参与国家示范性高等职业院校建设项目的启动和实施的过程之中，直面改革与发展的实践。那些时时碰到的许许多多似是而非且"剪不断、理还乱"的实际问题，如何予以破解，如何

寻求方向，又如何有所创新呢？萦绕在心头的这些难题，迫切需要观念的更新和审慎的思考，以期能获得前行的答案。就这样，在 2008 年，我又试着从哲学层面，对这些问题给予了力所能及的解析，以"辩"为后缀，续写了卷首语 12 篇。于是乎，在前前后后四年多一点的时间跨度里，诞生了 48 篇卷首语。这就是我写的游走于互联网上和流传于坊间的关于职业教育的 12 个"观"、12 个"说"、12 个"论"、12 个"辩"的"前世今生"。

48 篇卷首语所触及的内容，都是针对职业教育发展与改革中切切实实存在的问题的梳理，应该说是有惑而思、有感而发、有悟而言的。所以，完成 48 篇卷首语的过程，是我对职业教育作为一种教育类型存在的理由，以及其外延与内涵的探究过程，也是一个认识上逐渐由混沌到清晰、由碎片到全貌、由浅入到深出的过程。

令人欣喜的是，在这一写作过程中，我发现，不管是有意还是无意，自觉还是不自觉，每当我在探讨一个职业教育的改革与发展的问题之时，总会从学校和企业两个角度去分析、去思考、去寻求相关的答案。这一研究过程，使得一个当初还不甚了了的概念遂在脑海中逐渐形成：职业

教育至少具有两个学习地点，而普通教育往往只关注一个学习地点。鉴于此，在探究职业教育的改革与发展的规律之时，是不能只用一个学习地点的参照系，来观察、来判断、来评价至少具有两个学习地点的职业教育的！

伴随着冥思苦想的心路历程，持续四年多的48篇卷首语逐渐进入尾声。而求解上述实践问题的答案，似乎也已在襁褓之中。襁褓之中的婴儿，就是这样一个涉及教育"参照系"的、还不太成熟却在成长之中的概念。与此同时，多家出版社建议，可将这些卷首语的观点和内容加以整理，集结成为一本论述职业教育的专著。然而，当时我十分清楚，这48篇卷首语并非是在一个深思熟虑的基础之上，在整体的顶层设计完成之后的字斟句酌，而是"摸着石头过河"中的探究之思、探索之感、探路之笔。这就意味着，文中必然会有词不逮意、辞不达义、句不在理的地方。特别是，作为与经济结合最为紧密的职业教育，伴随着经济、科学、技术、社会以及职业教育自身发展的日新月异，其中的一些概念，恐或已过时，或欠严密，或见歧义。

刘勰在《文心雕龙·熔裁》篇中说"善删者字去而意留，善敷者辞殊而意显"，并在《文心雕龙·熔裁》篇里进一步指出："权衡损益，斟酌浓淡，芟繁剪秽，弛于负担"。尽管笔者绝无刘勰那样的功力，但倒是可以遵循刘勰做学问必须精益求精的原则，于是决意从头开始，一篇一篇地、一句一句地，甚至一字一字地对原稿进行重新审视，予以认真修改，尽力融入新意。

然而身不由己的尴尬，已成吾之常态：由于参加多个研究课题，由于奔赴各地报告讲学，或由于承接其他写作任务，事情繁杂，能坐下来安心修改的时间很少。结果断断续续，以致修改这48篇卷首语所花费的时间，从2009年算起，竟持续了七八年，一直到2016年年初，才基本完成全部修改工作。而这一时间跨度，早已超过写作所花费的时间。

颇为庆幸的是，修改过程的漫漫旅途，却磨砺出一个重大收获：正是这"重走"的路，成为我对写作过程中萌生的关于职业教育"参照系"这株概念新芽的进一步培育，以及对新芽成长土壤的进一步耕耘，或者说，是对职业教育与普通教育各自存在的逻辑起点的进一步追思。结论是：具有两个或两个以上学习地点的职业教育，不仅跨越了职业与教育的视域，而且跨越了企业和学校的境域，还跨越了工作与学习的界域。一句话，职业教育已经跨越了经济界与教育界的疆域。这意味着，相对于往往只有学校这样一个学习地点的传统的普通教育，职业教育是一种跨界的教育。

因此，从定界走向跨界，职业教育要在"跨界"这一更加广博的原野上扬鞭驰骋，在"跨界"这一更加辽阔的大海中扬帆远航，就必须"跳出教育看教育，跳出学校看学校，跳出知识看知识"。

基于跨界的原则，就微观层面来讲，职业教育的教育教学原则，必须同时遵循经济——产业发展与教育改革、职业——就业需求与教育供给、个体——生涯成长与教育认知这三重规律；而职业教育的教育教学目标，也必须整合经济发展的需要和个性发展的需要。也就是说，职业教育的教育教学过程，要实行"工学结合、知行合一"的模式。

基于跨界的原则，从宏观层面来看，职业教育的教育思想，就不能只是"在企业里办培训，在学校里办教育"，而必须摒弃分割的定界思维，树立整合的跨界思考；职业教育的统筹协调，就不能只是教育部门一家承担的任务，而必然涉及经济发展、社会稳定、劳动就业、行业企业，以及青年、工会、妇女等多个部门和社会机构，要树立系统集成的思想。也就是说，职业教育的体制机制建设，要实施"产教融合、校企合作"的模式。

跨界的职业教育必须以跨界的理性思维为基础。至此，跨界，就成为串联起这48篇卷首语的一根红线，或者说，是隐含其中的一个灵魂。由此，我的答案是：必须在跨界平台的基础上，完成全部修改工作。

终于，以修改完成后的48篇卷首语为主干内容的这本书，以四个板块或称四个章节的容量，对事关职业教育改革与发展的框架、思路和措施，进行了比原稿更为深入的诠释：第一章为"职业教育的理念综'观'"，第二章为"职业教育的内涵概'说'"，第三章为"职业教育的规律刍'论'"，第四章为"职业教育的本质博'辨'"。顾名思义，这四章各自保留了原作由"观""说""论""辨"这四个关键词构成的基本框架；而循名责实，这四个板块则在保留原作基本框架的前提下，又根据各板块的具体内容，在这四个关键词前冠以程度副词，亦即建构起形式与内容统一的逻辑链，形成了：理念——"综"观、内涵——"概"说、规律——"刍"论、本质——"博"辨的叙事语境。

初稿完成之后，师从著名教育家潘懋元教授，具有深厚教育学功底的顺德职业技术学院院长助理、副研究员罗丹博士，对书稿全文进行了逐字逐句的审阅，提出了许多卓有见地的修改意见。

接着，我又请在职业教育杏坛有着十多年"舌耕"经历并已成为中国职业教育研究的佼佼者——滁州职业技术学院高教所所长、学院学报主编张健教授做了进一步的审阅。他在认真通读全稿之后建议：将原来按写作时间顺序编写的"观、说、论、辨"四章，依据上述"跨界"的主线，将第二章与第三章的顺序"掉个个儿"，改为"观、论、说、辨"，其理由是："'观'是形上的、先导的理念；'论'是形下的、落地的实践；'说'是外适的、完善的调整；'辨'是思辨的、深化的探求。'观'是先导的，有了'观'就可以指导办学，人才培养实践。这是承接关系。但怎样办，比如，是封闭办还是开放办，是定界办还是跨界办，办得好不好，是不是合发展性、合需要性、合规律性、合服务性等，是需要反思的。这就有了'说'的外适和完善，如功能说、创新说、适配说。这是衍生关系。办的过程总会出现问题和矛盾，产生纠结和困局。这就需要深入的思'辨'、厘清。

这是深化关系。四部分之间有着精微的、内在的逻辑关系。"

张健教授的建议，十分睿智，极其在理：观后而论道，说毕则思辨，由此，全书逻辑链的构成即为：理念——"综"观、规律——"刍"论、内涵——"概"说、本质——"博"辨，从而形成了"理念'观'所呈现的规律'论'、内涵'说'所支撑的本质'辨'"这一更具逻辑性的叙事语境。

至此，全书的章节顺序变为：

第一章谓之理念——"综观"。这里所谓综观，是指综合观察、总括观察。语出清人陈田《明诗纪事序》："综观七子之诗，沧溟律绝，足以弹压一世。"这一章是从整体或宏观上对职业教育进行观察而引发出的观点。核心是职业教育的理念。

第二章谓之规律——"刍论"。这里所谓"刍论"，是指浅陋的议论，也有草论、概论的意思，同"刍议"，当是自谦之辞。语出清人曾国藩《孙芝房侍讲〈刍论〉序》。这一章是关于职业教育教与学的言谈议论。核心是职业教育的理论。

第三章谓之内涵——"概说"。这里所谓"概说"，是指概括起来说，概述、梗概之意。语出刘守华《中国民间童话概说》、祝守明《道医概说》。这一章是对职业教育共同特点的归纳并给予简明扼要的阐释。核心是职业教育的内涵。

第四章谓之本质——"博辨"。这里所谓"博辨"，是指多方面的辨析。语出战国《韩非子·说难》："径省其说则以为不智而拙之，米盐博辨则以为多而交之。"这一章是对职业教育实质审辨性的哲学思考。核心是职业教育的本质。

本书还有一个特点，就是每篇文章都将其主要内容用形象的或逻辑的框图予以结构化，图是文的概括和凝练，文是图的解读和延展，以期达到图文并茂、相得益彰的效果，实现识图便知文章梗概、看图便能把握文章要点的目的。

"综观""刍论""概说""博辨"四章，虽各有侧重，但在整体上，其中心思想强调的是：职业教育必须关注两个领域：一是"教育——学校——学习"，二是"职业——企业——工作"。这表明，从某种意义上看，职业教育必须关注的领域，要比普通教育多一倍：既要研究教育科学，又要研究职业科学。职业教育学业已超越了传统的普通教育学的视域，成为跨越教育和职业两大领域的"跨界"的教育学了。

鉴于此，可以说，跨界的职业教育已不是一个置于教育学下位的二级学科，而是一个有着比教育学的研究领域更加广泛、更加深刻的一级学科。遗憾的是，不知是因为世俗的无知，还是因为学术的偏见，职业教育的学科地位以及由此波及的职业教育的社会地位被大大地"矮化"了。因此，有必要结合我国职业教育的实践，学习世界职业教育的经验，建构起既符合职业教育的普遍原理，又具有中国特色的职业教育的理论框架。

这意味着，职业教育的学科建设必须提到议事日程上来。职业教育的学科建设，必定是整合了职业科学与教育科学的学科建设，是属于职业教育自身的"元"科学的学科建设。

这正是本书，或本人的一种"夙愿"。但愿，这不是一种"奢望"。

给这本书起一个什么名字呢？又是颇费思量，还真的着实动了一番脑筋。因为，本书所言，既不同于传统的按部就班的教育学原理的诠释，又不同于当下的结文成册的教育文集的散论，书中"综观""刍论""概说""博辨"四章总计48篇文章，其每一章、每一文，各自针对一个主题或是一个要点予以铺陈，其阐发都是独立的。但章与章、文与文之间，又有着逻辑上的联系，进而形成一个关于职业教育规律或原理的整体叙事。所以，读者既可不按顺序而选读书中的一章一节，又可从头到尾按照顺序去通读著述的全部章节。这样一种写法，意在形散而神不散。

关于书名，全国高等职业教育研究会会长、浙江金融职业学院书记、原院长周建松教授，给出了一个很好的建议。他一直催促并关注着这本书的问世。建松会长认为，采用"要义"一词比较恰当。笔者由此联想起曾经拜读过的研究西方哲学兼美学且中西哲学贯通的大家——叶秀山先生的《哲学要义》一书。顿觉"要义"一词甚为准确，遂以《职业教育要义》名之。

当然，在这里必须指出的是，我绝无自诩之意！笔者人微望轻，怎能与叶先生相比呢！叶先生的《哲学要义》，是在为北京大学哲学系本科生开设的"哲学导论"课基础上完成的专著，它以论带史，以史显论，将西方哲学的千年历程和先生半个世纪以来哲学研究的丰富经验，融合在对哲学理论的论述中，娓娓道来，极富哲学的内在张力。惭愧的是，笔者的这本所谓要义，很可能只是一些謷言刍议，实在难登大雅之堂。

好在笔者曾有在工厂一线打拼十多年的砥砺，在德国留学工作十多年的经历，在研究机构从业十多年的磨炼，匆匆人生，冥冥之中总还是会有一些属于自己的收获和体会的。所以，诚惶诚恐捧出的这本《职业教育要义》，笔者是想说，研究既需要敝帚自珍的精神，这或许是一种自信的鞭策；也需要抛砖引玉的探索，这应该是一种积极的自勉。

韩愈《劝学解》云："业精于勤荒于嬉，行成于思毁于随。"对年轻人来说是这样，对年逾古稀的老年人来说，尽管"人无二度再少年"，却还是理应如此行事。因为，牢记"学如不及，犹恐失之"的古训，才可能成就"最美不过夕阳红"的意境，才能获得"活到老、学到老"的动力。

所以，依然痴心不改、依还乐此不疲、依旧矢志不渝，一句话：不忘初心！始终保持着对职业教育的那种挚爱、那些自信、那份坚守，自然也就还会驽马十驾，将勤补拙，而不敢告劳。我以为，以拳拳之心，为职业教育的发展与改革，聊尽绵薄之力，既是一种发自内心的行为，也是一种乐在其中的"享受"。

如此的"用心"良苦，真的，难以言表，大概也无须言表。

付梓之际，恰逢又一个春天。

我笃信，在职业教育创新发展的路上，春天，会伴随着你，也将伴随着我，让我们一起前行！

前行路上，陡升无限感慨，草就一首七律，以为自勉：

七秩风霜染落霞，桑榆不逊杜鹃花。

清华觅问冶身性，欧陆求学馈老家。

勤酿始得九剑酒，躬耕终有四时佳。

皓鬓未坠青云志，手挽春归气自华。

（《职业教育要义》，北京师范大学出版社2017年版）

《中层理论》自序

杨念群

　　"历史有什么用？"当面对儿子的突然提问时，从事了那么多年史学研究的法国年鉴派大师马克·布洛赫仍显示出了一丝犹疑和紧张。但他镇定下来之后所做的回答，对西方人来说应属正常，却会令中国人感到不适甚至震惊。因为布洛赫说，对于个人而言，"历史有什么用？"永远都是个假问题，因为历史对于个人应该完全是一种令人销魂的爱好，是兴趣聚集酝酿的源泉，与是否有用毫无关系：

　　历史自有其独特的美感，它思接千载，视通万里，千姿百态，令人销魂，因此它比其他学科更能激发人们的想象力。

　　布洛赫对历史学功用的激情演绎，鼓舞着人们打破求真实证的幻想，置单纯之爱好于追求知识之前，让富有诗意的想象旗帜飘扬在职业化历史的废墟之上。虽然读《历史学家的技艺》已是多年以前的经验，

但布洛赫的警告仍嗡嗡鸣响在笔者的耳际：

　　我们要警惕，不要让历史学失去诗意，我们也要注意一种倾向，或者说要察觉到，某些人一听到历史要具有诗意便惶惑不安，如果有人以为历史诉诸感情会有损于理智，那真是太荒唐了。

　　这是多么让人动心动情的感叹！历史学是社会功能运作上的一个齿轮，还是培养个

人精神感悟力的智慧体操，当然是境界截然不同的两种答案。在西方历史学家的眼中，历史学永远是个人感情和想象力的最初起飞点和抛锚处。历史要真正体现价值，就要通过将通俗的曲调升华为一种普遍的象征，展示出其中包含有怎样的一个深刻有力而美丽的世界，而这需要一种伟大的艺术才能，一种从某一高度出发的创造性眼光。尼采为此区分了"工匠"与"工程师"，"博学者"与"大师"。他说：

没有人可以既是一个伟大的历史学家、艺术家，而同时又是一个浅薄之士。融合各种材料的史学工作者永远成不了伟大的历史学家，但我们不可以因此而轻视他们，我们更不可以将他们与伟大历史学家们相混淆，因为他们是些必需的泥瓦匠和为师傅服务的学徒……这些工作者即使很博学，也无法成为大师，因为非常博学和非常浅薄在同一人身上总是结合得相当好的。

但是千万不要误解，好像在布洛赫和尼采的眼中，历史仅仅是个人的消遣。其实他们话中的意思是，让历史成为艺术只是个人抉择的起点。当"历史有什么用？"这个问题变成了一个群体式的提问时，历史学家的回答自然不会仅仅从个人的艺术想象力出发，而必须在社会需求的功能层面对历史学予以重新定位。那么，在这个群体式的提问中，历史学应该如何体现其意义呢？简单归纳一下，我们大致可以得出以下几种说法。

一、历史学是文化储藏的容器

文化的各种形态在现实延续的价值内涵需要历史学做出判断与解释。这说起来容易，做起来难，因为历史学家要想让文化价值得以保存，往往会难以和现实利益的拥有者达成妥协与共识，其结果常常以冲突告终。

二、历史学是寻求社会发展演变规律的学科

这是最主流的看法，目前所有大框架、大趋势的解释都与此"功能论"的定位有关，这个选择建立在 20 世纪以来进化论、目的论的哲学观基础之上，成为挥之不去的情结。

三、历史学是资治的源泉

这是个传统的命题，自古中国史学就有"资治"传统，但"资治"并不意味着历史学仅仅是政府政策和文件的注脚，而

是应有自足的判断力和解释能力。从目前的研究水平来看，中国史学尚未解决好这个问题。

四、历史学是反思社会现象的一面透镜

"透镜说"的提出肯定是有些不合时宜，因为我们的史学基本还停留在针砭时弊的层次，如果反思的标准仅仅停留在这个水平，恐怕历史和新闻的区别就不大了。真正反思的意义在于如何转变我们认识现实的态度，包括反思我们原来自身解释历史的基本立场和认知框架，探讨这种立场与各种社会现象与政治支配之间的复杂关联性，并以之作为思考历史问题的前提。它是批判型知识分子产生的动力与源泉。

五、历史学是个人审美的工具

布洛赫和尼采把它作为历史研究的出发点，历史由此被置于充满想象和个性的缤纷叙述中。这恰恰是我国史学家最忌讳的，人们更愿意把治史的个人化动机深深隐藏于对历史趋势和规律的叙述之中。

以上开列的五种选择远远不能从方法论

的意义上概括历史学的当代图景，而只是概括勾勒出一幅粗糙的鸟瞰式图像，这幅图像昭示的是一种历史研究的若干基本态度，在这些态度选择中弥散着无以计数的具体方法和认知准则。这些态度均和中国史学家有关，只是有的关系多一点，有的少一点；有的是刻意选择和尊崇，有的是有意回避或拒斥。这本书既然要讨论一些态度，兼及一些方法，就要首先辨明中国史学家以什么样的态度作为治史前提，又无意或刻意回避了哪些基本立场和选择。

约略而言，受中国传统和近代思潮的双向影响，中国史学家大多服膺于第二、第三种选择，即对历史演变规律的探求和"资治"传统的延续和承担。前者衍生出了"革命史叙事"和"现代化叙事"，以及仍受以上框架制约的相关社会史、文化史研究；后者秉持的是传统的治史方法应与政治保持互动协调这个基本原则，而第四、第五种选择基本没有被纳入当代中国史学家的视野。当代历史学也讲反思，但是这些反思所瞄准的对象长期以来并不包括自己的认知框架和前提，比如，他们不会质疑传统"革命史叙事"和"现代化叙事"中可能出现的谬误，或者可能出现的对另一类历史现象的有意误读，特别是这些叙

事中所实施的遮蔽行为与某种权力支配运作之间的关系，所以这样的"反思"有可能仅仅是既有政治解释框架限定下的思索，往往只可作为对策性研究的一种补充形态，更像是对当前政策的一种历史验证和说明。

与前面的选择相比，当代中国史学的视野里基本没有第五种选择的影子，历史研究不可能作为个人审美的事情予以对待，它的底线至少也应是职业化的选择。这样做的结果往往是，我们的历史作品已很少有能力如司马迁写史那样闪现出人性美的熠熠光辉，历史人物很容易就成为大框架、大趋势下可随意摆布的棋子。我们提倡了多年"眼光向下"的研究策略，可如果我们在刚出发的时候就无法使自己的风格更加个性化一点，那么一提笔写文，一开口说话，就仍可能把普通民众的日常生活史偷换成精英史的另一种表述语式。现在的许多社会史、文化史研究怎么看都像是政治事件史的另一种说法，很像是舞台上唱戏，演员只是把面具换了，亮相的身段却没有变。理由倒是有一些，有人说是材料稀缺，有人归结为史家自身的疏懒。在我看来，观念不改，材料摆在面前也可能视而不见。我们实际面临的最严峻挑战，就是如何从大叙事的空泛结构中打捞出民间残存的碎片，然后把它拼贴成人的活动图像。

如何促成"人的发现"？如何协调和重新定位史料与解释之间的关系？这些已经成为史学家无法回避的尖锐问题。笔者在本书中尝试在"中层理论"这个层面重新思考中国历史研究语境下面临的相似困境。"中层理论"这个概念借自美国社会学家默顿 (R. K. Merton)。概要地说，"中层理论"的建构对于中国史研究的意义至少可表现在两个方面：一是可尽量使我们摆脱宏大叙事的纠缠。目前许多历史著作行文叙述总是宏阔而不细致，概论式的判断比比皆是，本质主义式的断语草草形成，里边唯独看不到日常生活状态下人的踪迹，人变成了冷冰冰的趋势与规律的符号表征。二是讨论如何改变史学界"只拉车不看路"的工匠型治史方式。这种方式习惯于置解释创新的思考于不顾，标榜以"求真"为天职，遏制想象，埋首钩沉之术，使史学渐趋琐碎和平庸，或者成为尼采嘲谑的泥瓦匠式的史家。

"中层理论"的纠偏作用在于指明：没有出色理论背景观照下的史料收集，只能更加忽略历史的真相和常态，即使琐碎也可能琐碎得不是地方。其结果常常是搞不清到底哪些史料应予重视，哪些史料恰恰应该舍弃。实际上，中国当代史学的求真传统中也隐含着大叙事的背景。正因如此，问题可能就显得更加严重，因为标榜追求客观真相的原则一旦被应用于基层社会史的研究时，如果研究者的视野仍然被圈囿在事件史的规则之内，那么可能收集到的史料只不过是更加强化了精英史的写作合法性而已。这样不但对社会史的研究没有推进作用，反而会让人们误以为，用另一种姿态进行的变相政治叙事和精英史研究，描述的就是下层社会生活的常态。

在中国史研究的各种流派中，美国中国学研究者在运用"中层理论"解释中国历史方面无疑表现得最为自觉，也积累起了丰富的经验。本书中的相当篇幅讨论到这种解释传统的得失。美国理论界被视为欧洲前沿思想的中转站，欧洲思想界的原创性理论往往在相当短的时间内就会被移植进美国，然后迅速成为解释相关具体问题的工具，对中国问题的研究自然也不例外。许多解释框架都是搬用欧洲社会理论的新潮模式，这种搬用虽然在具体研究中由于特别注意了历史语境的背景而时常有所变通，却仍然由于经常露出"西方中心论"的马脚而屡遭批评。但是美国中国学有两个鲜明的特点值得借鉴：一是其"中层理论"的建构具有强大的反思能力，尽管其理论模式的过快转换总是给人以眩晕难辨的感觉。比如，早期从"冲击—回应"说的冷战式叙述，转向地区史研究时，美国中国学家就已经注意到了如何更好地处理理解与评价之间的均衡问题，这对更加贴近中国历史的现场尤为重要，从而进一步淡化了本质主义式的定性分析。二是最新社会理论如性别研究、文化研究的勃兴和发展强化了美国中国学在"中层理论"方面的分析能力，同时促成了史料甄别选择方面的革命性变革。以往处于主流史学视野之外的史料被迅速纳入史学研究的视线，并大有分享主角作用的趋势。主流史料与边缘史料的相互位置遭到质疑并发生置换效应，虽然还不能从根本上改变精英替代下层民众发言的格局，但"声音考古"与弱势群体身份研究所拼贴出的精细图像，仍然呈现出了历史所具有的丰富而又多元的面相。

尽管谈了不少美国中国学的特征和动态，但本书仍然不能算是一本美国中国学研究的述评著作，它的主旨是想通过对美国中国学（也部分包括一些其他的汉学流派如日本中国学）与国内史学习用的理论前提进行双向比较和相互参证，试图探索建立中国史学研究"中层理论"的可能性，这个工作可以说是迫在眉睫。笔者发觉，中国史学界与西方中国学界的沟通存在着相当大的障碍，原因固然十分复杂，但其中一个重要原因是我们没有建立起自己的"中层理论"概念化解释体系。这个体系应是灵活和开放的，具有迅速吸纳和转换最新社会理论并使之本土化的能力，否则我们就很难找到双方对话和讨论的前提。显然，仅有"封建社会为什么延续了这么长""资本主义萌芽何时产生"或"八大运动、三大高潮"之类的宏观解释架构肯定是不够的。

本书采取在语境互动中进行交叉评述的方法，也就是把美国中国学（部分涉及日本中国学）研究的一些基本概念和命题变迁放在我国史学研究的传统脉络里，呈现其特征，并评估其价值；反过来，也把中国史学研究的方法置于美国中国学思潮的背景下，反观其得失，最终是想突破现有史学方法或流于玄想空谈，或流于细屑琐碎的两极状态的制约，尝试寻找中间性的出路。出路的寻找当然并非易事，肯定要靠相当数量的具体研究的支持和点滴细致的命题积累才能实现突破。本书最重要的目的是尽可能清醒地反思一些习以为常的理论前提，以及这些前提背后的表述模式对史料搜集的支配作用，然后尝试评价这种作用和一些相关社会因素之间的互动关系，以便为将来具体的史学研究与理论建构之间的沟通提供一个可以讨论的背景框架。

最后需要说明的是，本书涉及了大量东西方关于中国史研究的具体成果，并力求相对公允地加以论述，但本书不是一部综述式的著作，而主要是围绕与"中层理论"的建构有所关联的研究作品进行讨论，所以在评述中难免挂一漏万，忽略了很多有价值的著作，凡知我罪我或有教于我者，本人均愿诚心受教。

（《中层理论》，北京师范大学出版社
2016 年版）

《宠》后记

侯旭东

本书的雏形是 2015 年夏天完成的一篇论文，此文分两次发表在《清华大学学报》2016 年第 6 期及 2017 年第 1 期。初稿完成后，曾提交给若干会议，就教于学界，并在 2015 年、2016 年两年的"中国学术史：中国古代国家论"课上讨论过相关内容，亦曾在西北师范大学历史学院、四川大学历史学院主办的第四届中国史研习营与山西大学中国社会史研究中心做过报告。代序《告别线性历史观》曾刊于《理论与史学》第 2 辑。

有必要交代一下本书产生的原委。十年前转而关注早期帝国的日常统治，曾设想了若干可能的方向：文书行政、官场运作、郡县统治与君臣关系。前面三个，多少都有所研究，唯独君臣关系，萦绕心头多年，却总感觉成果已多，无从下手，一直没能如愿。

数年前重温《汉书》，《金日磾传附金敞传》提到的"园郎故事"令我印象深刻，埋下最初的种子，指引我关注君臣关系的多重性。2012 年 10 月开始具体思考，再读《汉书》及相关资料，真正动笔则到了 2015 年 6 月，初稿完成于 7 月底，修改断断续续两年多，才最终定稿。

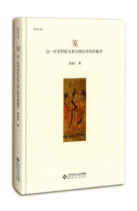

漫长的酝酿过程中，首先搜集整理了西汉诸帝的亲信（附录二），用心最多的则是思考研究角度、研究方法以及如何表述。一向受到鄙视的《史》《汉》《佞幸传》带给我很多启示。标题亦修改多次："说近臣""一朝天子一朝臣：秦汉近臣与君臣关系""信—任型君臣关系与西汉统治：从金敞留侍汉成帝说起"等。想到"宠"，亦在"君宠""争宠"与"求宠"之间徘徊多时，最终确定了现在的标题。标题变化的背后是研究思路与侧重的调整：从实体思维走向关系思维。第三部分按时间先后扼要概括西汉12位皇帝与臣下建立、维持及废止信—任型君臣关系，有点微缩西汉史的味道，亦是在撰写、修改中反复斟酌后才确定的，也可算对例证法与李伯重老师批评的"选精""集粹"法的一种回应。

催生灵感的不只是史料，当下的生活，耳闻目睹之外，更多的来自网络世界，亦是照亮晦暗过去的光芒。马克思说过，"人体解剖对于猴体解剖是一把钥匙。低等动物身上表露的高等动物的征兆，反而只有在高等动物本身已被认识之后才能理解"（《政治经济学批判》导言，见《马克思恩格斯选集》第2卷，北京，人民出版社，1972年，第108页）。西汉距离我们已逾二千年，但在很多方面，古人的阴影并没有褪尽。体察鲜活饱满的当下，有助于反观书本中零散单向的记述。其他学科的很多成果同样启益多多，可惜的是，我们常常自我设限，视而不见。就本书而言，李德顺先生及李猛兄的论文，给了我很多刺激。

书中从新的角度对西汉一朝的统治机制加以概括，尝试在以往的政治史与制度史研究之外，提出一种新的思路。"代序"中，借由《东晋门阀政治》，对田余庆先生研究中一些隐含的前提略作分析，指出存在的问题。不少看法是2008年以来带领同学比较研读四位杰出学者关于两晋历史的研究中形成的。书中所论，尽管限于西汉历史，亦可以说是对这些问题的间接回应。遗憾的是，田先生2014年年底遽归道山，求教无门了。认真思考前辈学者的研究，并努力有所推进，是对他们最崇高的礼敬，恐怕也是他们所乐见的。

2008年发表在《近代史研究》的《中国古代专制说的知识考古》一文，在学界产生一些波澜，至今未息。很多讨论围绕古代中国是否专制展开，在我看来，重要的不是纠结于给古代中国贴上什么标签——数千年的文明史，任何简单的标签，总是有得有失，而需具体揭示其运行机制，如文章最后一段所说："把历史上的'国家'重新开放给学者。通过系统、全面地探讨历史上的君臣关系、统治的运作机制，将官场中反复出现的主要现象均纳入分析的视野，逐步提炼和概括出关于中国政体、皇帝与官吏的认识。"本书可以算是对这一问题的初步回答。至于如何为古代中国定性与定名，与论者的出发点和视角密不可分，且不能简单地就中国论中国，还需要全面而深入地探讨世界各地的政治体，这已远远超出自己的能力范围。

书稿修订中先后得到吕文浩先生、陶沙小姐、孙正军、郭润涛与张春龙先生的惠助。2015 年 10 月 23 日将此书初稿提交清华大学历史系第 31 次史学沙龙，得到与会的黄振萍、郭伟涛、曹天江、李倚天、刘力耘、祁萌、王彬、方诚峰、景跃进等先生的指教，此后，曹天江、屈涛、孙梓辛、陈韵青诸同学以及游逸飞、牛敬飞先生复来信提供意见与建议；11 月 22 日将此书提交中国政法大学法律古籍研究所主办的"中国古代法律文献研究前沿论坛"，承蒙孟彦弘兄指教；12 月 5 日又将此书提交首都师范大学历史学院主办的"经典学说的回顾与反思"史学沙龙专场，得到顾江龙、仇鹿鸣、刘永华、张与、陆扬先生的指正；12 月 11 日卜司晨同学亦来信提示

意见；2016 年 1 月 25 日邢义田先生赐示意见；2 月 1 日复得黄怡君小姐详细意见，多所是正，促进了我对许多问题的思考；2 月 15 日收到应星先生关于理论的教示，对我进一步思考如何解释围绕"宠"产生的历史现象颇有帮助；学棣张琦代为检核史料，正误纠谬；8 月中，长沙会议上，阿部幸信兄提醒我注意增渊龙夫的研究；2016 年岁末，刘乐贤兄来信指出史料上的疏漏。代序草成后曾呈师友审正，先后得到孙正军、郭伟涛、屈涛、王彬、孙梓辛与邱逸凡诸君及彭刚、陈爽、游逸飞兄、胡宝国先生、方诚峰兄的指教，黄振萍兄先后多次来信提示中国学界在接受韦伯思想上的偏失，对明晰思考方向助益颇多，谨此一并致谢。

2016 年 12 月 21 日的"中国学术史研究：重返中国古代国家"课上讨论过书稿，同学们的疑惑与看法，帮助我再次思考与梳理自己的想法，特别要感谢郑紫薇同学的意见和建议。诚峰兄提议为更好地理解"礼仪型君臣关系"，将《中国古代人名的使用及其意义》一文收入书中。此文与本书关系密切，两者并观确有必要，但已收入出版不久的《近观中古史》一书，这里只好割爱。

本书能作为论文先行发表，得益于《清华大学学报》仲伟民兄的鼎力支持及邱永志

兄的费心编辑。小文篇幅甚长，占用版面颇多，深感不安，伟民兄肯接受此文，感激莫名。代序的刊出，则要感谢孟彦弘兄的邀请。

这本小书本属于进行中的早期帝国日常统治研究，按原先的打算，应与其他相关论文一道汇集成册。初稿完成后，引起了一些出版界朋友的关注，最终蒙北京师范大学出版社谭徐锋兄厚爱，得以作为一本小书出版。徐锋兄的一通电话，改变了它的命运。

因身在日本，搜集图片不便，书中的插图多由郭伟涛、屈涛、孙梓辛、陈韵青与王彬诸君代为扫描复制；其间王子今与刘瑞先生提供了宝贵意见；8月中，邢义田先生又赐下帷幄复原照片及关于书稿的进一步意见；"刘贺印"照片承蒙老同学刘昌兵帮助，由赵涛先生提供，一并谨志谢忱！

博士毕业正式走上研究道路，已整整20年，自己亦将步入知天命之年。这本小书，是迄今完成的篇幅最长的，汇集了不少新思路与新想法，既尝试超越前人，亦希望超越自己，是得是失，还待读者评判。稍可自慰的是，犹有勇气与毅力超越昨日的我，没有跌入自我复制与循环的泥潭，希望将来仍能继续保持这份锐气。

能够安心学术，要感谢妻子富兵20多年的陪伴与倾听。厨房之外的家务均由妻子负责，耗费了周末大部分时间，每年难得的几次旅游成为少有的放松。作为第一听众，晚间小区散步是一天中难得的交流，一圈一圈环绕小区的快走与闲谈萌生，孕育了许多问题和想法，工作中的遭遇亦成为激发我回望过去的一脉源头活水。2004年搬到新家，与父母对门而居，十多年来的照顾，岂是一声"谢谢"所能道尽！看着父母一天天老去，体会到岁月的流逝、时间的无情，希望二老幸福康泰！

最后，要将此书奉献给海峡对岸的邢义田先生。自转向秦汉史以来，无论是对传统问题的挖掘，还是对新旧简牍的探究，时时受教于邢先生。认识邢先生近20年，当面请益的机会有限，电邮瞬间跨越海峡，成为传递教诲的最便捷方式。2010年春节假期，柬埔寨暹粒郊外无名小庙中的不期而遇，或是冥冥之中缘分的流露。2017年8月邢先生将从史语所退休，秦汉史研究的一个时代因此将画上句号，但愿后来者能够填补这个空缺，且更上层楼。谨将小书献给邢先生，感谢多年来的开示与提携，邢先生从此迈入人生新阶段，祝愿先生寿如金石，长乐未央！

（《宠》，北京师范大学出版社2018年版）

《重塑中华》后记

黄兴涛

　　书稿总算写完了。正如"绪论"所述，从 2001 年为参加纪念辛亥革命 90 周年国际学术讨论会、首次撰写有关"中华民族"观念的论文算起，已经过去整整十六年。其间，断断续续，一直在从事有关研究，并发表一些论文，但始终未能出书。非敢言"十年磨一剑"，实在是所研所论关乎甚大，颇感其难，追求全面搜集资料、系统解决问题之外，复有戒慎之虑，遂不得不一再拖延，以至于今。另外，我向来兴趣杂芜，喜欢多题并究，没能合理地安排好时间，这也是拙著迟至今日方才得以正式出版的原因。

　　交稿之时，正值去年年关，出版社要完成预定计划，频频催促，自个儿既须持守信用，又想辞旧迎新，只好毅然舍弃一个原定议题，彻底交账。交稿之后，又利用校对的机会，陆续有所增删。

　　校稿之日，反复重读《文史通义》，章学诚所谓"史学所以经世，固非空言著述"的名论，竟久萦于心，难以释怀。然悬鹄"经

世"，对于吾辈书生，恐已成过高目标。能选择一些重要的历史问题，认真考述其过程，全面揭示其真相，并努力做些诚实的思考，或不妨自我开释可也。

如此放松之后，我最先想做的事情，就是真诚感谢那些学术上的同行。他们对于我研究这一课题，曾予以不同形式的推动和帮助。其中，前辈学者有戴逸、张岂之、金冲及、章开沅、李文海、龚书铎、王汝丰、杨天石、张海鹏、耿云志、刘志琴、程歗、沃斯特（Donald Worster）、郑师渠、熊月之等先生；学长、学友和同事之中，则有邓正来、葛兆光、汪晖、罗志田、桑兵、马敏、黄克武、雷颐、许纪霖、萧延中、张鸣、王奇生、韩东育、刘小萌、刘凤云、村田雄二郎、章清、绪形康、李长莉、马勇、徐秀丽、方维规、沈卫荣、乌云毕力格、刘苏里、郑大华、杨天宏、王先明、江沛、左玉河、沈国威、马克锋、仲伟民、俞祖华、徐永志、景跃进、王续添、程农、孙燕京、李帆、张昭军、小野寺史郎、张越、谈火生、杨雨春、朱浒、曹新宇、侯深、吕文浩、章永乐、曹雯、李少兵、李乔、钟焓、邹小站、张永江、于逢春、杨思机、许小青、瞿骏、徐跃、李卫民、罗布、宝音朝克图、贺卫光、刘焕性、吴密、毕苑、黄晓军、丁超等学者。特别是张岂之先生，

他老人家对于我的这一研究，长期勉励、不断指教，最令我敬佩感动。程歗先生和邓正来兄对于我早期从事这一课题的研究，亦曾起到过宝贵的激励、鞭策作用，令我难忘。遗憾的是，他们二位如今均已不在人世，我再也没有机会请他们给予批评指正了。

在本书的写作过程中，杨念群、夏明方、孙江、赵刚和郭双林等几位仁兄鼓励尤多，敦促甚力。念群兄很早就将本书列入他主编的"新史学＆多元对话系列"，且广告已打出多年，每次见面都不忘催促一番，而每次见我被行政事务缠身，又总要"同情"地给以安慰："我等你，只要写下去并给丛书就行。"亦蒙孙江兄不弃，曾将该研究纳入其所主持的重大项目"现代中国公共记忆与民族认同研究"（批准号：13&ZD191）之中，予以推进。明方、赵刚和双林等兄，则时常"表扬"我的有关成果，促我"加紧努力"，早日完成。对于他们的情谊，如今我总算可以有所交代了。不过，书稿原拟题目为"民族自觉的思想史"，并未打算仅限于"中华民族"观念这一题域，而只是想以它作为考察中心而已，但现在所写内容既多，只好单独成书。其他原来计划列入的论文，仅留下《情感、思想与运动：近代中国民族主义研究检视》一篇作为附录，以供读者了解我的

研究思路和相关思考。

　　我还有一些人类学和民族学界的朋友，如马戎、苍铭、麻国庆等，他们时常和我切磋相关问题，亦当鸣谢。特别是马戎先生，他为人谦逊，思想活跃，通过其所创设的独特平台，我曾获得大量有关民族学界研究的前沿资讯，受到的启发良多。郝时远先生亦曾赐书与我，给予指教，至今铭感。至于本书中可能存在的欠妥观点乃至于认知错误，当然与他们和前述其他学者无关，而应由我自己负责。

　　此外，赵晓阳、王峰、陈鹏、李章鹏、李爱军、李珊、黄娟、张安琪、杜佩红、李都、朱星星、王倩、孔勇等学生，或帮助查找整理资料，或帮助核对处理参引文献。在出版过程中，还得到侯明、谭徐锋、顾瑜、马旭等友人和编辑的热情帮助和辛勤付出，特别是谭徐锋、顾瑜和马旭，曾帮助校出拙著中不少错漏之处。对于他们，我也要一并表示诚挚的谢意。本书能在香港三联书店和北京师范大学出版社几乎同时推出繁体字版和简体字版，我感到十分的荣幸。

　　最后，我还要感谢妻子刘辉一如既往的支持，她在这一课题漫长的研究过程中，曾不断给予我鼓励，并经常与我进行讨论。

（《重塑中华》，

北京师范大学出版社 2017 年版）

向这一代知识分子的光荣与梦想致敬

——《顾明远教育口述史》后记

李敏谊

我的导师顾明远先生生于 1929 年，是成长于 20 世纪三四十年代的知识分子，是新中国第一代建设者的杰出代表。他们这一代知识分子尝尽了动荡的战争年代的苦难，经历了新中国成立后各种运动的洗礼，参与和领导了改革开放后的各场变革。这是一部中国知识分子的受难史，这也是一部整个中华民族的受难史；这是一部中国知识分子的奋斗史，这也是一部整个中华民族的奋斗史。在这样错综复杂的历史洪流中，有的人在各种压力下湮灭了；有的人却在血与火的洗礼中，绽放出绚丽的人生之花，我的导师就是他们当中的佼佼者。他们这一代知识分子，是新中国的"脊梁"，他们的光荣与梦想永远值得我们铭记，他们身上的道德风骨、精神追求需要我们传承和发扬光大。

一、顾明远先生这一代知识分子的光荣与梦想

知识分子（intelligentsia/intellectuals）一词由俄国作家彼德·博博雷金于 19 世纪 60 年代提出，并从俄语翻译成其他语言。《辞海》把知识分子定义为"有一定文化科

学知识的脑力劳动者。如科技工作者、文艺工作者、教师、医生等"。而国外学者则从功能上去定义知识分子，认为"他们是推动和传播知识以及阐明其特定社会价值观念的人们"。还有高尔基令人震撼的定义：知识分子——"这是在生命的每一分钟都在准备挺身而出的不惜以生命为代价捍卫真理的人们"。

对中国来说，知识分子是外来词，这个词的意思大致相当于中国古代的"士"。孔子曰："士志于道。""道"就是对真理的追求，就是人生理想和社会责任，就是一种价值准则。从屈原到曹雪芹，中国古代知识分子形成了关于责任和人格的传统，如"贫贱不能移，富贵不能淫，威武不能屈"，"先天下之忧而忧，后天下之乐而乐"，"疾首砭时弊，挥泪书民情"。顾明远先生这一代知识分子也是如此，他们内心的真诚与人格的坚挺让我们这些后辈望尘莫及。他们既有"为中华之崛起而读书"的豪情，也有"我以我血荐轩辕"的悲壮。他们是有理想的一代，但现实对他们也是残酷的，理想与现实的矛盾挤压着他们，使得他们变形、分化，经受着坎坷的历史命运。他们是奋斗的一代，尽管他们奋斗的道路并不平坦，但是他们永不放弃、永不言败、勇往直前。正如鲁迅先生所说，真的猛士敢于直面惨淡的人生，敢于正视淋漓的鲜血。他们是光荣的一代，因为他们创造了历史，他们创造了新中国的辉煌，他们为我们这些后来者打好了基础；他们是有梦想的一代，他们有着一颗奔腾的心，他们时时刻刻都在为中华民族的伟大复兴而呕心沥血。尽管他们历尽劫难，但是他们无怨无悔。可以说，这一代知识分子堪称新中国的"脊梁"。这一代知识分子用他们的青春和生命谱写了一曲气势磅礴、荡气回肠的振兴中华的进行曲。

顾明远先生正是这一代知识分子的杰出代表。基斯洛夫斯基曾经说过："每一个人的生命都值得仔细审视，都有属于自己的秘密与梦想。"透过典型人物的命运，我们可以理解历史的复杂性，进而感受到社会历史的变迁，正如"一滴水也能折射太阳的光辉"！顾明远先生作为中国教育学会的会长，见证了新中国教育事业波澜壮阔的发展过程，亲历和领导了改革开放后多次重大的教育讨论和变革，他本身就是一部活生生的新中国教育发展史。如果从顾明远先生1948年当小学教师开始算起，那么，可以说先生历经半个多世纪的沧桑，把他毕生的精力都奉献给了教育事业。虽然这当中有好几年是在北京师范大学和苏联的列宁师范学院求学，但是先生始终没有离开教育这个大领域。50多年以来，顾明远先生当过小学教师、中学教师、中等师范学校的教师、中学校长、师范大学的教师、系主任、学院院长，以及副校长、研究生院院长等。可以说，顾明远先生经历了学校教育的各个层次。既教过书，又做过教育行政工作；既做实际工作，又从事理论研究。改革开放后，顾明远先生更是通过理论研究、实地调查、上书直言等多种形式参与和领导了多场教育变革。在他身上，我们看到了中国传统知识分子的良知与社会责任感。这些精神都需要我们这些后来者传承和发扬光大。

二、我们这一代知识分子的责任和使命

一代人有一代人的责任，一代人有一代人的使命。顾明远先生这一代知识分子是"白手起家"的新中国第一代建设者，从某种意义上说，他们很好地完成了历史交给他们的使命，义无反顾地履行了他们的责任。我们这一代人则任重而道远。

当代中国不仅面临着市场经济和现代化的挑战所带来的种种问题，也同时面临着知识经济和后现代性的冲击所带来的种种机遇。正如狄更斯面对英国第一次产业革命的时代状况，所做的坦率和真诚的表述：这是一个最坏的时代，这是一个最好的时代。这是一个令人绝望的冬天，这是一个充满希望的春天。我们面前什么也没有，我们面前什么都有。在这样一个时代，我们更需要反思当代知识分子所肩负的责任和使命。

尼采曾经说"上帝死了"，利奥塔（J. F. Lyotard）则声称"知识分子死了"。所谓"知识分子死了"，是指在当代技术官僚统治一切、市场逻辑无孔不入的社会中，知识分子渐渐失去了自己的身份特征，失去了自己的责任感和使命感。在市场经济的大潮下，相当一部分知识分子忘掉了自己的灵魂、道义、价值、根本归宿和存在意义，传统知识分子特有的责任感和人格意识正在淡化，世俗化与功利化成为他们的主导价值观。反思当代中国社会的转型过程，从"以阶级斗争为纲"转变到"以经济建设为中心"，这是一个巨大的历史跨越。对于知识分子这个特殊的群体而言，他们身上背负着"道德十字架"以及建立于其间的责任感、使命感和身份感，在这个迅速的转型过程中深刻体会到转型所带来的疼痛感和断裂感。这是哈姆雷特式的"生存还是毁灭"这一伟大命题的现代性翻版。

如果说当代中国知识分子既不能成为道德的虚无主义者，也不能成为庸俗的现实主义者，那么，我们的出路到底在哪里？看看共和国第一代建设者所走过的道路吧！他们没有怨天尤人，没有哭哭啼啼，他们就是要有为，就是要改变世界。顾明远先生作为其中的杰出代表，不仅是一位出类拔萃的专家学者，同时还是一位"胸怀祖国，走向世界"的社会活动家。他在身体力行"穷则独善其身，达则兼济天下"的古训。作为一位"惟书有色，艳于西子；惟文有华，秀于百卉"的博学者，顾明远先生已年逾古稀、耄耋在望。但他还在为中国教育的明天而奔走，还在不知疲倦地默默耕耘，真可谓"烈士暮年犹赤子，书生逸气在青衫"。从他身上，我们看到了学院生活与公共空间的"无缝连接"，看到了知识分子的人生真谛。布迪厄曾经在《走向普遍性的法团主义：现代世界中知识分子的角色》（*The Corporatism of the Universal: The Role of Intellectuals in the Modern World*）一书中详细讨论了当代世界知识分子如何从特殊走向普遍，从捍卫知识的自主性，进而介入社会，也就是"入世而脱俗"这个问题。在当代中国，进入专业化时代的知识分子，将学院生活与公共空间连接起来，并赋予超越的批判性意义。这也是我们的责任和使命。

"往者不可谏，来者尤可追。"经过了一个世纪的风雨沧桑之后，我们如今又处在一个挑战与机遇并存的格局中。对知识分子来说，我们的使命是用知识创造物质财富和精神财富，是走与人民生活相结合的道路，体悟人生的真谛，以为当代人的安身立命问题尽心。

"士不可以不弘毅，任重而道远。仁以为己任，不亦重乎！死而后已，不亦远乎！"

三、顾明远先生和我

当年我在华南师范大学就读本科的时候，一次偶然的机会，我坐在当时校长颜泽贤教授的旁边。颜校长可能对我这个学生活动的积极分子有点印象，很关心地问我毕业的打算。那时真是初生牛犊不怕虎，豪情壮志在我胸。我表示要考北京师范大学的研究生，特别是想读顾明远先生的研究生。我还记得当时颜校长皱了皱眉头说，好像顾明远先生现在已经不带硕士了。我当时真是无比失望，但是又在心中暗暗给自己加油，我一定要努力考上顾明远先生的博士。结果，2003年真是天遂人愿，我非常幸运地投身先生门下，得到他亲身的教导，耳濡目染先生的道德文章。其实从我 2000 年进入北京师范大学国际与比较教育研究所以来，先生就给我们这群研究生上课。那时候研究生人数还不多，先生都认得我们。有一次先生生病住院，我跟着硕士生导师去探望先生，先生一眼就说出我们谁谁经常在所里看书。真是让我们这些小辈们诚惶诚恐，更不敢造次了。

进入师门后，我真的觉得自己进入了一个教育的百花园，先生为所有学生打开了一扇"立足中国，放眼世界"的大门。先生的大师气象，先生的"自主且入世，入世而脱俗"让我们这些学生终身受用。有师兄曾经这样描述先生："他有菩萨的心肠、佛祖的胸襟、大师的眼界、先生的气度，宽容学生个性，包容晚辈奇想，使我的自由心灵得到了灌溉和滋养。"我将用一生的追求和创造去回报这种无比宝贵的心灵自由与宽容。

在先生"百花齐放，百家争鸣"的众多优秀弟子中，我是年龄最小的，也是资历最浅的。能够参与这个事情，首先要感谢先生对我的厚爱，让我这个空有满腔热情的"初生牛犊"担此大任。其次要感谢北京师范大学教育学院院长张斌贤教授、北京师范大学出版社社长赖德胜教授和编辑刘生全老师对

我的支持和鼓励。特别是张斌贤教授在着手筹备阶段，从专业角度给了我很多的真知灼见，让我如虎添翼。另外还要感谢师门所有师兄师姐对我的帮助。最后要感谢《科学时报》记者李晨和滕珺同学的"拔刀相助"。能够参与这个事情，我觉得就像是在"听爷爷讲那过去的事情"。对我本人而言，这是一次非常宝贵的精神洗礼。说真的，当初报考先生的博士研究生，确实是仰慕先生教育界的泰山北斗风采，所谓"高山仰止，景行行止。虽不能至，心向往之"。但是对于泰山北斗是怎么"炼成"的，我并没有一个清晰的概念。直到能够拜到先生门下，特别是能够有幸聆听先生所经历的风风雨雨，我的灵魂被深深地震撼了！那真是一个"千淘万漉虽辛苦，吹尽狂沙始到金"的艰苦历程，原来泰山北斗的"炼成"要经历如此的"沧海桑田"！这也让我更加明白我们这一代人所肩负的实现中华民族伟大复兴的责任和使命。我是改革开放后成长起来的一代，我们这一代人在某种意义上说是没有"集体记忆"的一代，我们是享受战斗成果的一代。从另一个意义上说，当建党 100 周年的时候，也就是我们国家要建成小康社会之时，我们这一代人正是 40 出头、风华正茂的建设者。我们需要认真学习共和国第一代建设者的经

验和教训，铭记他们的光荣与梦想，传承和发扬他们的精神，真正实现中华民族的伟大复兴。

看到我协助先生所整理出来的口述史，我真是心中有愧。先生考虑到我博士学位论文的压力，在关键的时刻喊停，怕耽误我的学习。我非常希望这仅仅是故事的序幕，我愿意继续"听爷爷讲那过去的事情"。如果文中有什么不合适的地方，肯定是因为时间仓促，我整理得还不够细致，请大家批评指正。

（《顾明远教育口述史》，北京师范大学出版社 2012 年版）

《马克思历史理论的研究》译者后记

韩立新

翻译本书与译者的其他翻译不同，是一个"蓄谋已久"的事件。早在日本留学期间，我就曾接触过这部著作，但是由于当时自己的学术兴趣在环境伦理学和生态马克思主义上，加之该书晦涩难懂又极厚无比，读了几页之后就放弃了。后来对该书感兴趣并开始翻译以后，我曾询问我的日本同学和师友，请他们谈谈对该书的感想，才知道有我这种经历的人绝不止我一个。很多人都是慕名而读，最后都因其艰涩和厚重而中途放弃了。在我看到的几篇有关本书的评论中，包括像花崎桌平这样的大家以及望月的老师小林良正在内，也都称没有通读完本书，说评价本书超出了自己的能力，等等。随着对本书翻译的进展，我知道他们的这些说法绝不是谦辞。去年在日本访学期间，我曾经去望月退

休前所在的专修大学做报告，在晚上的"恳亲会"上，望月的弟子曾向我敬酒，说能翻译他们导师的著作本身就值得尊敬，言外之意是说本书太难了，即使在日本也没有几个人能读懂，何况是翻译了。殊不知我哪里是

"能"，而是"敢"而已，即明知自己的"非力"而不得已为之罢了。

译者决定翻译本书的直接起因是 2005 年 4 月在南京大学召开的"《德意志意识形态》的文献学研究及其现代价值——第二届广松涉和马克思主义哲学国际学术研讨会"，为准备该研讨会的论文，我又重新阅读了此书，并第一次意识到了它的价值，决心将它翻译介绍给我国读者。2006 年我筹划了一套"日本马克思主义译丛"，去日本联系版权等事宜，通过留学时期认识的平子友长教授与望月取得了书信联系，但因时间紧迫，未能见到望月先生。直到 2008 年 6 月我才终于见到先生本人，尽管在这期间我们曾经通过书信和电邮多次联系。

说实话，也许是受到先生著作特有的严谨风格的影响，我真的没有想到先生竟是一个如此热爱生活和富有魅力的人。尽管先生已经有 80 岁的高龄，且一个人生活，但安排得井井有条，有着令人惊讶的生活情趣。先生用的是马克思曾经使用过的那种烟斗，喝的是马克思曾经喜欢喝的红茶，甚至连泡茶的茶具都是白银的。先生还特地说明，这是他从马克思的生活照中发现的，是马克思家中曾经使用过的那种茶壶。为能买到这种壶，他还专门做过调查并跑到了英国。有意思的是，这样的白银茶壶和茶具还不是一套两套，而是整整一柜子；红茶也不是一样两样，竟达四十余种。先生还告诉我，选什么茶和用什么茶具，是他每天的一种享受。我想这可能是他一生都在研究马克思而"爱屋及乌"，从喜欢马克思的学说到喜欢上他的生活方式了吧。

在先生的书房，我还看到一盒盒摆放得整整齐齐的读书卡片。我曾几次到先生家做客，每次对先生询问，先生都能很快地从他那堆卡片中找到我需要的信息，诸如马克思对某一个词的使用方法，以及它曾经出现过的地方，等等。这些卡片分类详细，制作精美，为了能够让一张卡片容纳更多的内容，先生还专门购买了德国制的铅笔，据说只有这种笔才能将字写到他想要的细小程度。为了能让我相信这一点，他还专门送了我一支。其中有一盒卡片是对马克思使用过的一些"粗口"的摘录，据先生讲，这是为了研究马克思的思想和马克思的语言特征而作的。因为日文翻译考虑到了马克思的名誉，在翻译这些"粗口"时，很多都换成了更为文雅的词汇，可这对于理解马克思当时的心情和真实语境却是一种损失。可能也正是因为有这种童稚般的情趣和做细致考证的习惯，先生才能发现很多别人无法发现的问题和趣事，并乐此不疲。

譬如，在本书第七章第二节中提到的萨特伦德公爵夫人的那一问题，就是望月的一个发现。当萨特伦德公爵夫人在 1853 年从美国邀请《汤姆叔叔的小屋》的作者比彻·斯托夫人举办支持奴隶解放运动的集会时，马克思立即为《纽约每日论坛报》草拟了题为《选举。——财政困难。——萨特伦德公爵夫人和奴隶制》的文章，并以辛辣的语气对她的伪善进行了批判，指责一个苏格兰"清扫领地"的主人公竟然会假惺惺地去呼吁奴隶解放。但是，实际上"清扫领地"的主人公是萨特伦德女伯爵伊丽莎白，她与后来邀请《汤姆叔叔的小屋》作者来英国的萨特伦德公爵夫人不是同一个人。前者是后者的婆婆，而后者是前者的儿媳哈丽雅特·伊丽莎白·乔治亚娜，马克思是错把两人当成了同一个人。为此，望月后来还专门撰写了一篇题为《苏格兰的女伯爵究竟是谁》的论文，利用英、法、德三国的历史文献，做出了周密而又精到的考证，在指出马克思错误的同时，对日文版的翻译提出了批评。我发现，先生对这一发现很"得意"，因为他最早寄给我的就是这篇妙趣横生但又极见功夫的论文。

本书的翻译始于 2007 年春天，结束于 2009 年 3 月，历时大约两年。翻译本书是一个极其艰辛的过程。之所以艰辛，一个原因是望月的语言风格所致，含蓄而又严密，翻译这种东西需要调动起大脑中的每一个细胞；另一个原因是本书所包括的信息量远远超过自己的知识范围。翻译这种东西往往会令自己知道什么叫作才疏学浅。在翻译过程中，我几乎将每部分翻译好的译稿都请望月本人和我在中国人民大学读书时的安启念老师过目。另外，清华大学哲学系毕业生王代月博士以及我的学生蔺庆春也担当起了译稿的审阅工作。他们提出了很多宝贵的意见，在此我想表示深深的感谢。我还想对北京师范大学出版社和责任编辑祁传华先生表示感谢，没有他们的耐心等候和悉心工作，本译稿是不能付梓以飨读者的。

本书的译稿一半是在译者的母校一桥大学完成的。一桥大学是日本国立的综合性人文社会科学大学。如果近代的学问体系可以按照黑格尔的"国家和市民社会"框架来划分的话，那么，在日本具有深厚的法学和政治学传统的东京大学就是"国家"，而以经济学和社会学见长的一桥大学就是"市民社会"。在相当于校训的《一桥大学宪章》中，第一句就赫然写着"一桥大学是一座研究市民社会学问的大学"。在一桥还常听到这样一句话："学好 SMW，走遍天下。"S 是指斯密（Smith），M 是指马克思（Marx），而 W 则是指韦伯（Weber），这三个人都是近代市民社会理论的缔造者。只可惜译者留学时年轻，对这句话领悟不深。直至翻译此书，我才体会到这三个人对于我们把握现代的学问体系以及分析当今的社会现实是何等的重要。而本书的作者望月恰恰是研究这三个人的专家，他的《马克思历史理论的研究》实际上就是建立在对这三者进行综合的基础上的。

翻译间隙，译者曾徜徉于这所自己曾学习和工作过 10 年的大学，漫步于留学生会馆外那片"原始森林"，尽管每天都被这部巨著折磨得心力交瘁，眼睛剧痛，夜不能寐。但也正是由于这犹如做思想体操般的翻译，思想才得到升华，心灵才得到慰藉。恩格斯曾在《德意志意识形态》中将共产主义描绘成"上午打猎，下午捕鱼，傍晚从事畜牧，晚上进行批判"这样一首浪漫的田园诗。在本书中，尽管望月批评这是恩格斯试图取消分工的乌托邦，但是在这种田园世界中，人却可以不再为物欲横流的物象化世界所累，可以摆脱追逐名利的异化状态，安于心灵的宁静，又能驰骋于思想自由，对一个学者而言，这难道不是一个理想的学术境界和学问人生吗？不管别人如何，反正译者乐于安居其中。

最后，感谢作者望月清司和岩波书店转让中文版版权给北京师范大学出版社。

（《马克思历史理论的研究》，
北京师范大学出版社 2009 年版）

《启功全集》的出版旨趣

杨　耕

　　启功的名字在中国可谓家喻户晓、老幼皆知，是真正的文化"名人"，是难得的文化"国宝"。从历史上看，启功先生的家族是清皇爱新觉罗的一支，其九世祖是清世宗雍正皇帝胤禛。从启功曾祖父浦良开始，启功家族辞掉了官俸，下科场考官。启功的曾祖父和祖父两代均科举及第，且都点了翰林，并都做过学政（省级教育官员）。启功就是在曾祖父、祖父身边长大成人的。可见，启功的家世出身应该是清朝贵族转而成为书香门第。

　　从现代公民教育来看，启功只有不完整的中小学教育经历。但是，我们不能由此认定，启功少年失学、自学成才。实际上，启功少年和青年时期的求学过程，是延续旧时代的教育方式，并且是严格而完备的。曾祖

父和祖父为启功开蒙，之后请有学问的先生指教，启功还有在民国高官家中私塾"附学"的经历。所以，启功受到过很好的"私塾"教育。启功幼年时期的家境并不富裕，但名望很高，也就是"虽不富而贵"。启功因此也得到许多有名望的学者的指点，如贾羲民、

吴镜汀、戴姜福、溥雪斋、溥心畬等。这就是说，启功自幼受的是家庭教育，且起点颇高，是精英式教育。

启功年轻时学问和才华是为前辈学人看好的。民国大书家兼实业家冯公度先生、大画家"旧王孙"溥心畬先生都很赏识少年启功，感慨说，"高皇子孙，总有聪明绝顶人物"。其意是指，如同赵孟頫是赵宋皇家子孙，八大山人、石涛是朱明皇家子孙一样，都是皇家后裔而成为文化巨匠的。启功当时虽然年轻，但立志向学并才华初露，所以引起这样有名望人物的感慨。启功 21 岁时，当时的民国教育次长傅增湘举荐他到辅仁大学谋职；当时的辅仁大学校长陈垣考察启功的结论是"写、作俱佳"，故三次坚持聘用启功到辅仁大学。

启功出生于 1912 年，在辅仁大学的 20 多年间，以极大的努力致力于传统学术，其一生研究涉及文学、历史学、文献学、文物学、民俗学、红学甚至佛学，其间，同时进行着中国传统书法和绘画的创作。启功学问的一个特点，就是不同于大部分同期学人，较少受西学影响。可以说，启功是少数把中国传统学术从 20 世纪之初带到 21 世纪之初的学人。

启功的家世、学问决定了《启功全集》的特色，这就是诗与文同在、书与画并举。

启功治学谦虚谨慎，虽然早在 30 岁时就发表了颇有影响的《兰亭考》《董其昌代笔人考》等论文，但直至 50 多岁才出版第一部专著《古代字体论稿》，此时已经到了 20 世纪 60 年代中期。改革开放之后，启功终于能够以传统文人诗、文分刊的习惯，以诗、文追求自己"千年万里"的名山事业，自编了诗集和文集，即《启功韵语》和《启功丛稿》。至此，启功认为自己其他的写、作可以不必算了，他要以少胜多，以质胜量。所以，他在诗中写道："或劝印全集，答曰殊不妥。"也就是不准备出版《启功全集》。

《启功全集》的编辑与出版，是启功逝世以后的事情。受北京师范大学的委托，北师大出版社主持了《启功全集》的编辑和出版工作。为了做好《启功全集》的编辑和出版，北师大出版社聘任了启功研究的主要专家，组成了《启功全集》编委会，研究《启功全集》的结构、体例以及内容鉴定、文字处理等问题。可以说，《启功全集》系统汇集了 50 多年间出版的启功的著作和文章，全面整理了启功身后留下的旧稿和手记，最大限度地征集了流传在海内外各种机构和个人收藏的启功的书法和绘画作品，真实反映了启功学术著作、诗词创作、书画作品的全貌，因而被列入"十一五"国家重点图书出版规划项目。

《启功全集》共20卷，其中，第1~10卷为诗与文，第11~20卷为书与画。

《启功全集》诗、文部分，包括了《启功韵语》《诗文声律论稿》《古代字体论稿》《汉语现象论丛》；重辑了《启功丛稿》中的论文、艺论和题跋；编辑了未辑的启功诗词，篇幅几乎达到之前的《启功韵语》的规模，所以，专列一卷为《韵语集外集》；收集了散于多处的启功的论文、艺论和题跋，尤其是晚年应邀撰写的序文、讲演提纲；收录了启功晚年口述的《启功口述历史》，以及书信、日记和讲学记录等内容。

《启功全集》第1~10卷选择了简体横排的出版方式，这与此前出版的启功著作颇不相同。启功的文章平白如话，却保持汉字本意，保持言简意赅的行文特点，古色古香，书卷气质。此前出版的启功著作多用繁体竖排，立意是为了保存启功的行文习惯和所论多具中国古典文学的特点，从而保存启功时常用古字古写的文章信息。此次之所以选择简体横排，是为了照顾后辈读者的简化字背景，从而使《启功全集》更广泛地流布和被阅读。当然，这是一个需要智慧的、创造性

的劳动。

《启功全集》的一个鲜明特点，就是著作和书画作品并重，这是由启功既是学问大家又是书画大家的个人学养决定的。书画部分的内容，启功生前，无论是早期"浮沉里闾"，还是晚年"贼星发亮"，都不曾将书画才能自视太高，作品也是兴之所至，随作随送，没有留存。我们收集启功书画资料的工作，早自20世纪80年代开始，而成规模、专门性收集则开始于2003年，这一工作得到社会热心人士的无私帮助。截至2010年，我们收集的启功书画作品数量庞杂巨大，其中，画作千件不足，书作万件有余。这是《启功全集》第11~20卷整理、编辑的基础。

《启功全集》所选刊的启功绘画，早自1932年，即启功20岁开始。其中，1932—1957年的早期绘画，集中在山水一路，有浓重的宋元气象，是典型的文人画、内行画风格，这是启功早年立志做一个传统文人画家的集中反映；1958—2005年的绘画，属于后期风格，集中在竹石兰草一路，更彰显文人画逸笔直抒胸臆的传统。

《启功全集》选辑的启功书法，自1930年至2005年，可谓丰富全面。启功的书法不仅是一种"技术"，更重要的，是一

门"学问"。在启功的书法理论中，可以看到其具体创作实践的例证。《启功全集》分类别、按时序编汇了这些书法作品，计有《中堂》《条幅》《对联》《题签》《题跋》《手稿》等。可以说，如果不是这样全面的汇集出版，仅靠"选集"是难以反映启功书法创作的演变和全貌的。

《启功全集》第 11~20 卷的编辑是传统右开的排式。之所以做出这样的选择，一是为了与启功书画体例协调一致；二是为了兼顾书画内容，从而凸显《启功全集》诗文、书画并存的特色。

《启功全集》的出版，是启功先生著作、书画作品的一次全面梳理，是目前已出版的启功著作中资料最完备、最权威的出版成果，具有珍贵的史料、研究和鉴赏价值。从《启功全集》的"文品"，我们可以透视启功的"人品"；从《启功全集》的"文采"，我们可以透视启功的"风采"。《启功全集》向我们展示的，是集艺术大家与学问大家于一身的启功，是集"为道"与"为学"于一身的启功，是集"为学"与"为人"于一身的启功，是集"学为人师"与"行为世范"于一身的启功，一言以蔽之，是永远的启功。

这，就是《启功全集》的出版旨趣。

（原载《中华读书报》2012 年 9 月 12 日）

《中华艺术通史》出版说明

胡春木

中华艺术博大精深、源远流长。在经济全球化的今天，其卓异独具的审美价值日益为全世界所认同。系统呈现 5000 年中华艺术的精彩内容，弘扬中华艺术的恢宏精神，总结中华艺术的基本规律，传承中华艺术的宝贵财富，开启 21 世纪中华艺术新的锦绣篇章，应该说是当代中国文化艺术工作者义不容辞的历史责任。有鉴于此，由中国艺术研究院原常务副院长、著名学者、文艺理论家李希凡先生牵头，集全国各艺术门类数十位专家、学者，集体攻关，决定编撰《中华艺术通史》这一巨著。经报全国哲学社会科学规划领导小组、全国艺术科学规划领导小组审批，立项为全国艺术科学"九五"规划唯一重大课题，并由北京师范大学出版社先期投入，承担出版任务。

在《中华艺术通史》立项启动之先，各专门艺术门类史，如戏曲史、美术史、音乐史、舞蹈史、书法史、建筑史，已出版多种。但是，综合各艺术门类，从宏观整体的高度审视中华艺术的发展走向，从通史的角度撰写中华艺术史，在我国还是首次。因此，《中华艺术通史》是一部填补空白，具有开创意义，包罗美术、音乐、戏曲、舞蹈、曲艺、建筑等主要艺术门类的综合性鸿篇巨制。全书按照中国历史发展顺序列卷，上起原始社会，下迄清末，共 14 卷，总计 700 余万字，图片 3000 余幅。《中华艺术通史》自 1996 年正式启动编纂，至今已历 10 年。10 年编辑历程，大致分为两个阶段：第一阶段从 1996 年到 2003 年，主要是撰稿。编写如此一部大书，工程之浩大，任务之艰巨，可想

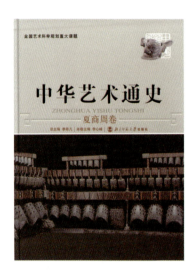

而知,乃至苏国荣、刘晓路两位先生中途过劳辞世。特别需要指出的是,在市场经济的大潮下,我们的作者和分卷主编,尤其是总主编李希凡先生,执行副总主编孟繁树、陈绶祥、秦序先生,编委、办公室主任林秀娣女士等不为时尚所动,数年间甘于清贫,甘于寂寞,几易其稿,"躲进小楼",反复汇聚,综合统稿,终至铸就成中华艺术的璀璨奇葩。第二阶段从 2003 年至今,主要是编审校工作。为此,出版社聘请了潘国琪先生、连铗先生、林邦钧先生、黄安祯先生、龙德寿先生、郑万耕先生、张晓生先生、张俊先生、周晓陆先生、祝鼎民先生十位资深专家,对书稿前后进行过三次审稿,每次均写出详细的审读报告和修改意见,并退作者进行修改,在此基础上开始编校工作。《中华艺术通史》洋洋洒洒 700 余万字,涉及图片 3000 余幅,引文数千条,数据(人物生卒年,朝代、年号起止及公元年对照等)万余组,人物、古今地名、作品、各种遗存等文献资料不计其数。对此须一一核查订正,工作量巨大。在此期间,本书全体责任编辑、审核专家日复一日,频繁往返于中国国家图书馆、北京师范大学图书馆、中国艺术研究院图书馆等馆藏机构,查阅了上千种文献资料,对引文、数据、文献资料逐一进行了核对补正。为确保本书质量,我们在编校工作的最后阶段,还特别聘请了中国版协校对工作委员会主任周奇先生、智福和先生、江达飞先生、杜维东先生四位专家对全书逐卷进行了审读。虽然编审校这些同志不是作者,但在《中华艺术通史》这座丰碑里也厚重地凝结着他们的汗水、心血和智慧。

为保证《中华艺术通史》成书规范统一,在编辑加工之初,我们便遵循新闻出版总署颁发的相关规程,结合本书的特点,制定了《〈中华艺术通史〉编辑加工规范》文件,对本书的规格、用字、标点、数字、引文、文献著录、人名地名、帝王年号年代等做了规定,作为审读、编辑加工和校对工作的基

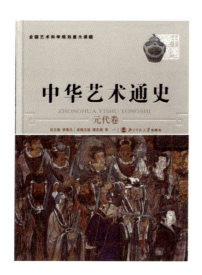

本准则。为方便读者阅读本书，在此特作如下几点说明：

（1）本书一律使用规范的简体字（有特别规定的或习惯使用的人名、地名、物名及引文除外）。异形词、异体字的选用以国家发布的《第一批异形词整理表》为标准，表中未提及的则参照《关于使用新整理264组异形词规范词形的建议》《现代汉语词典》和《辞海》选用，尽量做到局部或全卷用字统一。

（2）引文要意思完整，逻辑清楚，断句引文力避断章取义。引用典籍文献注意选择版本，古籍多择善本或通行本，按校点本、重排本、影印本或早出原刻本的顺序择善而

从。但限于每位作者治学习惯的不同和情况的复杂，也未能一一做到。此外，由于同一古籍版本较多，各版本之间用字、标点又有所不同。编辑加工时我们虽做了核查订正，但错讹之处仍然会有。

（3）本书文献著录采用置于页下的形式。著录规范统一，著项完备准确，历来是编辑加工技术中的一项硬功。特别是像《中华艺术通史》这样一部大书，上下5000年，涉及文献典籍数以千计，更是难上加难。为此，我们在不违背国标相关规定的前提下，在听取了国内权威专家的意见后，做出较为现实的规定。即本书所引文献凡有现代版本的，原则上按现代版本著录，没有现代版本的用古本；部分虽有现代版本，但作者原稿采用的是古本，而现代版本又不易核对的，加工时仍按作者采用的古本著录；所引先秦诸子典籍，则采用简明著录方式，即只著录书名篇章名；所引中华书局出版的《二十四史》、上海古籍出版社出版的《二十五史》，著项在朝代、作者、书名、卷次、出版地、出版单位、出版年齐备的情况下，页码是否著录可任选。

（4）本书在图文关系上采用图随文走的形式。大部分插图正文中均有相应的专门介绍，此类插图序号在正文中用圆括号

括注在相应文字处；部分插图正文中未做专门介绍，此类插图序号或用圆括号括注在正文相应自然段段末，或在正文中没有括注。

《中华艺术通史》的出版，将在学术性、文献性、实用性、审美性四个方面体现其魅力和价值。其作为一部代表当前国家级水平的艺术史研究著作，或许将在相当长的一个历史阶段保持其稳定性和权威性。它虽是史著，但具有艺术百科的性质。它既是国内各级图书馆必藏、专业研究者案头应备之书，又是国外学者了解中华艺术的重要窗口，还是各艺术院校、大学文科、师范院校相关专业的重要教学参考文献。

十年辛苦磨一剑，梅花香自苦寒来。本书虽经作者、外聘专家、全体编校出版工作人员精心打磨，但面对浩如烟海的中华艺术宝库，我们的这些努力还是显得不够。因此书中讹漏和错误一定难免，诚望专家、读者批评指正。

再一次对总主编李希凡先生，全体作者以及为本书的出版做出贡献的所有同志们致以诚挚的谢意！

（《中华艺术通史》，
北京师范大学出版社 2006 年版）

"舍勒作品系列"出版说明

刘小枫

　　舍勒（Max Scheler）出生在德国南部名城慕尼黑（1874），其父信奉新教，其母信奉犹太教，舍勒却自己独立选择了信奉天主教。在柏林大学、慕尼黑大学和耶拿大学修读性学、心理学、社会学和医学时，舍勒先后师从当时的学界名流狄尔泰(W. Dilthey)、西美尔（G. Simmel）和欧肯（R. Eucken），并在欧肯指导下完成博士学位论文（1895）和讲师资格论文（1897）。1907年，舍勒在慕尼黑大学任编外哲学讲师，参与慕尼黑现象学小组，成为史称"现象学运动"的早期主要成员，参与主编《哲学与现象学年鉴》。自1911年起，舍勒论著迭出，名重学坛。第一次世界大战期间，舍勒受任德国外交部，出使日内瓦，战后受聘为科隆大学哲学和社会学教授兼社会科学研究所所长，组织知识社会学研究项目。舍勒个性热情、才思敏捷、思路开阔，讲课颇富吸引力。1928年，舍勒受聘为法兰克福大学哲学讲

座教授，未及上任，猝然病逝，年仅54岁。此时，舍勒已计划到日本做客座教授，并接受了赴苏联、中国和美国讲学的邀请。《舍勒全集》中生前未竟之作占三分之一，海德格尔惋惜舍勒的早逝不无理由。舍勒的第三任妻子终身以编辑《舍勒全集》为业，校勘、索引和注释颇为周详，使舍勒留下的杂乱手稿得以问世。

　　舍勒学术博杂多方，被视为现代德语学界的传奇人物。舍勒身逢社会理论和现象学哲学这两大20世纪主流学术思潮初兴之时，以其卓越的思想才华将现象学哲学和社会理

论的思想方式广泛应用到传统的哲学、伦理学、神学领域以及新兴的政治学、心理学、教育学领域，甚至出人意料地将现象学哲学的"直观"与社会理论的"视域"结合起来。凭其天赋的深邃哲思和敏锐洞察迭拓新题，建树广却不流于浅泛。社会理论的创始人韦伯称舍勒为"现象学家，直觉论者，浪漫的浪漫论者"，言下之意，舍勒的社会理论并不纯粹。社会理论的另一位创始人特洛尔奇（E. Troeltsch）则认为，舍勒哲学尽管深刻之见与浅泛之见混杂，但"总体看极有意义"。同样，在某些现象学家看来，舍勒的现象学直观搞得并不纯粹，偏离了胡塞尔的教旨。然而，同样因偏离现象学原教旨而成就盖世大哲的海德格尔则说，舍勒哲学具有超强的力度。伽达默尔（H-G. Gadamer）甚至感叹舍勒犹如一个"精神的挥霍者"，浑身都是学术才华。事实上，正是凭靠将现象学哲学和社会理论的思想方式应用到传统学术论域，舍勒的学术才产生了广泛的辐射力——新教神学大师蒂利希（P. Tillich）称赞舍勒著述具有的"伟大直觉力"，就来自现象学直观与社会理论视域的结合。凭靠这种结合，舍勒思想成了天主教神学大师巴尔塔萨（H. U. von Balthasar）所说的"世界观的聚盆"。如果我们不是要成为现象学或社会理论的原教旨主义者，而是检视这两种理论构想的思想效力，那么，舍勒学术至今仍是思想界尚未充分消化的 20 世纪具有重大意义的学术遗产。

舍勒的学术思想历程被史家分为三个阶段。起初（1899—1911），舍勒关注的是伦理、逻辑与心理的关系，这一问题意识明显受当时在学界占支配地位的新康德主义派的支配。然而，舍勒接触到胡塞尔的现象学和韦伯、桑巴特、特洛尔奇的社会理论，便果断抛弃新康德主义，彻底否定自己已有的研究思路。在随后的短短八年时间中（1911—1919），借助胡塞尔的现象学直观，舍勒在哲学、伦理学、社会学、神学乃至政治学诸论域纵横捭阖，论著迭出，被称为"现象学的施魔者"。第一次世界大战结束之后，在自己生命的最后阶段（1919—1928），舍勒致力于开拓自己的学术创构：在哲学领域提出了"哲学人类学"构想，力图整合心理学、生理学等新兴实验学科的知识成果；在社会理论领域开辟了"知识社会学"方向，力图化解历史主义的巨大挑战。舍勒思想的确堪称现代思想的"聚盆"，其中聚集的思想品主要有：费希特、欧肯和俄国思想家索洛维耶夫（V. Solowjev）的唯心论道德哲学，洪堡的文化—政治哲学，尼采、柏格森、狄尔泰的生命哲学，胡塞尔的现象学，韦伯、桑巴特、特洛尔奇的历史—社会理论。不过，舍勒仍然有自己的思想立足点，这就是经帕斯卡尔上溯到奥古斯丁的基督教心学传统。可以想见，舍勒曾试图据此整合现代西方思想的各条路径——由于不幸盛年早逝，舍勒最终没有让后人看到他最为成熟的思想成果。尽管如此，德语学界认定，舍勒思想的力度堪与帕斯卡尔、克尔恺郭尔、尼采一类思想大家相提并论。

早在 20 世纪 20 年代，舍勒著述就在德语学界产生了广泛影响，哲学家海德格尔、哈特曼（N. Hartmann）、盖伦（A. Gehlen）、普勒斯纳（H. Plessner），社会理论家曼海姆（K. Mannheim）、舒茨（A. Schutz），天主教神学家 D. von Hildebrand、斯太茵（E. Stein）、皮茨瓦拉（E. Przywara）、伍斯特（P. Wust）、弗里斯（H. Fries），新教神学家朋霍费尔、蒂利希等各路学术思想家，都承认受到舍勒思想的影响或激发。大半个世纪以来，舍勒思想一直是西方学界的专著、论文和博士学位论文感兴趣的研究主题，不同学术领域的学者从各种角度讨论其思想的方方面面。在英、美、法、意、西班牙、波兰、俄国、日本、韩国、印度等国学界，舍勒要著都有译本，德国因此成立了"国际舍勒研究协会"。

在朋友们的鼓励下，舍勒遗孀玛利亚（Maria Scheler）在舍勒逝后不久即着手编辑《舍勒全集》（由海德格尔主持）。由于舍勒留下的未竟之作多为手稿，识读和整理工作进展缓慢。1968 年玛利亚去世后，芝加哥大学舍勒研究所所长弗林斯（M. S. Frings）教授接手主编，最后编成全集 15 卷。舍勒思想既纵横捭阖又不乏细腻的精辟之处，其首要关注乃现代性的心性气质及其与社会制度的关系。谁如果对这样的时代大问题具有自觉的学术抱负，阅读舍勒著述仍然是再好不过的思考训练。舍勒著述论域宽广，阅读舍勒也有助于我们避免在学术专业分工日益制度化的时代成为一个学术技工。因此，与海德格尔著述一样，舍勒著述迄今仍是青年学人学习如何思考哲学问题的范本。

文选分七个专题选辑舍勒论著，各专题分卷单行，旨在凸显舍勒学术的多维重点。舍勒文风既艰深又恣肆，精细、缜密的现象学分析，历史社会学—人类学乃至心理学、生理学、自然科学的知识运用，与先知般的宗教激情融合在一起，汉译殊为艰难。文选的选编和翻译成于 15 年前，这次重印做了若干校订，谨此对各位译者的辛劳再次深表谢意。

（"舍勒作品系列"，
北京师范大学出版社 2014 年版）

亲历"国外马克思学译丛"出版全过程

祁传华

2009 年 12 月 12 日，"国外马克思学译丛"新书首发式暨学术研讨会在北京师范大学召开。与会的学者、专家围绕国外马克思学研究以及由此引发的建构中国马克思学问题展开了热烈的讨论，对于"国外马克思学译丛"的出版给予了极大的褒奖和肯定。作为丛书的责任编辑，我亲历了丛书的策划和成书过程，不时为丛书主编及各位译者潜心学术和精益求精的态度所感动，不时被书中闪现的真知灼见和精彩片断所激动。

2008 年，中央编译局的鲁克俭研究员就"国外马克思学译丛"初步的选题设想与我社沟通，我们随即对丛书的学术价值和社会效益，以及市场上同类图书的出版情况进行了调查，并最终确定了图书的出版计划。从译著交稿到最终出版，该套丛书仅仅历经

了不到半年的时间，其中还包括临近出版前两个月才交稿的书稿。时间之短，难度之大，可想而知。

"国外马克思学译丛"首批出版六本，收录了吕贝尔、费彻尔、卡弗、莱文、古尔德、洛克莫尔六人在马克思学研究方面的代表性

著作，其中既有对马克思生平事业和著作版本的考据性研究，又有对马克思思想理论的文本学解读，其研究深度和研究路径都给我很大启发。之所以甄选这些论著，一方面是因为它们反映了目前国外马克思学研究领域的前沿问题和热点问题，而且作者具有较强的权威性和较大的学术影响力；另一方面是因为这些作者及其著作虽然具有很大的影响，但由于各种原因，在国内基本没有相关的译著和研究性成果。这不仅要求我们对丛书所选的作者及其著作有一种学术的眼光、一种准确的学术判断，同时也需要详细考察目前国内马克思学相关著作的译介情况。

编辑的过程同时也是个学习的过程，自己之前虽也对国外马克思学研究有所涉猎，但如此系统地阅读、编辑成系列的丛书实属首次，知识的不足、时间的紧迫，无疑都给编辑工作带来了很大的压力，但对我而言也是一次难得的学习机会。查找原著，核对引文，不时为某个语句的连贯性和准确性与作者和主编沟通，也常常因为某个术语的前后统一翻遍书稿。所有的这一切，都不仅

让我这个哲学编辑对于国外马克思学最新的成果有了进一步的了解，增长了学识，拓宽了视野，而且使我的编辑技能有了很大的提高。文字的流畅和准确，体例的统一和规范，和主编及译者沟通的技巧，都是编辑工作的基本要求，也是我锻炼提高最多的地方。

一个好的开局是成功的一半，良好的社会效益和广泛的学术影响已经达到了我们选题策划的初衷，也为"国外马克思学译丛"的后续工作打下了坚实的基础。"国外马克思学译丛"作为一个开放式选题，将会得到不断补充、不断完善。我们期望看到，"国外马克思学译丛"的出版，能够为当前中国的马克思主义研究或者说中国马克思学的建构，提供一种参照、一个视角、一个交流的平台。相信在不远的将来，"国外马克思学译丛"必将成为中国马克思学研究乃至马克思主义哲学研究的必备参考书目。

（原载《中华读书报》2010 年 1 月 27 日）

精编详校细勘   溯源丝路历史

——"'一带一路'古文明书系"及其编校

刘东明

"'一带一路'古文明书系"（六种七卷）已经由北京师范大学出版社出版。本书系包括《古代美索不达米亚文明》《古代埃及文明》《古代中国文明（上、下卷）》《古代印度波斯文明》《古代希腊文明》《古代罗马文明》。其作为国内唯一全面叙述世界古代七大文明的丛书，充分展示了"一带一路"沿线世界七大古文明的发生和演进历程。

本书系以中西文明比较为研究特色，从全球视角考察古代文明的兴衰更替及辉煌成就，对古代世界文明做了全方位的总结和叙述，内容包括政治、经济、军事、财政、宗教、教育、地理分布、文化艺术、社会生活等各个方面。从中我们可以一览人类文明的第一缕曙光，揭示尼罗河的赠礼，领略源远流长、绵绵不绝，始终保持"旺盛的生命力、

无限的创造力和巨大的凝聚力"的伟大中华文明，重温印度河、恒河流域以及伊朗高原的昔日辉煌，探察并寻视西方文明的源头。从中我们还可以感受各文明间的相互作用与各文明间的对话，了解各区域文明之间的碰撞与交往、排斥与吸纳、嬗变与融汇。既能了解各区域文明之间扩张与征服、冲突与战

争，又可探索东西方文化之间交流交融、借鉴提高的历史轨迹。

本书系材料十分丰富，立足诸多文献典籍、馆藏器物、出土文物、遗址遗迹等，竭力反映各区域文明的动态发展和各项成果，融学术性、文献性、普及性于一体，代表了相关研究的较高水平。

本书系既注重宏观的理论思考与历史的反思，立足当下，观察古代文明的整体性变迁，又注重具体问题的实证性研究，并反映学术研究的最新动态，用中国人的视角审视人类文明发展历程。关于文明，中外史学家具有不同的解读，如黑格尔的"欧洲文明中心论"、斯宾格勒的"文化形态史观"、汤因比的以文明解读历史的"文明形态史观"、雅斯贝尔斯的"轴心期理论"等，而本书系则以唯物史观为指导，坚持文明的多元化以及文明的多样性、特殊性，强调人民群众在历史发展中起决定作用，并对西方所谓文明只是为少数特权民族所拥有并用西方的经验来观察世界的"欧洲中心论"进行了有力的驳斥，阐明了中国学者的文明观和价值判断，传达了中国学者的声音，是中国学者给予人类历史的最好诠释和回答。

本书由北京师范大学历史学院组织编写，学术分量重、影响大；卷帙浩繁，总字数达 450 万字；涵盖内容多，尤其是涉及诸多区域古代史内容；每卷前面有 16 页彩插，正文附有大量图片；引文注释涉及中外文献，多个语种。因此，本书系编辑加工难度相对很大。为保证质量、加快流程，先期进行了整体编印发的安排，并制定了统一的编辑规范，但在三审三校之后，发现清样问题很多。针对这种情况，我们对全部清样书稿做了大量的通核统改工作。

一、内容深度加工，注意细节处理

鉴于历史著作的严肃性，力争避免疏漏，保证史实准确，着意处理文稿编辑容易忽视的问题。如《古代中国文明（下卷）》中，唐天宝和至德年号多处错用 "年"，改正确用法为"载"。唐玄宗天宝（742—756）年号及唐肃宗至德（756—758）年号，除天宝元年、天宝二年外，应用"载"。注释码位置随意摆放，也经调整各就其位。再如数字表示方法，用 10000，还是用 1 万，显然后者好些，可以提高读者阅读速度。在《古代印度波斯文明》中，作者用了大量的佛像，将其中大部分调整为书影、图画、建筑等图片，丰富了内容，避免了过于单一的现象。

另外，原来曾设计将《古代美索不达米

亚文明》《古代埃及文明》分别做成上、下卷，但发现这两本书完全在可以做成一卷的印张范围内。做成两卷，既显零碎，又不利于购买和保存；既无必要，也不合理。《古代中国文明》做成了上、下两卷，原因是以隋唐为界，作者分别为两批，且印张较多。但为方便发行和购买，使用了一个书号。尤其值得一提的是，考虑到书稿篇幅的巨大、内容的繁复，选用了较大的开本（170×240）、较大的行距（26行）和字心比。从印制结果来看，整个书系内容和形式有机结合，安排恰到好处，字大行疏，蔚为大观，与古代伟大文明的主题十分匹配。

在编校中十分注重政治性因素，如《古代印度波斯文明》封面书名英文翻译 The Civilizations of Ancient India and Persia，"Civilization"采用复数形式不仅考虑的是语法正误问题，更是对文明的多样性的肯定，也是对西方所谓文明只是为少数特权民族所拥有并用西方的经验来观察世界的"欧洲中心论"的驳斥。

为了方便查阅并为进一步探究打下基础，在每卷后统一加了参考书目和索引。索引名词选择十分注意其是否为核心词汇和重点词汇，涉及人物、事件、历史概念等。索引作为有效的辅文是书籍正文最有益的补充，而这正是国内出版业所忽视的。

二、栏目体例统一，编辑规范一致

清样还存在各种不统一的情况，如：各级标题序号不同，字体字号不一致；数字用法不统一，阿拉伯数字与汉字数字大面积混用；公制、市制混用（如公斤—千克，公里—千米）；波浪线、一字线、半字线使用不一致且欠规范；等等。同其他世界史著作一样，专有名词（人名、地名）一词多译现象尤为突出，比如，吉萨—基泽，苏撒—苏萨，憍萨罗—拘萨罗—居萨罗，米特里达梯—密特里达提，帕塞波利斯—波斯波利斯，哈夫拉—哈佛拉，凯撒—恺撒，不死队—万人队，等等。这些现象在各卷之间、同卷之内大量存在。对这些问题我们都做了尽可能的统一规范处理，从而大大提高了阅读的通畅性。比如，对一词多译的处理，我们就采用常用的历史名词翻译方法：（1）名从主人；（2）约定俗成；（3）义译或按新华社音译表进行音译。

三、积极协助美编，优化封面设计

在封面设计过程中，配合美编做了多种

锦上添花的设计。改变原有每卷一个颜色的设计思路，一律用草绿色作为封面主颜色。古代文明多是绿洲文化，以绿色象征文明，既切合书系的"文明"主题，又给人以生机盎然、清新自然的感觉。还为美编提供最体现区域文明特征的封面主题图片，如《古代埃及文明》选用"狮身人面像"，《古代印度波斯文明》选用"阿育王柱头"，《古代罗马文明》选用"罗马母狼雕塑"等。根据文明的阶段性特征，《古代中国文明(上卷)》选用跪射俑，以中国古代雕塑艺术的杰作，寓意源远流长的中华文化。《古代中国文明（下卷）》选用石狮，象征专制王权的逐渐强化。封面背景底图方面，上部采用"一带一路"地图，下部采用各区域古代文明遗址图，如万里长城、帕塞波利斯遗址、雅典卫城遗址等，作为衬托和呼应。改进后的正封设计高度浓缩各区域文明信息，突出主题，紧扣内容，相关元素合理叠加，浑然一体。

正封丛书名英文译名原采用实词首字母大写形式，具体书名采用全字母大写形式。后通过对比发现丛书名英文译名采用大写形式，具体书名采用实词首字母大写形式，会使封面显得更为舒朗明快。这样操作，既符合国际出版惯例，又能起到以纲（丛书名）

统目（书名）的作用，封面排列层次显得更为清晰。

封底也在美编设计的基础上做了优化，主要体现在两个方面：（1）广告语有三段四行。美编原来设计是四行左对齐。建议或者左缩格二字，或者段前加点，以凸显段落。最终落实为后者。（2）美编封底罗列七卷书目及作者，颜色都为黑色。建议将所在册书名及作者做返灰处理。这两点小的建议，提高了层次效应，增强了美感，更主要的是起到了更好的提示作用，值得作为丛书的封底设计借鉴。

四、注重以图明文，插图详加考据

图文并茂是本书系的一大特点，大量的彩插和黑白图片包括场景图、雕塑、遗址、图画、器物、工具、碑帖，等等，给人以极强的视觉震撼，充分展示古代文明的丰硕成果。为真正达到以图明文目的，各种图片精挑细选，选择最具代表性的图片，不但要展示古代辉煌的文化艺术成就，还要反映古人平实的生产生活。如在《古代美索不达米亚文明》一书彩插中就加入了约公元前5300—前4700年欧贝德时期的钟形碗，以及在乌尔王陵出土的约公元前2500年的生产工具。图注尽可能周整完备，充分展现图片信息，包括图名、时代、出土地、馆藏地等。如《古代埃及文明》中彩插，"孟考拉和王后。第四王朝时期。波士顿博物馆藏"，从此图及图注中，我们不但会真实感受并见证古代历史人物及其当时杰出的雕刻艺术，还会捕捉到近现代殖民掠夺的历史信息。图片考据最为严格，工作繁复，每卷彩插反复核校，排版不下 10 次，订正了很多错误。如《盛制帖》误为《寒食帖》，永乐宫纯阳殿误为三清殿，马塞鲁斯剧场误为罗马剧场，以及相关文物出土地错误、断代错误等。是摹本则补注说明，无馆藏则补馆藏，译名力求与正文一致，文字做恰当补缀删减等，尤其是纠正了原责任编辑诸多排序、图注错误。试举一例，原注："三国吴简。1996 年湖南长沙走马楼出土。湖南长沙简牍博物馆藏。"改后："三国吴简（嘉禾吏民田家莂）。

1996 年湖南长沙走马楼 J22 出土。湖南长沙简牍博物馆藏。"

经过努力，本书系达到出版要求，最终得以于 2018 年 11 月付梓发行，完成了两任编辑撒下的工作。但编辑不足之处也是存在的，如在栏目体例统一方面由于诸多原因，有些并没有真正落实。例如，外文参考文献中多名作者前后排列要求：第一位作者"姓前名后"，第二位以后则要求"名前姓后"，而抽检发现第二位以后作者大多处理成"姓前名后"。在本书系加工过程中发现编辑普遍缺乏外文处理的经验，也很难做到以 APA、MLA、Chicago Manual Style 作为参考。但无论如何，本书系的出版都为大型丛书的编辑设计积累了丰富的经验。

（原载《中国新闻出版广电报》
2019 年 2 月 18 日）

甘当绿叶　笃定前行
——《灾害风险科学》编辑手记

刘风娟

　　我是 2015 年 8 月加入北京师范大学出版集团大家庭的，从一名期刊编辑转为图书编辑，我对图书出版工作既好奇又陌生，对未来的工作充满了期待与憧憬。在梳理图书时，印象最深刻的要数《自然灾害（第 4 版）》。这本书的作者是陈颙院士和史培军教授，能够接触到这么资深的学者，与老师进行思想的碰撞，也让我对图书出版工作产生了敬意。

　　2015 年年底，我非常有幸联系到了史培军教授，开始了《灾害风险科学》的出版之路。

一、策划丛书

　　2016 年年初，史老师组织、策划了"灾害风险科学系列专著型教材"编写会，对丛书的定位、编写思路和要求进行了讨论。本丛书共计十本，覆盖了灾害科学、应急技术、风险管理等灾害风险科学领域的基本内容，定位为满足综合减灾和灾害风险防范领域硕、博士人才培养的教材。编写会结束后，我一方面为能有机会和史老师这么资深的学者合作而惊喜，另一方面又担心自己经验不足，一种压力与责任油然而生，我决心一定做好这份工作。

二、出版《灾害风险科学》教材

（一）编辑

　　2017 年 1 月，《灾害风险科学》正式交稿。由于本人非地学专业，收到稿件后"头

大"了，审稿工作特别困难，后来特别邀请了《地震》杂志社的周锐编辑和高学分社的尹卫霞编辑进行了学科内容把关。

本书由于涉及地图，需要送原国家测绘地理信息局审批。通过访问原国家测绘地理信息局官方网站以及请教同事，我弄清了送审的基本流程，可这对于地图审核仅是个开端。

书中100多幅地图需要全部重新绘制，需要准备所有地图的源文件，并找具有资质的地图编制单位来绘制。在史老师的研究生韩钦梅的全程配合下，大约经历了一个月的时间，确定了地图编制单位，又经历了大约两个月的反复修改、审核，终于准备好了地图送审的所有资料。本以为可以松口气了，可一个月后迎来的却是审核未通过的结论，

我们又踏上了反复修改、审核的征程，又先后经历了两次修改、重审，终于审核通过，审稿工作终于圆满结束了。

反复的审核过程，需要严谨细致的艰苦工作，因为图书质量是根本，这就是我们对社会、对作者负责的态度，也是我们编辑的工作价值的集中体现。

（二）排版、校对

本书中多数图片是彩图，因此选择了全彩排版。与其他环节相比，排版工作还算顺利。本书排版后有560页，内容多、图片多，地图还需要特别审核，专业校对了4次，作者校对了3~4次，我和邢颖审核、校对的就不知道有多少次了。

在经历了痛苦的"编辑"环节后，在排版、校对环节，我反而像个雕琢师，慢慢地欣赏着这件"作品"，希望它更加完美地呈现在大家面前。

（三）封面设计

我们为本书反复设计了三个封面，最终选择了蓝色作为主题颜色，搭配白、灰，与本书的内容协调。素材图选取了洪涝泥石流灾害的场景，直观且有冲击力，体现灾害的破坏力。版式设计简洁大方，有繁有简，形成鲜明对比，左下角的图形设计有种支离破碎感，与素材图相呼应；书名

字体选用粗宋，稳重但不死板。

（四）图书下印

考虑书的成本和具有珍藏价值，我们安排印刷了精装和简装两种版本，来满足不同人群的需要。为了突出扉页，同时表现图书的庄重，选择了硫酸纸作为衬页。蓝图送到后，我一点也不敢松懈，从头到尾又检查了一遍，检查出一幅图有问题，我们立即进行了修正。

经历了种种，2017年10月，我的"作品"终于面世了。手里捧着带有油墨气味的新书，我思绪万千，回想一幕幕就像是在昨天，那痛苦的编辑与校对过程都令我倍感亲切，觉得一切付出都有了意义。我仿佛看见学子们也手捧这本书，在知识的海洋里遨游，扬帆起航，走向社会，为我国的防灾减灾救灾事业而努力奋斗。也许没有一个人会记得他手里曾捧着的这本书的编辑是谁，可知识的积累与传承中有我们编辑的一份努力。放下这本书，我感觉精神百倍。

盛世修史　泽被后人

——写在"北京师范大学数学家文库"
"北京师范大学数学科学学院史料丛书"出版之际

岳昌庆

为纪念改革开放 30 周年暨恢复研究生招生 30 周年,北京师范大学数学科学学院与北京师范大学出版社联合推出"北京师范大学数学家文库""北京师范大学数学科学学院史料丛书"。

"北京师范大学数学家文库"(简称"文库")已出版 9 部,共约 400 万字。"北京师范大学数学科学学院史料丛书"(简称"史料")已出版 3 部,共约 165 万字。

一、北京师范大学数学科学学院与
9 位教授

北京师范大学数学系成立于 1922 年,其前身为 1915 年创建的北京高等师范学校数理部,1983 年成立数学与数学教育研究所,2004 年成立数学科学学院。截至 2008 年年底,已毕业全日制本科生 6640 人,硕士研究生 898 人,博士研究生 216 人,有 2 人当选为中国科学院院士。

汤璪真 (1898—1951)、王梓坤院士

（1929— ）分别于 1949 年、1984—1989 年任北京师范大学校长。范会国（1899—1983）于 1949—1953 年先后任海南大学校长、海南师范学院院长、海南师范专科学校校长，是中国数学会主要创始人之一。汤璪真、范会国是 20 世纪 30 年代已成名的老一辈数学家。范会国、孙永生（1929—2006）、王梓坤、刘绍学（1929— ）均为留学海外的博士或副博士。汤璪真 1923—1926 年在德国进修。王世强（1927— ）、孙永生、严士健（1929— ）、王梓坤、刘绍学均在 1981 年被批准为首批博士生导师。白尚恕（1921—1995）是 20 世纪中后期中国数学史界的重要代表人物之一。周先银（1963—1996）博士是我国自己培养出来的青年概率学专家，不幸英年早逝。

汤璪真与毛泽东是同乡、同学、发小。小学时常和毛泽东一起游泳、嬉戏，是很要好的同学，有着长期的友谊。中华人民共和国成立后，他们互相到对方家中做客。汤璪真逝世后，毛泽东一直关心、资助汤家子女的生活、学习，直到他们毕业参加工作。1983 年，范会国逝世时，《人民日报》曾发表讣告与简历，全文 300 字。王梓坤院士首倡我国教师节。

二、丛书出版缘由及出版经过

在霍金、纳什和国际数学家大会热闹一时的同时，我们不得不反思：我们的数学大师在哪里？数学作为一种基础科学，比较远地脱离了现实的功利。数学是一种科学，也同样是一种文化。要正确地树立数学的观念，培养民族的数学文化，我们除了追问这个民族的数学史，以及整个数学的学科发展史，还要记录、传承目前已经发生、正在发生的数学。事实上，一些有眼光的人士，早已开始着手进行了这样的努力。

北京师范大学数学科学学院领导重视，把这两个系列丛书，既当作向纪念改革开放 30 周年的献礼，又当作对学院 90 多年各项工作的总结。学院在财力上支持，前后共投入近 30 万元。院党委书记李仲来教授担任主编，他亲自搜集了所有的素材，这些资料连文集作者本人、弟子、子女都不一定搜得全。主编甘为人梯、甘做奉献，除了放弃所有的稿费、主编费外，还亲自校对历次校样，对封面、彩插等细节也都一一过问。

北京师范大学出版社也在人力、物力、财力、书号上大力支持，组织理科室数学编辑全体上阵，社领导吕建生数学博士也亲自做了 2 部文集的责任编辑。

这两个系列丛书的出版，填补了国内数学史研究，尤其是北京师范大学数学科学学院史研究的空白，为读者、后人留下翔实、正式、真实可靠的第一手资料，是近现代数学发展史上的一个重要事件，对提高北京师范大学的知名度和凝聚力、激励后人，有着重要的示范作用。

这两个系列丛书的作者们任劳任怨，甘于奉献，默默地推动着中国科学的进步。主编不计报酬，高尚的职业道德，对文化出版事业高度的负责精神，精益求精的质量意识，严谨的工作作风，以及敢于打大仗、勇于打硬仗的吃苦耐劳的精神，都深深地影响了编辑们。

这两个系列丛书的出版过程是培养一种精神的过程。编辑通过书稿与作者、主编对话，受到他们无声的熏陶与传承。读者通过编辑的劳动成果——文集，也实现了与名人的交流。这正如歌德所说："读一部好书，就是和许多高尚的人谈话。"

"文库"已有 3 部是第 3 次印刷，另有 3 部是第 2 次印刷，每一部累计印数均已达 4000 册，在国内学术文集丛书中是较高的。事实雄辩地证明了北京师范大学数学科学学院的科研实力及在中国数学界的排名与影响，也有力地证明北京师范大学出版社的综合实力是不容置疑的，能经受住各种严峻的考验，在未来的征程中能够创造出更加辉煌的业绩！

三、经验、教训与体会

1. 盛世修史，大学出版社责无旁贷地肩负着文化积累、文化传承的使命，有责任抢救、传播、记录人类文明的史料。汤璪真、范会国、白尚恕、周先银四位先生的文集，已属抢救性出版，孙永生先生也在文集出版半年后逝世。文集出版要抓紧，最好趁老先生们健在时，在逢五逢十的诞辰年份出版。如果再过 20 年，就更难搜集了，一些情况也就更回忆不起来了。尤其是那些著名的前辈数学家，成名早，现在的宣传力度也不够，正在成为一个个陌生的字符，他们的著述等也散乱地湮没于报章的海洋之中。"史料"的出版则要求平时有较强的档案意识。由于时间跨度大，还得有适当的考证。现在的学者更关注论文、项目、科研经费、SCI 收录等，对那些已经逝去或正在进入暮年的著名学者的文献等的整理、保护，还没有引起足够的重视。

2. "文库"首印时，参考国内同类文集印数，只印了 1000 册，半年后就第 2 次印刷了 1000 册，现在又第 3 次印刷了 2000 册。后几部文集吸取了前几部的印数经验，首印数就定为 3000 册。目前该丛书各部基本都已达到 4000 册。

3. "文库""史料"的出版和畅销，说明北京师范大学数学科学学院在国内的影响较大；出版系列文集是一高招，也是一上策；"史料"开国内同类书先河，给数学界、数学史界、出版界带来了一定的震撼。据悉国内已有兄弟院校、系跟风出版或启动了出版计划。

4. 每次重印时，我们都对前一次印刷后发现的错误进行修订，还对附录的内容进行补充和修改，并将文集首发式照片予以发表或结合文集作者生日情况，增补祝贺或纪念的文字，做到文集时做时新，留待世人评说，留待馆藏及个人收藏。

（原载《新华书目报》2009 年 3 月 28 日）

编辑助力标准化教材的编写及出版

——记秘书学专业本科系列教材的诞生

易　新

美国著名经济学家、1992 年诺贝尔经济学奖得主加里·贝克尔曾指出：决定人类前途的并不是空间、土地、自然资源，而是人的智慧与能力。人才是社会发展的核心力量，而人才的培养是指在一定的现代教育理论、教育思想指导下，按照特定的培养目标和人才规格，以相对稳定的教学内容和课程体系、管理制度和评估方式，实施人才教育过程的总和。人才培养体系离不开学科体系、教学体系、教材体系、管理体系等，这些体系既独立存在，又相互扶持和制约。尤其是学科体系和教学体系，离不开教材体系，而离开了学科体系和教学体系的教材体系，无疑是无根之木、无源之水。

一个完整的教材体系，不仅需要教材，还需要课程标准；不仅需要纸质版教材，还需要一系列配套的辅助材料，包括融媒体资料。目前，大中小各个学段、各个层次的国家课程标准正陆续出台，只有依据课程标准编写的教材才能成为品牌教材，才能更好地为学科建设服务。

2012 年，秘书学专业进入教育部正式颁布的《普通高等学校本科专业目录》。作为一个独立的学科，秘书学专业也应该有自己的课程标准和符合课程标准的系列教材。北京师范大学出版社的领导发现了这个巨大的契机，决定快速组织编写并出版优质的秘书学专业应用型本科教材。作为项目负责人，为了干净利索地完成任务，我制订了编写方案，并快速进入实施阶段。

一、联系学会，借力打力

组织编写一套教材不难，但是，组织出一套既有社会效益又有较好经济效益的教材，单枪匹马显然难度很大。如果跟学会合作，利用他们的人脉资源以及影响力，很多问题就会迎刃而解。

中国高等教育学会秘书学专业委员会是中国高等教育学会领导下的全国性学术团体，其任务是根据中国秘书工作实践的要求和发展的需要，开展中国秘书科学的理论研究和学术交流，加强对中国秘书科学学术理论和秘书教学、教改与秘书工作实践相结合的研究，建立与完善中国秘书教育体系，促进中国秘书科学理论体系的形成与发展，为秘书教育和秘书工作的改革与发展服务，并为推动中国秘书事业的繁荣发展做出贡献。秘书学专业委员会的任务就是我们的目标，因此，跟秘书学专业委员会合作，利用他们的权威影响力以及每年的年会和大奖赛，既能快速出成果，又能让教材有合适的发行渠道，这是一个双赢的事情。因为目标相同，理念一致，我们一拍即合。

二、广泛调研，找准方向

2013 年 1 月，我们配合高等教育学会秘书学专业委员会，组织部分高校教师及从业人员开始了深入细致的调研工作。经过两年的多轮调研和反复论证，收回问卷 800 多份。2015 年 1 月，我们终于完成了《秘书学专业本科人才培养方案》（以下简称《方案》），为教材的编写提供了指导思想、理论基础以及实施路径。

《方案》敲定后，我们快速成立了由学科专家、一线教师以及部分省市秘书学会负责人组成的编审委员会。经过大大小小近十次会议以及多方论证，我们确定了所要编写的教材类型——基础课、专业核心课和实践课三大类，并初步确定了包括《秘书学概论》

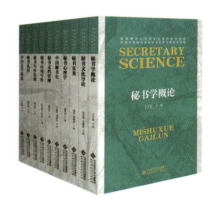

《中国秘书史》《秘书实务》等在内的 18
本教材的名称。

三、遴选作者，开始编写

通过调研，我们发现了许多优秀的作
者，以及开设秘书学专业的院校。这些优
秀的作者成为我们教材的主编或者骨干作
者，这些院校成为我们的目标用户。秉承
北京师范大学出版社"传播科学真理，促
进教育创新""弘扬中华文化，共享世界
文明"的出版理念，我们坚持既编写教材
又锻炼队伍、培养新一代学科带头人的宗
旨，在编写之初，我们就确定了整套书的
编写原则：集体组织，自愿参编；统筹安排，
民主决策；主编负责，分工合作；严格程序，
确保质量；按时完稿，力出精品；既出成果，
又出人才。根据这个原则，我们的编写队
伍里既有业内权威，又有新生代的学科领
军人物。由于各地秘书学科发展的情况差
异很大，我们在选择参编人员时，尽可能
兼顾东部、南部、西部、北部和中部的不
同地域，并广泛吸收行业从业人员担任顾
问，提供真实案例。

为了让每一位编者都发挥出最大的优
势，我们多次召开编写会议，确定编写原

则、主编、教材大纲和框架、目录、体例、
样章等。可以说本套系列教材中的每一本
教材都凝结了我们的心血和汗水，凝结了
集体的智慧和热情。尤其是填补秘书学专
业本科教材空白的《秘书文化导论》的出
版，更是经过了我们一遍遍的精心打磨——
从最开始的头脑风暴，让大家梳理清楚秘
书文化涉及的内容，到最后的成书，我们
召开了多次会议。整个编写团队清楚地知
道，文化的概念很大，它"是民族的血脉，
是人民的精神家园……积淀着中华民族最
深沉的精神追求，代表着中华民族独特的
精神标识，是中华民族生生不息、发展壮
大的丰厚滋养……对延续和发展中华文明、
促进人类进步，发挥着重要作用"（见中
共中央办公厅、国务院办公厅印发的《关
于实施中华优秀传统文化传承发展工程的
意见》）。而教材不可能面面俱到，如何
让最核心的秘书文化呈现在教科书里，给
师生以正确的引导和切实的帮助？在相关
图书极度匮乏、相关教材几乎没有的情况
下，编写团队明知困难重重，却个个热血
沸腾。编写一本填补空白、抛砖引玉的秘
书文化教材，虽然任务艰巨，但是意义重大。
大家不顾个人得失，以实际行动践行社会
主义核心价值观，践行秘书文化的精髓与

道德规范。

当一本本装帧编排皆堪称精美的教材摆在师生面前的时候，我相信大家完全可以从一本书中了解整套教材的体系，又可以从简要目录、详细目录，以及每一章的思维导图中，梳理出整本教材的脉络；可以从每一个编者精心选择的案例和活动中，掌握秘书的基本素质；也可以从丰富的知识链接、章节说课中开阔自己的视野，提高自己的职业素养。

四、乘胜追击，启动标准

第一批 10 本教材按照计划有条不紊地陆续出版后，我们趁热打铁，利用手中的专家资源以及作者资源，开始了秘书学专业课程标准的讨论以及制定。

2019 年 11 月，由中国高等教育学会秘书学专业委员会主办，北京师范大学出版社承办的"秘书学专业教学质量国家标准"研讨会顺利召开。全国 40 多所开设秘书学专业的学校学科带头人齐聚北京，经过三天紧锣密鼓的讨论，大家达成共识，形成了初稿。至此，秘书学本科专业有了自己的课程标准。而这个课程标准的形成过程，出版社的编辑是全程参加的。这对我们掌握第一手资料，调整后续教材的编写思路，修订已经出版的教材，有巨大的帮助。

五、没有结束，新的开始

截至目前，秘书学专业系列教材的第一批教材已经出版，第二批也大多交稿，但是编辑的工作并没有结束。我们又组织整个编写团队开始了立体化教材的建设——给每本教材配上 PPT、活动案例集，微课、视频、慕课的制作也拉开序幕。很多作者虽然长期从事教学，现代化教育技术手段也运用得较好，但是，他们确实是太忙了。作为编辑，我们不光要催促他们干活，还要努力帮助他们做些烦琐的事情，并提高自己融媒体制作技术水平。另外，为了了解学术发展最前沿，我们还加入了十几个秘书学科专业微信群、QQ 群，每年都参加秘书学专业委员会组织的年会，以及一些有代表性的学术会议。由于随时了解业内动态，非中文出身的我已经可以说是半个专业人士。作为秘书学会的常务理事，我还经常有机会在大会上发言，这种发言不光有利于教材的推广，更有助于提高编辑、出版社的专业性，有助于出版社品牌的建设。

我们不跟风，我们就是风

——记一本玩出来的书

伊师孟

三个月，学生为老师画了 102 幅画像，老师为学生写了 58 篇日志。这构成了一份独特的师生情缘，描绘了一段美好的教育情画。

开心的是，我有幸成了这本书的编辑，认识了有情有爱的老师和有才有趣的孩子。于是，借此机会，以"编辑手记"的方式，将其中的故事大体地记录下来。

一、相识

2018 年 8 月 25 日，我在微博上瞎逛荡，无意中发现了一个叫作"笑着做教师"的博主，微博内容多为一些日常教学记录，文字轻盈，似呷一口散发着清香的茉莉香片，香气袅袅。当下觉得挺有趣，我就悄悄地点了关注。

后来的几天，我每天都会去翻看她的微博记录，初相识的那份怦然心动有增无减，我萌生了寻求合作的冲动，但考虑到自己刚入职一年，又不敢贸然地邀约。8 月 29 日临下班的时候，我还是按捺不住心中的喜欢，给博主发去了私信：

杨老师好。我是北京师范大学出版社教师教育图书研发部的编辑伊师孟，亦是您微博的忠实粉丝。冒昧打扰，请您见谅。

谢谢您分享您的日常。作为晚辈，我受益颇多；作为半个同行（都从事与教育相关的工作），我感慨颇深。

仍记得第一次读到您的微博时的心动。那个深夜，当我一口气翻完您的所有博文时，天已蒙蒙亮，但我却不忍睡去。我的内心被一股暖流充盈，我想说些什么，但又不知从何说起，最后作罢，选择默默关注，深深感激，切切祝福。

刚刚读到您今天的微博，我又一次被打动。不管不顾了，想要真诚地、深切地谢谢您、祝福您；并偷偷地埋下一个小小心愿，要是能合作就好了呢。想想要让更多的人认识您，想要让更多的人看到教育的可能，想要让更多的人知道如何将可能从现实中解放出来，把美好的想象变为现实。

秋凉念安，平安喜乐。

这是一次唐突的留言，又有点类似于一腔孤勇地将"暗恋"变成了"单恋"，小心谨慎却又不敢怀有太高的期望。

幸运的是，杨老师很快回复了我，说："谢谢你。我最近很忙。回头找个时间好好聊一聊。"这看似客套的回复，对于当时的我来说，也是不小的鼓励了。毕竟，这是我第一次以编辑身份主动地向潜在的作者邀约。

我仍默默地关注微博，并想着如何找一个切入点或者一条线将这些珍珠般的记录串起来。我开始等一个可以合作的契机。

二、相约

契机来得比我以为的早，要感谢老天的眷顾。

2018 年 10 月 25 日，杨老师在微博上传了一张学生（张榕麟）为她画的像，她看着画像为它写了一段文字。这本没有什么值得奇怪的，学生为老师画图或者做卡片算不上一件稀罕事。但当学生连着为老师画了一个月，老师以画为主题连着做了一个月的记录的时候，这件事就变得好玩了起来。

2018 年 11 月 14 日，另一个学生（张梓妍）也加入了进来，她开始将杨老师以"猫人儿"的形象记录课堂上发生的故事。从杨老师的记录中可以看出，班上其他的孩子们都对这件事充满了期待。他们对画者每天的内容充满了好奇，也期待自己可以出现在画作中，整个班级的学习氛围在潜移默化中发生了变化。

2018 年 11 月 20 日，杨老师想将这些图画做成画册，在微博上征集名字。初出茅庐的我做出了一个大胆的决定：我要争取合作，将其成书。于是，我再次鼓起勇气给杨老师发微博私信：

　　杨老师好。我是此前冒昧打扰过您的北京师范大学出版社编辑伊师孟。我在微博上看到榕麟为您画的画，很动容。想着，要是合适的话，可以您写文，用榕麟的画为素材，成本书呢。天气转寒，注意保暖呀。

　　我仍然顺利地收到了杨老师的回复，就此交换了手机号和微信号，并相约找机会于郑州相见。

三、相见

　　我本和杨老师约定在十一二月相约郑州的，但奈何彼时的我因接了另一个出版项目而一直未腾出空当。

　　2019 年元旦假期结束，我立马奔赴郑州，深入杨老师的学校、班级、家庭甚至是讲座现场，对在微博上看到的内容进行确认。两天一夜的交流，让我确信杨老师是在真实且真诚地记录学校生活。我毫不犹豫地向她抛出了"橄榄枝"，并约定她写多久，我就和她合作多久。

　　当然，我敢做出这个承诺真要感谢领导和前辈老师对我的鼓励和信赖，是他们告诉我可以试试看。这对于新入职的编辑而言，很重要。

　　与杨老师的相见让我觉得多年前的小小心愿好像快要实现。念本科时，我很喜欢《一个人的好天气》，羡慕拥有吟子的知寿。现在，我不是知寿，杨老师也不是吟子，但我也收获了一份可以放在心尖上的忘年交。我曾努力让工作是工作、生活是生活，但却因遇见杨老师而情不自禁地破了例。

四、出版

　　自 2019 年春我收到杨老师的书稿定稿，至 2019 年秋书籍正式出版，这中间有几件好玩的事情可以拿出来分享。

　　第一件事是关于文稿内容。这是我第一本完全独立策划且自己做责编的书稿，我倍加珍视。编辑加工的时候，我几乎是熬了个通宵而一口气完成的。那天，我在日记里说：

　　我享受文字里的世界。虽然书稿是处于编加阶段，但这并不是我第一次读到这些文字。按照常理来说，我应该不会有新鲜感，但实际上，我还是常常为之欣喜和动容。故事里的人，我是见过的；故事里的事，我甚至是亲历过的。可能也因为如此，我现在再看，又有了一些新的感触。比如，前天，在公交车上和杨老师沟通时，我说，或许可以关注孩子的变化，做一个追踪式的记录，这可能比一般的行动研究更有意义。又如，昨天早上，杨老师在电话里和我说，她要尽量保证故事的真实性，还原教育的本来面目，绝不粉饰和添加。这些沟通的内容其实都是在原先的记录中就被感知过而未引起我的兴奋点的。也就说，有意无意中，我们的想法重合了；亦或者，有意无意中，我们就已经在落实我们想要努力的方向了。

因了这份独特的经历，我对目前的工作终于有了一些盼头，或者说终于找到了一点微光。

第二件事是关于书名。我与杨老师本就是因网络结缘，在达成出版合作之前，这本书的内容就已经受到广大网友的关注。所以，后来我们做的很多关于本书的决定，也都征求且尊重了网友的意见，包括书名。

杨老师通过微博请大家赐名的时候，得到了很多反馈：

《老杨有画说》《相伴时光美如画，我做你的画中人》《为你，千千万万幅》《执着徒儿画萌师》《师生情画》《老师给我做模特》《"杨"相百出》《一笔一画一故事，一日一妆一芳华》《吾师吾话，如诗如画》……

最后，杨老师根据大家的反馈理出来一个对偶句：豆蔻学生画中话，半百老师成萌娃。

在正式申报选题之前，我们一直是以这个对偶句来命名这个系列的。但具体的书名，我们还在打磨。后来考虑到书稿内容主要是用 102 幅画像写老师与学生的互动，是对师生关系的一种呈现和诠释，就想用《我有幸做了老师，学生却希望我做永远的孩子》做书名。这一方面能表达师生关系，另一方面能体现出作者作为教师的职业幸福感。但因这样子的表述过长，担心做书名不合适，才最终决定用《我是老师，也是永远的孩子》。因为我们打算做一个三年的记录以完整呈现三年的初中生活，所以书名后又有了".1"".2"".3"这样的序列。

第三件事是关于封面。封面上的书名是手写体，这也是我们在网上征集而来的。一开始，我们只是抱着"全员参与"的心态看看会否有一些好玩的事情发生，等我们真的向大家发出邀请的时候，一天不到的时间里就收到了百十来幅字。最后，我们将这个选择权交由美编，由她来挑选。最终美编选的是杨老师的一位朋友的字，也就是现在封面上的字。

这看似闹着玩的活动，却为这本书做了很好的预热，也算是惊喜了。

五、宣传

2019 年秋,《我是老师,也是永远的孩子 .1》终于顺利面世。

仍然是奔着好玩的心理,在图书宣传方面,我又和杨老师做了很多有趣的尝试。

首先,我们发起了"最美书影"的活动。简言之,就是将书置于操场、共享单车、花圃等各种美好的场景中,做一个系列的书影。收到的照片,也确实是让我们十分惊喜的。

其次,在"最美书影"的启发和鼓励下,在热心读者的建议下,我们又发起了"最美书模"的活动,就是诚挚地邀请本书的读者给我们反馈读书时的照片。最终,我们收到了近百幅书模照片,有亲子共读的温馨,有师生共读的美好,有在图书馆看书时的静谧,有在书房阅读时的自在,也有在小径阅读时的喜悦,还有在操场阅读时的开阔。读者的脑洞,比我们想象中大得多。我们的书籍,被书模们带到他们认为最美的地方。2020年 2 月,疫情最重的时候,那段难熬的日子,还有一个南宁的校长给杨老师传来书模照片。她的美好给予我们的,又岂止是战胜困难的勇气!上至古稀老人,下至三岁孩童,他们的传播,给我们带来书籍以外的胜景与幸福。原来,做书如此快乐!

这么有趣的事不能停下来。接着,我们进一步挖掘与探索,又用这些照片做成小视频,在抖音、微信、微博等网络平台发布,也收到了不赖的反响。

在这期间,我们还举办过"大家共读一本书"的活动,即将本书的各个年龄段的读者的阅读视频进行剪辑以感谢大家的支持。目前,这个视频仍在杨老师的微博上被置顶着。

六、回溯

当我事无巨细地记录下《我是老师,也是永远的孩子 .1》的"前世今生"的此刻,除了感激杨老师和出版社前辈的信赖外,我大概还会很感激两年前的我身上所拥有的初生牛犊不怕虎的冲劲吧。现在虽然看似多了一些经验,但伴随着做法的老到,我似乎也很难找到根据18篇文章就约稿一个系列的勇气了。

"我们不跟风,我们就是风。"这是2019 年 1 月 19 日的傍晚,我和杨老师在微信上就"什么是好的教育,什么是好的图书"进行交流时达成的共识。这十个普普通通的字,从那一个瞬间开始,就悄悄地溜进了我心里,成了我做这套书的信念。遂以此为题,记录我初入职场时这段神奇而又美好的相知相遇。

发现藤幼儿园的秘密

张　燕

因着与日本幼儿教育 20 多年的缘分和交往，我有幸成为《藤幼儿园的秘密》中译本的第一位读者。本书作者就是藤幼儿园园长加藤积一先生。全书将幼儿园的故事娓娓道来，读来感到非常亲切生动，很多话语简单、朴素而又充满智慧，是富于哲理的教育格言，令人回味无穷。藤幼儿园是一所有温度的幼儿园，只有站在孩子角度去感受和体悟，才可能发现其中的秘密。

一、园舍既现代、时尚，又质朴、原始

藤幼儿园的建筑的确极具现代感，很时尚新颖，因而近年来不断有人前往观摩，国人也趋之若鹜。然而，这所幼儿园并非刻意求新求变，而是意在回归幼儿教育的本源。园舍建筑是为了"唤起孩子自主成长之力"，是促进儿童成长的具有实用功能的大玩具。可以说，这是一间具有现代、时尚的外观，与朴素、深刻的内涵很好地结合的园舍。园舍并不单纯是一座建筑，而是处处令人感受到从孩子出发的温度，同时蕴含了日本人亲近自然、天人合一的生活观和教育观。

"孩子才是真正的老师"，幼儿园不需要刻意追求华丽的外表，而是要营造朴素的、能够让孩子一边玩耍一边学习的生活环境。圆形园舍是基于对孩子童年深刻的理解以及原有场地空间条件而设计建造的，有可以奔跑的屋顶，并保留着穿过屋顶的大树。设计时，设置有险情的环境，让孩子能够挑战极限，掌握生存之术，增强自我保护能力，

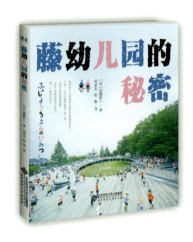

而不是剥夺孩子的成长。孩子多方面的能力和自信正是在这样的与环境互动过程中才得到发展的。受到"农家大会场"的启发,教室是开放的空间;园长的办公桌位于教职工的最前面,如同门卫,可以与孩子们全心全意互动交流。"最好的防范措施是人的眼睛",这与当下国人焦虑心理不断增强,从而要求封闭幼儿园,安装360度无死角视频以确保安全,形成了巨大反差。

环境的教育意图也体现在建筑之中,是一种无形的教育。"富足的时代很难有机会去理解事物的本质和道理","一切创造灵感皆始于无",基于这样的思考,园所设计时故意制造不方便,创造一些原始状况,在设施配备上放弃舒适安逸,拒绝自动化、感

应器等,让孩子动脑筋想办法去解决问题。园舍建筑的很多细节,如安置老式的拧开式水龙头、拉灯绳、滴水兽,以及凹凸不平的草坪等,都是为了让孩子可以获得多种以往所没有的体验。针对当下现实社会物质过于丰富,什么都唾手可得而产生的问题,如无欲无求,加藤园长提出,"欲望才是追求理想的动力",并考虑相应对策,让孩子能够体验发现的感动和惊喜。加藤园长认为,对幼儿期的孩子来说,与其传授,不如让他们自己去感觉、去思考、去行动。敢于挑战,发现乐趣,童年就应这样度过。

园舍的建筑完全是从孩子出发,在这其中,三位不失童心的成年人——园长、设计师和建筑师相遇相知,心有灵犀,设计建造的过程中时时以父母的视角去思考孩子的成长原点。三个人跨学科、跨领域的握手合作,成就了这个给孩子的不同寻常的美好礼物。

二、教育既深刻理解并践行蒙台梭利理念,又契合日本文化

藤幼儿园是一所兴办了数十年的蒙台梭利幼儿园,两代办园者深刻理解蒙氏的"孩子本身拥有自我成长的能力",并力行之。

如重视日常生活是"儿童发展"的起点，深刻理解蒙氏教育与其他以文化知识为中心的教育最大的区别，将日常生活练习作为"感觉教育""语言教育""算数教育""文化教育"五大发展领域的出发点。让孩子自己的事情自己做，并帮助家人做家务，促使孩子的五感（看、听、触摸、吃、闻）变得敏锐，同时掌握生活技能，培养身体协调能力。教育者相信儿童，结合日本文化进行本土化的拓展和发扬，如结合四季特点的文化活动，春天采摘草莓；夏天感受风和吃流水素面；秋天参观收割和碾米，在房顶吃饭团，享受"落叶浴"；冬天拔萝卜、吃萝卜等，人与自然和谐共处。

日本的传统文化中有鞋子要摆放整齐、随手关门等规矩和习惯，幼儿园日常教育就会把这些贯穿其中。幼儿园还会引导孩子洗抹布、点数黄瓜、盛汤等，使蒙氏教育元素契合日本生活方式，充分利用日常生活中的资源。日本育儿文化既对孩子适当照顾，又强调要帮助孩子成长并顺利过渡到下一个发展阶段，进而激发孩子的自主能力，逐渐走向自立，以适应未来时代的需要。藤幼儿园对于外来的好的幼教理念模式的学习值得大家反思，不是维新是趋，满足于唱流行歌曲般的变换花样，或

是原样照搬，形式大于内容，而是持之以恒地加深理解，并结合本土文化的特点，长期坚持实施。

蒙台梭利提出，"孩子具有与生俱来的使自己成长发展的能力"。根据蒙台梭利有关敏感期的理念，藤幼儿园强调要依据孩子的年龄进行适合的生活教育等，成人要充分了解孩子的需求，保障并支持孩子的自主活动。教师的作用就是保障孩子的自由，他们的工作是提供适宜的环境、材料和工具，帮助孩子去发现自己感兴趣的活动，提供机会锻炼其能力。要理解每个年龄段共有的规律特点，同时尊重个体差异。

三、孩子在生活中学习自我照料、理解他人需要

藤幼儿园的一日生活从相互问候开始，"进入社会的入口就是互相问好和寒暄"，孩子可以从中感受人际交往的温度，学习应有的礼仪，孩子要在生活小事中理解他人的需要，并学习如何化解冲突。园所接纳特殊孩子，让孩子们有机会在共同生活中学习相互交往，互助友爱，感受团结和团队的力量，同时成人也获得启示，认识到孩子们的多种可能性，不设定条条框框。

在藤幼儿园，幼儿在园大约有 2 小时自由支配的时间，幼儿可以自主选择，愿意做什么就做什么，可以是室内的"工作"，或是在室外尽情奔跑，尽兴地玩。如一圈一圈地在房顶奔跑，有的孩子一上午就跑了 30 圈，这意味着跑了将近 6 千米。连接房顶和庭院的大滑梯是孩子们的最爱，孩子们会不断地重复着爬上去、滑下来的动作。这里没有统一的活动时间，也不会统一要求孩子玩固定的游戏，孩子们会自己决定玩什么、怎么玩，自己创造规则和玩法。

在午餐问题上也尊重"多样性"，可以是幼儿园提供的，也可以是家里带来的便当。当然，妈妈或亲人制作的是最好的，孩子闻到饭香就能够感受到亲情和爱。餐前会有孩子负责按铃，提示大家午餐时间，大班孩子还需要承担分餐等值日生工作。藤幼儿园的"微笑农场"，可以让孩子们吃到自己种植的土豆、玉米、地瓜等蔬菜，共享绿色食物。

藤幼儿园注重在生活实践中激发孩子探究的欲望和学习探索的动力，如前文所提及的特意创设的不便利，吃饭时用筷子代替简便的勺子，引导孩子学会自我照料，小孩子也跟大孩子、老师一起擦地、搞大扫除等，让孩子有机会运用身体器官，学习解决问题，

了解事物的由来等。幼儿园注意创造机会和条件，让孩子直接接触实物、动手操作，如挖宝石游戏、参与"微笑农场"的种植与收获，而不是借助电子技术，让孩子们直接感知实物，自己去体验。

藤幼儿园比较低的师幼比与日本其他幼儿园类似，园长认为，太多的老师会减少孩子自我照料的机会，并分散其注意力。"不教孩子们"，才能从真正意义上促进他们自主成长，因为"你越不教，他越想学"。

四、家长是育儿同伴：倾听体谅，寻求共鸣

家长工作是幼儿园不容忽视的重要工作内容，书中关于家园关系和亲师关系的论述，明确了双方是平等的育儿同伴。教师做家长工作的基本方式，就是去倾听、理解，设身处地地理解他们的感受，而不是居高临下地教训等。

教师要以"体谅的心情"与家长交流，理解家长的育儿烦恼，"不论何时，我们都想成为能与家长产生共鸣的人"。藤幼儿园是社区幼儿园，几十年来持续与很多家庭打交道，既要能保持一定距离，冷静地看待家长的烦恼，也要能够无条件地接纳孩子们的

可爱之处。幼儿园与家长的交流是从肯定和赏识开始的。"倾听——认同——共鸣"是家长工作的基础。

书中,加藤园长就家长的育儿困惑,如兴趣班,孩子任性、攻击性、做事磨蹭以及安全等方面的问题,结合具体事例加以分析,提出了令人安心的育儿提示和参考建议,如引导家长学习了解和懂得孩子,放平心态,不要绝对化。

针对家长的焦虑,加藤园长告诫,不必事事小心,过于紧张,而是要顺其自然。"给孩子一点时间""相信孩子""耐心等待",建议家长"丢掉拐杖"!同时,他又强调,不能因为危险就什么都禁止,只有让孩子充分享受童年,孩子才能身心健康成长。他特别从标题上申明"教育没有标准答案"!相信这些真知灼见,对国内广大陷于育儿焦虑的家长会有所启迪,对我们的幼儿园摆正家园关系和有效开展家长工作会有借鉴。家长工作不是迎合迁就,而是给予积极的影响引导。

五、教育就是修行

"教育没有标准答案","当父母也是一种修行"是藤幼儿园的基本理念,也是最简单和最深刻的教育真理、规律。为人父母和教师都需要修行,成人要伴随孩子的成长而不断学习成长,没有止境地进行自我教育。好的教育不可能一蹴而就、一劳永逸,也没有能够包治百病的灵丹妙药。

藤幼儿园强调录用有热情的"普通人"。园所对教师的考核和招聘不是注重证书、学历等外在条件,因为以往职前的学习成绩不一定能够说明问题。藤幼儿园需要的是有强烈在这里工作的愿望的人,强调实际行动力,最优先考虑的是能为儿童成长合作共事,能够认同幼儿园生活化和天人合一的理念,能向儿童传递日常小事的快乐的人。担任班主任或主班老师的最重要的标准,是家长能否"放心把自己的孩子交给他",即从服务对象家长的角度考虑。在这里,对人、对孩子的关注是第一位的。录用的教师可以没有经验,但绝对不能没有热情。热情或激情是教师做好工作、自我成长的内在驱动力。

藤幼儿园把教师培养这件事放在比什么都重要的位置上,定期举办"实践研修班",引导教师掌握以往职前教育所未及的"孩子成长过程中重要的东西",体会到自己对孩子来说是被需要的,从而建立起幼儿园工作的自信。园所注重激励教师在实践中不断揣摩、不断创造，包括开发创造新的蒙氏教具等。

藤幼儿园还设计了"基本情况 100 题"作为教师研修的一部分，教师只有了解园所的基本信息、服务方式、制度、理念，理解认同、有归属感，并积极践行，成为"藤幼儿园的专家"，才能很好地向家长和公众传播。教师的自我成长不限于园内或教育的单一领域，幼儿园会创造条件并鼓励教师走出园外，开阔视野，丰富多种体验，让教师的成长能够增加宽度。

"有热情的普通人聚在一起，团结起来共同努力，就会发挥出惊人的力量。"看起来，这是藤幼儿园数十年办园一直得到认可的关键。

阅读完全书后我感觉，藤幼儿园其实没有秘密，要说有什么秘密，就是回到幼儿教育的本源——自然、生活、平实，回归朴素常识，把孩子放在最重要的位置，尊重和理解孩子，真正从孩子出发，从孩子的最大利益考虑如何实施教育，并落实在行动之中。日本幼教同行的危机意识、前瞻意识令人印象深刻，特别是他们对当下物质丰富、科技发展的现状不是盲目崇尚，而是保持理性、清醒和警觉。作者能够基于对孩子成长的深刻理解，居安思危，意识到现代化带来的负面影响，迎难而上，有所作为，尽可能地根据园所实际采取相应措施和对策，创造有利于孩子健康发展的环境，帮助他们顺利进入社会，成长为能够迎接未来社会挑战的新一代。

多说无益，读者还是尽快打开书，自己去体验和发现吧！

（《藤幼儿园的秘密》，
北京师范大学出版社 2018 年版）

"新史学"图书的品牌之路

谭徐锋

我们认为，除了坚持与提升学术品质之外，很有必要介入大众史学阅读，通过专业的研究与出版对读者进行引导，使这一文化品牌影响更多的读者。

"新史学 & 多元对话系列"出版已经有不少年了，我与主编杨念群教授，以及这套书，一起经历了不少故事，甚至可以说伴随了我七年多的编辑生涯。其中点点滴滴，有不少值得回味的故事。

取法乎上

提到"新史学 & 多元对话系列"，不能不谈到这一系列的发起人杨念群教授与他发起的"《新史学》发表一百年纪念会"。我读书时早已熟悉他的学术研究，只是无缘亲炙，真正的结识，是在做编辑之后。

2002 年，为了纪念梁启超先生《新史学》发表一百年，杨念群教授召集海内外知名学者在香山召开纪念会，让史学界与其他学科进行对话，会场各路诸侯激烈争锋，形成了不少很有影响的学术文本。会议结束后，形成两卷会议论文集与对话实录，使得青年学子对新史学有了更为深入的了解，也对中国史学前沿有了第一手的触碰。十多年前的这次会议，使得不少史学后进投身新史学研究阵营，如今一些人已经从学生变为老师，形成了不绝如缕的一支研究力量。

这次香山会议，也催生了"新史学 & 多元对话系列"与"新史学"集刊的问世，至今分别都出版了近十年，合起来有二十本书的规模。

十年，二十本书？也许会有读者觉得量怎么这么少呢？

这其实是我们刻意为之，尤其是"新史学 & 多元对话系列"，杨老师和我都坚信，只有取法乎上，才能有更好的著作沉淀下来，也才能真正在学术界积累口碑。相对于一些追求短期效应与数量的丛书，"新史学 & 多元对话系列"对于入选作品一方面相当开放，另一方面又可谓相当苛刻。

在选材方面，我们对海内外学术界开放，绝不论资排辈，即使是 80 后史学新秀，只要有好的学术著作，我们也会充分考虑。在获得学术界推荐之后，我们会进行审读，觉得很有价值，再纳入出版计划。对于我们拿不准的选题，我们会进行匿名评审，邀请同行顶尖学者进行审读，以此作为是否出版的条件。比如，最近一本中古史研究的著作就是找台湾一位"中研院"院士评审的，评审人给出了非常中肯的意见，成为我们接受该书稿的重要依据。

对内容严格把关的同时，在装帧设计、内文编排方面，我们吸纳了不少读者朋友的意见，邀请著名设计师蔡立国先生操刀，对系列的整体设计进行了改造，使之显得文气而厚重，颇受好评。

在这样的坚持之下，系列出版了十来本，很多史学界同行基本上是出一本买一本，两年左右，一般都能实现重印，在当下学术著作市场很不景气的情况下，提振了我们从事学术出版的信心与勇气。

唤醒历史想象力

在多个场合，我都强调"新史学 & 多元对话系列"的"新"字不是一个形容词，它是一个动词。这并非一个文字游戏，而是代表一种对于新学术新思想的决绝支持与坚守。在当下量化考核已让学术界身心疲惫之时，我们不断聚焦史学研究的核心话题，聚焦中国史学的问题，以具有创意的研究，挑战那种陈陈相因的老套叙事，以唤醒学术界的历史想象力，以史学的魅力开创一片色彩斑斓的学术版图。

国外"新史学"已经不断更新，似乎可以不断在新史学之前加"新"字，这不是我们的初衷。我们旨在，不断刺激新的想法与视野，以不断递进的新知识，提倡与推动新的研究方法，让新的研究材料与视角增益既有研究，使得我们对重要历史的认知更加丰富、更加多彩、更加立体，通过史学研究的进步，提升国内学术研究的整体水准。

"新史学"当然不排斥对老问题的新研

究，她所反对的是因为学术的圈子而陷于学术的圈套，主张敢于提出问题，进行富有朝气与活力的学术探索。我们相信，这一学术实践，可对青年学人的学术生涯与中国学术的未来起到刺激作用，进而为回应欧美学术的挑战积累更多学术反思的动力。

这也是我们坚持发掘学术新秀的初衷。

营销学术品牌

互联网时代的来临，使出版业整体面临很大挑战，"酒香不怕巷子深"的想法已经有些不合时宜。

这就涉及对"新史学"这一学术品牌的营销。

新史学这一品牌的营销有其自身的局限，由于其内容较为专业，很难像畅销书一样吸引眼球。她更多的是慢热型，需要吸引学术圈和史学爱好者不断关注，但引爆点和话题又不是那么强烈，无形中限制了其社会反响的力度。

我们想到的是，以新媒体和读书沙龙为平台，来对图书和作者进行推介。北京大学哲学系吴飞教授的《浮生取义：对华北某县自杀现象的文化解读》一书出版后，我们在单向街书店举办读书沙龙，由吴老师主讲，

很多读者热情参与，围绕着面对面的互动，书评与在豆瓣的宣传也紧跟着推进，使得此书在当年有了很好的市场反馈。

"新史学 & 多元对话系列"去年推出的美国亚利桑那州立大学历史系陈怀宇教授的《在西方发现陈寅恪：中国近代人文学的东方学与西学背景》一书，对陈寅恪的留学经历与学术源流进行了很好的梳理，在学术界反响很大。我们也是利用读书沙龙与学术讲座的形式进行宣传，陈怀宇兄在北京大学、清华大学、中国人民大学、北京师范大学、中国社会科学院、中央民族大学都进行了讲座，对该书的主旨做了很好的发挥，我们也在纸媒、豆瓣推出了十余篇书评，加之该书入选《中华读书报》2013年度百佳图书，一时形成了一个陈寅恪阅读的小高潮。

由于上述两书学术品质优良，加之传播到位，读者很是欢迎。凤凰卫视中文台"开卷八分钟"也进行了专题播报，使得两书的影响力再次得到提升。

除了以上滚雪球式的推广个案，我们还尝试着进行整合营销，"2014 年度新史学沙龙"就是这样一个尝试。

2014 年 9 月 6—7 日，北京师范大学出版社与单向空间联合主办的"新史学沙龙 & 东方历史周末"在北京单向空间·花家地店

举行，我们邀请了中国社会科学院、北京大学、中国人民大学、北京师范大学、南京大学、华东师范大学的嘉宾，就民国史与共和国史的深入、概念史、明清之际的历史记忆、空间与历史等主题与读者进行了热烈的讨论与互动，取得了圆满成功。

作为一次为期两天四场的新史学沙龙，我们邀请了十位知名学者出席，在学界享有盛誉的赵园老师也出席捧场。我们围绕新史学，整合既有作者资源，打造了一个学术场，现场有数百名读者参与，再通过新媒体将沙龙内容分享给全国的读者。

沙龙由北京师范大学出版社学术著作分社社长谭徐锋、《东方历史评论》执行主编方曌轮流主持。每场结束后，都预留近一小时让读者与老师们进行充分的互动，不少读者提出了很有深度的问题，也对"新史学"丛书的发展提出了独到的建议。相比中秋佳节的物质大餐，读者更愿意分享这次"新史学"盛宴。

由于出版社事先在豆瓣、微信、微博进行了充分的宣传，此次活动吸引了数百名读者的参与。上海新媒体澎湃文化与"东方历史评论"微信公众号全文刊发了此次沙龙的系列内容，并将长期大力宣传"新史学 & 多元对话系列"这一图书品牌。这种图书品牌

与跨界文化品牌的互动，不仅带动了"新史学 & 多元对话系列"丛书的销售，还通过新媒体的广泛传播，为图书品牌的延伸与衍生品的开发提供了新的空间。

今后我们想与各地文化地标合作，围绕某一主题进行年度"新史学沙龙"，每年举行数次，主题可以是研究话题，也可以是地方风物，还可以是学术群体，不拘一格，突出沙龙的学术前瞻性与趣味性，通过多元互动，将"新史学"的种子播撒到五湖四海，既推动中国史学的发展，也效力国家的文化建设。

品牌化之路

"新史学"这一品牌走到现在，已经有十年时光。面对当下出版业尤其是传统出版式微的趋势，我们认为除了坚持与提升学术品质之外，很有必要介入大众史学阅读，通过专业的研究与出版对读者进行引导，融入新的内容。只有这样，才能很好地推广这一文化品牌，使之影响更多的读者。

为此，我们已经在着手将"新史学"品牌化，以下是我们正在做的一些事情。

经过商讨，我们决定，"新史学"以"观

古今中西之变"为口号,分为两个出版板块。

一是高端学术"新史学 & 多元对话系列",吸纳国内外学术研究精品力作,增加原来未有的史学名作翻译,拟加入"法国大革命史译丛""历史—社会科学译丛"等专门译丛,通过视野的拓宽,使得其学术辐射力更加宽广。

二是文化读物"新史学 & 历史记忆",以话题、风物、传记、回忆为主,图文并茂,收入有趣的记忆片段与话题图书,使更多读者参与到"新史学"的活动中,体认历史的真相与意义。

这一构想已经有不少图书在积累中,最近一年会推出十种。随着内容的充实,"新史学"这一微信公众号、豆瓣小站、微博也已经在开始运作,海纳百川地吸纳有趣、深刻的史学内容,将其打散,化为学术溪流,通过互联网进行精准营销。

我们相信,通过线上与线下的互动,北京师范大学出版社"新史学"这一品牌将成为当代中国学术出版中一道风景线,期待这一学术出版构想能够得到海内外学术界、文化界的鼎力支持,点点滴滴,日积月累,使得"新史学"枝繁叶茂,让中国史学新秀得以茁壮成长,最终化为新的学术动力,参与到中国文化的建设之中。

（原载《中华读书报》2014 年 10 月 29 日）

依托体制改革　铸造学术精品
—— 北京师范大学出版社哲学图书的成功探索

饶　涛

2009 年 7 月，北京师范大学出版集团迎来了组建两周年的日子。体制的转换和集团化运作为企业的发展带来了深刻的变化，经营规模与效益持续增长，发展理念与发展模式不断创新，市场竞争力不断提升，使整个集团迈上了快速发展的道路。体制改革不仅推动了企业发展，也给图书出版注入了新的内容。体制机制创新、图书结构调整构成了集团的核心发展要素，特别是对以教育出版为主体的北京师范大学出版社来说，迎来了学术著作出版的大好机遇。作为北京师范大学出版社图书结构转型的重要环节，哲学图书的出版成为一道亮丽的风景线，在整个图书结构转型中发挥着龙头作用，不仅经济效益大幅度提升，社会影响也在不断扩大，成为国内出版业哲学社会科学领域不可忽视的重要力量，初步形成了一个原创和引进图书相结合、学术著作和一般图书相结合、资料性图书和理论著作相结合的立体结构。

一、出版了以"当代中国哲学家文库"为代表的原创性学术著作

学术著作的出版是大学出版社的重要特色，对于创造出版社的品牌、提高出版社的品位、扩大出版社的社会影响力具有重要的意义。北京师范大学出版社在挖掘北师大出版资源、转学科优势为出版优势的同时，积极邀约校外知名学者，策划出版了"当代中国哲学家文库""京师哲学文库"和《马克思主义哲学中国化：历史与反思》等多个系

列的原创性学术著作。

　　其中"当代中国哲学家文库"是历时五年打造的一套学术精品,这套文库汇集国内重点院校和科研单位的著名哲学家的学术力作,内容涵盖马克思主义哲学、西方哲学、中国哲学、科学技术哲学、伦理学、美学、宗教学等哲学二级学科,以不同的视角、个性化的研究探索了哲学领域的热点问题和难点问题,既凸显了作者关于哲学研究的基本心路历程,反映了作者思想、观点的发展变化,而由于他们的代表性、典型性,也反映了我国的哲学研究及其水平的过去与现在,在一定程度上体现了当代中国时代精神的变革与社会现实的发展。无论是从理论的深刻性,还是从逻辑的严

谨性,甚至是整套文库的装帧设计而言,无不让人掩卷长思,启迪思想,开阔视界。正如孙正聿教授在其书中所说,在他二十多年的教学与研究中,有许多理论和现实的问题使他激动,让他沉思,于是形成了一篇篇文字,试图用理论的方式表征我们整个时代的历史进程和当代人类的心灵历程,特别是当代中国人的心灵历程。他从不同的角度,做出了许多新的、可贵的探索,从而为我们进行哲学研究提供了重要的启示。作为学术著作出版的一个成功尝试,北京师范大学出版社以"当代中国哲学家文库"为范例,相继策划和出版了"当代中国教育学家文库""当代中国心理学家文库""当代中国文学学家文库""当代中国史学家文库""当代中国经济学家文库""当代中国社会学家文库"等,打造了一个阵容强大、学科齐全、具有权威性和理论性的学术著作文库群。

二、出版了以"后现代历史哲学译丛"为代表的引进版图书

　　具有全球视野和开放心态,重视版权输出和引进,不仅可以提升学术出版的境界,促进文化交流,而且可以丰富图书的

品种，实现图书结构的多元化。北京师范大学出版社作为一家以教育出版为主体的大学社，围绕着教育出版的核心业务，通过资源整合、品牌带动、立体开发，对产品结构进行了大幅度调整，组织策划了一大批有影响的精品力作，如"本雅明作品系列""国外马克思学译丛""日本马克思主义译丛""后现代历史哲学译丛"等引进版图书。这些图书的策划和出版，为国内的哲学工作者了解国外相关领域的最新研究成果以及经典著作提供了文本，受到了学术界和广大读者的欢迎和好评。

在引进版图书中，"后现代历史哲学译丛"是一套较为典型的学术精品，不仅具有较好的社会效益，而且图书重印率高，市场销售业绩喜人，在一些大学周边书店和新华书店的销售排行榜上曾经多次名列前茅。本译丛从后现代的语境出发，选取后现代历史哲学研究领域知名学者的经典性著作。这些著作，侧重点不尽相同，旨趣各异，但又有一只"看不见的手"把它们串联在一起，形成一个共同点，这就是把后现代主义放在当代西方文化的宏观背景中，不仅仔细梳理了后现代历史哲学的主要流派和代表人物，而且围绕历史与哲学的关系、如何书写历史、历史的本质、历史叙述、历史表征、话语的修辞以及历史哲学的发展趋势等主要内容，进行了广泛而深刻的探索。它不仅为我们了解后现代历史哲学前沿提供了可资借鉴的文本，而且后现代历史哲学蕴含的理论内容和方法论原则对于国内学术界具有重要的启示意义和参考价值。

三、出版了以"当代学者视野中的马克思主义哲学"等为代表的资料性图书

资料性图书在不断细分的图书市场占有越来越重要的位置，因其是了解各门类学科发展、研究概况的重要窗口，具有文献性、资料性和实用性，是各级资料室、图书馆必备的图书和教学科研人员的参考书。北京师范大学出版社出版的资料性图书中，具有两个特点：一是依托国家或者相关部委的重大课题、项目，反映相关领域研究的最新进展和重要成就；二是围绕经典著作和重要学术流派，体现相关学科的最高水平和重要作用。从 2007 年开始，以丛书"当代学者视野中的马克思主义哲学""现代西方价值哲学经典"为代表，北京师范大学出版社陆续推出了各类资料性图书 10 余个系列，许多都是

可以典藏的文化精品。

"当代学者视野中的马克思主义哲学"丛书是中央实施马克思主义理论研究和建设工程课题"马克思主义哲学"、国家社会科学基金重大课题"马克思主义哲学基础理论研究"、教育部哲学社会科学研究重大课题攻关项目"马克思主义哲学体系创新研究"的阶段性成果。丛书在文献的选编和整理方面做了极其重要的基础性工作，目的在于提供不同的理论参考，从而积极地推进当代中国的马克思主义哲学研究。丛书力求根据马克思主义哲学研究的当代性、广泛性和学术性，按照当代西方、当代东欧和苏联、当代俄罗斯和当代中国四个角度，汇集了当代学者对马克思主义哲学的种种解说和阐释，使马克思主义哲学研究的当代境遇凸显出来，使马克思主义哲学与时代课题的联系多方面地显示出来。这套丛书所选材料中的立场、观点和方法并不一致，它们之间的差别有时非常大甚至可能是对立的，但也正因为如此，这些研究材料的作用和意义就会是多重的，其中所包含的一致、差别和对立能够为马克思主义哲学中国化提供不同的参考维度，提供较大的思考空间。正如丛书主编袁贵仁、杨耕教授指出的："我们并非完全同意这套丛书所选材料的

观点或结论，但我们不能不敬佩这些思想家在如此广泛的领域里所进行的认真探索；我们未必非常欣赏由这些材料所构成的画面，但它的斑斓五彩不能不在这一方面或那一点上燃起我们探索的激情。同时，透过这些观点、学说和学派，我们会体验到，在当代，没有任何一种哲学思潮或哲学流派能够取代马克思主义哲学，这些思潮、学派走马灯似的生命周期本身就是最好的证明……当然，随着自然科学的重大发现和社会生活的重大变化，马克思主义哲学应当也必须研究新的课题，应当也必须改变自己的理论形式，应当也必须调整、充实和丰富自己的理论内容。"

"现代西方价值哲学经典"是教育部人文社会科学重点研究基地重大项目"现代西方价值哲学研究"的阶段性成果，内容涵盖德、奥、英、美24位哲学家的价值哲学代表作，从先验主义路向、经验主义路向、心灵主义路向、语言分析路向四个学派，全面详细地介绍了现代西方价值哲学中的热点、难点和重点问题，反映了现代西方价值哲学研究的主要理论观点和思想精华，集思想性、理论性、资料性为一体，对于学习、研究西方价值哲学具有重要的参考价值。正如丛书主编冯平教授所言，

兴盛于 20 世纪 80 年代的价值哲学研究对于中国哲学的发展功不可没，也取得了丰厚的成果，但对西方价值哲学经典的研究一直是一个薄弱环节，迄今为止，虽然有一些零星的翻译作品，但缺少一套系统的价值哲学文本选集。这在某种程度上严重地制约了我国价值哲学的研究。目前我国价值哲学研究领域的状况，一方面是社会生活越来越需要价值哲学，越来越多的人（哲学专业的与非哲学专业的）为价值哲学研究所吸引，而另一方面却是价值哲学经典中文版的严重缺乏。因此，翻译出版价值哲学经典，将有助于改变这一被动局面，为我国的价值哲学研究开始一个进入国际价值哲学研究前沿的新阶段提供必要的资料条件。"

四、出版了以"陈先达哲学随笔"为代表的大众图书

大众图书由于强烈的市场气息、众多的读者群体、巨大的销售潜力，历来是各出版社非常重视的图书板块。大众图书的成功，在创造一些超级畅销书、培养一批明星作者的同时，也在竞争日益激烈的环境中繁荣了图书市场，激活、滋养了一批致力于发展大众图书的出版社。在大众图书市场异常活跃和丰富的环境下，北京师范大学出版社积极探索自己的大众图书运作方式，即结合自身的教育出版背景，适时地推出以教育随笔、哲学随笔为特色的大众图书。实践证明，这是一个成功的大众图书发展模式，一些图书获得了既叫好又卖座的良好业绩，它们也是北京师范大学出版社致力于图书结构转型、勇敢面对市场竞争的最好诠释。"陈先达哲学随笔"就是这方面一个成功的尝试。

陈先达教授是我国著名哲学家，其理论作品睿智而深刻，近年来致力于随笔写作。北京师范大学出版社推出的这套书，是陈先达教授的哲学随笔精品，共有四本：《哲学心语：我的哲学人生》《回归生活：哲学闲思录》《静园夜语：哲学随思录》《漫步遐

思：哲学随想录》。这四本书以"大家"写"小文章"的编撰方式，深邃的哲学思想和通俗易懂、深入浅出的语言风格相融合，将寓意深刻的哲理娓娓道来，是作者用心灵去感受哲学、感受哲学人生的写照，主要内容围绕与其有关的人、事、物和理论思考展开，或畅谈哲理，或反思历史，或感悟生活，有文有事，有情有景，文风隽永，反映了作者对哲学的执着，对理想的追求和对生活的热爱，让人如沐春风，就像在和精粹文本对话，在和高尚的贤哲对话，使人在思想豁然中多了一份宁静，在燃起心灵篝火的同时多了几分启悟和哲学精神的滋养。加之装帧精美的封面和简洁大方的版式，给人眼前一亮的感觉，让人爱不释手，一经出版，就获得了读者的认可，经销商不断要求添货，创造了一条大众图书开发的成功之路。

哲学是时代精神的精华，哲学和社会实践的相互激荡、相互交融，在改革开放的中国不断创造出具有实践性、时代性、民族性的哲学理论。北京师范大学出版集团正是看到哲学与时代课题间的辩证关系以及改革开放背景下哲学图书出版的巨大机遇，把哲学图书作为图书结构转型的重要突破口，立足时代发展，打造精品图书。以执着探索的精神坚持改革创新，向市场要效益，向管理要效益，服务大学、服务社会成为北师大出版人的不懈追求，经过市场洗礼的北师大出版人会在今后的发展中谱写更加动人的华彩乐章。

（原载《中国社会科学报》2009 年 7 月 1 日）

"小金狮"成长记

——看教育名社如何打造童书品牌

总编办

20 世纪 90 年代美国好莱坞有一部风靡全球的动画片《狮子王》，讲述了一个深受孩子喜欢的卡通形象小狮子辛巴在艰难中历练、最终成为森林之王的故事。小狮子辛巴的故事深入人心，其顽皮、喧闹、勇敢和不畏一切的特点让小朋友难以忘却，也成为电影行业的一个经典形象。北京师范大学出版社的童书发展过程中也有一个鲜活的形象——"小金狮"，它虽然幼小稚嫩，但寄托着北京师范大学出版社少儿教育出版的光荣与梦想，集中反映了北京师范大学出版社童书品牌建设的思考与探索。

"小金狮"的品牌内涵

作为一家以教育出版为主要方向的大学出版社，北京师范大学出版社是最早从事少儿教育出版的出版社之一。出版社结合自身的优势资源，以少儿教育市场类图书、幼儿园课程资源、学前教育教材为主要内容，积极推进少儿读物的发展，经过多年的探索与积淀，少儿出版呈现出飞速发展的良好势头。

光荣的荆棘路总是不平坦的，北京师范大学出版社少儿出版在行稳致远的同时，一直在寻求突破，其中的一个重要举措就是品牌化建设。具体而言，就是在考察国内出版社图书品牌和分析少儿出版发展方向的基础上，筹划一个定位准确、特色鲜明、易于市场推广的少儿图书品牌，精心挑选作者，精心策划选题，出版一批高水准、思想性、开拓性的精品图书，争取形成北京师范大学出版社少儿图书品牌的社会影响力和市场竞争力。在这一背景下，"小金狮"孕育而生。"小金狮"的"金"，寓意"珍贵、阳光"，"狮"寓意"勇敢、力量、权威、智慧"和"团队合作"；"金狮"是"京师"的谐音，凸显了北京师范大学的深厚历史、文化底蕴和教育特色；"小金狮"则突出少儿图书的特点，希望为小读者提供珍贵、阳光、具有智慧和力量的精神食粮。

可以说，"小金狮"明显地带有北京师范大学的烙印和北京师范大学出版社的基因。"小金狮"的内涵和理念，决定了做好教育出版是它应有的使命和担当，既要追求寓教于乐，又要追求品牌效应，二者相辅

相成，推进少儿出版不断前进。"小金狮"的诞生和成长，带来了北京师范大学出版社少儿图书的快速发展。短短几年，从精品不足、创新不够、部门分散、总盘子小的局面，到现在成立了专业的少儿教育事业部，拥有优秀的策划编辑团队和多元化的营销渠道，出版品种丰富，精品图书众多，每年出版的新书超过 100 个品种，初步形成了一个儿童绘本、儿童文学、教育读物和家教育儿相结合，市场图书和渠道图书相结合，传统出版和数字出版相结合的立体结构，不仅经济效益大幅度提升，社会影响也在不断扩大，成为国内少儿出版领域不可忽视的重要力量。少儿图书出版的发展，从一个侧面折射出北京师范大学出版社在探索中求发展、在改革中壮大、在创新中提升的鲜明特点，是北京师范大学出版社图书结构转型的一个缩影，也是北京师范大学出版社在改制中迈出的重要一步。

"小金狮"如何长成

"小金狮"精品迭出，知名度和美誉度不断提高，一个重要的原因是通过政策引导和培养优秀本土作家，推出了一大批思想性、艺术性、可读性俱佳的优秀原创

出版物。在这里，名家荟萃，新人辈出，"中国元素"流行，小读者可以看到保冬妮的可爱可亲、王早早的清新娟丽、朱慕菊的教育哲思，还有以孙云晓、付小平、边玉芳、杨鹏等为代表的知名作者团队，也可以欣赏到一群热爱文学和绘画，具有教育学、儿童文学、美术专业背景、崭露头角的年轻人的创作，他们"想用最美的青春和笔触，为孩子们描绘出最美的经典，装饰孩子们彩色的、梦幻的童年"。

"小金狮"保持了以原创为主的选题特色，不仅符合中国小读者和家长的阅读需求，而且融入了中国传统文化的要素和教育理念。譬如，由著名学前教育专家朱慕菊主持的"怎样培养孩子的关键社会能力"丛书，被列入"十三五"国家重点出版规划项目。丛书在深入浅出地分析中国历史和现代生活中的生动案例的同时，对这些案例进行了科学的解读，对于培养孩子的交往能力、情绪能力、自律能力、自尊心、积极主动性和亲社会行为具有重要的意义。正如北京师范大学儿童心理学教授陈帼眉所言，这套书依据心理学及教育学的基本原理和研究成果，对在日常生活中不知不觉违背客观规律、伤害孩子的想法和做法进行了深入浅出的解析并提出了具体改进的建议。这套书会让你认真

思考在孩子刚刚开始人生的时候，究竟什么最重要，打开了家庭教育发人深省的另一扇门。还有如"中国记忆"系列，这套书浓缩了中国传统文化智慧的传统节日、汉字等内容，并借助现代图画风格，以图文并茂的方式呈现给小读者，让孩子们从贴近生活的故事中理解中国优秀传统文化的魅力，深受孩子们的喜爱。2017 年，绘本《日月山川》入选"向青少年推荐百种优秀出版物"名单，"馒头宝宝行为启蒙绘本""妈妈，这是为什么呢？"以及《做父亲的幸福》等 40 余种少儿图书入选"图书版权输出奖励计划"名单，"小金狮"得到了社会各界的广泛认可。

"小金狮"不仅使北京师范大学出版社迅速得到了读者的认可，而且实现了优秀品牌、知名作者、精品图书以及不错的销售码洋与利润相结合的良性循环发展。"中国记忆"系列、"北京记忆"系列、"原创中国·绘本童年"系列、"水墨绘本"系列、"馒头宝宝行为启蒙绘本"系列、"快乐幼儿园绘本"系列、"安全教育绘本"系列、"爱的种子绘本馆"、"怎样培养孩子的关键社会能力"丛书、"快乐瓢虫双语童书"、"语文新课标必读丛书"、"与名人一起成长丛书"、《天使来了》……一本本散发着墨香、既叫好又卖座的少儿图书，是北京师范大学

出版社致力于品牌建设、勇敢面对市场竞争的最好诠释。

机制创新与未来发展

"小金狮"推动了少儿图书的发展，也给机制体制注入了新的活力。其中，以"工作室、项目制"为依托的人才培养模式就是一次有益的尝试。在少儿教育事业部建立名家工作室，集聚一批儿童文学、儿童心理、学前教育的名家和知名品牌，为其成立名家工作室、知名品牌工作室，以实现可持续发展，实现规模效应。工作

室配以专门的策划编辑和宣传推广力量，对名家名作进行深度开发和全方位推广，组织名家巡回讲座，打造畅销书成功案例，同时促进策划编辑向作者经纪人的角色转型。例如，《婴幼儿睡眠全书》以项目管理的理念改造原有的编辑、推广及营销流程，试点奖励机制，形成了具有特色的项目管理运作模式。项目组由策划编辑、营销编辑等三人组成，对选题实施的各个环节统筹管理，从印前二次策划会到图书上市前的宣传预热，再到上市后的营销策略，项目组控制出版与宣传节奏，力争把握最佳时间节点。同时，项目组根据选题进展及特点适时调整，以保证项目运行顺畅，如项目组成员通过项目分析，根据这本书的读者群特性，选择了网络销售渠道并与网站进行深入合作，取得了上市仅一个月就销售近3万册的好成绩。

"小金狮"还依托北京师范大学中国图画书创作研究中心和北京师范大学出版社合办的"原创图画书年度排行榜"，通过每年一度的排行榜活动搭建"原创图画书排行榜"平台，挖掘优秀的原创图画书作品。正是依托名家工作室和"原创图画书年度排行榜"，"小金狮"聚集了一批国内著名作家和插画家，培养了一个具有市场意识、人脉资源，

与名家联系密切，具备较强策划能力和市场竞争力的优秀编辑团队。在我社的少儿出版领域，重点图书板块发展较为均衡，每个板块都有学科首席策划把守；其中，少儿图书是拥有首席策划最多的板块，这些优秀编辑在全国少儿图书各细分市场中都有一定的竞争力。

"酒好也怕巷子深"，"小金狮"不仅强调要做好书，也重视宣传推广；不仅注重传统渠道营销，也重视新媒体宣传。我社建设"小金狮学堂"的微信公众号，并在喜马拉雅、蜻蜓FM、网易云音乐、幼师口袋以及宝贝听听上开设专区，通过线下活动导流线上微信群，与全国各地育儿、亲子、教育QQ群、微信群合作，开展丰富的线上分享活动，拓展宣传方式。除了传统媒体、新媒体、电子图书等多种宣传途径，还通过举办新书首发式、卖场和书展专家讲座、绘本剧大赛、图书馆亲子活动、幼儿园和学校的阅读活动等开展丰富多彩的图书推广活动，使"小金狮"的图书信息直接到达销售终端和目标读者。

由"小金狮"的成长轨迹，可以清楚看到一个大学出版社的少儿图书板块坚持原创，逐渐成长为一个特色鲜明、实力雄厚、具有较强市场竞争力和较广社会辐射力的少儿出版机构的过程。"小金狮"积累了出版资源，形成了合理的图书结构，打造了能战斗的团队，成长的经历本身就是一笔财富。尽管市场竞争激烈，但"既然选择了远方，便只顾风雨兼程"。对于"小金狮"的未来发展，我们始终信念坚定，充满着信心。

（原载《中华读书报》2017年6月14日）

附 录

Stories Told
By Authors And Books

春华秋实四十载　风起扬帆破浪行

—— 写在北京师范大学出版社成立 40 年之际

　　在第 36 个教师节来临之际，百年学府北京师范大学的全体师生将开启一个不平凡的新学期，共同迎来久别后的重逢。与学校一街之隔，新街口外大街 12-3 号的通和大厦，每天早晨有 300 多人"刷脸"测温后进入北京师范大学出版集团办公区，大家的匆匆步履传递出只争朝夕的工作氛围，每个人都以和时间赛跑的状态努力确保完成各项年度任务。今年，出版集团核心企业北京师范大学出版社正迈入不惑之年，勇担时代使命，服务立德树人的初心坚守如一。改革开放赋予了发展机遇，北师大出版人则以 40 年的精神传承和不懈奋斗书写了独特而精彩的出版华章。

问渠哪得清如许——
源自师大，扎根教育

　　出版是教育内涵的自然延伸，是大学建设的天然元素。1980 年 8 月 28 日，教育部对北京师范大学《关于成立北京师范大学出版社的请示报告》给予批复："经国家出版事业管理局批准，同意你校建立北京师范大学出版社，该社代号编为 243 号"。9 月，出版社在学校学 11 楼一层东侧一间窄小的屋内静悄悄地运转起来了。从此，出版社开始了与中国教育改革发展同呼吸、共命运的前行之路。

　　建社初始，出版社就全面服务于学校的教学科研工作，把出版各学科专业教材和教法研究等方面的图书列为工作重点，陆续出版了一批名师大家的教材和学术专著，为学校教学科研顺利开展提供了重要支持，也为出版社快速发展打下了坚实基础。

　　依托学校优质的基础教育资源，出版社长期参与中国基础教育改革的探索和配套教学资源的研发工作，并成为国家中小学教材的出版重镇。20 世纪 80 年代，出版社开始参与五四学制教育改革试验工作。1992 年，组织编写并出版了高质量的五四学制教材，这是出版社参与国家中小学教材工作的起点，为以后北师大版基础教育教材出版积累了经验。21 世纪初，我国新一轮基础教育课程改革全面启动。出版社把握住改革的机遇，投资数千万元用于基础教育学科教材研发，与教育部北师大基础教育课程研究中心共同组织了 100 多名专家参与各学科国家课程研究与教材建设，开始向我国基础教育课程改革的主战场进军。同时，出版社还出版了义务教育阶段的各学科课程标准。这一突破性的尝试，不仅有力地推动了国家基础教育课程体系创新与课改进程，也将出版社的发展提升到更高层次。目前，北师大版基础教育课程标准教材以其研究基础深厚、教育理念先进、编写质量上乘、配套资源丰富、服务水平专业得到广大师生的广泛认可，全国有 29 个省、自治区、直辖市以及澳门特别行政区有数千万中小学生使用，成为国内公认的优秀教材之一。

在夯实基础教育教材及其配套资源的出版的基础上，出版社以"主干的教育科学（包括心理科学）和人文科学，精干的社会科学和自然科学"为定位，持续创新推动教师教育、职业教育和高等教育领域图书出版工作。

教师教育图书板块以服务于国家重大教育政策需求，服务于中国教育学科本土化建设，服务于北师大"双一流"建设，服务于中国广大教师的专业发展为宗旨，注重图书内容原创性，彰显中国教师教育特色，在教师职前教育、教师职后培训、教育教学指导、教师生活健康四大图书板块，形成了职前职后一体化、线上线下相结合的产品布局，出版了《中国教育通史》《顾明远文集》"教育家成长丛书""教师教育精品教材"等一大批质量上乘、传播广泛、影响深远的教育著作，为中国教育出版事业贡献了智慧和力量。

高等教育教材板块瞄准高等院校教学改革方向，服务现代高等教育发展需要，出版了一批高质量的高等教育教材；形成了本科和研究生层次相互衔接，基础课教材和专业课教材互为补充，传统经典教材和特色课程教材各有侧重的较为完整的高等教育教材体系；汇集了一批包含学界领军人物、重点院校学科中坚、一线骨干教师等在内的高水平作者。以《普通心理学》《中国文化概论》《创业基础》等为代表的精品教材和国家规划教材，被全国众多高校广泛采用，产生了较大教育影响力。近年来，随着国家"双一流"专业建设、"新文科"建设等新举措的推进，高等教育教材紧跟各学科研究与教学发展的前沿动态，在跨学科、实践性、融媒体等方向进行积极探索，不断强化出版特色，拓展出版思路，迸发出了新的生机和活力。

出版社自20世纪90年代开始研发、出版职业教育教材，是教育部首批指定的十家职业教育教材出版基地之一，在新一轮国家中职教育课程改革中，承担了教育部德育课、文化课、教改创新示范以及"专业技能课"国家规划教材的开发工作；200余种教材被评为"十一五""十二五"职业教育国家规划教材。近年来，职业教育板块密切关注职业教育产业及专业发展新动态，优化产品线布局，打造中职教材与高职教材相互贯通、公共素质教育课与专业技能课教材相互补充、传统教材与融媒体新型教材相互结合的教材研发体系，形成了特色鲜明、针对性强、线上线下一体的教与学服务体系，已稳步跻身一流职业教育教材出版阵营。

经过多年图书结构转型优化，出版社构建了涵盖学前教育、基础教育、职业教育、高等教育、教师教育等领域，结构合理、特色鲜明的终身教育服务出版体系，成为国内优质教育资源的研发基地与出版基地。出版社的出版理念与精神气质，来自北师大长期以来所形成的学术文化传统，来自对大学精神和教育使命的执着，这既是代代传承的文化基因，也是改革开放远大征途赋予北师大出版人的文化自觉。

守正创新铸品牌——
精研学术，服务大众

在夯实教育出版主体的同时，出版社服务国家重大战略需求及学校"双一流"建设目标，围绕教育心理、文史哲等优势学科基础理论研究与前沿热点问题，打造了一批思想性、艺术性、可读性有机统一的学术著作，出版了《中华艺术通史》"当代中国名家文库""马克思主义基础理论研究"等一大批具有重大理论价值和现实意义的高水平学术精品。多种图书荣获中国出版政府奖、中华优秀出版物奖、中宣部优秀通俗理论读物，数百种图书入列中宣部主题出版项目、国家重点出版物出版规划项目、国家出版基金项目、"三个一百"原创图书出版工程等重大项目。出版社已成为国内专业出版和主题出版的重要平台。

大众读物板块致力于通过科学、理性的学科方法，聚焦大众关注、社会需要的现实问题，用"轻"量级学术语言、打造大众市场易接受的图书产品。《儿童阅读的世界》"心理学与社会治理书系"等多种图书入选国家出版基金项目；《影像中的生死课》《家安心安：新冠肺炎疫情下的家庭心理自助手册》等大众类图书获得了良好的社会反响，多次入选《中国教育报》等国家级媒体好书TOP10名单。

少儿教育图书板块坚持以"教育+原创"为主的工作思路，积极推进少儿读物与家教读物的发展，打造了具有鲜明京师特色的"小金狮"图书品牌。"水墨汉字绘本"《尾生与金鱼》等多种图书入选"向全国青少年推荐百种优秀出版物"名单，《捡到一根魔法棍》《不可思议的化石》荣获"我最喜爱的童书"奖；家庭教育板块邀请孙云晓、边玉芳等国内家庭教育领域的知名专家作者，打造了《习惯决定孩子一生》《婴幼儿睡眠全书》等一大批叫好又叫座的作品，为广大家长提供了专业、权威、易懂、好用的家庭教育解决方案；同时，出版社每年开展各类儿童阅读推广活动100多场，致力于培养孩子的阅读兴趣，帮助孩子掌握正确、高效的阅读方法，养成良好的阅读习惯，得到了儿童、家长、教师的广泛赞誉。

相通相知无远近——
坚定自信，开放包容

文化是一个民族乃至一个国家的灵魂，坚定文化自信，推动中华文化走出去，是当前出版工作者的责任所在。2013年，出版社正式成为"中国图书对外推广计划"工作小组的成员单位，成为走出去的"国家队"成员。2014年，出版社成为对阿版权输出重点单位，成为"丝路书香工程"专项资金支持的出版单位。近年来，出版社多次入选各年度"国家文化出口重点企业"名单，"中国文化与汉语对外传播"、出版社约旦分社（中阿版权贸易中心）入选"国家文化出口重点项目"。出版社与中国人民对外友好协会、中国阿拉伯友好协会、北京扎耶德中心（北京外国语大学阿拉伯学院）达成战略合作协议，在选题策划、翻译、编辑、发行和宣传上实现资源共享，共同建设"走出去"项目精品品牌"三大对阿文库"："扎耶德中心文库""中阿友好文库"和"'一带一路'友好合作文库"。与此同时，出版社充分挖掘优质图书内容资源，依托国家文化出口重点企业项目扶持基金、"丝路书香工程""中国图书对外推广计划"等支持性项目展开选题策划，通过一大批优质的出版物实现了中国文化"走出去"。

　　在致力于原创学术著作"走出去"的同时，出版社积极做好将国外学术精品"引进来"工作。比较中西、会通古今、包容开放，基于中国当下的现实需要和未来发展，理性选择精品图书，为国内知识界提供具有国际视野的优秀著作，形成了心理学、教育学、历史学等重点学科的引进版图书品牌。其中，"科学博物馆丛书"入选"十三五"国家重点出版物规划项目，"西方古典译丛"获国家出版基金资助，"心理学经典译丛""教育经典译丛"等一大批引进版国外学术精品系列在国内学术界产生了重要影响。

顺势而为争进取——
融合发展，转型升级

　　经过二十多年的艰苦奋斗和改革发展，出版社于 21 世纪之初迈入了年度发行码洋 10 亿元的大关，出版门类相对齐全，经济规模持续增长，已经稳居全国高校出版社的前列。随着互联网时代的到来，出版业资源整合显著提速，唯有顺势而为转变发展模式，才能再上新台阶。出版社坚持顶层设计与试点先行相结合的工作思路，通过实施资金扶持、项目驱动、平台赋能、人才引进等战略，深度参与学校"互联网＋教育教学"改革与发展工作，积极探索传统出版与新兴出版融合发展之路，取得了骄人成绩。2010 年，成立数字出版工作领导小组，制定发展规划；2011 年组建数字出版中心，开始数字业务探索；2013 年入选全国首批数字出版转型示范单位；2014 年被确定为 MPR 国家标准应用示范单位；2017 年获批成立国家新闻出版署出版融合发展（北师大社）重点实验室，聚焦人工智能技术在教育领域应用模式的研究与实践；2018 年获批第二张互联网出版资质证书，入选国家新闻出版署知识服务试点单位，入选首批 ISLI 国家标准应用试点单位。

　　目前，出版社融合发展业务主要围绕基础教育、教师教育等优势板块研发专业、垂直的服务平台和整体解决方案，同时围绕学前教育、职业教育、高等教育等板块的优势学科研发"互联网＋教育"在线课程，用融合出版来实现出版内容价值倍增，从而带动整体业务转型。其中，"基于大数据的智能化网络教学和知识服务平台研发及应用"等 5 个项目获得国家文化产业发展专项资金资助；"中华文化绘本的数字化、立体化、动漫化开发与教育普及"等 5 个项目入选国家新闻出版改革发展项目库；《读成语 学美德》《京师书法》《孤独症儿童教育辅助工具》等20多个项目入列国家出版基金、国家数字出版精品遴选推荐计划、中华优秀出版物等国家和省部级项目。累计获得40多项软件著作权，参与新闻出版行业标准《CNONIX与ISLI数据互通》行业标准编制；陆续上线基础教育教材网、京师教育资源网、京师E课等服务平台，推出"北师数字教材""京师书法""京师慧听说""京师慧数学""京师爱幼""京师智慧园""京师体育"等融合出版产品与服务，累积服务全国2000多万师生。

担当有为有温度——
牢记使命，服务社会

40年的发展历程中，出版社始终以服务于学校教学科研为宗旨，做好教材和学术专著的出版。伴随改革开放不断发展壮大的出版社，出版的类型不断丰富，业务的边界不断延展，经济规模和社会影响力也都有了全面提升。同时，出版社服务学校、服务社会的传统始终如一，全方位、多层面服务学校教学科研的能力越来越强、力度越来越大。

多年来，出版社上缴学校利润、纳税金额持续增加，积极谋划、发起、参与和配合学校各类学术科研活动的开展，出版了一大批创新价值、学术价值、传承价值和出版价值俱佳的优质图书，彰显了"京师学派"在弘扬文化、传承文明、传播科学方面做出的重要贡献。特别是，2018年出版社出资1亿元支持学校成立北师大"双一流"教材建设发展基金，集中体现了出版社服从学校发展建设战略全局的主动担当精神。基金将助力学校培养更多的教材编写者和教育家，为教材开发提供资金保障。"北师大教授文库"《中国数学史大系》《启功全集》等系列鸿篇巨制的顺利出版都得益于多年来出版社投入的巨大人力、物力、财力。

秉承"学为人师，行为世范"的内在精神，出版社一直在用出版和教育的力量帮助那些需要援助的地区，以文化人，以书助人。据不完全统计，出版社成立以来累计捐赠各类图书超过200万册，价值3000多万元码洋，累计捐赠现金超千万元。2019年，在学校的统筹安排下，出版社参与了"凉山州·学前学会普通话"项目，项目落地实施后，最终惠及凉山州11个深度贫困县、1967个村级幼教点、5148名幼教点辅导员和81873名幼儿。在成立40周年之际，出版社没有搞各类庆祝活动，而是决定出资援建井冈山市茨坪城市书房，为茨坪人民提供一个读书的好去处，用阅读的力量助力老区全面发展。

风起扬帆破浪行——
改革创新，勇立潮头

大学出版社的运营管理，与改革开放以来的很多事业一样，没有"样板间"可资参考，没有"施工图"可供借鉴。回顾出版社40年来的快速发展，我们深知，唯有改革和创新才能确保出版基业长青。全体北师大出版人按照国家对出版工作的总体部署，在学校的坚强领导和大力支持下，在实践中"摸着石头过河"，边干边学边探索，战胜了各种困难，攻破了道道难关，创造出令人鼓舞的成功业绩，谱写出艰苦创业的新篇章。

1992年，在学校的支持和指导下，出版社在全校范围内招聘社长，实行竞聘上岗，此举开创了全国出版行业的先河。也是从那个时候开始，出版社驶入了发展的快车道。1993年，出版社开始招收编辑出版专业硕士研究生，迈出了从实践工作向产学研一体化转型的第一步。1998年，出版社为了适应市场需要，加快改革步伐，提出了全员聘任竞争上岗的实施方案。1999年，出版社率先在北师大全校范围内开始竞争上岗的尝试，全社90%的职工参加应聘会。发行部主任、编辑室主任等关键岗位均竞聘上岗。2007年，在全国新闻出版业新一轮改革热潮中，出版社率先完成转企改制，并组建了以出版社为核心的北师大出版集团。体制的转变和集团化运作为出版社带来了深刻的变化，出版社对人事与分配制度，编辑、运营、印制、营销、管理五大体制进行了全方位的改革，通过体制改革与制度创新、产品结构转型与产业升级、人才结构转型与资源整合，发展理念与发展模式不断创新，发展活力显著增强，经营规模与效益持续增长，综合实力不断提升。2019年，根据高等学校产业发展要求和工作实际，出版社进一步修订了公司章程、党委会议事规则、董事会议事规则、总经理办公会议事规则和总编辑办公会议事规则，形成了党委会、董事会、总经理办公会、总编辑办公会、监事会、职工代表大会各司其职、协调运转的现代企业治理体系。2020年，为构建与中长期战略发展规划实施相适应的组织架构和管理权限，出版社深入推进编辑、营销、行政、运营等一系列综合体制改革，成立了四大出版中心与营销中心，形成了行政一体化与运营一体化办公新格局，实现了业务板块专业化发展与协同发展的有机结合，建立了图书出版与期刊出版、传统出版与融合出版的联动机制，有效地整合了出版资源，优化了出版流程，提高了出版效能，为出版社的"二次创业"发展提供了机制体制保障。

在改革创新中始终勇立潮头、与时俱进，出版社得到了上级主管部门和社会的广泛认可。成立以来，先后荣获"全国文化体制改革先进企业""全国百佳图书出版单位""国家一级出版单位"等称号；三次蝉联中国新闻出版行业最高奖项——中国出版政府奖先进出版单位奖；连续三年入选"全国文化企业30强"提名企业；多种图书获得中国出版政府奖图书奖、中华优秀出版物奖、"五个一"工程奖、全国优秀通俗理论读物奖等国家级奖项；近300种图书入选国家哲学社会科学成果文库、国家出版基金资助项目、"十二五""十三五"国家重点图书出版规划项目等国家重点出版工程；多个项目入选国家文化产业发展专项资金项目、国家新闻出版改革发展项目库，社会

影响力不断扩大。出版社已发展成为主业突出、实力雄厚、管理规范、运行高效、核心竞争力强的现代教育出版机构和现代文化企业。

春华秋实四十载，风起扬帆破浪行，"二次创业"的新征程已经拉开序幕，全体北师大出版人将继续扎根教育、守正创新，牢记出版的使命担当，将满足人民群众对美好生活的新期待作为一切工作的出发点和落脚点，坚持把社会效益放在首位，努力实现社会效益与经济效益相统一，持续完善公司治理体系，持续推动组织创新和业务重构，持续激发员工的活力和创造力，持续夯实发展基础、优化产品结构，持续提升企业资产质量，努力打造高品质的教育出版品牌。这座教育出版的殿堂，将在迈向国内一流、国际知名的现代教育出版机构和现代文化企业的道路上，焕发持久的生机！

（原载《中国教育报》2020年9月10日）

图书在版编目（CIP）数据

书说四十年 / 北京师范大学出版社编 . —北京：
北京师范大学出版社，2020.9
　ISBN 978-7-303-26064-5

　Ⅰ . ①书… Ⅱ . ①北… Ⅲ . ①出版工作－文集 Ⅳ .
① G23-53

　中国版本图书馆 CIP 数据核字 (2020) 第 124722 号

书说四十年

SHUSHUO SISHINIAN

北京师范大学出版社　编

策划编辑：编写组　　责任编辑：禹明超
美术编辑：王齐云　　装帧设计：王齐云
责任校对：陈　民　　责任印制：陈　涛

出版发行：北京师范大学出版社	开本：730mm×980mm　1/16	版次：2020 年 9 月第 1 版
印刷：北京盛通印刷股份有限公司	印张：26.5	印次：2020 年 9 月第 1 次印刷
经销：全国新华书店	字数：400 千字	定价：188.00 元

北京师范大学出版社
http://www.bnup.com
北京市西城区新街口外大街 12-3 号
邮政编码：100088
营销中心电话：010-58805602
主题出版与重大项目策划部：010-58805385